主 编／曾绍伦 于法稳

副主编／谢慧明 马俊丽

生态经济与新型城镇化

ECOLOGICAL ECONOMY AND
NEW URBANIZATION

社会科学文献出版社
SOCIAL SCIENCES ACADEMIC PRESS (CHINA)

目 录

第三篇　绿色发展、节能减排与气候变化

城镇化与生态
城市建设

城市生态问题与生态城市建设[*]

黄国勤[**]

摘　要　城市是文明的结晶,是一个国家或地区现代化发展的重要标志。进入"十三五"以来,全国上下正按照国务院印发的《关于深入推进新型城镇化建设的若干意见》的精神和要求,积极推进新型城镇化、城市化的快速发展。当前,我国城市发展面临着人口增长、交通拥挤、资源紧张、垃圾"围城"、环境污染和灾害频繁等一系列生态问题。要彻底解决城市生态问题,走"生态城市"之路,大力推进生态城市建设,是唯一正确的选择。推进我国生态城市建设,应采取以下对策和措施:①搞好城市规划;②发展"立体交通";③推行循环经济;④开展环境整治;⑤实行防灾减灾;⑥大搞生态建设;⑦提升生态素质;⑧完善法律法规。

关键词　城市　城市生态　生态城市　城镇化　城市化　可持续发展

*　基金项目:江西省软科学研究计划项目"江西生态文明示范省建设对策研究20133BBA10005"。

**　通讯作者简介:黄国勤,男,农学博士后,江西农业大学生态科学研究中心主任(所长)、首席教授/二级教授、博士生导师,中国生态经济学会常务理事,主要从事农业生态学、生态经济学的教学与科研工作。邮箱:hgqjxnc@ sina. com; hgqjxauhgq@ sina. com。

一 我国城市发展概况

城市是文明的结晶，是一个国家或地区现代化发展的重要标志。新中国成立60多年来，特别是改革开放30多年来，我国不断加快城市化进程，在城市化发展方面取得了巨大成就。根据国家统计局数据，1978年我国城市人口仅为1.7亿人，2012年增加至7.1亿人，城市（镇）化率也由1978年的17.9%提高到2012年的52.6%。根据《中共中央关于制定国民经济和社会发展第十三个五年规划的建议》[1]，按照常住人口计算，我国现在城市（镇）化率已经接近55%，城市（镇）常住人口达到7.5亿人。可以说，近30年来我国城市化的规模之大、速度之快、成效之显著，在世界上极为罕见。2016年2月2日，国务院印发《关于深入推进新型城镇化建设的若干意见》（国发〔2016〕8号）[2]，对未来我国城镇化、城市化发展进行了全面部署，该意见必将进一步促进我国今后城市发展，从而早日实现全面建成小康社会的战略目标。然而，在我国城市发展的过程中，已经或即将出现诸多生态问题，亟待采取相对的对策和措施。本文拟对此进行探讨。

二 当前城市发展面临的生态问题

当前，在推进城镇化、城市化进程中，面临着如下这些突出的生态问题。

（一）人口增长

人口，既是城市生态系统中的消费者、参与者，又是城市生态系统的创造者、调控者。人口数量的多少、素质的高低，对城市生态系统的稳定和发展将产生直接影响[3]。"适度"（数量适中）、"高质"（较高素质）的人口，对于城市生态系统的发展具有积极的影响和正面的作用。

当前，人口大量涌入城市导致城市普遍出现城市人口的"过多""过量""过剩"，已为城市发展带来一系列不利影响，"人满为患"已严重影响城市的发展。不仅如此，城市人口的身体素质、知识素质、科技素质、道德品质素质等均不同程度地存在"问题"。由于"城市病""城市'热岛效应'", 以及现代城市生活节奏的加快和生活水平的提高等多方面的原因, 城市居民的高血压、糖尿病、冠心病等处于"高发"态势, 大量农民工进城, 整体上降低了城市人口素质。

(二) 交通拥挤

大量人口进入城市, 城市公共交通发展滞后以及私家车的快速发展, 使得目前全国大、中城市普遍出现交通拥挤、交通堵塞, 甚至交通事故频发的现象, 不仅影响城市发展, 而且影响城市居民日常生活和生命安全。

《安全与环境学报》2016 年第 16 卷第 2 期报道[4], 2016 年 1 ~ 2 月, 全国共发生交通事故 64 起, 死亡 246 人, 其中相当一部分交通事故发生在城市, 特别是大、中城市。

(三) 资源紧张

世界城市以占全球 2% 的表面积, 承载着全球约 50% 人口, 创造了全球 80% 以上的 GDP, 也占用和消耗着全球 85% 的资源与能源。我国以占全世界 7% 的耕地、7% 的淡水资源、4% 的石油储量、2% 的天然气储量来推动一个人口占全世界 21% 的大国的城市化进程。目前, 我国城市在发展过程中, 均面临着资源紧张、资源短缺问题[5]。就水资源而言, 在全国现有的 600 多座城市中, 存在缺水问题的城市超过 66%, 其中又有 16% 的城市严重缺水, 缺水量超过 60 亿 m^3。

(四) 垃圾"围城"

当前, 城市垃圾问题非常突出, 城市垃圾数量之大、增长之快、分布之广、危害之重, 堪称前所未有。《长江时评》在 2013 年 7 月 19 日以"超 1/3 城市遭垃圾围城, 中国为何垃圾尤其多"为题进行报道, 高速发展中的中国城市, 正在遭遇垃圾"围城"之痛[6]。北京日产垃圾量为 1.84 万吨, 如果用装载量为 2.5 吨的卡车来运输, 所需的卡车长度接近 50 公里, 能够排满三环路。并且北京每年垃圾量以 8% 的速度增长; 上海每天生活垃圾清运量高达 2 万吨, 每 16 天的生活垃圾就可以堆出一幢金茂大厦; 广州市每天产生的生活垃圾也多达 1.8 万吨。据新华网 2015 年 5 月 5 日报道[7], 我国城市生活垃圾清运量从 1979 年的 2508 万吨增至 2012 年的 1.71 亿吨, 30 多年增加了 5.8 倍。大且增长快速的城市生活垃圾清运量, 成为我国城市可持续发展的重要障碍之一。

随着中国城市化的快速发展，城市规模日趋扩大，人口日益增多，随之而来的垃圾处理问题却没有得到很好的解决。诸多数据显示，各大城市的垃圾处理量，远远低于实际产生量。许多地方仍然在采用填埋处理垃圾的陈旧方式，全国城市垃圾堆存累计侵占土地 75 万亩。在土地资源日益紧缺的今天，75 万亩这一数据多么令人震惊。垃圾"围城"不仅是城市病，而且蔓延到了农村。其对公众身体健康的危害已经显现。据新浪网报道[8]，广东东莞虎门镇远丰村是一个有 400 余人的村庄，村后有座垃圾山，10 年间该村有 12 人因患癌症死亡，该村被包括央视在内的众多媒体冠以"癌症村"的称号。

（五）环境污染

我国城市环境污染十分严重，主要表现在以下几个方面。

（1）城市水体污染问题突出。由于城市人口的急剧增长和工业的飞速发展，大量的污水没有得到妥善的处理而被直接排入水体，致使水环境遭到严重的破坏。全国范围内 78% 的河段不适宜作为饮用水水源，50% 的地下水受到污染，西安、北京等许多城市出现了供水危机。据估计，我国每年因污染而造成的经济损失达 400 亿元。

（2）城市大气质量严重恶化。工业和交通运输业迅速发展以及化石燃料的大量使用，将粉尘、硫氧化物、氮氧化物、碳氧化物、臭氧等物质排入大气层，使城市大气质量严重恶化。全国城市空气中总悬浮微粒浓度普遍超标，平均浓度达 309 微克/立方米；二氧化硫浓度较高，部分城市污染相当严重，北方城市平均浓度达 83 微克/立方米。大气中硫化物、氮氧化物浓度严重超标导致全国大部分城市出现酸雨，宜宾、长沙等城市酸雨出现频率大于 90%，长沙雨水的平均 pH 值已达到 3.54，酸雨不仅破坏生态环境，而且加剧建筑物、铁道、桥梁的腐蚀与破损，给工农业生产带来巨大损失，给人类健康带来巨大威胁。

（3）城市土壤普遍受到不同程度的重金属污染。据研究，城市土壤中大部分重金属污染物含量普遍高于郊区农村土壤。卢瑛、马建华、管东生等的研究结果也表明城市土壤不同程度地受到了重金属的污染，而且大部分重金属污染物含量都高于郊区农村土壤。我国城市土壤中重金属污染物的来源很多。矿产冶炼加工、电镀、塑料、电池、化工等行业是排放重金属的主要工业源，一方面，其排放的重金属可以以气溶胶形式进入到大气，经过干湿沉降进入土壤；另一方面，含有重金属的工业废渣随意堆放或直接混入土壤，对土壤环境造成潜在危害。随着城市化发展，大量污染企业搬出城区，原有的企业用地污染成为城市土壤重金属污染的突出问题。

（六）灾害频繁

随着社会经济的高速发展，我国城市的灾害风险越来越大。我国城市灾害风险具有不确定性、综合性、严重性、频发、类型多样、影响面大的特点。

（1）地震灾害。我国74%的省会城市、62%的地级以上城市位于地震烈度7级以上的地区，极易遭受地震灾害的危害。

（2）泥石流灾害。崩塌、滑坡、泥石流灾害是世界上对城市危害比较严重的地质灾害，仅次于地震灾害。城市崩塌、滑坡、泥石流灾害对人类具有多种危害，主要包括：导致人员伤亡，破坏城镇、矿山、企业、学校、铁路、公路、航道、水库等各种工程设施，影响土地资源，破坏生态环境。我国中西部地区大部分城市易受到泥石流灾害的影响。

（3）地面沉降灾害。我国目前发生地面沉降活动的城市有70余个，明显成灾的有30余个，最大沉降量已达2.6米。上海地面沉降的历史较长，幅度较大，地面沉降量累计达2.63米。地面沉降的主要原因是人为过量开采地下水。

（4）城市洪灾。城市洪灾多是暴雨引发的洪水所造成的城市灾害，表面上看是防洪排涝基础设施不完善、标准达不到要求所致，实质上是在城市规划时没有对产生洪灾的因素进行预先的分析，在规划与建设中没有加强防范而造成的。特别指出的是，近年来，我国城市洪灾有加剧趋势，这种趋势表现为城市不透水面积的扩大和排水管道工程基本控制了城市排水量。这使城市一旦遭遇暴雨袭击，便极易受灾。

2016年6月1日，搜狐新闻以"武汉普降大到暴雨：多处路段积水，已开启看海模式"为题进行报道，从6月1日当天0时2分至10时5分，武汉中心气象台在10小时内发布15期暴雨预警信号，包括6期暴雨红色预警信号。武汉开启看海模式，多条街道被淹。据央视新闻客户端消息，2016年6月1日上午9点10分，因雷击损坏铁路供电设备，武九线武东区段短时停电，D3241、D3277等列车晚点，其中，D3241列车处于无电区。显然，这次由暴雨引发的洪灾，对武汉正常的生产生活秩序产生了非常不利的影响。

三　生态城市——解决城市生态问题的必由之路

针对存在的城市生态问题，综观国内外城市发展之经验，必须从根本上走出一条促进城市生态优化的新型发展之路，即走生态城市发展之路。

那么，到底什么是生态城市？为什么要走生态城市发展之路？本文接下来进行简要分析。

（一）生态城市的提出及其含义

一般认为，"生态城市"（Ecological City，或 Eco‐City）一词最早是在1971 年联合国教科文组织发起的"人与生物圈"（MAB）计划中提出的[9]。作者在中国知网以"生态城市"为篇名进行检索，发现在国内叶岱夫最早提出"生态城市"一词[10]。截至 2016 年 6 月 10 日，可检索到国内以"生态城市"为篇名的文献共有 6029 篇（条）。

生态城市，从广义上讲，是建立在人类对人与自然关系更深刻认识的基础上的新的文化观，是按照生态学原则、生态经济学思想和系统工程原理建立起来的社会、经济、自然协调发展的新型社会关系，是有效地利用资源环境，实现可持续发展的新的生产和生活方式，是一个复杂的、复合的系统工程。从狭义上讲，就是按照生态学、生态经济学和系统工程原理进行设计、建造的高效、和谐、健康、可持续发展的人类聚居环境。

生态城市是社会、经济、技术、文化和自然高度协同、和谐的复合生态系统，其内部的物质循环、能量流动和信息传递构成环环相扣、协同共生的网络，具有实现物质循环再生、能量充分利用、信息反馈调节、经济高效、社会和谐、人与自然协同共生的机能。生态城市是城市生态系统发展的方向和最终目标。

（二）走生态城市发展之路的重大意义

首先，生态城市是一种尽可能降低对于能源、水或食物等必需品的需求量，尽可能降低废热、二氧化碳、甲烷与废水排放量的城市。因此，走生态城市发展之路，是走"低碳"之路、"清洁"之路、"可持续发展"之路，是应对全球气候变化的必由之路和应有之策。

其次，从世界城市化的进程来看，2012 年全世界 1/2 的人口生活在城市中，预计到 2025 年将会有 2/3 的人口居住在城市中，因此城市生态环境将成为人类居住环境的重要组成部分。但由于人口大量向城市集聚，全世界的城市均不同程度地出现大气污染、水污染、垃圾污染、地面沉降、噪声污染，产生了城市基础设施落后、水资源短缺、能源紧张、人口膨胀、交通拥挤、住宅短缺、土地紧张、风景旅游资源被污染、名城特色被破坏等一系列生态环境问题。这些问题已严重阻碍了城市所具有的社会、经济和环境功能的正常发挥，甚至给人们的身心健康带来很大的危害。国外已有的经验，特别是发达国家的经验表明，发展"生态城市"是其唯一选择。只有走"生态城市"发展之路，才能从根本上解决城市已出现的上述生态环境问题。

最后，从国内外先后提出的"花园城市""田园城市""森林城市""园林城市""山水城市""卫生城市""健康城市""低碳城市""绿色城市""宜居城市""智慧城市"等发展理念来看，"生态城市"是最符合生态学规律、生态经济学原理和系统工程原则的，是最具有科学性、先进性和可操作性的。只要按照"生态城市"的发展方向走下去，就能建成集"经济高度发达、社会繁荣昌盛、人民安居乐业、生态良性循环"于一体的城市，在这种城市中四者保持高度和谐，城市环境及人居环境清洁、优美、舒适、安全，失业率低、社会保障体系完善，高新技术占主导地位，技术与自然达到充分融合，生态城市能最大限度地发挥人的创造力和生产力，真正建立起高度文明且稳定、协调、可持续发展的现代人工复合城市生态系统。

四　推进生态城市建设的对策与措施

推进生态城市建设，应采取以下切实而有效的战略对策与措施。

（一）搞好城市规划

"凡事预则立，不预则废。"推进生态城市建设，尤其要重视搞好城市规划。当前，从总体而言，全国各地城市建设均应按照国务院印发的《关于深入推进新型城镇化建设的若干意见》（国发〔2016〕8 号）的要求进行规划。但从"抓小、抓细、抓具体"而言，各地还应根据国务院《关于深入推进新型城镇化建设的若干意见》的总体要求，制定各地城市发展的"具体规划""详细规划"，即在国家"大"的规划下，有各自城市发展的"小"规划，要从"大处"着眼、"小处"着手。只有这样，建设"生态城市"才能做到"有图可依""有据可查""胸有成竹""心中有数"。

（二）发展"立体交通"

"交通拥挤"是当前城市发展面临的最突出的问题之一。从国外，特别是发达国家生态城市建设的成功经验来看，发展多层次（地上、地面、地下）、多类型（空中飞机航班，地面公交、轻轨，地下地铁等）、综合性、全方位、高速度（动车、高铁）的"立体交通"网络，是彻底解决城市交通"瓶颈"、运力"短板"的唯一选择和最佳之举。

（三）推行循环经济

循环经济是现代经济发展的一种重要类型或方式，是在物质循环、再生、利用的基础上发展经济，是一种建立在资源回收和循环再利用基础上的经济发展模式。其原则是资源使用的减量化、再利用和再循环。其生产的基本特征是低消耗、低排放、高效率。因此，循环经济是一种可持续发展的经济增长方式。

现代城市，人口多、资源少、废物多，环境污染重。如不推行循环经济，不走循环经济发展之路，不仅不可能建成生态城市，而且城市生产、生活环境必将日益恶化，最终必将危及人类生存。因此，发展城市循环经济势在必行。

城市推行循环经济，一是要减量使用、节约使用能源资源，特别是要少用、减量用、节约用不可更新资源，要尽量使用可更新的"清洁能源"，如太阳能、风能、水能、生物质能等。二是要实行资源循环利用，要通过构筑资源循环利用产业链，建立起生产和生活中可再生利用资源的循环利用通道，实现资源的有效利用，减少向自然资源的索取，在人与自然和谐循环中促进经济社会的发展，如建立"种植—饲料—养殖"产业链、"养殖—废弃物—种植"产业链、"养殖—废弃物—养殖"产业链、"生态兼容型种植—养殖"产业链、"废弃物—能源或病虫害防治"产业链等。三是实现废弃物的无害化排放。

（四）开展环境整治

建设"生态城市"，必须对现有"不合理""不规范""不生态"的环境问题进行全面整治。一是对基础设施进行清理、整治，如对城市集贸市场、城区停车场和停车泊位、环卫设施等逐一进行清查、登记，对"不合格"的进行重修、重建；二是对脏、乱、差现象进行全面调查、整治，如对卫生死角区（社区垃圾区和铁路、公路、河道沿线区等）、污水（泥）处理区、墙壁小广告区、"六小"区（小饮食店、小旅馆、小副食店、小理发美容店、小网吧、小歌舞厅）以及"三乱"区（乱搭、乱建、乱摆区）等进行调查、清理，"不符合要求"的要全部取缔；三是对城市交通环境进行全方位、全天候整治，绝不留"死角"。

（五）实行防灾减灾

城市防灾减灾，不仅是生态城市的重要内容，而且是城市生态系统可持续发展的必然要求和基本保证。实行城市防灾减灾，必须做到：一是要从思想上、行动上高度重视现代城市的防灾减灾，决不能心存侥幸；二是制定城市防灾减灾的专项规划；三是重视以城市安全为目标的城市基础设施建设，要做到"高标准、高要求"，力争达到国际领先水平；四是完善城市安全预警和应急机制；五是通过培训造就一流的城市防灾减灾人才队伍；六是增加城市防灾减灾投入。

（六）大搞生态建设

生态建设是"生态城市"的基础和关键。没有生态建设，"生态城市"无从谈起；没有生态建设，"生态城市"就是一句空话、大话、假话、废话。城市生态建设，最主要的就是要"扩绿"。一是要千方百计扩大城市"地面"绿色面积，要通过种草、植树、栽花（卉）等扩大地面绿色覆盖面积；二是要千方百计扩大城市"水面"绿色面积，可利用城市水沟、河流、水塘、水池、小湖、水缸等养殖水葫芦、水花生、水浮莲及绿萍等，它们既可绿化环境，又可作饲料（喂鸡、喂鸭、喂猪等），一举多得；三是千方百计扩大城市"空中"绿色面积，要通过在房屋或建筑物的墙面、阳台、屋顶等种植绿色植物，扩大"非地面""空中"的"立体"绿色面积。这对提高整个城市生态环境的质量至关重要。

（七）提升生态素质

建设生态城市，优化、美化城市生态环境，说到底人是关键因素、决定因素。提升人的生态素质，对生态城市建设具有战略意义、长远意义。首先，人的生态素质，不仅指的是城市人的生态素质，还包括农村人及全国、全民的素质。没有全民生态素质的提升，建设生态城市也只能是一句空话。其次，提升生态素质，不是一朝一夕就能做到的事情，而是通过长期努力、长期奋斗才有可能实现的目标，因此，必须持之以恒、坚持不懈。最后，提升生态素质，要多途径、多方式、多层次同时并进，方能取得实效。当前，特别强调利用"互联网＋"这一新型信息平台，推进全民生态素质的提升。

（八）完善法津法规

总体而言，我国当前生态城市建设中，尚存在生态城市政策法律体系不够健全、生态城市建设的配套法规制度缺失、行政执法不力（包括组织管理体制不健全、行政执法制度不完善、执法监督机制不健全）等方面的问题，亟须采取坚决而有效的措施。

为推进我国生态城市建设更快更好地向前发展，应高度重视建立、健全和完善法律、法规及相关规章制度。一是对现有生态城市建设的法律、法规和制度进行全面清理，"过时的""不合实际的""不符合国情的"，应全部"取消""作废"；二是对部分"还可用""还有用""还不能少"的法律、法规和制度，进行修改、修订、完善，以确保新形势下"能用""管用""好用"；三是要根据当前我国生态城市发展的总形势和生态文明建设的总要求，建立、健全新的法律、法规和制度，以便为"十三五"乃至今后更长时期我国生态城市建设提供法律法规依据和制度保障，从而推进我国生态城市建设健康、稳定向前发展，并为全面建成小康社会做出积极贡献。

参考文献

［1］《中共中央关于制定国民经济和社会发展第十三个五年规划的建议》，人民出版社，2015。

［2］《关于深入推进新型城镇化建设的若干意见》（国发〔2016〕8 号），中国政府网，2016 年 2 月 7 日，http：//www. gov. cn。

［3］李文华、赵景柱主编《生态学研究回顾与展望》，气象出版社，2004。

［4］李生才、笑蕾：《2016 年 1～2 月国内生产安全事故统计分析》，《安全与环境学报》2016 年第 16 期。

［5］尹荣尧、孙翔、朱晓东：《中国快速城市化的资源保障、生态困境与对策》，《区域经济》2014 年第 2 期。

［6］刘小川：《超 1/3 城市遭垃圾围城中国为何垃圾尤其多》，长江时评，2013 年 7 月 19 日，http：//opinion. hexun. com。

［7］中国人民大学国家发展与战略研究院：《中国城市生活垃圾管理状况评估报告》，新华网，2015 年 05 月 05 日，http：//news. xinhuanet. com。

［8］邓海建：《"垃圾围城"，城伤几许?》，新浪网，2013 年 7 月 19 日，http：//news. sina. com. cn。

［9］曹瑾、唐志强：《国外生态城市理论与实践研究进展及启示》，《经济研究导刊》2015 年第 11 期。

［10］叶岱夫：《试论现代生态城市集聚生产力的表现》，《生产力研究》1987 年第 6 期。

生态文明视角下我国城镇化可持续性发展面临的挑战与对策

高吉喜[*]

摘　要　新型城镇化是由城镇化发展而来的,它强调城镇化的质量、城镇的可持续发展和民生的改善,是促进我国未来经济社会发展的重要手段。但我国现阶段粗放型城镇化现象仍大量存在,这种低质量的快速城镇化造成大量农业和生态用地被占用,生态安全格局被破坏,城镇污染向农村转移,人居生态安全、生态多样性保护和生态文化受到严重威胁。本文概括了我国城镇化的发展现状、存在的问题及挑战,基于生态文明视角提出了一些城镇化建设的合理的对策和建议。

关键词　生态文明　可持续发展　挑战　对策

2016 年,《中华人民共和国国民经济和社会发展第十三个五年规划纲要》首次将生态文明纳入五年计划,2012 年,中央经济工作会议首次正式提出"把生态文明理念和原则全面融入城镇化全过程,走集约、智能、绿色、低碳的新型城镇化道路",并将新型城镇化确立为未来中国经济发展新的增长动力和扩大内需的重要手段。此后,新型城镇化建设逐渐受到各行业和学界人士的关注。但在我国目前城镇化实践中,重速度和规模、轻质量和效益的粗放型城镇化现象仍大量存在[1],这将对城镇化的健康发展会产生不利影响,并

---

* 通讯作者简介:高吉喜,男,博士,研究员,中国人民大学环境学院特聘教授,主要从事区域生态学方面的研究工作。邮箱:gjx168@163.com。

将阻碍经济社会的可持续发展。本文基于我国城镇化发展的现状与趋势，分析了城镇化进程中面临的问题与挑战，并基于生态文明视角的绿色城镇化提出了一些城镇化建设的合理的对策和建议，以期为新型城镇化建设提供借鉴。

一 我国城镇化发展现状与趋势

（一）城镇化速度快

城镇化是衡量一个国家现代化水平的重要标志。目前来看，我国城镇化进程在几十年里不断推进，在诸多领域取得了良好的成绩。改革开放之后，我国的城镇化发展实现了很大的跨越。1978 ~ 2012 年，城镇化率年均提高 1.0%，远高于 0.4% 的世界平均水平，我国从低水平城镇化阶段迈入中等城镇化发展阶段。今后二三十年内，我国城镇化仍将处于快速推进期，预计城镇化率年均提高幅度将保持在 0.8% ~ 1.0%，到 2030 年全国城镇化率将达到 65%。2000 ~ 2010 年，我国大部分地区城镇化年均提高幅度都超过了 0.5%。

（二）人口增加速度快

城镇化是农村转变为城市的一种多方面的社会经济运行过程。其包含人口的转变，即农民变为工商业者，我国城镇人口由 1978 年 1.72 亿人增加到 2013 年 7.3 亿人，人口城镇化率由 17.9% 提高到 53.7%，东部沿海地区人口城镇化率已经超过 61%。

（三）城镇化水平差异大

我国城镇化率在空间上存在不平衡性，东部地区高于中西部地区。我国现阶段大致形成了长三角、京津冀、珠三角、川渝、关中、海峡西岸、中原、辽中南、山东半岛和长江中游十大城市群，城镇人口呈现向十大城市群聚集趋势。

二 城镇化进程中面临的问题与挑战

目前，我国城镇化还处在蓬勃发展过程中。在产业发展与布局等诸多方面尚存在一系列亟待解决的突出问题。从我国城镇化发展现状分析，我国城镇化进程中主要存在以下问题与挑战。

（一）城镇空间、人口、经济三方面严重不匹配，导致大量农业和生态用地被占用

2000～2010 年，中国城市建设用地从 2.2 万平方米扩张到 4.0 万平方米，年平均增长 6.0%，远高于城镇人口 3.9% 的年平均增长速度。2001～2008 年，全国因建设占用减少的耕地达 2599 万亩。

（二）无序城镇化对区域生态安全格局造成了无可挽回的破坏

在我国城镇化的现状下，部分城市建设发展不协调，规划布局不合理，不利于城镇化的科学发展和空间的合理布局，对区域生态安全格局造成了不利的影响。伴随着人口的急剧增加，城镇建筑、广场和道路等人工设施大量增加，而绿地、水体、湿地等自然要素大量减少，生态空间被严重挤占，使生态用地面积减小、生物多样性降低，生态服务功能被大大削弱，从而使人类活动对自然的干扰强度不断逼近生态底线，区域生态承载力难堪重负。

（三）城镇发展的粗放快进导致环境污染问题日益突出

城镇化进程中存在一个传统的问题，便是城镇发展中出现的环境污染问题。如今，在城市快速发展的过程中，城市绿地被大量占用；机动车尾气排放量急剧增加，PM2.5 浓度普遍较高，全国有 2/3 的城市空气质量不达标；城镇污水排放量持续增大，地表和地下水污染严重。全国城市污水排放量在 1991～2011 年增长了 37.4%，而县城污水排放量则在 2001～2011 年增长了 84.1%。2011 年，在全国 200 个城市的 4727 个地下水水质监测点中，水质较差和极差的监测点比例高达 55.0%。

（四）城镇污染向农村转移日益严重

随着我国城镇化的加速，城市固体废弃物污染严重，全国城市生活垃圾累积堆存量为 70 多亿吨，占地 80 多万亩，并且还以年平均 4.8% 的速度持续增长。全国 2/3 的大中城市陷入垃圾包围之中，1/4 的城市已没有合适场所堆放垃圾。以城市为中心的环境污染正迅速向农村蔓延，出现了"垃圾围城""垃圾下乡"等现象，农产品环境安全面临考验。

（五）过度功利的城镇建设已严重威胁人居生态安全、生态多样性保护和生态文化

城镇自然植被覆盖率较低，钢筋水泥丛林面积不断扩大，生态空间严重不足。全国城市绿地占建设用地比重仅为10%左右，城镇人均公园绿地面积仅有2.0平方米。城镇湿地面积锐减，生物多样性持续减少。由于人工过度干预，湿地生态环境大多遭到破坏，且湿地多被分割成面积狭小、孤岛式的斑块。城镇地下水过度开采，地面沉降加速。全国发生地面沉降灾害的城市已超过50个。华北平原区地面沉降量超过200毫米的范围达6.4万平方公里，占整个华北平原区面积的46%左右。此外，粗放型城镇化易引起能源资源危机和生态灾害，如华北地区地下漏斗的形成，连年地下水超采，导致华北地区成了全球最大的漏斗区，漏斗面积已达7.2万平方公里。同时，地下水水位下降引发地面沉降、造成地裂缝出现。沿海、华北地下水超采还导致海水入侵、土壤盐渍化。

三　基于生态文明视角的绿色城镇化对策与建议

为了保障我国城镇化健康发展，必须走新型城镇化道路，使城镇集约开发与绿色发展相结合，推动城镇人口、经济与资源、环境相协调，形成资源节约、低碳减排、环境友好、经济高效的新型城镇化模式，树立全面协调可持续的科学发展理念。针对我国城镇化进程中面临的各种问题与挑战，要保障城镇化持续健康发展，必须从以下几个方面努力。

（一）从国家层面开展城镇化顶层设计，优化人居环境与自然环境协调格局

为了更好地推进绿色城镇化，首先最具有威慑力和引导性的就是从国家层面上进行设计，将绿色城镇化的理念纳入国家政策中，进而形成人类居住环境与自然环境相协调的发展模式。

城镇化过程不可避免地会对自然环境造成影响，因此，在城镇化建设开始之前要在保护自然中设计城镇，要考虑自然环境的生态承载力，各个城镇之间要注意区域生态安全格局，注重城市间的生态安全距离。我国从国家层面上设计了"两横三纵"的城市化战略格局。

值得提出的是，在设计城市格局时要注意严格控制区域城镇（群）规模，以免造成区域性的综合污染，从而造成环境的不可逆。有研究表明，与美国西部区域相比，中国华北地区的 NOX 和 VOCs 排放强度高出 6~9 倍，一次 PM2.5 排放强度高出近 30 倍。

（二）改变城市的设计理念：以宜居为目标规划布局城市发展

从图 1 可以看出，1988~2000 年昆明市城镇用地扩大了 70%，其中 97.7% 来自占用耕地和围湖造地，随之而来的是昆明成为全国严重缺水城市之一，成为全国省会城市中极度缺水的地区。对特大城市承载力的研究显示，相对有限的土地资源及脆弱的生态环境越来越成为影响昆明城镇化发展的刚性和潜在制约因素。因此，在进行城市前期规划和设计时，应当以宜居为目标来规划城市发展。

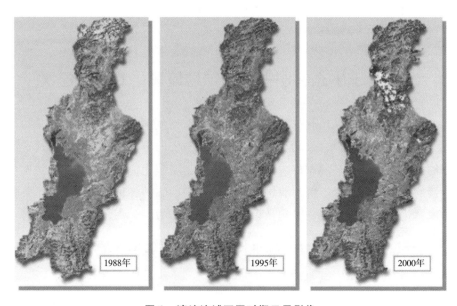

图 1　滇池流域不同时期卫星影像

资料来源：慕石《中国西部地区生态环境现代遥感调查图集》，测绘地理信息，2003。

2005 年《商务周刊》和零点公司联合对 3212 名城市居民进行入户访问，关于"宜居城市"调查的结果显示：交通方便快捷、环境干净整洁无污染、空气质量好等要素的重要性明显高于经济发展水平、社会治安状况、社会保障等其他因素。

（三）加大城市规划中生物多样性保护设计力度

城市生物多样性是城市发展的自然本底，也是最重要的城市公共资源之一。在市场经济快速发展的今天，开发利用城市生态环境资源的目的是实现效率和收益的最大化，但是实现资源优化配置的市场机制有时却不利于保护生态环境[2]，因此，在城市规划中需要更加重视对城市生物多样性的保护。

（四）从区域和决策源头设计生产体系

生态产业及循环经济的布局和发展要与城市空间及功能定位相一致，实现经济效益、生态效益和社会效益相结合（见图 2）。

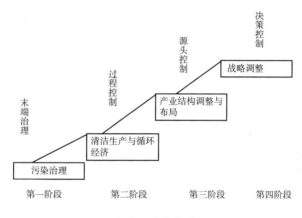

图 2　生产体系

（五）加强城市生态灾害预防设计

城市生态灾害具有多种破坏效应，主要表现为：造成人员伤亡、疫病，危害人类生命、健康和正常生活等。这些破坏效应将影响社会安全、资源环境安全、经济发展安全以至国家安全[3]。我国城市生态灾害种类较多，除了具有突发性、区域性、社会性、不可避免性等灾害的一般特征外，还具有群发性、高度扩张性、高损性、可防御性等特征。

城市在不同的时间、地点，通过不同的设施对生态灾害采取一定的预防设计，这些预防设计在灾害发生时，可减轻其破坏程度、降低损失、发挥一定防灾减灾作用。因而通过了解灾害的发生机理，进行相应的城市生态灾害预防设计，可以在一定程度上减少城市自然灾害带来的损失。

（六）高度重视文化建设对城镇化的推动作用

城镇化进程中的农村文化建设对城镇化的推进、社会经济的发展与和谐社会的构建有重要影响。

苏南地区紧邻南京、上海等大中型工业城市，地理条件尤为优越，拥有优秀人才与先进技术。从 20 世纪 70 年代开始，苏南地区受到南京等发达城市集群的影响带动，乡镇企业规模迅速发展，企业规模和经济实力迅速扩大。在乡镇企业影响带动下，苏南地区逐步完成了更多农民由农村到乡镇或城市的转移，并逐步形成了工农共建的良好局面。所以，伴随着更多小城镇的迅猛崛起，苏南地区的城镇化建设在短时间内得到了迅猛发展[4]。

在整个的苏南地区，已建成的符合国家标准的小城镇有 300 多个，目前苏南地区形成了以农村工业化和乡镇企业为发展动力，以小城镇为主导的"苏南城镇化发展模式"。苏南的城镇化发展经历了一个从小到大的成长历程，在这个过程之中，其发展模式尤其值得一提。首先，其农村工业化有力地带动了苏南城镇化。农村地区的城镇化建设成为苏南城镇化中一支不可忽视的生力军。其次，城乡的良好分工与协作同样促进了苏南城镇化。再次，乡镇企业的快速发展，为城镇化注入了另外一股力量，推动着城镇化的进步。最后，建设和谐的小康社会，离不开优秀文化的浸润与影响。苏南地区各级政府正是因为认识到精神文明建设的重要性、文化建设与城镇化推进相协调的必要性，才积极开展苏南地区的文化建设，政府管理从宏观上为苏南地区的城镇化发展指明了方向，也相应地为之提供了大量行之有效的规划和政策。

（七）强化特色城市建设

放眼国内，由于自然、经济以及现代化水平等条件的不同，我国的小城镇建设表现为不同的类型和不同的地区特征。面对当今存在的这种情况，必须从每个地区的自然地理特征、城镇职能规划与发展定位模式等不同层次和方面来对我国的小城镇进行区别和分类，建立多元城镇化发展机制，强化特色城市建设。

综上所述，城镇化是社会发展的必然趋势，促进城镇人口、经济与资源、环境相协调，推行资源节约、低碳减排、环境友好、经济高效的新型绿色城镇化，能够统筹城乡发展、统筹人与自然的协调发展，实现社会可持续发展。

参考文献

［1］杨兰桥：《我国新型城镇化发展趋势探讨》，《区域经济评论》2013 年第 6 期，第 149～153 页。

［2］赵民、何丹：《论城市规划的环境经济理论基础》，《城市规划学刊》2000 年第 2 期，第 54～59 页。

［3］高庆华、聂高众：《中国减灾需求与综合减灾——国家综合减灾十一五规划相关重大问题研》，气象出版社，2007。

［4］罗小龙、张京祥、江晓峰：《苏南模式变迁中的小城镇发展及其思考》，《城市规划学刊》2000 年第 5 期，第 26～27 页。

中国三江源区城镇化与生态环境
耦合发展路径研究

苏海红*

摘　要　针对重要生态功能区在推进城镇化和生态文明建设中面临的突出问题，本文以中国三江源区为例，提出三江源区应充分发挥城镇化与生态环境间的"正耦合"效应，将人口迁移与城镇建设相结合，以建立健全生态补偿机制为核心，培育发展生态产业，以绿色化和生态保护为主线，走建设迁移—聚集型城乡一体新型生态城镇的可持续发展路径，加快推进三江源区生态文明建设进程和全面小康目标的实现。

关键词　三江源区　城镇化　生态环境　耦合路径

城镇化以城乡统筹、城乡一体、产城互动、节约集约、生态宜居、和谐发展为基本特征，是大中小城镇、农村牧区协调发展的发展方式。城镇化是推进城乡一体化建设和实现精准脱贫的主要内容，也是推进中国三江源区可持续发展的突破口。三江源区是长江、黄河、澜沧江的发源地，被誉为"中华水塔"，是我国重要的水源涵养生态功能区，也是关乎社会稳定的藏族聚居区。近年来青海坚持贯彻落实科学发展观，注重民生改善，大力加强城乡一体化建设，三江源区公共服务体系不断建立完善，但由于历史欠账多，生态保护与建设任务重、压力大，城乡间公共服务尚存在较大差距。在

---

*　通讯作者简介：苏海红，女，青海省社会科学院副院长、研究员，主要从事生态经济、区域经济研究工作。邮箱：qhxnshh@163.com。

当前城镇化加速发展和精准脱贫的大背景下，如何协调城镇化与生态环境之间的关系，如何均衡公共资源在城乡之间的一体化配置，是实现三江源区生态良好发展与精准脱贫目标、提升三江源区生态环境脆弱区可持续发展活力的重点难点问题。

一 中国三江源区生态文明建设与城镇化发展现状

习近平总书记多次指出，青海是中华水塔，西藏是世界屋脊，如果把青海、西藏污染了，多搞几百亿元的生产总值又有什么意义呢？要坚持生态保护第一。三江源区地处青藏高原腹地，位于青海境内，其生态保护涉及大江大河中下游 5 亿多人口的饮水安全和用水安全，是我国极为重要的水源涵养地和国家生态安全屏障，三江源区因其生态效益的开放性、共享性和外溢性而备受世人瞩目，其可持续发展不仅关系到青海自身的发展，而且关系到我国的可持续发展和中华民族的长远发展。

（一）三江源区生态文明建设现状

三江源区重要的生态地位、巨大的生态价值以及特殊的自然地理环境，使之具有独特和不可替代的生态地位。2005 年国家投资 75 亿元启动三江源生态保护与建设工程，2007 年青海不再考核三江源核心区的地区生产总值，并实施了生态立省战略，2014 年三江源自然保护区生态保护与建设二期工程、三江源国家生态保护综合试验区建设同时启动。多年来三江源区的生态保护和建设，无论是在生态理论研究方面，还是在生态实践建设方面，均取得了建设成效和重大突破，并对全国生态文明建设产生了一定的典型示范效应。

在生态理论研究方面，通过实施自然修复和人工建设相结合的综合政策，三江源区建立了高寒草原生态的自然修复及外部推进体系，构建了经济发展、社会建设与生态保护的统筹协调发展模式，探索了生态补偿机制的理论框架、政策设计和路径选择，初步构筑了科学发展的生态经济系统。这些实践路径的探索进一步丰富和完善了我国生态文明建设的相关理论。

在生态实践建设方面，三江源区因地制宜地发展资源环境可承载的生态产业，以解决农牧民的生存和发展问题；积极改善公共服务条件、完善基础设施，以强化社会管理与服务；依据生态系统修复成本、限制发展机会和发展权等因素，对农牧民的生产生活和基本公共服务进行生态补偿。三江源区作为重要生态功能区，其转变发展方式的初步探索，将生态保护与改善民生、发展地方经济紧密结合的可持续发展模式，以及生态价值观的树立，为我国生态文明建设奠定了实践基础。

当前，青海为了将三江源区真正建设成全国生态文明先行区和示范区，除了进一步实施生态保护与建设工程外，正在着力推进以下几个措施。一是全面加强生态修复力度，推进水资源和湿地保护，强化草原修复能力，通过草畜平衡、草地畜牧业现代化，实现生态的良性循环。二是注重软环境建设。三江源区的生态环境是典型的公共物品，除了青海地方政府以及各族群众的努力外，通过国家层面以及全社会的全方位支持，强化和树立生态也是资源、生态也需购买的社会意识。三是建立健全生态补偿机制。生态保护与建设不能忽视人的主体性，通过生态补偿机制不断促进人的发展，解决三江源区农牧民最关心、最直接、最现实的利益问题，根本改变当地农牧民的生存条件，真正促进人与自然协调的和谐稳定发展。四是积极培育生态产业。生态产业是三江源区生态保护及建设的突破口，受三江源区特殊的区位、市场、技术、资金等制约，生态产业的培育需要建立多元化投入机制，政府正在积极发挥扶持、宣传、引导和调节作用。五是弘扬优秀传统文化。针对三江源区具有神话色彩的民族宗教文化，要在给予足够的尊重和宣扬的基础上，深入挖掘传统文化中蕴含的生态环保理念，使传统文化精神内化为当地群众的自觉行动，增强保护生态环境的自觉性。

（二）三江源区城镇化发展特点及制约因素

"十二五"期间，三江源区坚持把城镇化作为生态保护与结构调整的重要切入点，其城镇化步伐明显加快，城镇空间布局趋于合理，城镇化水平快速提高，城市综合服务功能逐步增强。一是城镇化进程快速推进，经济集聚度逐年提高。随着三江源生态工程的持续推进，政府投入巨资建设了牧民社区住房，完善了排水、供电、医疗、卫生和教育等基础配套设施，三江源自然保护区近5万藏族牧民离开草原牧区走入城镇社区，这在改善当地牧民群众的生存环境和生活条件的同时，极大地推动了三江源区的城镇化进程。二是城镇体系逐步完善，发展空间得到拓展。目前三江源区初步形成了以玉树市为中心、州府县城为骨干、小城镇为基础的多层次城镇体系，城镇发展空间得到拓展。三是城镇综合服务能力明显提升，人居环境逐步改善。青海加大对三江源区城镇道路、住房、供暖、供排水、燃气、集中供热、通信等基础设施投入力度，生活垃圾处理、污水处理、公共绿地等环境设施大幅度改善，教育、医疗、文化体育、社会保障等公共服务设施水平和覆盖保障率明显提高，三江源区第三产业逐步发展壮大。四是体制机制改革不断推进，内生动力持续提升。通过实施《青海省"四区两带一线"发展规划纲要》《青海省新型城镇化规划》等，进一步深化户籍制度改革，积极建立以工促农、以城带乡长效机制，城乡一体的就业制度和覆盖城乡的基本公共服务均等化制度正在逐步形成，有效促进了农牧业转移人口向城镇集聚。

海拔高、地广人稀、生态保护建设任务繁重、产业支撑能力弱、多民族聚居等区情决定了三江源区城镇化建设仍面临特殊的制约因素。一是自然环境制约，该区海拔较高。海拔 3500 米以上的地区属于不适宜人类居住的地区，三江源区地处青藏高原，所有城镇都位于高海拔地区，绝大多数城镇海拔在 3600 米以上，不少县城和乡镇驻地的海拔高度在 4000 米以上。二是城镇体系不完善，城镇人口规模小。2014 年根据户籍人口计算的三江源区各州城镇化率分别是：黄南州 28.56%、海南州 32.03%、果洛州 25.57%、玉树州 33.01%。玉树市作为三江源区唯一的城市，城镇化率也仅为 16.87%。城镇经济规模偏小，集聚效应不足，公共基础设施难以发挥规模效益，城镇网关联度低，城镇间的市场交换难度大、成本高，造成生产资料在城镇体系内无法正常流动，城镇间要素能量无法相互承接。三是人口基数小，人口空间分布不均。三江源区城镇化面临的主要问题是人口规模小且分布广，多数城镇的人口规模不足 1 万人，地广人稀对现有城镇规模扩大、城镇规模经济效益与集聚效应的提高产生重大的影响。四是城乡公共服务以及基础设施建设差距大。受自然环境、地方财力以及人口分布状况的制约，三江源区城乡公共服务种类少、覆盖面小、对中央财政的依赖度高，城乡公共服务及设施建设仍处于较低水平。五是产业结构不合理，缺乏长效产业支撑。城镇化进程离不开产业支持，三江源区经济发展总体仍处于初始培育阶段，市场发育度低，产业发展支撑力弱，产业结构单一且层次低，主要以传统畜牧业为主，工业和服务业发展滞后，产业体系尚未完全建立，自我发展能力弱。六是缺乏持续稳定的利益补偿长效机制。三江源区相继实施了退耕还林、休牧育草、停止沙金开采和限制中草药采挖等一系列生态保护工程和措施，造成地方财政大幅减收，尽管国家给予当地农牧民一定的补偿经费，但解决农牧民长远生计的利益补偿长效机制尚未根本建立，三江源区城镇发展与生态保护建设任重道远。

二　中国三江源区城镇化与生态环境耦合发展路径

城镇化不仅是人口迁移、景观变化、产业集聚、环境改善的过程，也是城镇发展与周边生态环境之间相互作用、相互影响的过程。生态环境是城镇化发展的依托和基础，城镇化与生态环境协调发展指数表现出多样化的等级和类型，当城镇化水平发展到一定阶段时，生态环境压力也随之增大，同时人们的环境保护意识逐步增强，使两者的交互作用逐步走向适应与协调。交易成本理论和经济发展规律表明，人口越分散、稀疏，产业越小、越分散，资源消耗越大，对环境的破坏越大，传统发展方式导致资源枯竭、大气污染、环境破坏等生态环境问题，使城镇化与生态环境呈现出负耦合效应，而资源节约、低碳减排、环境友好、经济高效的新型城镇化道路能有效防止上述问题的产生，具有促进生态环境保护与建设的正耦合效应。

三江源区生态环境极其脆弱，一旦破坏就很难恢复，发展的生态环境约束性强。在生态保护第一的发展理念中，生态保护与环境改善既需要加大生态环境治理力度，又需要减轻生态环境压力，而通过向融绿色化和生态建设于产业发展之中的发展方式转变、优化产业结构、提高人口集聚度的城乡一体化发展道路，使城镇化与农牧业现代化、生态产业、信息化和绿色化同步，有利于控制生态环境保护区的农牧人口密度，有利于减轻人口对生态、草地等环境造成的压力，有利于发挥生态环境修复、重建和城镇化耦合的正效应，进而将三江源区建成全国重要生态功能区、新型生态城镇化的典型示范区。因此，在三江源区发展尚处于起步阶段时注重新型城镇化与生态环境正耦合效应的发挥，通过建立健全生态补偿机制、政府主导和扶持机制，走建设迁移—聚集型城乡一体新型生态城镇的可持续发展路径，是在有效保护三江源区生态环境前提下积极推进城镇化的关键举措，也是三江源区实现全面建成小康社会目标的重要路径。

（一）依托现有城镇基础，着力推进三江源区新型生态城镇化进程

只有将生态文明理念融入三江源区的城镇发展全过程，在重视培育和充分发挥现有城镇集聚效应的同时，积极转变经济发展方式，才能为构建绿色生产方式、生活方式、消费模式和生态环境制度体系奠定基础。

（1）将三江源区基础较好的县城优先打造成具有鲜明民族特色的新型生态城镇。在生态系统承载能力范围内，着力加强三江源区县域城镇建设，注重构建主要县城的生态特色体系、基础设施体系以及生态保障体系。一是以信息化建设为抓手，完善县城服务功能，将信息化融入县城交通、能源、通信、供水、供气、供热等基础设施和医院、学校、市场、银行等各项公共设施的配套建设中，推动电子商务发展，增强县城的人口吸引力和承载力。二是在县城发展规划和布局上应着重考虑资源、环境的合理利用，注重绿化、废弃物处理、公共设施及工业区、生活区的布局和建设，充分利用三江源区丰富的太阳能和风能，大力发展绿色能源，加强节约型、环保型建筑材料及建筑新技术的引进、开发和应用，打造高原生态城镇。三是注重三江源区不同县城的历史背景、民俗、民风、文化渊源和经济社会发展特点，充分利用独特的高原风光、得天独厚的自然景观和民族人文风貌等优势，建设有民族特征和文化特色的县城。

（2）抓住新型城镇化建设契机，加快推进三江源区生态城镇体系建设。加快完善三江源区生态城镇等级体系，形成以州府所在城镇—重点镇—中心镇为主体，梯次鲜明、功能协调、布局合理的生态城镇发展框架，形成具有高原民族特色，多元化、差异化的新型生态城镇体系，并使之成为支撑三江源区经济社会发展的重要动力源。一是强化玉树市、结古镇、同仁县、共和县州府所在核心区的城镇集聚辐射带动作用，加强与周边重点镇的基础设施连接，积极发展公共交通，培育通勤高效的藏区城镇发展圈，使其成为三江源区的重要节点城镇，加快三江源区生态城镇体系建设整体步伐。二是按照优先发展的思路，集中打造自然条件相对较好、区位优势相对突出、交通相对便利的重点发展城镇，突出高原自然生态特色、民族人文特色、历史文化特色、城镇风貌特色，因地制宜发展综合服务型、交通物流型、旅游商贸型和畜牧业发展型的精品生态重点镇，强化其与牧区连接的纽带作用。

（3）以生态补偿政策建立和完善三江源区新型生态城镇建设的体制机制。近几年的发展实践证明，以城镇发展为战略重点是三江源区生态修复的关键点。三江源区的城镇基础设施建设欠账较多，水、电、路、通信等基础设施非常薄弱，随着生态保护与建设工程的实施，各城镇生态迁移和转产的人口集聚，原有低层次的城镇基础设施不能满足发展需要，不仅制约着当地经济社会的发展，而且影响到三江源区生态保护和建设的顺利开展。三江源区生态保护使诸多产业发展受限，地方财政主要靠中央转移支付，迫切需要通过建立长效生态补偿机制，将推进生态城镇综合服务体系建设纳入三江源生态保护与建设工程中。一是建立健全三江源区生态城镇化建设的补偿政策体系，依托三江源国家生态保护与建设综合试验区，以财税制度改革为契机，积极争取国家对三江源区的补偿政策。国家可设立新型生态城镇建设补偿专项资金，增加补偿额度，以专项补助、财政补贴、转移支付等方式，支持三江源区生态城镇的水、电、路等基础设施建设。二是大力支持三江源区迁移和转产人口集中聚居的小城镇和集镇的发展，重点支持集中供热、供水、污水处理、道路给排水、防洪、县城巷道硬化和亮化、旧城区改造等设施建设，完善和提升生态城镇的功能，形成人口相对集聚区发展与生态保护的协调推进。三是积极衡量经济增长与资源环境代价，探索符合三江源区城镇发展实际的绿色地区生产总值考核体系，把生态产业、城镇和牧区居民收入、人居环境改善、城镇发展等纳入目标责任和绩效考核中，推动生态城镇经济与生态的协调发展。

（二）人口集聚与城镇建设相结合，推进三江源区人口城镇化

三江源区地广人稀，高山、荒漠、沼泽地和无法垦殖的不毛之地占了很大比例，加之生态脆弱且水资源、草场资源比例严重失衡，三江源区人口与资源环境的矛盾仍然十分突出。从资源环境承载能力看，三江源区人口增长较快，人类活动强度超出了生态环境的承载能力。据测算，三江源区户籍人口超载 20 多万人[①]，草原牲畜超载较为严重。从近年来减人减畜实践看，三江源区通过建立生态补偿机制、进一步推进城镇化来消化和吸收超载人口，持续、显著地改善了人口与资源环境的关系，不仅减少了生态领域活动的人口，缓和了人口与资源环境的尖锐矛盾，而且促进了非牧业发展，使迁移牧民的生产生活环境得到质的飞跃，人口城镇化已成为推进三江源区生态环境从根本上逆转恶化趋势的重要路径。

（1）统筹三江源区城镇与牧区互动融合及一体化发展。自三江源区实施退牧还草、游牧民定居以及生态保护工程以来，三江源区人口城镇化进程加速推进，把城镇与牧区互动融合发展纳入三江源区整个发展全局中进行谋划和综合考虑，有利于促进城镇与牧区间各种资源要素的合理流动和优化配

---

① 在现有经济技术条件下，一个地区可以容纳的从事正常的农、林、牧、渔业生产经营活动而又不使该地生态环境恶化的最大人口数，称为生态承载人口。一个地区现有人口减去其生态承载人口便是该地区的生态超载人口。

置，实现城镇与牧区均衡、持续、一体化的协调发展。一是确立城镇与牧区开放、平等、统筹的发展观念。以稳步推进藏区牧民转产就业、完善迁移牧民公共服务和定居点建设为重点，加快推进生态就业、义务教育、社会保障、户籍制度等的改革，增加生态公益岗位，使更多牧民转变为三江源区生态保护者，这不仅有利于生态修复，而且有利于人口的相对集聚，创建牧民同城镇融合发展的制度平台。二是根据社会经济发展需求，把牧民的职业教育和培训作为一种社会福利，持续加大投入力度，创造牧民参与城镇建设和城镇社区活动的文化环境，增强牧民对城镇社会的认同感，使其尽快融入城镇生活。

（2）建立和完善补偿政策，提升三江源区城镇社会发展和公共服务的水平。一是将各项社会事业发展及公用基础设施建设纳入生态补偿范围，加大对三江源区城镇的公共服务、基本医疗服务以及社会保障体系建设，加大城镇寄宿制学校建设，发展职业技术教育，加强进城牧民在子女教育、就业、基本养老、基本医疗、住房保障、社会救助等方面的公共服务，建立开放式、服务化的社会管理体系，逐步提高基本公共服务能力和水平。二是建立和完善牧民转产补偿机制，加快建设三江源区公共就业和人才服务中心服务信息化系统，积极开展社区服务、养老服务、家政服务以及保洁、绿化等公益性事业，重点围绕具有鲜明特色的民族手工业、中藏药业、旅游加工业等，设立转产基金，开展创业服务、就业援助、职业技能培训，加快精准脱贫步伐。三是推进和完善社会保障体系建设，建立三江源区以物质性救助为基础，以服务性救助、发展式救助为补充的，公正、全面和高效的社会救助体系，逐步逐级建立城镇与牧区一体化的社会保障体系。

（3）结合三江源区区情，走具有高原生态特色的人口城镇化道路。一方面，促进三江源区游牧民生产生活的相对集中区建设。三江源区人口分布较为分散，在自然条件的适居性、产业的聚集性、交通的通达性、生态的优良性等方面具备优良条件的牧区十分有限，可优先选择走居住"村落化"、设施集中化、畜牧工厂化的特殊人口城镇化之路，把三江源生态脆弱区的人口自然集聚地建成生态型小集镇或生态型村落。另一方面，结合相关工程建设，整合各种扶贫资金、生态治理资金、退耕还林还草资金和扶贫搬迁资金，加强搬迁人口的社区建设，改善社区道路、能源、通信等公共服务条件，降低商品交易费用，为人口城镇化奠定基础。

（三）着力打造三江源生态品牌，建设在国内外具有独特影响力的生态产品供给基地

根据三江源区生态功能特性、资源环境承载能力，统筹生态保护和经济社会发展，将三江源区划分为重点保护区、一般建设区和承接转移发展区，明确功能定位，确立产业发展的绿色化方向，积极打造青海绿色、有机畜产品交易中心，特色高原生态旅游基地，藏民族宗教文化传承基地，依托新型生态城镇建设构建生态产业集聚基地。

（1）积极培育、扶持三江源区生态型产业。利用三江源区比较优势，制定扶持和鼓励发展地方特色绿色产业的优惠政策，大力支持发展以生态、绿色为主体的旅游、藏毯编织、畜产品加工、高原特色生物资源开发利用等产业。

第一，构建三江源区生态畜牧业发展长效机制。一是加大对畜产品储备体系建设的投入力度，针对三江源区畜牧业自然灾害发生频繁、损失严重的现状，运用保险的风险补偿手段支持生态畜牧业发展，积极争取种粮直补政策延伸到生态畜牧业领域。二是加大人力资本投资，设立农牧民培训专项基金，对农牧民进行专业技术培训，使之更好地适应生态畜牧业的发展。三是扶持三江源区建立开放公平和竞争有序的草地产权交易和租赁市场，提供草地流转信息登记发布、草地评估、谈判交易、合同签订鉴证、法律政策咨询、纠纷调解等服务，促进牧区草地流转的有序进行。四是支持生态畜牧业的产业化发展，进一步健全合作社的运行机制，加大对畜产品加工企业主体的培育，着力强化畜产品的精深加工。五是加快推进三江源区绿色、有机认证工作，建立绿色经济国家级产业园区，促使三江源区的畜产品依托无公害、无污染、安全、健康、优质的绿色认证，提升自身市场竞争力和经济效益，为西部乃至全国其他省份发展绿色经济提供范式。

第二，支持三江源区高原生态旅游业加快发展。一是充分挖掘三江源区丰富而独特的生态旅游资源，突出类型多，景点多，功能多，旅游资源独特、珍贵、稀有的特点，设立三江源区高原生态旅游业发展专项基金，加大重点景区基础设施建设的投入力度，支持三江源区重点景区生态环境保护、文化遗产保护以及景区水电路等设施建设。二是对三江源区国家扶贫开发重点县中资源丰富、特色突出的县，创新扶贫开发模式，将其作为国家级旅游扶贫示范县进行着力扶持。三是将三江源区重点精品旅游线路纳入国家旅游

精品线路，促进区域旅游合作，提升旅游知名度，使生态旅游业成为三江源区产业转型升级的重要突破口。

第三，促进三江源区民族手工业和中藏药加工业发展壮大。一是引导政策性银行及商业银行加大对三江源区民族手工业和中藏药加工业的信贷支持力度，将生物资源开发利用、藏药研发及现代化生产等一些关键性控制性技术攻关列入国家级或省级科技计划，加大对三江源区相关生态产业发展关键技术攻关的科研经费投入，建立完善的藏药质量标准体系和藏医药研究基地。二是制订三江源区民族手工艺人的传承和培养计划，着力培养后续人才，通过政策优惠、项目带动、资金扶持、技术指导等方法引导牧民群众从事民族手工艺品加工、商贸、运输及中藏药生产等产业。

（2）积极构建三江源区的发展区域板块、实验区及产业集聚基地。

第一，加快发展三江源区沿黄河东段区域。该区域主要包括兴海县、同德县、河南县和泽库县。围绕构建高原现代农牧业的主攻方向，以海南生态畜牧业国家可持续发展实验区为核心、黄南有机畜牧业实验区为助力，打造高原生态畜牧业生产基地和以高原动植物为特色的生物产业基地。加快黄南热贡文化生态保护实验区建设，整合现有文化传媒资源，逐步建成特色文化创意产业基地。同时，依托三江源区沿黄河东段较好的市场环境，以牧业合作社和龙头企业为核心，以绿色化为路径，加快推进三江源区三次产业的融合发展，形成三江源区的经济增长和集聚基地。

第二，加快推进三江源核心区域的生态保护与修复。三江源核心区域主要包括玉树州各县和果洛州各县。要以建设国家草地畜牧业发展试验区为契机，以生态畜牧业和有机畜牧业发展为主题，以生态补偿机制为核心，以科技为支撑，创新草原管护体制，强化生态系统自然修复功能，控制草原利用强度，实现草畜平衡，建成全国重要的生态安全屏障和青海藏区重要的生态功能区。

第三，加快建设三江源区特色生态产业园。在三江源区形成若干个有特色的生态产业园，建立循环经济发展模式，通过发展生态旅游业，促进交通、餐饮、导游、建筑、环保、信息、文化、商贸、媒体、娱乐、演出、工艺品等多项产业循环发展，实现资源的梯次开发、重复利用和废物的低度甚至是零排放，为培育相关生态产业链奠定基础。

（3）构建开放型的对外发展环境及市场环境。

第一，建设开放型的发展环境。利用国家"一带一路"建设契机，积极融入丝绸之路经济带建设，以生态城镇为节点，探索建立与中亚、西亚和南亚各国的畜牧业发展合作机制和生态保护绿色合作机制，促进畜产品、旅游、文化、中藏药等方面的对外交流合作，以有机畜牧业、清真食品、民族手工业和高原生态旅游业发展为基础，实施外贸品牌发展战略和绿色发展战略，有针对性地培育一批具有民族特色的出口商品，支持地方政府在丝绸之路沿线国家设立"三江源精品窗"，为三江源区民族特色产品培育外向型联动的发展环境。

第二，培育竞争有序的市场环境。根据三江源区不同城镇经济发展水平和市场发育程度，因地制宜地发挥政府的统筹引导作用和市场配置资源的决定性作用，更有针对性地推动三江源区生态城镇的市场化发展。鉴于三江源区较高的运输成本，为了进一步培育市场力量，建议将三江源区重点新型生态城镇设定为免税区，加大中央财政转移支付力度，对在三江源区从事生态环保、服务业、旅游业、民族手工业等的非公经济体和农牧民免征增值税、营业税等各类税收，以培育城镇初始的市场聚集力，为实体经济发展创造更好的市场环境。

参考文献

［1］刘耀彬：《城市化与生态环境耦合机制及调控研究》，经济科学出版社，2007。

［2］李波、张吉献：《中原经济区城镇化与生态环境耦合发展时空差异研究》，《地域研究与开发》2015年第3期。

［3］李静、杨哲：《三江源自然保护区有关政策助推当地城镇化发展——基于青海省称多县牧业村的调查》，《中国民族报》2015年第2期。

［4］苏海红、德青措：《依托园区构建青海特色城镇化发展研究》，《青海社会科学》2013年第4期。

［5］陈晓红、万鲁河：《城市化与生态环境耦合的脆弱性与协调性作用机制研究》，《地理科学》2013年第12期。

城市建设用地区域差别化
配置研究

钟国辉　郭忠兴[*]

摘　要　本文通过考虑相邻省份空间溢出性，推导城市建设用地边际生产率的测算公式，以边际生产率为依据研究城市建设用地区域差别化配置。研究发现：①一省份城市建设用地每增加1%，该省份自身产出将提高0.25%，而与其相邻的省份的产出将提高0.0125%，因此中央政府在配置城市建设用地时，还应考虑城市建设用地对相邻区域产生的影响；②城市建设用地边际生产率较高区域主要集中在福建、江苏和天津等省份，较低区域主要集中在宁夏、海南和新疆等省份，而在东中西部，城市建设用地平均边际生产率是依次递减的；③中央政府在省级区域层面配置城市建设用地时，存在一定的政府失灵，但在东中西部这种大的区域层面配置城市建设用地时，表现得较为合理。因此，对边际生产率较高、城市建设用地供给过少的区域应增加城市建设用地供给，对边际生产率较低、城市建设用地供给过多的区域应减少城市建设用地供给，进而提高城市建设用地配置效率和利用效益。

关键词　边际生产率　空间溢出性　城市建设用地　区域　差别化配置

---

* 通讯作者简介：郭忠兴，男，南京农业大学公共管理学院教授、博士生导师，主要从事农业经济与管理研究工作。邮箱：gzx@njau.edu.cn。

一　引言

土地资源在人类利用的一切自然资源中，是最宝贵和最基本的资源之一，它对我国宏观经济的发展具有重要作用。为促进宏观经济的可持续发展，2003 年国家正式提出运用土地政策进行宏观调控，但我国地域辽阔，各地区社会经济发展状况均呈现出不同的特点，客观上要求我国应对土地配置实行差别化管理，因地制宜制定土地政策。而城市建设用地区域差别化配置作为土地差别化管理的重要内容，对提高城市建设用地配置效率和利用效益具有积极作用。因此，探讨中央政府通过何种依据实施城市建设用地区域差别化配置，并通过实证研究提出适合国情的城市建设用地区域差别化配置的政策建议具有重要的指导意义。

已有文献在研究土地等资源差别化管理时主要有以下几种方法。一是基于测算的弹性系数分析（Jeffrey Wurgler，2000；Barr、Babcock 和 Carriquiry，2011；Lavee 和 Doron，2015），但弹性系数较高，并不意味着配置效率和边际产出较高；二是基于土地利用适宜性的分析（Bin Quan、Hejian Zhu 和 Songlin Chen，2007；Florent、Marius 和 Andre，2001），但土地利用适宜性指标会因受到主观因素的影响而不准确；三是基于土地利用比较优势的分析（Hanink 和 Cromley，2005；Hualou Long、Gerhard 和 Xiubin Li，2007），比较优势是相对指标，比较优势高，并不意味着边际产出高；四是利用数据包络分析测算效率（Adhikari、Chandra Bahadur 和 Bjorndal，2012；Lopes、Camanho，2013；Singh、Taptej 和 Kaur，2014），但 DEA 模型要求被评价单元具有较高的同质性，DEA 模型对被评价单元的投入和产出要素变动所具有的敏感性、非随机方式等均会影响评价结果的准确性。因此，如果依据上述指标配置城市建设用地，显然会因为其自身不足而导致配置结果产生偏差。同时在空间上，任何事物都存在或强或弱的空间相关性（Tobler，1979），这使得我国经济增长存在空间溢出性（Wenqing Pan，2013）。因此在研究城市建设用地区域差别化配置时，还应考虑空间溢出性，而上述研究均未考虑该影响因素。为综合考虑，本文以城市建设用地边际生产率为依据研究城市建设用地区域差别化配置。

本文主要由以下几部分组成：第一部分是在考虑空间溢出性的条件下，界定边际生产率概念，并分析边际生产率在城市建设用地区域差别化配置中的作用机制；第二部分是以柯布—道格拉斯生产函数为基础模型，构建固定效应空间滞后模型，推导城市建设用地产出弹性的测算方法，进而推导城市建设用地边际生产率的测算公式；第三部分是选取指标并对其进行统计描述；第四部分是利用固定效应空间滞后模型估计城市建设用地产出弹性；第五部分是测算各区域城市建设用地边际生产率、直接边际生产率和间接边际生产率；第六部分是构建城市建设用地区域配置的评价方法并对各区域城市建设用地配置进行评价；最后一部分是结论。

二　城市建设用地区域差别化配置的依据

本文以边际生产率作为城市建设用地区域差别化配置的依据。由于存在空间溢出性，城市建设用地不仅对本区域经济增长具有影响，而且会对相邻区域经济增长产生影响，因此城市建设用地边际生产率包含城市建设用地直接边际生产率和城市建设用地间接边际生产率。城市建设用地直接边际生产率表示一区域增加一单位城市建设用地，该区域自身产出增加的数量。城市建设用地间接边际生产率表示一区域增加一单位城市建设用地，由于空间溢出性，与该区域相邻的区域产出增加的数量。边际生产率在城市建设用地区域差别化配置过程中的作用机制见图1。图1横轴为城市建设用地面积，纵轴为城市建设用地边际生产率和直接边际生产率。假设 A 区域与 B 区域相邻，线 *EF* 表示 A 区域城市建设用地直接边际生产率曲线，线 *GH* 表示 A 区域城市建设用地边际生产率曲线，线 *CD* 表示 B 区域城市建设用地直接边际生产率曲线，线 *JI* 和线 *KL* 分别表示在不同间接边际生产率条件下，B 区域城市建设用地边际生产率曲线。

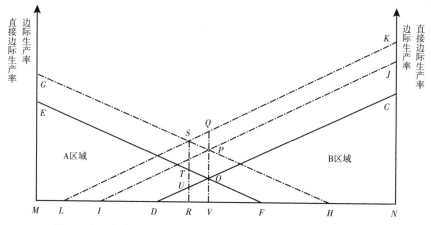

图1　边际生产率在城市建设用地区域差别化配置中的作用机制

从图 1 可知，在不考虑空间溢出性的条件下，A 区域与 B 区域城市建设用地分别只有直接边际生产率，此时直接边际生产率曲线 EF 和 CD 相交于点 O，依据经济学理论可知，在城市建设用地一定的条件下，当 A 区域与 B 区域的城市建设用地直接边际生产率相等时，城市建设用地产出将实现最大化，因此 A 区域应配置 MV 的城市建设用地，B 区域应配置 NV 的城市建设用地，此时两区域直接边际生产率相等，总产出达到最大化，即平面 EMNCO。

但由于相邻区域之间存在空间溢出性，城市建设用地边际生产率不仅有直接边际生产率，而且包含间接边际生产率。在存在间接边际生产率的条件下，A 区域与 B 区域的边际生产率曲线将分别高于自身的直接边际生产率曲线，即在直接边际生产率曲线的基础上，边际生产率曲线均将向上移动。当 A 区域与 B 区域的间接边际生产率相等时，即相对于直接边际生产率曲线而言，两区域的边际生产率曲线上升相同的幅度，分别为曲线 GH 和曲线 JI，二者相交于点 P，如果要实现城市建设用地产出最大化，A 区域应配置 MV 的城市建设用地，B 区域应配置 NV 的城市建设用地，此时两区域的边际生产率相等，A 区域城市建设用地 MV 带来的自身产出为 EMVO，空间溢出性带来的间接产出为 EOPG，B 区域城市建设用地 NV 带来的自身产出为 CNVO，由于空间溢出性而带来的间接产出为 COPJ，此时总的直接产出为 EMNCO，总的间接产出为 EOCJPG，总的产出为总的直接产出与总的间接产出之和。

B 区域的城市建设用地间接边际生产率高于 A 区域的间接边际生产率，将会导致 B 区域的城市建设用地边际生产率曲线上升幅度高于 A 区域，此时 B 区域的边际生产率曲线为 KL，A 区域的边际生产率曲线为 GH。假如此时还是保持 A 区域配置 MV 的城市建设用地，B 区域配置 NV 的城市建设用地，那么此时 B 区域的城市建设用地边际生产率将高于 A 区域，并且此时两区域的总产出为 NVQK + VMGP。此时由于 B 区域边际生产率高于 A 区域，如果将 A 区域的城市建设用地 RV 配置给 B 区域，那么 A 区域与 B 区域的边际生产率将相等，两者的边际生产率曲线相交于点 S。此时 A 区域城市建设用地 MR 带来的自身产出为 EMRT，空间溢出性带来的间接产出为 ETSG，B 区域城市建设用地 NR 带来的自身产出为 CNRU，空间溢出性带来的间接产出为 CUSK，此时两区域总产出为 GMNKS，相对于将 RV 的城市建设用地配置给 A 区域，城市建设用地总产出将增加 QPS。

因此，在城市建设用地区域差别化配置过程中，不仅要考虑城市建设用地直接边际生产率，而且要考虑城市建设用地间接边际生产率。在城市建设用地一定的条件下，依据各区域城市建设用地边际生产率高低，差别化配置城市建设用地，对边际生产率高的区域优先配置城市建设用地，对边际生产率低的区域减少城市建设用地配置，进而提高城市建设用地总产出，促进经济增长。所以各区域城市建设用地边际生产率的大小可为城市建设用地区域差别化配置提供依据。

三　城市建设用地边际生产率的测算方法

（一）固定效应空间滞后模型

C - D 生产函数可以用来分析国家或区域的投入与产出关系，因此本文利用 C - D 生产函数作为基础模型构建固定效应空间滞后模型。C - D 生产函数可表示为：

$$Y_{it} = AL_{it}^{a_1} K_{it}^{a_2} M_{it}^{a_3} e^{\varepsilon_{it}} \tag{1}$$

对公式（1）两边同时取自然对数可得：

$$\ln Y_{it} = \ln A + a_1 \ln L_{it} + a_2 \ln K_{it} + a_3 \ln M_{it} + \varepsilon_{it} \tag{2}$$

在公式（1）和公式（2）中，$i = 1, 2, \cdots, N$；$t = 1, 2, \cdots, T$；a_1、a_2、a_3 分别表示投入的劳动力 L、资本存量 K、城市建设用地 M 的产出弹性；A 为全要素生产率；ε 为随机干扰项。

传统计量方法假定观测值是独立的，但在现实中，并不存在完全独立的观测数据，尤其是空间数据，因此传统计量方法估计的结果将会产生偏差。与传统计量方法假设个体之间相互独立不同，空间计量方法的出发点是认为个体之间存在相互影响，因此有必要考虑空间相关性。空间相关性是指一个区域的样本观测值和其他区域的观测值相关（Paelinck 和 Jean，1979）。空间相关性在空间回归模型中主要体现在因变量和误差项的滞后项上，两种基本的空间计量经济学模型是空间滞后模型（SAR）和空间误差模型（SEM）。空间滞后模型主要研究某一区域是否存在空间溢出效应（即扩散现象），空间误差模型主要研究相邻区域因变量的误差冲击对本区域因变量观测值的影响。Fingleton（2004）认为经济增长在不同区域的外溢性主要源于生产技术扩散或生产要素的外部性等，随机冲击对各区域经济外溢的作用较小。因此空间滞后模型更有利于解释空间溢出效应，所以本文采用空间滞后模型进行分析。

空间权重的选取是空间计量模型的重要内容。本文认为经济发展水平越高，资本和技术等的溢出效应越强，空间权重与经济发展水平有关，因此采用相邻省份的经济发展水平作为空间权重。空间权重的计算方法为：

$$W_{ij} = \begin{cases} \dfrac{R_{ij}}{\sum\limits_{j=1} R_{ij}} & i\text{省与}j\text{省相邻} \\ 0 & \text{不相邻} \end{cases} \tag{3}$$

在公式（3）中，R_{ij}表示相邻省份i与j的经济发展水平，将其标准化之后作为空间权重。面板数据估计模型主要有固定效应模型和随机效应模型，而当截面单位不是随机的抽取于一个很大的总体，而是包含总体的所有个体时，一般来说，利用固定效应模型估计是合理的（贺铿，2010）。考虑到本文选取我国30个省份（除西藏、香港、澳门和台湾外）作为研究对象，样本数据几乎为全部母体，因此本文选择固定效应空间滞后模型。在传统固定效应模型中加入空间滞后被解释变量之后得到固定效应空间滞后模型为：

$$\ln Y_{it} = \ln A + a_1\ln L_{it} + a_2\ln K_{it} + a_3\ln M_{it} + \rho\sum_{j=1}^{n} W_{ij}\ln Y_{jt} + \alpha_i + \delta_t + \varepsilon_{it} \tag{4}$$

公式（4）中α_i、δ_t分别表示地区固定效应与时间固定效应，ρ为空间滞后项系数，Anselin（2003）认为空间滞后模型因变量的影响因素会通过空间传导机制来作用于其他区域。ρ表示经济增长的空间溢出效应，指相邻省份经济增长提高1%，则该省份经济增长提高ρ%，因此在考虑空间溢出性的条件下，城市建设用地投入不仅对本区域经济增长具有促进作用，同时由于空间传导作用，城市建设用地投入还会对相邻省份经济增长产生影响。所以城市建设用地产出弹性不仅包含直接产出弹性a_3（城市建设用地投入对自身产出的影响），也包含间接产出弹性ρa_3（城市建设用地投入对相邻省份产出的影响）。

（二）推导城市建设用地边际生产率测算模型

在考虑空间溢出性的条件下，城市建设用地边际生产率包含城市建设用地直接边际生产率和城市建设用地间接边际生产率。城市建设用地直接边际生产率表示一区域增加一单位城市建设用地，该区域自身产出增加的数量。城市建设用地间接边际生产率表示一区域增加一单位城市建设用地，由于空间溢出性，与该区域相邻的省份产出增加的数量。而依据公式（4）可知，城市建设用地直接产出弹性为 a_3，间接产出弹性为 ρa_3。

假设 i 省与 j 省相邻，依据经济学理论可知，i 省城市建设用地直接边际生产率可表示为：

$$MP_1 = \frac{\Delta Y_i}{\Delta M_i} \tag{5}$$

由 $a_3 = \dfrac{\dfrac{\Delta Y_i}{Y_i}}{\dfrac{\Delta M_i}{M_i}}$ 可推导出：

$$MP_1 = \frac{\Delta Y_i}{\Delta M_i} = \frac{\dfrac{\Delta Y_i}{Y_i}}{\dfrac{\Delta M_i}{M_i}} \cdot \frac{Y_i}{M_i} = a_3 \cdot \frac{Y_i}{M_i} \tag{6}$$

MP_1 表示城市建设用地直接边际生产率，Y_i 表示 i 省产出，M_i 表示 i 省城市建设用地面积。从公式（6）可知，城市建设用地直接产出弹性越大、自身产出越高或自身的城市建设用地面积越小，城市建设用地直接边际生产率越高。反之，城市建设用地直接边际生产率越低。

城市建设用地间接边际生产率表示自身城市建设用地增加一单位，相邻省份产出增加的数量，那么 i 省城市建设用地间接边际生产率可表示为：

$$MP_2 = \frac{\Delta Y_j}{\Delta M_i} \tag{7}$$

由于 $a_3 = \dfrac{\dfrac{\Delta Y_i}{Y_i}}{\dfrac{\Delta M_i}{M_i}}$，在考虑空间溢出性和空间权重条件下，可知 $\rho W_j = \dfrac{\dfrac{\Delta Y_j}{Y_j}}{\dfrac{\Delta Y_i}{Y_i}}$，

因此可以推导出：

$$MP_2 = \frac{\Delta Y_j}{\Delta M_i} = \frac{\dfrac{\Delta Y_i}{Y_i}}{\dfrac{\Delta M_i}{M_i}} \cdot \frac{\dfrac{\Delta Y_j}{Y_j}}{\dfrac{\Delta Y_i}{Y_i}} \cdot \frac{Y_j}{M_i} = a_3 \cdot \rho W_j \cdot \frac{Y_j}{M_i} \tag{8}$$

MP_2 表示城市建设用地间接边际生产率，Y_j 表示 j 省产出。由公式（8）可知，间接产出弹性越大，间接边际生产率越大，而间接产出弹性又会受到空间溢出性的影响，因此空间溢出性越高，间接边际生产率越高；空间权重越大，间接边际生产率越高；相邻省份的产出越大，间接边际生产率越高，这也可以反映出经济增长在空间上的集聚性，因为经济增长在空间上的集聚会促进间接边际生产率提高；自身的城市建设用地面积对间接边际生产率的影响与其对直接边际生产率的影响一样，自身城市建设用地面积越小，间接边际生产率越高。反之，间接边际生产率越低。

当 i 省周围有多个省份与其相邻时，i 省城市建设用地边际生产率可表示为：

$$MP = MP_1 + MP_2 = a_3 \cdot \frac{Y_i}{M_i} + \sum_{j=1}^{n} a_3 \cdot \rho W_j \cdot \frac{Y_j}{M_i} \tag{9}$$

$j = 1, 2, 3, \ldots, n$ 表示与 i 省相邻的省份。因此，城市建设用地边际生产率受到城市建设用地直接边际生产率与城市建设用地间接边际生产率的综合影响。城市建设用地直接边际生产率受自身产出、自身城市建设用地面积以及直接产出弹性影响。城市建设用地间接边际生产率受相邻省份产出、自身城市建设用地面积、空间权重以及间接产出弹性影响。

四　指标说明及统计描述

（一）指标说明

本文采用城市建设用地面积作为城市建设用地投入，城市建设用地面积数据源于《中国城市建设统计年鉴》。利用城市第二产业、第三产业增加值表示产出，地级及地级以上城市市区第二产业、第三产业增加值数据源于《中国城市统计年鉴》，县级城市第二产业、第三产业增加值数据源于国研网统计数据库，并利用城市居民消费价格指数将各省份第二产业、第三产业增加值折现到基期年（2001 年为基期年），城市居民消费价格指数源于《中国统计年鉴》。利用第二产业、第三产业年末从业人员数据表示劳动力投入，第二产业、第三产业年末从业人员数据分为年末单位从业人员数据以及私营和个体从业人员数据，地级及地级以上城市市区年末从业人员数据源于《中国城市统计年鉴》，县级城市年末从业人员数据源于国研网统计数据库，由于县级城市中私营和个体从业人员数据缺失，本文假设在每个省份之中，地级及地级以上城市市区的单位从业人员与私营和个体从业人员的比例与县级城市相同，以此来测算县级城市中的私营和个体从业人员数据。经济发展水平利用各省份 2001～2011 年城市第二产业、第三产业增加值的平均值表示。由于我国目前的各类统计年鉴中并没有资本存量的统计数据，因此在研究过程中首先应核算资本存量。关于资本存量的核算，本文采用 Goldsmith（1951）开创的永续盘存法进行核算。永续盘存法可表示为：

$$K_t = K_{t-1}(1 - \delta) + I_t \qquad (10)$$

由公式（10）可知，核算资本存量必须知道以下四个变量：一是当年投资 I，二是折旧率 δ，三是投资品价格指数，四是基期年资本存量 K。对于当年投资 I，本文采用当年固定资产投资作为当年投资，地级及地级以上城市市区固定资产投资数据源于《中国城市统计年鉴》，县级城市固定资产投资数据源于国研网统计数据库。由于本文主要考虑非农经济的投入与产出，所以剔除第一产业投资，而在城市固定资产投资中并未区分三次产业投资。在样本期内，从全国范围来看，全国第一产业固定资产投资占总投资的比例约为 2.8%，全国第一产业增加值占国内生产总值的比例约为 11.1%，第一产业增加值比例约为第一产业固定资产投资比例的 4 倍①。本文假设城市第一产业增加值比例也为城市第一产业固定资产投资比例的 4 倍，由此计算各地区城市第一产业固定资产投资，进而推算各地区城市第二产业、第三产业固定资产投资。对于投资品价格指数，本文采用固定资产投资价格指数将各年固定资产投资折现到基期年，固定资产投资价格指数源于《中国统计年鉴》。对于当年折旧率 δ，Young（2000）认为各省份的折旧率为 6%，但王小鲁等（2000）则认为应该是 5%，考虑到合理性，本文采用二者的均值 5.5% 作为资本存量的折旧率。对于基期年资本存量 K，本文借鉴 Kohli（1978）的方法，测算基期年资本存量。

$$K_t = \frac{I_t}{\delta + r} \qquad (11)$$

公式（11）中，K 为基期年资本存量，I 为固定资产投资，δ 为折旧率，r 为固定资产投资的年平均增长率。因此，结合公式（10）和公式（11），就可以测算 2001～2011 年各省份资本存量。

---

① 数据整理于《中国统计年鉴》。

（二）统计描述

由于数据缺失，本文的研究范围不含西藏、香港、澳门和台湾。从表
1 中各指标数据的最大值、最小值和标准差可知，我国各经济指标的差异
均较大，从离散系数可知差异最大的指标为资本存量，这意味着我国各省
份经济发展水平存在较大差异，经济发展并不均衡。为达到合理配置城市
建设用地的目的，城市建设用地配置应体现区域之间的差异性，应制定差
别化土地管理政策。

表1　2001～2011 年各指标数据的统计描述

指　标	最大值	最小值	平均值	标准差	离散系数
城市建设用地面积(km^2)	5014.06	97.35	1160.62	839.16	72.30%
产出(亿元)	38971.99	92.91	5498.17	6220.65	113.14%
资本存量(亿元)	79196.96	264.79	10421.53	12019.13	115.33%
劳动力(万人)	2175.19	24.10	481.32	387.96	80.60%
经济发展水平(亿元)	22349.24	299.96	5498.17	5286.67	96.15%

五　固定效应空间滞后模型估计

空间计量经济学模型一般采用 ML 方法来估计，但 ML 方法一般是在空
间计量经济学的截面数据回归过程中使用，直接在空间面板数据上使用是有
问题的（Kelejian、Prucha，1999），这一问题的解决途径是利用蒙特卡罗的
方法来近似对数似然函数中雅克比行列式的自然对数（Barry、Pace，1999），
使用 Lesage 和 Elhorst 编制的空间计量经济学程序并利用 Matlab 软件就可实
现这种方法。固定效应空间滞后模型估计结果见表 2。

表2　固定效应空间滞后模型估计结果

模　型	a_1	a_2	a_3	ρ	常数项	Corr2
地区固定效应	0.12 *** (2.64)	0.25 *** (10.31)	0.04 (0.73)	0.55 *** (16.03)	2.01 (0.07)	0.95
时间固定效应	0.46 *** (9.68)	0.48 *** (14.03)	0.25 *** (5.05)	0.05 *** (4.17)	3.33 (0.04)	0.97

续表

模　型	a_1	a_2	a_3	ρ	常数项	Corr2
双向固定效应	0.02 (0.49)	0.14*** (5.17)	0.01 (0.31)	−0.08 (−1.25)	16.03*** (2.66)	0.09
空间相关性检验	Moran 指数		LM−lag		Robust LM−lag	
	0.12***		13.11***		9.38***	

　　注：*表示在10%的显著性水平上显著；**表示在5%的显著性水平上显著；***表示在1%的显著性水平上显著，括号中的数据为T统计量。

　　表2的空间相关性检验的 Moran 指数、LM−lag 以及 Robust LM−lag 的估计结果表明，三者均在1%的水平上显著，意味着模型存在空间相关性，假如不考虑空间相关性，传统回归模型的估计结果将会产生偏差。同时从 LM−lag 和 Robust LM−lag 在1%的显著性水平上显著也可以看出选择固定效应空间滞后模型是合适的。一般来说，所构建的模型中的自变量是否能够解释因变量的大部分变异，主要依据拟合优度（R^2），但是传统的 R^2 是对残差平方和的分解，并不适合对空间效应模型进行分析，Verbeek（2004）认为可以用拟合值与实际值的相关系数的平方来表示空间效应模型的拟合优度，即 Corr2。从 Corr2 可知，双向固定效应模型的拟合优度为0.09，对因变量变化的解释程度仅为9%，拟合优度较低，而地区固定效应模型与时间固定效应模型拟合优度分别达到0.95和0.97，意味着自变量很好地解释了因变量的大部分变异。因此仅从拟合优度的指标来看，固定效应空间滞后模型中的双向固定效应模型所估计的结果不理想，而地区固定效应模型和时间固定效应模型所估计的结果是合理的。

　　从空间滞后项系数 ρ 来看，地区固定效应模型与时间固定效应模型估计的系数分别为0.55和0.05，并且二者均在1%的显著性水平上显著，双向固定效应模型估计的系数为−0.08，与空间相关性检验呈正相关不一致，并且也不显著，进一步表明双向固定效应模型估计的结果不理想。从生产要素投入的各项系数来看，在地区固定效应模型中，劳动力与资本存量的估计系数分别为0.12和0.25，城市建设用地估计系数仅为0.04，且不显著，从系数大小来看，三者之和明显偏低。在时间固定效应模型中，劳动力、资本存量和城市建设用地的估计系数分别0.46、0.48和0.25，均在1%的显著性水平上显著。在双向固定效应模型中，资本存量的估计系数为0.14，在1%的显著性水平上显著，劳动力和城市建设地的估计系数分别仅为0.02和

0.01，二者均不显著。

综合各项检验结果发现，除时间固定效应模型之外，地区固定效应模型与双向固定效应模型所估计的结果均不理想。时间固定效应模型估计的结果表明，如果一省份的相邻省份产出提高 1%，则该省份产出提高 0.05%；一省份城市建设用地每增加 1%，该省份自身产出将提高 0.25%，而与其相邻的省份产出将提高 0.0125%。同时从劳动力、资本存量和城市建设用地的弹性系数来看，三者之和显然是大于 1 的，表明现阶段我国生产要素投入呈规模报酬递增现象。

六　城市建设用地边际生产率测算

（一）各省份城市建设用地边际生产率

如果要测算城市建设用地直接边际生产率、间接边际生产率和边际生产率，那么就必须知道城市建设用地直接产出弹性和间接产出弹性、空间权重、城市建设用地面积以及总产出。固定效应空间滞后模型估计的结果表明，城市建设用地的直接产出弹性为 0.25，间接产出弹性为 0.0125。而关于城市建设用地面积和总产出，本文分别采用 2001～2011 年 30 个省份城市建设用地面积的平均值和城市第二产业、第三产业增加值的平均值来表示。依据公式（6）、公式（8）和公式（9），测算各省份城市建设用地直接边际生产率、间接边际生产率和边际生产率（见表 3）。

表 3　2001～2011 年各省份城市建设用地边际生产率

单位：元/平方米

排　名	省　份	边际生产率	直接边际生产率	间接边际生产率
1	福　建	197.56	180.98	16.57
2	江　苏	190.09	179.91	10.17
3	天　津	189.60	182.18	7.42
4	浙　江	172.18	163.77	8.42
5	广　东	165.61	162.26	3.36
6	山　东	150.87	144.95	5.91
7	北　京	146.86	143.70	3.16
8	河　北	133.44	118.26	15.18

续表

排　序	省　份	边际生产率	直接边际生产率	间接边际生产率
9	辽　宁	121.78	119.12	2.66
10	上　海	111.72	107.68	4.04
11	重　庆	108.91	103.41	5.51
12	河　南	106.18	100.31	5.87
13	陕　西	103.92	96.61	7.31
14	湖　南	102.46	92.71	9.74
15	吉　林	100.84	93.85	6.98
16	湖　北	100.09	97.12	2.97
17	内蒙古	97.25	87.76	9.49
18	四　川	93.93	90.88	3.05
19	山　西	92.83	90.64	2.19
20	江　西	90.08	80.48	9.61
21	云　南	89.66	86.81	2.84
22	广　西	81.51	74.35	7.16
23	安　徽	75.02	69.11	5.91
24	青　海	74.81	68.69	6.12
25	黑龙江	74.67	73.51	1.16
26	甘　肃	67.62	61.51	6.10
27	贵　州	67.31	63.87	3.44
28	新　疆	67.24	66.78	0.46
29	海　南	59.90	55.74	4.17
30	宁　夏	55.89	55.10	0.78

从表3可知，城市建设用地直接边际生产率较高的区域主要集中在天津、福建和江苏等省份，这类区域增加城市建设用地面积，将会为其自身带来较高的产出，而较低的区域主要集中在宁夏、海南和甘肃等省份，这类区域增加城市建设用地面积所带来的直接产出会相对较低。城市建设用地间接边际生产率较高的区域主要集中在福建、河北和江苏等省份，而较低的区域主要是新疆、宁夏和黑龙江等省份。从各省份城市建设用地直接边际生产率与间接边际生产率的比较来看，显然城市建设用地直接边际生产率要高于相邻省份的间接边际生产率，这表明将一单位城市建设用地配置给自身带来的产出，要高于将这一单位城市建设用地配置给相邻区域后，相邻区域的空间溢出性给自身带来的产出，也表明各省份为促进自身的经济增长，有增加自身城市建设用地面积的需要。

虽然城市建设用地边际生产率受直接边际生产率的影响更大，但间接边际生产率对城市建设用地边际生产率在各省份之间的排名也具有显著影响，如福建、江苏和河北等省份具有相对较高的间接边际生产率，促使它们的城市建设用地边际生产率在各省份之间的排名上升，同样，相对较低的城市建设用地间接边际生产率降低了新疆、黑龙江等省份的城市建设用地边际生产率在各省份之间的排名。因此，虽然城市建设用地边际生产率受直接边际生产率的影响相对更大，但间接边际生产率对其也具有重要影响，城市建设用地边际生产率在各省份之间排名的差异是由直接边际生产率和间接边际生产率共同作用形成的。城市建设用地边际生产率较高的区域主要集中在福建、江苏和天津等省份，而较低的区域主要集中在宁夏、海南和新疆等省份。因此中央政府可以利用土地利用规划和土地利用计划，依据边际生产率的差异配置各区域城市建设用地，对于城市建设用地边际生产率较高的区域，可以考虑优先配置城市建设用地，而对于城市建设用地边际生产率较低的区域，则可以考虑减少城市建设用地配置，从而在城市建设用地有限的条件下，提高城市建设用地总产出，促进经济增长。

（二）东中西部城市建设用地平均边际生产率

在东中西部①之间，城市建设用地边际生产率是否也存在差异？因为中央政府不仅需要在不同省份之间实施城市建设用地配置，而且还需要衡量和协调更大区域层面上的城市建设用地配置。中央政府在东中西部之间实施城市建设用地区域差别化配置，对省级层面的城市建设用地区域差别化配置可以起到总体的引领和掌控作用。各省份之间的城市建设用地配置指标应与东中西部之间的城市建设用地配置指标相协调，即东中西部的各省份城市建设用地配置指标之和应与东中西部城市建设用地边际生产率相协调。由于空间溢出性，东中西部也应考虑城市建设用地的直接边际生产率与间接边际生产率。本文分别采用东中西部区域内各省份的城市建设用地边际生产率、直接边际生产率和间接边际生产率的平均值来表示东中西部城市建设用地边际生产率、直接边际生产率和间接边际生产率（见表4）。

---

①　东中西部分别指的是：东部地区包括北京、江苏、天津、河北、山东、辽宁、上海、福建、浙江、广东和海南；中部地区包括湖南、山西、江西、吉林、安徽、黑龙江、河南和湖北；西部地区包括新疆、内蒙古、四川、广西、云南、重庆、贵州、甘肃、陕西、青海和宁夏。

表4　2001～2011年东中西部城市建设用地平均边际生产率

单位：元/平方米

排　名	地　区	平均边际生产率	平均直接边际生产率	平均间接边际生产率
1	东　部	149.06	141.69	7.37
2	中　部	92.77	87.22	5.55
3	西　部	82.55	77.80	4.75

　　从表4可知，城市建设用地平均直接边际生产率、平均间接边际生产率和平均边际生产率在东中西部之间依次递减，并且东部地区很明显的高于中西部地区。这意味着在东部地区增加城市建设用地供给所带来的自身产出和空间溢出性所带来的产出要高于中西部地区，同时间接边际生产率反映相邻省份之间的空间溢出性，可以促进经济发展在空间上的集聚，因此其在一定程度上也反映出东部地区的空间集聚程度要高于中西部地区。由于平均边际生产率在东中西部之间依次递减，因此为提高城市建设用地总产出，促进经济增长，中央政府应增加东部地区城市建设用地面积，中部地区次之。对东中西部之间配置城市建设用地的考量，不仅可以提高城市建设用地在东中西部之间的配置效率，还可以起到引领和调控城市建设用地在各省份之间配置的作用。东中西部城市建设用地平均直接边际生产率均高于相邻区域的平均间接边际生产率，意味着在东中西部地区配置城市建设用地所带来的各区域自身产出要高于由于空间溢出性所带来的产出，进一步表明为促进自身的经济增长，各区域有增加自身城市建设用地面积的需要。

七　城市建设用地区域配置评价

（一）城市建设用地区域配置评价方法

　　在现实的经济生产活动过程中，城市建设用地不可能像劳动力或者资本那样，可以从一个区域转移到另一个区域。因为城市建设用地从一个区域转移至另一个区域，意味着这一区域城市建设用地面积减少，而一个区域减少城市建设用地面积，是以该区域城市建设用地转变为农地为前提。而在目前我国城市化不断推进、城市经济不断增长、对城市建设用地需求不断扩张的条件下，很难要求一区域将城市建设用地转为农地，而将其减少的城市建设用地面积指标增加到其他区域。另外，农业生产对土壤的通气性、土壤肥力以及土壤涵养的水分等具有一定要求，如果将城市建设用地转变为农地，并使其满足农业生产条件，必须经过较长的时间、付出较大的成本。因此现实的城市建设用地区域配置指的是不同区域获得城市建设用地配额大小的差异，而不是将一个区域原有的城市建设用地面积减少。因此本文构建的城市建设用地区域配置评价方法，是比较一定时间内各区域城市建设用地边际生产率和净增加的城市建设用地面积之间的关系，进而评价各区域城市建设用地配置状况。

假如有 A、B、C、D 四个区域，在一定时期内它们的城市建设用地边际生产率分别为 MP_a、MP_b、MP_c 和 MP_d，并且四个区域的城市建设用地边际生产率的排序满足 $MP_a > MP_b > MP_c > MP_d$，同时在该时期内，假设四个区域净增加的城市建设用地面积分别为 S_a、S_b、S_c 和 S_d，并且它们之间的排序满足 $S_d > S_a > S_c > S_b$。图 2 中横轴表示各个区域名称，纵轴表示城市建设用地边际生产率排名和净增加的城市建设用地面积的排名，最大的排名为 1，其次排名为 2，依此类推。首先，A、B、C、D 四个区域的城市建设用地边际生产率排名是依次递减的，因此可将其排名的位置连成一条斜线；其次，将四个区域净增加的城市建设用地面积排名的位置连成一条折线。

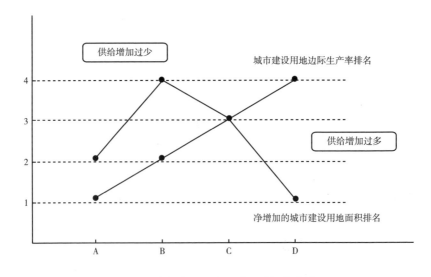

图 2　城市建设用地区域配置评价方法

由于 A、B、C、D 四个区域的城市建设用地边际生产率是依次递减的，因此在理想状态下，四个区域净增加的城市建设用地面积也应该是依次递减的，因为只有在边际生产率较高的区域增加城市建设用地供给，在边际生产率较低的区域减少城市建设用地供给，才能提高城市建设用地总产出。这是因为在边际生产率递减的条件下，增加区域的城市建设用地面积会降低其城市建设用地边际生产率，同时增加得越多，城市建设用地边际生产率下降得也越快。所以边际生产率较高区域增加的城市建设用地面积越大，则该区域的城市建设用地边际生产率下降得越多，同理，边际生产率较低区域增加的城市建设用地面积越小，则该区域的边际生产率下降得也越少。这将促使边际生产率较高的区域与边际生产率较低的区域之间的城市建设用地边际生产率不断趋近，当二者的边际生产率相等时，城市建设用地总产出将达到最大，配置效率达到最优。

因此在理想状态下，要提高城市建设用地总产出，城市建设用地边际生产率排名与净增加的城市建设用地面积排名应重合，从图2可知，二者重合的只有 C 区域。而 A 区域和 B 区域的城市建设用地边际生产率排名分别为1、2，但是净增加的城市建设用地面积排名分别为2、4，这意味着 A 区域和 B 区域增加的城市建设用地面积过小。D 区域的城市建设用地边际生产率排名为4，而它的净增加的城市建设用地面积排名为1，意味着该区域增加的城市建设用地面积过大。同时也可以得出结论，在图2中，净增加的城市建设用地面积排名的点落在城市建设用地边际生产率排名连线的上方，表示该区域城市建设用地供给增加过少，而落在下方表示该区域城市建设用地供给增加过多。

本文构建的评价方法是静态的相对比较，以城市建设用地边际生产率排名与净增加的城市建设用地面积排名的重合点为参照系，通过考虑整个区域的排名，评价一定时期内的各区域城市建设用地配置的整体趋势。同时该方法在评价过程中，对产出增加的衡量是通过相对产出的增加，而非通过绝对产出的增加，这也更符合现实，因为如果产出要绝对增加，那么边际生产率较低的区域就要停止城市建设用地供给，甚至将该区域的城市建设用地转变为农地，而这对于任何一个谋求自身发展、增加劳动力就业机会以及推进城市化的地区来说都是不可接受的，因此该方法也有其自身优势。

（二）各省份城市建设用地配置评价

如要评价一定时期内的各区域城市建设用地配置，不仅需要知道该时期内的各区域城市建设用地边际生产率，还需知道该时期内各区域净增加的城市建设用地面积。本文用各省份 2011 年城市建设用地面积减去 2001 年城市建设用地面积，获得各省份在该时期内净增加的城市建设用地面积。各省份城市建设用地配置评价结果见图 3，横轴表示各个省份名称，纵轴表示城市建设用地边际生产率排名和净增加的城市建设用地面积排名，最大的排名为 1，其次排名为 2，依此类推。

从图 3 可知，大部分省份净增加的城市建设用地面积排名并没有与城市建设用地边际生产率排名重合，而是围绕城市建设用地边际生产率排名的连线不断上下波动，二者重合的省份只有江苏、浙江、重庆和广西，意味着在此期间，在大部分省份之间的城市建设用地配置会扩大各省份之间的边际生产率差异，以致降低城市建设用地总产出。处在边际生产率排名连线上方的省份有福建、天津、北京、河北、陕西、湖南、吉林、山西、甘肃和青海，表明这些区域增加的城市建设用地面积过小。处在边际生产率排名连线下方的省份有广东、山东、辽宁、上海、河南、湖北、内蒙古、四川、江西、云南、安徽、黑龙江、贵州、新疆、海南和宁夏，表明这些区域增加的城市建设用地面积过大。这意味着在 2001～2011 年，如果将广东部分城市建设用地配额转移给福建或天津，那么福建和天津的城市建设用地边际生产率会有所降低，而广东的城市建设用地边际生产率会有所提高，它们的边际生产率会不断趋近，从而提高城市建设用地总产出。因此，虽然广东的城市建设用地边际生产率相对较高，但它在这期间增加的城市建设用地面积更大，表明广东增加的城市建设用地面积过大。同理，宁夏、海南、新疆、贵州城市建设用地供给过多，如果将部分城市建设用地配额转移至甘肃和青海，那么城市建设用地总产出也会相对提高。

就如前文所述，这是静态的相对比较，以城市建设用地边际生产率排名与净增加的城市建设用地面积排名的重合点为参照系。因此，即使在净增加的城市建设用地面积过大的条件下，广东的城市建设用地边际生产率也高于甘肃，但这不能表明广东在此期间增加的城市建设用地面积是合理的。一方面应根据全国整体的排名进行分析。这是因为，广东的边际生产率排名低于净增加的城市建设用地面积排名，而甘肃的边际生产率排名高于净增加的城市建设用地面积排名。另一方面，在评价过程中，产出的提高是相对产出的提高，而非绝对产出的提高。如果绝对

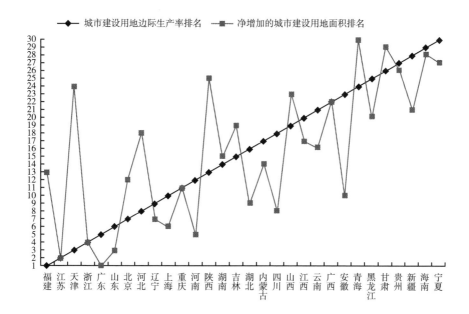

图 3　2001~2011 年各省份城市建设用地配置评价

产出要提高，那么宁夏相对福建来说，应停止城市建设用地供给甚至将城市建设用地转为农地，而这对于宁夏来说是不可接受的，因为宁夏的经济发展、劳动力就业、城市化等都离不开城市建设用地规模的扩张，因此考虑到边际生产率的大小，宁夏增加的城市建设用地面积应小于福建，但并非不增加。

（三）东中西部城市建设用地配置评价

要评价一定时期内东中西部的城市建设用地配置，也需要知道该时期内东中西部城市建设用地边际生产率与东中西部在该时期内净增加的城市建设用地面积。本文分别利用东中西部 2011 年城市建设用地面积减去 2001 年城市建设用地面积，获得东中西部在该时期内净增加的城市建设用地面积。在图 4 中，横轴表示东中西部的区域名称，纵轴表示城市建设用地平均边际生产率排名和净增加的城市建设用地面积排名，最大的排名为 1，其次排名为 2，依此类推。

图 4 表明，城市建设用地平均边际生产率排名和净增加的城市建设用地面积排名在东中西部之间均依次递减，二者的排名相互重合。如果东部城市建设用地供给大于中部，中部城市建设用地供给大于西部，东中西部

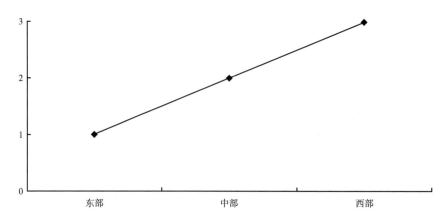

图4　2001～2011年东中西部城市建设用地配置评价

之间的城市建设用地平均边际生产率会不断趋近，城市建设用地总产出会相对提高。因此，中央政府在东中西部这种大的区域层面配置城市建设用地时，可以很好地实施政府干预，而在相对更小的省级区域层面上，却存在一定的政府失灵。但是这种省级区域层面的政府失灵仅是相对的政府失灵，并非绝对的。因为任何省份为满足自身的经济发展都有扩张城市建设用地规模的需要，因此，即使在城市建设用地边际生产率最低的宁夏，在2001～2011年，中央政府也为宁夏配置了一定量的城市建设用地。因此，中央政府干预虽然在省级层面存在一定的政府失灵，但是它也是对市场机制的一种补充。

八　结论

本文通过考虑相邻省份空间溢出性，以柯布－道格拉斯生产函数为基础模型，构建固定效应空间滞后模型，推导城市建设用地边际生产率的测算公式，以边际生产率为依据研究城市建设用地区域差别化配置。研究发现，一省份城市建设用地每增加1%，该省份自身产出将提高0.25%，而与其相邻的省份的产出将提高0.0125%。因此中央政府在配置各区域城市建设用地时，不仅应考虑城市建设用地对自身区域经济增长的影响，还应考虑其对相邻区域经济增长产生的作用。

2001～2011年，城市建设用地边际生产率较高区域主要集中在福建、江苏和天津等省份，较低区域主要集中在宁夏、海南和新疆等省份，而在东中西部，城市建设用地平均边际生产率依次递减。因此对于城市建设用地边际生产率较高区域，中央政府可以考虑优先配置城市建设用地，而对于城市建设用地边际生产率较低区域，则可以考虑减少城市建设用地配置，从而在城市建设用地有限的条件下，提高城市建设用地总产出，促进经济增长。同时，城市建设用地直接边际生产率要高于相邻区域的间接边际生产率，城市建设用地供给带来的自身产出要高于空间溢出性带来的产出，意味着各区域为促进自身经济的增长，有增加自身城市建设用地面积的需求。

中央政府在省级区域层面配置城市建设用地时，存在一定的政府失灵，但在东中西部这种大的区域层面上，表现得较为合理。在这期间，配置相对合理的省份只有江苏、浙江、重庆和广西；而城市建设用地供给增加过少的省份是福建、天津、北京、河北、陕西、湖南、吉林、山西、甘肃和青海；城市建设用地供给增加过多的省份是广东、山东、辽宁、上海、河南、湖北、内蒙古、四川、江西、云南、安徽、黑龙江、贵州、新疆、海南和宁夏。因此如果供给过多的省份减少城市建设用地供给，供给过少的省份增加城市建设用地供给，那么在一定程度上将会提高城市建设用地总产出。

参考文献

[1] Adhikari, Chandra Bahadur, and Bjorndal, "Analyses of Technical Efficiency Using SDF and DEA Models: Evidence From Nepalese Agriculture," *Applied Economics* 44 (2012).

[2] Anselin, L., "Spatial Externalities, Spatial Multipliers and Spatial Econometrics," *International Regional Science Review* 26 (2003).

[3] Barr, Babcock, and Carriquiry, "Agricultural Land Elasticities in the United States and Brazil," *Applied Economic Perspectives & Policy* 3 (2011).

[4] Barry, R., Pace, R. K, "A Monte Carlo Estimator of the Log Determinant of Large Sparse Matrices," Linear Algebra and its Applications 289 (1999).

[5] Bin Quan, Hejian Zhu, Songlin Chen, "Land Suitability Assessment and Land Use Change in Fujian Province, China," *Pedosphere* 17 (2007).

[6] Fingleton, B, *Regional Economic Growth and Convergence: Insights from Spatial Econometric Perspective* (Berlin: Springer – Verlag, 2004).

[7] Florent, Marius, Andre, "Using GIS and Outranking Multicriteria Analysis for Land – use Suitability Assessment," *International Journal of Geographical Information Science* 15 (2001).

［8］ Goldsmith, R. , "A Perpetual Inventory of National Wealth," New York: National Bureau of Economic Research, 1951.

［9 ］ Hanink, Cromley, "Comparative Advantage in Land - use Allocation under Regionalism," *Environment & Planning B: Planning & Design* 32 （2005）.

［10］ Hualou Long, Gerhard, Xiubin Li, "Socio - economic Development and Land - use Change: Analysis of Rural Housing Land Transition in the Transect of the Yangtse River, China," *Land Use Policy* 24 （2007）

［11］ Jeffrey Wurgler, "Financial Market and Allocation of Capital," *Journal of Financial Economics* 58 （2000）.

［12］ Kelejian, H. H. , Prucha, I. R. , "A Generalized Moments Estimator for the Autoregressive Parameter in a Spatial Model," *International Economic Review* 40 （1999）.

［13］ Kohli, U. R, "A Gross National Product Function and the Derived Demand for Imports and Supply of Exports," *Canadian Journal of Economic* 11 （1978）.

［14］ Lavee, and Doron, "Land Use for Transport Projects: Estimating Land Value," *Land Use Policy* 42 （2015）.

［15］ Lopes, Camanho, "Public Green Space Use and Consequences on Urban Vitality: An Assessment of European Cities," *Social Indicators Research* 113 （2013）.

［16］ Paelinck, Jean, H. , *Spatial Econometrics* （Farnborough: Saxon House, 1979）.

［17］ Wenqing Pan, "Regional Correlation and Spatial Spillovers in China's Regional Economic Growth," *Social Sciences in China* 34 （2013）.

［18］ Singh, Taptej, Kaur, "Application of Data Envelopment Analysis （DEA） for Assessing the Efficiency of Laser Land Leveling Technology in Punjab Agriculture," *Economic Affairs: A Quarterly Journal of Economics* 59 （2014）.

［19］ Tobler, "Lattice Tuning," *Geographical Analysis* 11 （1979）.

［20］ Verbeek, M. , *A Guide to Modern Econometrics* （Wiley: 3rded. Chichester, 2004）.

［21］ Young, A. , "Gold into Base Metals: Productivity Growth in the People's Republic of China During the Reform Period," *The Journal of Political Economy* 111 （2000）.

［22］ 贺铿:《经济计量学教程》，中国统计出版社，2010。

［23］ 王小鲁、樊纲:《中国经济增长的可持续性——跨世纪的回顾与展望》，经济科学出版社，2000。

北京城市生态安全的主成分投影评价研究

赵　正[*]

摘　要　本文通过构建城市生态安全评价指标体系，使用综合指标评价法计算了北京 2005～2014 年的城市生态安全综合指数，并采用主成分投影方法对这一时期城市生态安全的真实发展趋势进行了进一步估计。研究结论显示：①北京城市生态安全综合评价指数值呈现波动下降的发展趋势，并在 2010 年后由临界安全状态转变为不安全状态；②北京城市生态安全主成分投影值呈现低水平波动和小幅上升的趋势，并一直处于不安全状态。本文据此提出政策建议：①重视选择合理的产业发展和布局形式、控制环境污染、提高能源利用效率以及加强城市园林绿化建设，使城市发展与城市生态安全的需求相协调；②加强政策调控和技术支持措施，注重夯实基础设施建设、控制城市人口规模，促进城市生态安全总体水平的稳步提升。

关键词　城市生态安全　压力 - 状态 - 响应　综合指标评价　主成分投影评价

一　引言

随着世界经济的高速发展和城市化程度的不断加深，环境污染与生态破

---

*　通讯作者简介：赵正，北京林业大学林业经济管理专业在读博士，主要从事林业经济、城市林业、资源与环境经济研究工作。邮箱：daniosfish@ sina. com。

坏问题已经逐步上升到了国家安全和社会稳定的高度（曲格平，2002；刘鹏飞，2010）。国际应用系统分析研究所（IIASA）于 1989 年首次提出"生态安全"（Ecological Security）的概念，指出城市生态安全是在自然环境的承载能力的限度下，满足人类多方面需求。对我国而言，生态安全不仅是生态文明建设的重要内容，而且是我国国家安全战略的重要保障。2000 年，国务院在《全国生态环境保护纲要》中明确提出了"维护国家生态环境安全"的总目标（国家环保总局，2000）；2014 年，中央国家安全委员会又将生态安全正式纳入我国国家总体安全体系。可以说，生态安全在我国得到了前所未有的重视，而作为国家和地区生态安全的基础和核心，城市生态安全无疑是生态安全的重中之重。事实上，近年来我国城市的数量和规模都得到了极大拓展，与此同时也不可避免地产生了诸如生态系统退化、土地退化、资源危机、自然灾害以及污染等生态环境问题，我国的城市生态安全正面临严重的威胁（万本太等，2004）。因此，从保护城市生态环境、维持城市生态安全的角度出发，全面、科学、准确地对城市生态安全状况及其变化趋势进行测度和研究，对我国而言具有重要的现实意义。

在城市生态安全的研究方面，首先，我国城市生态安全的已有研究多集中于概念、内涵以及模型指标体系等方面（郭中伟，2001；彭少麟等，2004；鲍文沁等，2015）。然而，由于当前对于城市发展评价的研究重点仍然是城市公共产品和服务的经济性、效率性和效用性等，有关城市生态安全评价指标体系的研究仍然存在不完善甚至缺失的问题（王素侠，2012），这使得人们对城市生态安全问题的理解不够准确，对其受威胁的现状也无法及时、有效的应对。其次，我国对于城市生态安全实践的研究较多，已有研究分别对我国东、中、西部的典型城市进行案例分析，并就中国区域生态安全的未来发展特点和趋势进行了探讨（杨姗姗等，2015；史静珮等，2015；南宁等，2016）；除城市之外，已有研究还分别从河流流域（张松等，2012）、湿地（崔保山等，2003；刘艳艳等，2011）、荒漠化区域（陈浩等，2003）以及旅游地（曹新向等，2006）等不同的研究区域出发，对生态安全情况进行了较为全面的评价分析。可见，已有研究多从国家和宏观区域的角度出发（吴开亚，2003；周金星等，2003），研究内容也多为对城市生态安全情况的横向对比分析，对城市生态安全持续性、动态性的研究较少（曹伟，2003）。针对这种情况，相关研究指出：城市生态安全具有动态性和相对性的特征，评价的指标体系和标准需要因时因地而异（周文华等，2005）。

综上，本文通过构建生态安全评价指标体系，对北京 2005～2014 年生态安全综合评价指数进行了测算，并在此基础上采用主成分投影的方法对其生态安全的动态发展趋势进行了进一步的估计。研究的目的在于：通过对北京城市生态安全多年计算结果和增减趋势的比较分析，总结提炼出北京城市生态安全在不同时期发展变化的特点和规律，并在此基础上提出相应的政策建议，以促进北京城市生态环境的良性循环，为城市生态的有效保护和管理提供重要参考，保证我国城市经济、社会和生态环境的协调发展。

二　研究方法

本文将综合指标评价法与主成分投影评价法相结合，对 2005～2014 年北京城市生态安全状况进行动态评价研究。首先，对原始数据进行标准化和赋权处理，计算得到各年份的综合评价指数；其次，通过正交转换的方式过滤各指标间的重叠和冗余信息；再次，建立理想决策向量并进行单位化调整，计算得到各年份相对应的决策向量在理想决策向量上的投影值；最后，以主成分投影值作为评价城市生态安全状况的标准进行判断，并与综合评价指数值进行比较分析。该方法的具体实施步骤如下。

首先，对指标进行预处理。假设 $X = (x_{ij})_{n \times m}$ 为包含 n 个年份和 m 个评价指标的城市生态安全评价矩阵，且 x_{ij}（$i = 1, 2, \cdots, n; j = 1, 2, \cdots, m$）为第 i 个年份的第 j 个评价指标值。本文首先采用离差标准化方法对 x_{ij} 进行标准化处理，从而消除不同量纲的影响。其中，对于正效应指标的处理方式为 $y_{ij} = [x_{ij} - min(x_{ij})] / [max(x_{ij}) - min(x_{ij})]$，对于负效应指标的处理方式为 $y_{ij} = [max(x_{ij}) - x_{ij}] / [max(x_{ij}) - min(x_{ij})]$，由此得到标准化后的矩阵 $Y = (y_{ij})_{n \times m}$。

其次，各指标的重要性以及对生态安全所产生的影响都是不同的，因此本文采用客观赋权法中的变异系数法对进行赋权。定义 s_j、x_j、v_j 分别为 X 矩阵中第 j 个指标值的标准差、均值和变异系数，则可以依次求得各指标的变异系数值 $v_j = s_j / x_j$ 及其权重 $w_j = v_j / \sum_{j=1}^{m} v_j$；在此基础上，按照 $z_{ij} = w_j \times y_{ij}$ 的方式对矩阵 y_{ij} 进行赋权，得到样本矩阵为 $Z = (z_{ij})_{n \times m}$，进而计算得出综合评价指数 $Z_i = \sum_{j=1}^{m} z_{ij}$。

再次，考虑到城市生态安全评价指标之间可能存在的相关联系对评价结果准确性的影响，本文拟对城市生态安全综合评价指数 Z_i 进行正交变换，目的在于过滤指标间相互干扰的重叠信息，从而对其相对重要性程度进行客观分析。本文使用 MATLAB R2012a 软件计算出 Z 矩阵的 $m \times m$ 方阵 $(Z'Z)_{n \times m}$，随后求得该矩阵的特征向量矩阵 A，进而通过 $U = ZA$ 的方式计算得到正交转换后的决策矩阵 $U = (u_{ij})_{n \times m}$。

最后，本文将各年份看作 m 维向量，按照 $d_j = max(u_{ij})$ 的方式计算得到决策矩阵的理想决策向量 $d^* = (d_1, d_2, \cdots, d_m)$，并进一步计算出其单位化值 $d_0^* = (1/\|d^*\|) d^* = (1/\sqrt{d_1^2 + d_2^2 + \cdots + d_m^2}) d^*$。基于此，本文最终计算得出各年份的主成分投影值 $D = U \times d_0^{*T}$。

三 数据来源和指标体系建立

本文的研究数据主要源于北京统计信息网（http://www.bjstats.gov.cn/）、北京市宏观经济与社会发展基础数据库（http://www.bjhgk.gov.cn/ww/）等电子资料以及《北京统计年鉴》（2006～2015 年）、《中国城市统计年鉴》（2006～2015年）等纸质资料。基于经济合作与发展组织（OECD）的"压力 – 状态 – 响应"（Pressure – State – Response，PSR）概念框架，结合国内外已有相关成果（吴开亚等，2004），本文确定了北京城市生态安全评价指标体系（见表1）。

压力指标（A1）主要体现社会经济活动对生态环境所造成的影响和所施加的压力。本文主要从土地压力（B1）、环境压力（B2）、人口压力（B3）和经济压力（B4）四个方面来体现这种扰动和破坏的影响。其中，各个类型的生产性用地无疑会对城市生态产生一定影响（C1～C4），各种形式的污染物排放也会对城市生态造成直接的破坏（C5～C8），同时，城市人口数量的增长和密度的增加，也会对城市生态产生压力（C9～C11），城市化程度的提升，城市工、农业的发展和运作过程都会挤压城市生态空间，进而给城市生态安全造成一定的压力（C12～C15）。

状态指标（A2）主要体现当前或特定时间段内的生态安全状况。本文认为，城市生态安全状态主要包括资源状态（B5）和环境状态（B6）两个方面的内容。其中，资源状态主要包括了城市绿化程度的若干指标（C16～C18），体现出了市民的城市生活质量，而环境状态则可以从城市降水、气温和风速等方面予以表征（C19～C21），进而体现城市的自然环境状况。

响应指标（A3）是指人们为了缓解和恢复已经造成的生态环境破坏的事实而采取的一系列应对、补救措施，主要从压力响应（B7）和状态响应（B8）两方面来体现。其中，压力响应多是针对已有的环境污染、生态破坏而进行的补救措施（C22～C26），而状态响应则是基于城市的现实情况，在改善生态状态的同时，用于提高市民生活环境、健康状况等方面福祉的措施（C27～C32）。

基于以上指标体系设置，本文遵循主成分投影方法的分析框架，对北京2005～2014年的城市生态安全状况和发展趋势进行了计算分析。

表1　北京城市生态安全评价指标体系

准则层A	准则层B	准则层C	单位	均值	标准差	最大值	最小值
A1 压力指标	B1 土地压力	C1 耕地面积	万公顷	22.66	0.54	23.34	22.09
		C2 城镇村及工矿用地面积	万公顷	28.51	1.51	30.39	26.02
		C3 交通运输用地面积	万公顷	4.44	0.21	4.70	4.11
		C4 水域及水利设施用地面积	万公顷	8.01	0.12	8.21	7.84
	B2 环境压力	C5 二氧化硫（SO_2）排放量	万吨	12.33	3.79	19.06	7.89
		C6 化学需氧量（COD）排放量	万吨	13.52	4.10	19.32	9.20
		C7 烟尘排放总量	万吨	5.39	0.79	6.68	4.44
		C8 废水排放总量	万吨	12.87	1.92	15.07	10.21
	B3 人口压力	C9 人口总数	万人	1876.22	220.91	2151.60	1538.00
		C10 人口密度	人/平方千米	1128.30	143.72	1311.00	937.00
		C11 人口自然增长率	%	3.33	1.30	4.83	1.09
	B4 经济压力	C12 城市化率	%	85.35	1.01	86.50	83.62
		C13 人均地区生产总值	万元	7.27	1.81	10.00	4.60
		C14 第一产业总产值	亿元	122.30	27.67	159.60	85.40
		C15 第二产业总产值	亿元	3188.98	900.27	4544.80	2017.20
A2 状态指标	B5 资源状态	C16 年末园林绿地面积	万公顷	5.78	1.28	8.02	3.89
		C17 人均公园绿地面积	平方米	14.21	1.54	15.90	12.00
		C18 城市绿化覆盖率	%	44.64	1.87	47.40	42.00

续表

准则层 A	准则层 B	准则层 C	单位	均值	标准差	最大值	最小值
A2 状态指标	B6 环境状态	C19 年平均降水量	毫米	533.62	132.35	733.20	318.00
		C20 年平均气温	℃	13.31	0.48	14.10	12.60
		C21 平均风速	米/秒	2.21	0.09	2.40	2.10
A3 响应指标	B7 压力响应	C22 污水处理率	%	78.77	6.90	86.10	62.40
		C23 生活垃圾无害化处理率	%	94.37	6.33	99.59	81.25
		C24 再生水利用量	亿立方米	6.15	1.98	8.66	2.38
		C25 工业固体废物综合利用量	万吨	926.80	123.08	1130.00	748.69
		C26 造林面积	万公顷	2.32	1.36	4.70	1.22
	B8 状态响应	C27 第三产业增加值比重	%	74.84	2.51	77.90	69.60
		C28 恩格尔系数	%	31.85	1.00	33.80	30.80
		C29 就业率	%	98.43	0.33	98.79	97.89
		C30 每千人拥有医师数	人	5.33	0.90	6.72	4.32
		C31 每千人拥有护士数	人	5.51	1.61	7.96	3.66
		C32 每千人拥有医院床位数	张	7.01	0.73	8.76	6.34

四　研究结论

1. 权重分配计算结果

基于构建的城市生态安全评价指标体系，本文对样本矩阵进行标准化处理后得到标准化样本矩阵；在此基础上，本文利用变异系数法对指标进行赋权，计算得到的各项评价指标的权重如表 2 所示。

由表 2 可知，各个指标（C1~C32）权重间的差异不大，且多数分布于 0~0.08（见图 1）；此外，根据评价指标权重向上求平均值计算出的压力指标（A1）、状态指标（A2）、响应指标（A3）的权重分别为 0.033、0.023 和 0.035，可见响应指标对于城市生态安全的重要性最高，压力指标次之，状态指标最低。

表2　北京城市生态安全评价指标权重

指标	C1	C2	C3	C4	C5	C6	C7	C8
权重	0.005	0.011	0.009	0.003	0.062	0.061	0.029	0.030
指标	C9	C10	C11	C12	C13	C14	C15	C16
权重	0.024	0.026	0.079	0.002	0.050	0.045	0.057	0.045
指标	C17	C18	C19	C20	C21	C22	C23	C24
权重	0.022	0.008	0.050	0.007	0.008	0.018	0.013	0.065
指标	C25	C26	C27	C28	C29	C30	C31	C32
权重	0.027	0.118	0.007	0.006	0.001	0.034	0.059	0.021

　　首先，在压力指标（A1）中，"二氧化硫（SO_2）排放量"（C5）和"化学需氧量（COD）排放量"（C6）等直接污染指标的权重较大，表明城市污染物的排放对城市生态安全施加了较大压力，同时，"人口自然增长率"（C11）、"人均地区生产总值"（C13）、"第一产业总产值"（C14）以及"第二产业总产值"（C15）的权重也很大，说明城市人口规模的扩张、城市产业的发展同样会对城市生态安全产生压力；其次，在状态指标（A2）中，"年末园林绿地面积"（C16）和"年平均降水量"（C19）的权重比较大；最后，在响应指标（A3）中，"再生水利用量"（C24）、"造林面积"（C26）以及"每千人拥有护士数"（C31）的权重较大，表明城市资源利用率的提升、植树造林等绿化活动以及市民健康程度的提升，对于维护城市生态安全非常关键。北京城市生态安全评价指标权重分布如图1所示。

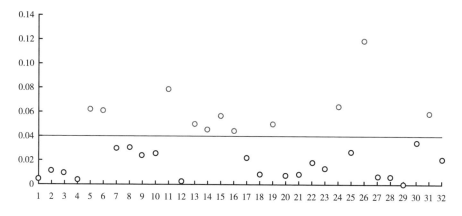

图1　北京城市生态安全评价指标权重分布

2. 综合指数评价结果

根据确定的指标权重，本文算得赋权后的矩阵 Z，即北京城市生态安全综合评价指数（见图 2）。由图 2 可知，就综合评价指数而言，北京城市生态安全情况呈现长期波动的发展趋势，并在 2010 年出现明显下降，在 2011 达到最低值（0.3817）。由周文华等（2005）对北京生态安全的相关研究结论可知，1996 ~ 2002 年北京城市生态安全的综合评价指数为 0.40 ~ 0.59，与本文计算结果在时序上比较对应，表明本文计算结果具备一定的合理性。

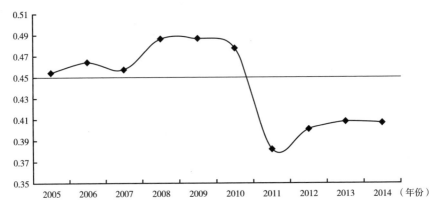

图 2　2005 ~ 2014 年北京城市生态安全综合评价指数

参考谢花林等（2004）和覃玲玲等（2007）的研究，本文对生态安全的综合评价指数做了安全级别划分（见表 3）：2005 ~ 2010 年，北京城市生态安全处于"临界安全"级别，但在 2010 年后，其安全级别下降到"不安全"级别。

表 3　城市生态安全级别划分标准

综合评价指数	$0 < Z_i < 0.45$	$0.45 < Z_i < 0.55$	$0.55 < Z_i < 0.75$	$0.75 < Z_i < 1$
生态安全级别	不安全	临界安全	安全	理想安全

3. 主成分投影评价结果

考虑到综合评价指数的波动趋势较为明显，本文认为可能存在指标之间重叠信息的影响，因此需要利用主成分投影评价做进一步研究。本文通过正交变换，得到决策矩阵，进而计算得出理想决策方案 d^*、其单位化计算结果 d_0^* 以及各个年份的主成分投影值 D_i（见表 4）。

表4 2005～2014年北京城市生态安全主成分投影评价计算结果

年份	2005	2006	2007	2008	2009	2010	2011	2012	2013	2014
主成分投影值 D_i	0.1515	0.1555	0.1498	0.1542	0.1569	0.1558	0.1339	0.1306	0.1375	0.1404
增减趋势		+	−	+	+	−	−	−	+	+

为了体现主成分投影评价法的作用，本文将利用该方法计算出的北京各年份的生态安全状况的发展变化趋势进行整理，如图3所示。

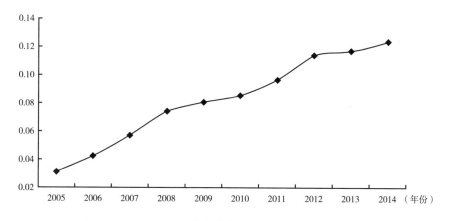

图3 2005～2014年北京城市生态安全的发展变化趋势

由图3可知，北京2005～2014年的城市生态安全主成分投影值为0.03～0.13，评价值较综合指标评价法的结论有了明显的下降；同时，其发展趋势的波动也进一步缓和，在这一时段内仅呈现小幅度的波动上升态势；最后，依据表3的生态安全级别判断标准可知，经主成分投影法计算后，北京多年的城市生态安全均处于"不安全"的级别，这是需要我们特别关注的。

五 政策建议

（1）从城市生态安全指标评价权重的计算结果可知：城市生态安全压力指标、状态指标和响应指标的权重从大到小依次为响应指标＞压力指标＞状态指标，这表明对于北京城市生态安全而言，响应指标的重要性较大，压力指标次之，状态指标的重要性最不明显。本文认为，在当前城市化快速发展的背景下，维护北京城市生态安全必须做到以下几点：首先，注重选择合理的产业发展形式、优化产业组织形式，同时对城市功能分区进行合理布局；其次，全面治理环境污染，将北京的污染企业外迁，控制汽车数量，同时从宏观上改变以煤炭为主的能源结构，提升能源利用效率；最后，加强城市园林绿化和城市林业建设，走人与自然和谐相处的城市发展模式，使城市化进程与城市生态安全的需求相协调。

（2）2005～2014 年北京城市生态安全综合指标评价结果显示，北京城市生态安全状态呈现显著波动和下降的发展趋势；与之不同的是，主成分投影评价结果表明北京城市生态安全多年来除了总体水平较低之外，其发展还呈现出持续多年的小幅度波动上升趋势。本文认为，北京在未来还需要加强生态安全的政策调控和技术支持，一方面维护和提高城市生态安全的总体水平，另一方面重视城市生态安全的平稳发展；同时，近年来北京的城市化进程不断加快、城市人口大量增长，城市配套系统的不完善也是导致城市生态系统失衡的重要原因。因此，北京还需要不断夯实基础设施建设、控制城市人口规模，将解决城市的经济、社会问题和提升城市生态安全水平结合起来。

（3）就研究方法而言，本文所采用的主成分投影方法可以通过指标权重的科学、合理配置，在一定程度上消除生态安全评价指标间的重叠信息，使研究结论更加准确、客观；同时，研究结果也显示主成分投影法的可操作性强、结论明确可靠，可以作为生态环境管理与保护的决策参考；最后，该方法还可以用于不同区域间生态安全情况的对比分析，从而得出区域间生态安全差异性的有关结论。

参考文献

[1] 鲍文沁、徐正春、刘萍：《中国生态安全评价研究进展》，《广东农业科学》2015 年第 11 期，第 135～139 页。

[2] 曹新向、陈太政、王伟红：《旅游地生态安全评价研究——以开封市为例》，《水土保持研究》2006 年第 13 期，第 209～212 页。

[3] 曹伟：《生态足迹分析方法与城市生态安全》，《规划师》2003 年第 19 期，第 20～24 页。

[4] 陈浩、周金星、陆中臣：《荒漠化地区生态安全评价——以首都圈怀来县为

例》，《水土保持学报》2003 年第 17 期，第 58 ~ 62 页。

[5] 陈东景、徐中民：《西北内陆河流域生态安全评价研究》，《干旱区地理》2002 年第 25 期，第 219 ~ 224 页。

[6] 崔保山、杨志峰：《湿地生态系统健康的时空尺度特征》，《应用生态学报》2003 年第 14 期，第 121 ~ 125 页。

[7] 郭中伟：《建设国家生态安全预警系统与维护体系——面对严重的生态危机的对策》，《科技导报》2001 年第 1 期，第 54 ~ 56 页。

[8] 国家环保总局：《全国生态环境保护纲要》，《人民日报》2000 年 12 月 22 日。

[9] 刘鹏飞：《生态安全研究进展》，环境污染与大众健康学术会议论文，武汉，2010。

[10] 刘艳艳、吴大放、王朝晖：《湿地生态安全评价研究进展》，《地理与地理信息科学》2011 年第 27 期，第 69 ~ 75 页。

[11] 南宁、梅凡民、周昊峰：《榆林市压力 – 状态 – 响应模型的生态安全评价》，《西安工程大学学报》2016 年第 30 期，第 47 ~ 56 页。

[12] 彭少麟、郝艳茹、陆宏芳：《生态安全的含义与尺度》，《中山大学学报》（自然科学版）2004 年第 43 期，第 28 ~ 31 页。

[13] 覃玲玲、卓凌源：《南宁 1996 ~ 2005 年生态安全评价研究》，《广西师范学院学报》（自然科学版）2007 年第 24 期，第 61 ~ 66 页。

[14] 曲格平：《生态安全问题已成为国家安全的热门话题》，《环境保护》2002 年第 5 期，第 3 ~ 5 页。

[15] 史静珮、苏志珠：《晋西北地区土地生态安全评价指标体系的构建》，《农学学报》2015 年第 5 期，第 58 ~ 62 页。

[16] 万本太、张建辉等：《中国生态环境质量评价研究》，中国环境科学出版社，2004。

[17] 王素侠：《快速城市化下的城市生态系统失衡及其对策》，《城市问题》2012 年第 6 期，第 51 ~ 55 页。

[18] 吴开亚：《主成分投影法在区域生态安全评价中的应用》，《中国软科学》2003 年第 9 期，第 123 ~ 126 页。

[19] 吴开亚、何琼、孙世群：《区域生态安全的主成分投影评价模型及应用》，《中国管理科学》2004 年第 1 期，第 106 ~ 109 页。

[20] 谢花林、李波：《城市生态安全评价指标体系与评价方法研究》，《北京师范大学学报》（自然科学版）2004 年第 40 期，第 705 ~ 710 页。

[21] 杨姗姗、邹长新、沈渭寿、沈润平、左慧婷、李忠良：《基于 RS 和 GIS 的江西省区域生态安全动态评价》，《林业资源管理》2015 年第 2 期，第 100 ~ 108 页。

[22] 张松、郭怀成、盛虎：《河流流域生态安全综合评估方法》，《环境科学研究》2012 年第 25 期，第 826 ~ 832 页。

[23] 周文华、王如松：《城市生态安全评价方法研究——以北京市为例》，《生态

学杂志》2005 年第 24 期，第 848～852 页。

[24] 周金星、陈浩、张怀清：《首都圈多伦地区荒漠化生态安全评价》，《中国水土保持科学》2003 年第 11 期，第 80～84 页。

[25] 左伟、周慧珍、王桥：《区域生态安全评价指标体系选取的概念框架研究》，《土壤》2003 年第 1 期，第 2～7 页。

中芬共青数字生态城内涵分析[*]

陶春元　汤　明　杨期勇　李晓琼[**]

摘　要　数字生态城作为城市生态、经济和社会三者协调发展的高级阶段目标，代表的是一种城市发展潮流和方向。数字生态城是提高城市综合竞争力，促进城市经济发展、社会进步和人民生活水平提高的新动力。数字生态城的内涵非常丰富，本文结合中芬共青数字生态城的研究，从数字生态城兴起的背景出发，阐述了数字生态城市的概念与内涵，并对数字城市建设的内容与框架建设进行了细致的探讨。

关键词　数字生态城　内涵　特征要素

一　数字生态城兴起的背景

城市是社会、经济等各类要素高度集中的特定区域，是区域经济、政治和文化活动中心，是自然、经济和社会的综合体，也是数字生态城建设的对象主体。在过去约 30 年中，我国城区居住人口占总人口的比重翻了一番，2010 年城镇人口比重达到 51.27%，数量为 69079 万人。城市化比率预计在

---

[*]　基金项目：国家科技部国际科技合作项目（2010DFB90460）；国家社科基金项目（12CGL117）。

[**]　通讯作者简介：陶春元，男，九江学院副校长、教授、博导，主要从事生态经济研究工作。邮箱：chunyuan_tao@163.com。

2025 年达到 64%。大规模的城市化进程，使我国城市面临前所未有的挑战，尤其在资源节约和环境可持续性方面面临严峻挑战，主要涉及的重要领域有：水资源利用、废弃物管理、空气污染控制、能源需求和土地利用等。有数据表明，我国已经成为世界上最大的温室气体排放国之一。据统计分析，在全球温室气体总排放量中城市约占的 80%。随着城市带动型经济的不断增长，城市生态足迹将带来诸多风险。我国正在各个层面应对这一挑战。建设数字生态城就是其中的一个重要方面，旨在打造一个更具可持续性的城市化模式。

未来的城市建设将以可持续发展为先导，从城市的整体发展出发，进行全面考虑。传统的城市化模式已经不能很好地满足人类需求；近年来兴起的单一模式的数字化或生态化也不能很好地满足城市发展和管理的需求。从城市问题的现状出发，进行全面分析和探讨，对城市发展过程进行推断与预测，最终实现城市的现代化、智能化、低碳化，这些均需要构建数字生态城。目前，环境科学、生态学、产业经济学、计算科学、信息科学、城市科学、地球科学、系统科学和社会科学等学科的快速发展，已经为构建数字生态城奠定了坚实的理论和技术基础。

二 数字生态城的内涵

（一）数字生态城是数字与生态两方面的深度融合

数字生态城并不简单地等于"数字城市"+"生态园林城市"。生态园林城市是一个复杂的人工复合生态系统，需要城市具有高度发达的经济、良性循环的生态、繁荣昌盛的社会、体系完善的社会保障和安居乐业的人民，需要生态环境及人居环境清洁、优美、舒适、安全，且失业率低，高新技术占城市经济主导地位，技术与自然达到充分融合，最大限度地发挥人的创造力和生产力，其有利于提高城市文明程度，实现城市稳定、协调、可持续发展。数字城市是信息化技术在现代城市集成创新应用的综合体系，具有对城市地理、资源、生态环境、人口、经济、社会等复杂系统进行数字化、网络化、虚拟仿真、优化决策支持和可视化表现等强大功能，对城市基础设施、功能机制进行信息自动采集、动态监测管理和辅助决策服务的技术系统[1]。而数字生态城则是数字理念和生态理念在城市复杂系统中的融合应用，主要结合了三方面的基本理念。一是运用数字理念高度整合服务和管理。主要涵盖卫生保健、教育、商业、智能化运输、物流与建筑、城市管理和服务供应等领域，目的是实现数字化与可互动的信息服务。二是运用生态理念确保可持续发展思想在城市经济、社会等各方面落实。生态理念将涵盖城市建设、发展的各个层面。这些措施包括产业的生态化建设、经济的生态化运行、能源的可再生利用、废弃物的循环处理、资源产出率的不断提高等。三是运用城市理念实现多样化功能。数字生态城严密的城市结构将有助于抵御社会变化和宏观经济条件变化带来的负面影响，形成高效物流、创新的工作与生活环境以及多样化的城市功能。城市数字生态化建设不仅需要对城市系统的地理环境、基础设施、自然资源、产业发展、经济结构、人文景观、生态环境、人口分布、社会和经济状态等各种信息进行有机整合，而且要运用信息化技术进行数字化采集与存储、动态监测与处理，在生态化和数字化理念方面进行深层融合与挖掘，对各种关键问题进行有效识别、动态模拟、准确预测[2]。

（二）数字生态城的建设和标准设立应具有区域发展特色

数字生态城已经成为城市规划和发展的新趋势，自江西共青数字生态城首次提出后，北京门头沟、江苏丹阳等地也陆续提出建设目标。天津中新生态城、唐山曹妃甸生态城、上海崇明岛生态城等也在建设中不断融入了数字元素。数字生态城的建设从发达地区推广到欠发达地区，涵盖了南方北方、东部西部，包括来自不同的城市发展基础的因素，只有在其建设过程和标准设立中融合当地的城市建设基础、产业布局基础、人口分布基础才能构建出适合地方发展的城市，才能实现城市的可持续发展。

三 数字生态城的特征要素

城市系统的基本功能主要有三个方面：一是生产，即为社会提供物资和信息产品；二是消费，即利用域内外环境所提供的自然资源及其他资源，为城市生产出各类"产品"（包括各类物质性及精神性产品）；三是调节，即保证城市自然资源的永续利用和社会、经济、环境的协调发展，使城市综合系统具有消除和缓解自身发展带来的不良影响的能力。围绕这三个方面，数字生态城将建成以下七个要素平台。

（1）城市综合环境管理监控平台。由政府引导、社会参与，使城市"废弃物"减量化、无害化、资源化、产业化和社会化，在政府与居民、企业三者之间形成良性互动循环的新型关系。

（2）城市土地生态功能监控平台。土地生态系统是土壤、地形、水文和一些相应的生物群落组成的一个紧密的生态系统，科学技术、政策导向等因子对土地生态系统具有重要影响[3]。因此要对每个用地单位所占土地的物质生产力、自然生态服务和社会生态服务效果进行年度生态监控，保证可更新能源利用率、环境净化能力、废弃物循环利用率以及生物多样性维持能力等自然生态服务功能优于或至少不低于原土地的功能。

（3）城市生态系统监测信息化平台。建立多个政府相关部门参与的生态监管和环境影响评价服务发展平台。依托现代通信技术，构建环境公共信息网、环境质量预警网及环境决策支持系统，及时实施自动检测、远程监控、信息发布、决策分析等功能，为城市管理提供科学依据。

（4）城市综合管理信息平台。整合城市规划、建设、城管、公安、文化、卫生等部门的相关信息资源，建立城市综合管理信息平台，逐步在决策分析、任务派遣、目标考核等方面实行数字化管理。该平台架构上分为两个层级。一级指挥中心主要负责事件受理派发、应急指挥调度、工作绩效考核、辅助决策分析等工作；二级指挥分中心主要负责信息上报、事件处置、应急响应等工作。在功能上，主平台具有城市常态综合管理、应急管理协调、统计分析及辅助决策、综合应用支撑四个功能。

（5）城市生态保育发展平台。严格遵循自然规律，依据城市自然环境基础条件，找到当前的城市和处在与自然生态相融共生状态下的城市的差距，发展水、土、气、生、矿的自然生态修复、涵养、保育产业[4]。

（6）生态环境社会监督平台。加大环境质量、环境管理、企业环境行为等信息的公开力度，维护公众的环境知情权、参与权和监督权。

（7）区域产业共生发展平台。把城市生态系统各要素的平衡协调、和谐共生，生态资源的可持续性作为重要尺度，建立绿色国民经济核算制度，建立城市产业共生发展信息平台，从根本上解决经济发展与环境资源之间的尖锐矛盾，缓解环境污染和资源短缺造成的生态脆弱和生态失衡，使城市最终走向产业良性循环轨道，最大程度从源头减少排放量[5]。

四　数字生态城与城市可持续发展的关系

城市可持续发展，从社会角度看主要是追求经济效益、社会效益和生态效益的动态平衡；从资源角度看是城市资源的保护、开发、循环、修复及再利用的动态系统平衡；从环境保护角度看主要是强调利用生态规律和数字化技术手段来科学解决城市发展过程中的环境问题。《21世纪议程》指出，城市可持续发展主要着眼于居民生活质量和城市生态质量两个方面，其核心是协调处理城市社会、经济发展与资源环境三者之间的关系，具体包括城市化速度与质量、城市管理手段、城市产业结构和经济发展及城市基础设施、城市功能、城市能源利用效率和资源利用效率等。

（一）相关协调性

数字生态城和城市可持续发展两者有着共同的作用对象，那就是实体城市，但两者有着不同的概念和研究背景。城市可持续发展的核心问题是如何协调人口资源环境与经济社会发展之间的关系。而数字生态城指的是利用信息化手段和生态系统理念构建低排放高循环高智能的城市。可持续发展思想必须始终贯穿整个数字生态城建设和发展过程之中，可以说两者相互渗透、相互作用。

1. 数字生态城将是城市可持续发展的新兴动力

数字生态城建设体现了最先进的生产力和科技水平及最系统的思维，是城市可持续发展的未来发展方向和新兴动力。数字生态城对城市可持续发展的积极推动作用主要体现在以下几个方面。一是提高传统产业的生产效率。通过对城市传统产业进行产业生态化和产业信息化改造，提高生产效率和管理水平。二是创造城市经济发展新的增长点。数字生态城作为高新技术集成应用的基础平台，其建设和发展过程本身会壮大高新技术产业，为城市经济发展创造新的活力。三是提高城市管理水平。数字化的管理为城市综合管理提供了便捷条件，对提升城市管理水平具有很好的推动作用。四是协调城市可持续发展。数字生态城可以在顶层设计角度协调人口资源环境的关系，更加有利于解决城市可持续发展问题[6]。数字生态城建设通过信息化、生态循环技术及产业共生理论改造城市传统发展模式，优化现有经济结构和产业结构，减少"三废"排放，将改变城市环境保护和经济发展之间原有的矛盾性和不适应性，最终实现经济发展和环境保护的相互平衡。

2. 城市可持续发展为数字生态城建设提供了基础

城市可持续发展为数字生态城建设提供最基础的支持。首先，可持续发展城市为数字生态城建设提供了强大的人力资本和智力支持。其次，可持续发展城市的经济基础为数字生态城建设提供了重要保障。最后，社会和谐，生态平衡，环境优化、美化的城市为数字生态城健康运行提供了很好的环境基础。

（二）偏好冲突性

数字生态城的发展和社会的信息化转型，引发短期产业发展冲突。传统城市的各类社会组织和经济形态均在城市的建设和发展中发挥过巨大的推动作用。但在进行数字生态城建设转型中，这些组织、管理形式及产业形态，可能已经不能适应城市更高层次发展的需要。尤其是一些曾在城市发展中起过支撑作用的大型企业，可能由于不能实现转型而丧失竞争力。同时，由于数字生态城的经济将从规模经济向效率经济转变，从劳动力密集型产业向科技密集型产业转变，城市人口的显形失业和隐形失业水平都会相对上升，部分产业甚至会出现严重的失业问题。目前我国大多数城市仍处在以工业化为主导的建设过程中，在这种背景下，进行数字生态城建设所造成的冲击就显得尤为严重[7]。数字生态城建设带来的转型冲突和不适应性危机，包括城市社会的道德规范、行为准则和政治法律制度等的调整都需要一个较长的过程。数字生态城的建设将造成不同于传统城市建设环境下的新的资源压力和环境压力。例如，各种电子设备在制造过程和使用过程中会产生高物耗和高能耗；数字信息化设备的更新换代会造成各种电子废弃物处理和处置问题；各类电磁波辐射污染必将成为数字生态城环境问题中的一个新难点；网络文化产业形成的软性垃圾也随数字生态城发展如期而至。

五　共青数字生态城生态适宜度分析

通过调研和专家评定，采用排列成对比较技术将共青数字生态城各指标按重要程度从小到大排列，并按生态指标权重计算出各个指标的权重，结果见表1、表2、表3、表4、表5。

表 1　一级指标相对重要程度及权重

V_i	社会经济	空间规划	资源	自然环境
$V_{i+1\cdot i}$	1	1	1	2
W_i	1/5	1/5	1/5	2/5

表 2　社会经济系统二级指标相对重要程度及权重

V_i	人口密度	建筑节能	工业固废综合利用率	单位 GDP 新鲜水耗	单位 GDP 能耗	公共设施配套	综合管理
$V_{i+1\cdot i}$	1	1	1	1	1	2	2
W_i	1/11	1/11	1/11	1/11	1/11	2/11	4/11

表 3　空间规划系统二级指标相对重要程度及权重

V_i	与工业区位置	绿色出行比例	公共空间可达性	人均公园绿地面积	建筑容积率	人均建设用地面积
$V_{i+1\cdot i}$	1	1	2	2	1	2
W_i	1/12	1/12	2/12	2/12	2/12	4/12

表 4　资源系统二级指标相对重要程度及权重

V_i	能源利用	绿地率	土地资源承载压力度	水资源承载压力度	水资源
$V_{i+1\cdot i}$	1	1	2	1	2
W_i	1/10	1/10	2/10	2/10	4/10

表 5　自然环境系统二级指标相对重要程度及权重

V_i	水土流失	声环境质量	大气环境质量	固废处理	地表水环境质量	污水处理
$V_{i+1\cdot i}$	1	1	1	1	1	2
W_i	1/7	1/7	1/7	1/7	1/7	2/7

根据生态适宜度评价数学模型式，计算出共青数字生态城生态适宜度值 $S_{总} = 0.884$（见表6），由生态适宜度评价分级标准可知，共青数字生态城生态适宜度等级为非常适宜，其很适合人类居住。

表6 共青数字生态城生态适宜度评价结果

一级指标	权重 W_i	二级指标	权重 W_i	规划目标	S_i	评价结果
自然环境系统	2/5	大气环境质量	1/7	90%	0.75	0.043
		声环境质量	1/7	95%	0.875	0.050
		地表水环境质量	1/7	100%	1.0	0.057
		固废处理	1/7	100%	1.0	0.057
		污水处理	2/7	90%	0.75	0.114
		水土流失	1/7	95%	0.875	0.050
资源系统	1/5	水资源	4/10	1000	0.5	0.04
		能源利用	1/10	30	1.0	0.02
		绿地率	1/10	37.1%	1.0	0.02
		水资源承载压力度	2/10	1.97%	1.0	0.04
		土地资源承载压力度	2/10	89%	0.762	0.03
空间规划系统	1/5	与工业区位置	1/12	远离	1.0	0.017
		人均建设用地面积	4/12	78.52	0.25	0.067
		人均公园绿地面积	2/12	29.38	1.0	0.033
		公共空间可达性	2/12	完善	1.0	0.033
		建筑容积率	2/12	1.58%	0.68	0.023
		绿色出行比例	1/12	80%	1.0	0.017
社会经济系统	1/5	人口密度	1/11	1.2	1.0	0.018
		综合管理	4/11	优	1.0	0.037
		建筑节能	1/11	100%	1.0	0.018
		单位 GDP 能耗	1/11	0.28	1.0	0.018
		单位 GDP 新鲜水耗	1/11	20	0.75	0.014
		工业固废综合利用率	1/11	80%	0.75	0.014
		公共设施配套	2/11	优	1.0	0.018
合　计						0.884
综合评价结论						非常适宜

共青数字生态城由景观中心、社区中心、产业片区、绿地组成，其配套设施由公共服务设施、基础设施、垃圾站、道路交通等构成，其布局的合理性将直接影响到城区的生态适宜度和居民的生活环境质量，共青数字生态城生态适宜度评价指标体系充分体现了数字和生态的内涵特征。本文通过选取评价指标及对其量化处理、确定指标权重、构建评价模型，对共青数字生态城生态适宜度进行了评价，评价结果反映了数字生态城的土地利用情况和城市居住的适宜程度。

同时，注意到两个非常重要的生态指标"人均建设用地面积"和"水资源"的适宜度值只有 0.25 和 0.5，二者将成为共青数字生态城建设的限制因子。

六　中芬共青数字生态城指标体系

中芬共青数字生态城市指标体系构建基于"社会－经济－自然"复合生态系统理论和数字信息理论，本文在指标体系的框架构建中，将指标体系分为四个层次，即目标层、路径层、指标层和变量层（见图1）。

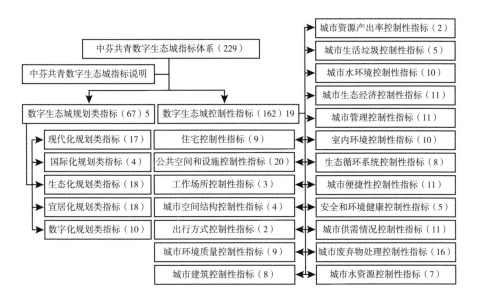

图1　中芬共青数字生态城指标体系结构

与原有的生态城、数字城指标相比较，结合共青数字生态城生态基础较好的特点，本文提出了相应更适合共青数字生态城地域资源特色的指标要求，这一指标要求具有以下几个特点。

（1）建立了生态建设数字化管理主要指标。生态建设数字化管理指标主要是依据生态城市的建设、运行和管理过程，利用数字信息技术手段进行管理的控制性指标。如设立绿色建筑数字化控制、环境管理数字化监控、生态建设数字化控制等。

（2）建立了产业生态化主要指标。产业生态化是我国实施可持续发展战略的重要途径，也是我国生态文明建设的重要内容，是未来城市产业发展的重要组成。其主要是指产业自然生态有机循环机理，在自然系统承载能力内，对特定地域空间内产业系统、自然系统与社会系统进行耦合优化，达到充分利用资源，消除环境破坏，协调自然、社会与经济的持续发展的目的。指标体系中加入了资源产出率（消耗一次资源所产生的国内生产总值）、资源消耗率、产业共生度、循环经济发展指标、产业生态系统结构链多样性等相关控制性指标。

（3）建立了生态产业化主要指标。所谓生态产业化，即生态资源产业化，就是按照社会化大生产、市场化经营的方式来提供生态服务。它与产业生态化一起，构成生态产业的形成路径。生态产业化的实质是生态资本的保值增值。共青数字生态城具有较好的生态资源优势，将生态优势转化为数字生态城建设优势是实现科学发展的保障。本文在指标体系中加入了生态资源产权界定覆盖率、生态补偿合理性、生态资源产业化率、生态产业化效益等指标。

（4）建立了产业组织、运行和管理的数字化主要指标。产业是数字生态城建设与发展的基础。数字化主要指标是将产业生态化理念下的产业运行情况，运用数字化理念进行管理的控制性指标。如在指标体系中加入了产业共生信息平台（废弃物产生和流向、企业供需关系）覆盖率、生产工艺数字化控制率等。

（5）建立了有共青数字生态城地域资源特色的主要指标。数字生态城的科学建设与有效运行必须依托城市实体，脱离实体的数字生态城的发展是不可持续的。指标体系涵盖了共青团文化融入度、共青团文化保存完好率、共青团文化资源数字化率、鄱阳湖文化融入度、鄱阳湖文化数字化率等相关指标。

数字生态城作为人类城市发展的新阶段，其建设过程不可能脱离城市实体这样一个现实基础。如果数字生态城的盲目建设导致对城市社会的严重冲击，造成所谓的断裂性发展，从而中断城市可持续发展的有机过程，这将是数字生态城的最大悲剧。衡量数字生态城建设是否成功的一个根本标准就是看它是推动了还是阻滞了城市可持续发展。数字生态城的建设方式及其衡量指标体系只有因地制宜才能更好地依托实体城市。离开城市的可持续发展，数字生态城建设也就失去了根本方向。

参考文献

[1] 徐西胜：《生态城的理念解读与机制构建》，《理论学习》2010 年第 7 期。

［2］刘祖文:《数字城市及其在城市建设中的应用与展望》,《武汉城市建设学院学报》2000 年第 9 期。

［3］文俊浩:《数字城市与城市可持续发展的相互关系的分析》,《重庆建筑大学学报》2004 年 2 月。

［4］徐冠华、承继成:《数字城市——理论、方法与运用序》,科学出版社,2003。

［5］Gong, B. , Chen, B. , The Regulation Analysis of Low – Carbon Orientation for China Land Use, *Ifip Advances in Information & Communication Technology* 347 (2010).

经济发展、城镇化对城市绿化水平的影响研究[*]

刘子飞[**]

摘　要　基于我国 69 个大中城市 2000~2011 年的面板数据，本研究实证分析了经济发展、城镇化对城市绿化水平的影响。研究表明：①经济发展与城市绿化水平呈 N 形关系，拐点分别是人均地区生产总值 40393 元和 100559 元，在 69 个大中城市中，39 个仍处于经济增长而绿化水平下降的第二阶段，仅有 5 个处于第三阶段；②城镇化对城市绿化水平有积极影响，城镇化率每提高 1 个单位，城市绿化覆盖率将增加 0.0927 个单位；③人口密度、财政支出占地区生产总值比重的增加均显著有利于提高城市绿化水平，自然因素也是一个显著影响因素；④城市绿化水平在个体和时期上均存在差异，表现为由东向西、由南向北下降的趋势，以及随着时间推移逐渐上升的趋势。最后本研究基于结论提出经济、城镇化与城市绿化协调发展的对策建议。

关键词　经济发展　城镇化　城市绿化　绿化覆盖率

伴随着经济发展[①]，以劳动力等要素流动为主的快速城镇化促使我国不

---

[*]　基金项目：中央级公益性科研院所基本科研业务费专项资金项目"'十二五'我国渔业科技进步贡献率测算研究（2016C012）"。

[**]　通讯作者简介：刘子飞，安徽太和人，博士，中国水产科学研究院助理研究员，主要从事资源与环境经济、"三农"战略发展、渔业经济方面的研究工作。

[①]　在一般意义上，"经济发展"指经济在数量和质量两方面的协同增长，本研究侧重的是经济发展水平。

同规模城市发展、壮大和扩张，这凸显了城市的经济增长、社会发展功能，然而，经济水平的提高、人口的增加也使得城市面临"三废"排放污染、空气质量下降、噪声污染、热岛效应等环境问题[1]，这不仅是一个经济发展问题，也是一个社会、生态问题[2~3]。解决这一问题的措施有多种，其中，以公共绿地、街道绿地、庭院绿地、专用绿地等为主要内容的城市绿化被认为是行之有效的策略之一[3~4]。中央城市工作会议明确提出，必须尊重自然、顺应自然，统筹城市生态、生产、生活功能，建设宜居型城市。城市绿地不仅可以解决城市的环境问题，而且能满足公众以较小成本（包括经济、时间等直接成本和机会成本）获得亲近自然机会的需求，从而提高一个城市的社会福利供给能力。城市绿化已是衡量现代化城市宜居和持续性的决定性指标[5]，世界上越来越多的城市将其作为一项环境管理战略[6]。我国正处于经济转型和快速城镇化阶段，城镇化与经济发展并非简单的线性关系[7]，经济发展会引起"极化 – 涓滴效应"，这意味着中国的城市在未来一段时期内仍将面临城镇化带来的复杂环境问题[8]。一方面，经济发展、城镇化需要更多的土地、生态环境支撑；另一方面，经济发展、城镇化提高了城市解决环境问题的能力。那么，经济发展水平、城镇化对城市绿化有无影响，或者说，是怎样的影响以及影响程度如何？本研究拟围绕这一核心问题展开实证分析，内容安排如下：第一部分是相关文献回顾；第二部分为研究假设与模型设定；第三部分为回归结果及解释；第四部分为结论和政策启示。

一 相关研究评述

作为城镇化过程中必然要面对的一个重大课题，城市绿化引起了社会、经济、生态等领域学者的广泛关注，就与本研究相关的文献来看，已有的研究大致可归为两类。一类是将城市绿化作为公共服务物品，从社会经济公平视角展开研究，这类研究多依托微观调查数据，贫富差距[9]、种族[10~11]、性别[5]是这类研究的主要切入点。Wolch 等[3]认为，城市绿化具有多种生态系统服务功能，与居民健康息息相关，但其因种族、阶层因素而不成比例的分布，造成"弱"群体的绿化成本支出较大而收益较小。Heather 等[5]基于微观居民调查数据，从文化、地理视角考察了拉丁美洲居民对城市绿化的偏好以及城市绿化存在的障碍和可行的策略。智利圣地亚哥社会阶层流动对城市绿化影响的研究表明，有效的阶层流动有助于提高城市绿化效率[6]。另一类是从社会经济、自然因素对城市绿化影响的视角展开研究，按照目的又可以细分为两种。一是关注二者影响主次的研究。城市绿化的长期变化受自然和社会经济因素共同影响已经成为共识，但以哪种因素为主还未达成一致。Yang 等[4]运用分级中国大陆卫星图分析了中国 30 个主要城市的绿化覆盖率在 1990～2010 年的变化趋势，并基于最大信息的非参数探索方法考察了其原因，得出了自然因素（气候变化）和社会经济（经济增长、绿化政策）因素共同作用的结论。Chen 和 Wang[12]检验了 2002～2009 年中国 286 个（地级市）城市森林绿化的影响因素，结果表明，自然条件（以城市所在气候带为虚拟变量）影响是主要原因，经济因素（以人均地区生产总值和制度发育情况为表征变量）相对较弱。然而，Zhao 等[13]运用 1989～2009 年中国 286 个城市数据进行研究，认为以人均地区生产总值为表征的经济发展是城市绿化水平提高的最大因素，贡献份额大约为 24.2%，他们指出，城市绿化水平在一定程度上反映了城镇化而非气候、地理的影响。二是关注社会经济因素与城市绿化的关系的研究。整体上看，经济发展、城镇化对城市绿化有两方面的影响：一方面，造成了城市面积向外围扩张，直接加大了城市绿化范围或使绿化用地转变为其他用地，进而不利于城市绿化水平的提高[14～15]；另一方面，增加了公众对城市环境问题的关注和财政支出压力，从而提高了城市的潜在绿化能力[16]。因此，一些学者分析了两方面作用下的社会经济因素与城市绿化的关系。Sun 等[17]的研究表明，中国南方珠三角地区在 1982～2006 年的经济发展和快速城镇化阶段经历了城市绿化水平的下降，而 Zhao 等[13]的结论与此相反。与简单线性关系不同，针对美国东南部 149 个城市的研究发现，经济发展与城市绿化覆盖率呈 U 形曲线关系，拐点为家庭收入 39000 美元[16]。Chen 和 Wang[12]检验了 2001～2010 年中国 285 个城市的经济发展水平与绿化覆盖率之间的 EKC 曲线关系，结果表明，二者之间为 N 形关系，第一个拐点为人均地区生产总值 5085 元，第二个拐点为人均地区生产总值 107558 元。

综上可知，国内外学者对城市绿化做了诸多研究，本研究拟以这些研究为基础并对其进行以下两方面的拓展：①与已有的城市绿化主次因素和城市绿化变化趋势研究以描述性统计方法为主不同，本研究拟运用面板计量模型，以我国大中城市为例，对相关研究中未达成一致甚至是相反的结论做进一步验证；②大部分有关城市绿化的研究都认为城市绿化是社会、自然特别是经济发展与城镇化等多种因素共同作用的结果，但鲜有将经济发展与城镇化共同考察的研究，为此，与以往考察单一因素对城市绿化水平影响的研究不同，本研究尝试在控制自然、财政政策、人口等因素的基础上，同时关注经济发展与城镇化两种因素对城市绿化的影响①。

二　研究假设、指标选取及模型设定

（一）研究假设

经济发展是区域生产能力的集中体现，按照 EKC 理论，经济发展水平越高，公众的生态意识越高，也更偏好良好生态环境，而且政府环境规制越严格，良好生态环境的建设能力也越高，这些都有利于促进具有生态服务功能的城市绿化。然而，如果把城市绿化作为一个投入产出的环境部门，那么在规模报酬递减规律作用下，城市绿化应该不会无限制地提高，应该在经济发展的某个阶段出现拐点，这在理论上与 Chen 和 Wang[12]、Zhu 和 Zhang[15] 的研究结论一致。基于此，提出如下待检验假设。

H1：经济发展对城市绿化水平有显著影响，且影响为非简单线性形式。

城镇化意味着人口，特别是劳动力人口由农村向城市的流动，推动了城区向外围的扩张，很可能造成原有绿地景观转为建设用地，可能降低城市绿化水平。同时，城镇化提高了对城市绿化的需求，并为包括城市绿化在内的产业发展提供了劳动力资源，这又有利于城市绿化。所以，城镇化给城市绿化带来了积极[16]、消极[14] 两方面的影响，与城市绿化之间的关系应该是两方面综合作用的结果，并且与其中影响较大的一方面的方向一致，这具体又由转移的人口数量和质量决定。据此，提出如下待检验假设。

H2：城镇化对城市绿化水平有显著影响，影响的正负由城镇化对城市绿化两方面作用中较大的决定。

---

① 这有可能存在两个原因：一是经济发展与城镇化之间的诺瑟姆规律，可能造成严重共线性问题；二是由于截面或时序上城镇化统计口径不一致，城镇化数据可信度不高，详见方创琳等著《中国城市化进程及资源环境保障报告》（科学出版社，2009，第58页）。而本研究运用面板数据与 Pearson 检验检验和解决严重共线性问题。

（二） 指标选取及模型设定

根据本研究的目的，综合参考相关文献和数据的可获得性，本研究选取的主要指标如下。

（1）被解释变量：城市绿化水平（PUG，单位为%）。由于中国区域间的社会经济、自然因素差距较大，以建成区绿化面积这一绝对指标表征的城市绿化水平不具有可比性，而绿化覆盖率等于城市绿化面积与建成区面积之比，而且每年有统计数据公布，满足了指标可比性和数据可获得性两个基本条件。因此，本研究选取绿化覆盖率作为城市绿化水平的代理变量，一般认为，绿化覆盖率越高表示绿化水平也越高[1]。

（2）核心变量：经济发展（$PGDP$，单位为千元）和城镇化（URB，单位为%）。本研究关注的是经济发展与城镇化对城市绿化水平的影响，为不失一般性，此处选取人均地区生产总值作为经济发展的表征变量。由于统计口径原因，缺乏直接连续可利用的样本期内大中城市城镇化的统计数据，本研究借鉴万广华（2013）计算1978~2011年我国城镇化率的方法[18]，即将城市人口占城市总人口的比重作为城镇化水平的表征变量。

（3）控制变量。除经济发展、城镇化因素外，人口[2,5]、自然[4,12]、财政政策[16]、社会公平[3]等均是影响城市绿化水平的重要因素。受数据可获得性限制，本研究将控制人口情况（POD）、自然因素（$ZONE$）、财政政策（POL）变量。以人口密度作为人口情况的表征变量，这在一定程度上反映了一个城市的拥挤情况，人口密度越大，作为生态服务公共品的城市绿化需求越多，城市绿化水平也可能越高。自然因素对城市绿化有着直接（如极端气候）或间接（如温带与热带的自然禀赋不同造成的绿化植物成活率差异）影响，本研究以城市所在气候带作为自然因素的代理变量。城市绿化是典型的公共品，财政政策特别是用于城市绿化的财政支持对其具有重要影响，但由于缺乏城市绿化或维护的财政支出的连续统计数据，本研究以财政支出占地区生产总值比重作为财政政策的代理变量，该值大小可以反映经济扩张或收缩[19]。

本研究运用的是2000~2011年中国69个大中城市的面板数据[2]。虽然

---

① 此处的隐含假设是：单位绿化的质量或提供的生态效应相同。

② 大中城市的今天很可能就是诸多中小城市的明天，因此，大中城市的经济发展、城镇化与城市绿化经历和经验可以为诸多中小城市实现持续协调发展提供参考。

面板数据模型容易避免时间序列研究中常遇到的多重共线性问题[20]，但为了避免解释变量特别是经济发展与城镇化高度相关引起的共线性问题，在进行面板回归之前，本研究先对各解释变量做了相关性分析，结论是经济发展与城镇化的 Pearson 相关系数虽然较高但也低于 0.8（为 0.63），其他解释变量之间的 Pearson 系数均小于 0.26，可以认为数据不存在严重的共线性问题。为此，本研究设定经济发展、城镇化对城市绿化影响的三个面板计量经济模型，即首先考察经济发展和城镇化对城市绿化的单独影响，之后再研究同时包含二者的模型。具体如下：

$$PUG_{it} = \alpha_0 + \alpha_1 PGDP_{it} + \gamma Z_{it} + \omega_t + \upsilon_i + e_{it} \tag{1}$$

$$PUG_{it} = \beta_0 + \beta_1 URB_{it} + \phi Z_{it} + \theta_t + \upsilon_i + \varepsilon_{it} \tag{2}$$

$$PUG_{it} = \lambda_0 + \lambda_1 PGDP_{it} + \lambda_2 URB_{it} + \psi Z_{it} + \xi_t + \delta_i + \mu_{it} \tag{3}$$

其中，PUG 为城市绿化覆盖率，$PGDP$ 为人均地区生产总值，URB 为城镇化率，Z 代表各种控制变量，ω、θ、ξ 为时期固定效应变量，v、υ、δ 为个体固定效应变量，e、ε、μ 为随机误差项，其余项为相应变量的待估参数（组）。所用原始数据均源于《中国统计年鉴》、《中国城市年鉴》以及相应省份统计年鉴，表 1 为各变量的统计特征，图 1、图 2 为所关注变量的散点图。

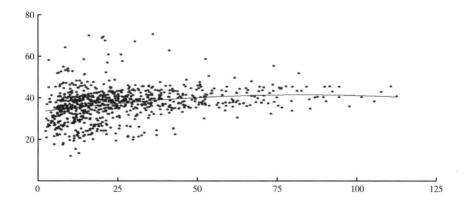

图 1　人均地区生产总值与城市绿化覆盖率

注：横轴为人均地区生产总值，纵轴为城市绿化覆盖率，图中实线为拟合曲线。

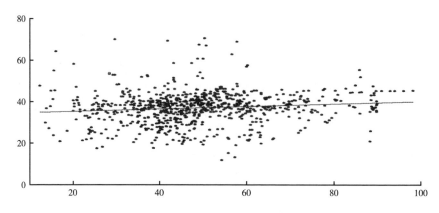

图2 城镇化率和城市绿化覆盖率

注：横轴为城镇化率，纵轴为城市绿化覆盖率，图中实线为拟合曲线。

表1 变量统计特征

	变量 （单位）	符号	定义	观测 值数	均值	标准差	中值	最小值	最大值
因变量	城镇绿化 覆盖率(%)	PUG	绿化面积占 建成区面积	828	36.95	7.68	37.57	11.80	70.30
核心变量	人均地区生产 总值（千元）	PGDP	人均地区 生产总值	828	27.27	20.15	21.36	2.49	112.37
	城镇化 率(%)	URB	城市人口占 总人口的比重	828	49.43	16.08	48.12	12.53	98.28
控制变量	人口密度 （千人/平方公里）	POD	单位面积建 成区人口数	828	1.59	1.77	1.13	0.15	13.44
	气候带	ZONE	1 = 热带季风、亚 热带季风,2 = 其他	828	1.43	0.75	1	1	2
	财政政 策(%)	POL	财政支出占地区 生产总值比重	828	10.87	4.22	10.12	2.93	32.54

注：针对样本，气候带中的其他包括温带季风、温带大陆性、高原高山三类气候带，观测值数分别为288个、60个、12个。

图1、图2分别为2000~2011年我国69个大中城市的人均地区生产总值与城市绿化覆盖率、城镇化率与城市绿化覆盖率的散点图。由图1可知，人均地区生产总值与城市绿化覆盖率之间并不是简单的线性关系，二者大致呈倒U形，即在经济发展初期，城市绿化水平随着经济增长而提高，当经

济发展到一定阶段时，经济水平的提高则有可能不利于城市绿化水平提高。与二者关系不同的是，图 2 表明，城镇化率与城市绿化覆盖率之间的关系相对简单，大致呈简单的正向线性关系。下文将进一步对此进行实证检验。

三　实证研究

（一）回归结果

为了考察更高层次上经济发展对城市绿化水平的复杂影响，本研究在式（1）、式（3）分别逐步引进了人均地区生产总值的二次项、三次项，共回归估计了 7 个面板方程。本研究分别对 7 个方程进行 F 检验和 LR 检验以及 Hausman 检验，结果均表明应建立固定效应模型。运用 Wooldridge（2002）方法和修正后的沃尔德法（Modified Wald Test）分别进行残差序列相关检验、异方差检验，发现数据存在序列相关和异方差，为此，本研究在估计时运用面板校正标准误方法以获得有效估计结果[21]。表 2 给出了具体的估计结果。

表 2　估计结果

变　量	（1）a	（1）b	（1）c	（2）	（3）a	（3）b	（3）c
PGDP	0.1119 **	0.3187 ***	0.5360 ***		0.0847 ***	0.2978 ***	0.4265 ***
	(0.0545)	(0.0430)	(0.0913)		(0.0194)	(0.0508)	(0.1019)
PGDP2		− 0.0022 ***	− 0.0075 ***			− 0.0021 ***	− 0.0074 ***
		(0.0004)	(0.0020)			(0.0005)	(0.0021)
PGDP3			0.000036 ***				0.000035 **
			(0.000013)				(0.000014)
URB				0.1899 ***	0.1001 ***	0.0997 ***	0.0927 **
				(0.0327)	(0.0384)	(0.0381)	(0.0378)
POD	0.3711 **	0.3125 *	0.2730 *	0.4658 **	0.3665 **	0.3035 *	0.2770 *
	(0.1802)	(0.1723)	(0.1416)	(0.1855)	(0.1847)	(0.1699)	(0.1505)
ZONE	− 3.5169 ***	− 3.50456 ***	− 3.2370 ***	− 3.3544 ***	− 3.8623 ***	− 3.8522 ***	− 3.5904 ***
	(0.9544)	(0.9537)	(0.9047)	(1.0694)	(1.0470)	(1.0530)	(1.0269)
POL	0.4075 ***	0.2445 ***	0.1815 **	0.4660 ***	0.3493 ***	0.2358 **	0.1802 *
	(0.0871)	(0.0912)	(0.0938)	0.0864	(0.0895)	(0.0919)	(0.0943)

续表

变 量	(1)a	(1)b	(1)c	(2)	(3)a	(3)b	(3)c
个体控制	YES	YES	YES	YES	YES	YES	YES
时期控制	YES	YES	YES	YES	YES	YES	YES
常 量	28.9262*** (0.8779)	27.6524*** (0.8974)	26.2570*** (1.0328)	21.7564*** 1.4363	25.3145*** (1.6378)	26.5847*** (1.6411)	25.9871*** (1.6511)
Overall F/P	49.79 (0.000)	55.36 (0.000)	58.04 (0.000)	39.33 (0.000)	45.04 (0.000)	46.39 (0.000)	51.67 (0.000)
Adjusted R – Squared	0.5610	0.5763	0.5842	0.4116	0.7141	0.7150	0.7181
Hausman Test/P	11.8 (0.008)	20.06 (0.001)	37.29 (0.000)	33.36 (0.000)	21.411 (0.000)	21.54 (0.001)	27.55 (0.000)

注：变量气候带（$ZONE$）以值等于 1 为参照；括号内为标准差；***、**、* 分别表示在 1%、5%、10% 的水平上显著；受篇幅限制，表中未列出随机效应估计结果。

由表 2 可知，各模型的整体 F 检验均在 1% 的水平上显著拒绝假设，调整后的 R^2 在 0.41～0.72 内，这表明，设定的模型较好地拟合了城市绿化覆盖率变化，具有较高的解释能力。从各解释变量来看，人均地区生产总值、城镇化率均通过显著性检验，控制变量也通过了显著性检验。另外，逐步引进关键变量后，各变量估计系数的符号均未发生改变，并与预期相符，这在一定程度上表明模型稳健性较好。比较 7 个估计结果可知，相对于仅考虑人均地区生产总值或城镇化率，同时考虑人均地区生产总值与城镇化率的式（3）拟合效果更好，且引入人均地区生产总值二次项和三次项后，即估计结果（3）c 的拟合效果最优。因此，以下选取估计结果（3）c 做进一步分析和解释。

（二）结果解释

（1）人均地区生产总值与城市绿化覆盖率呈 N 形关系。人均地区生产总值及其二次项、三次项符号分别为正、负、正，且分别在 1%、1%、5% 水平上显著，这意味城市绿化覆盖率随着人均地区生产总值的增加而出现提升、下降、再提升的现象，即二者并不是直线关系而是 N 形变化关系，这与已有研究（Chen 和 Wang，2013）结论一致，假设 H1 得到验证。这一结论的可能原因是：在经济发展初期（人均地区生产总值低于 40393 元），城市绿化水平提高潜力较大，人均地区生产总值的增加容易对城市绿化产生正向影响；而当经济发展到一定阶段（人均地区生产总值高于 40393 元且低于 100559 元）时，为了支撑经济进一步发展，建成区面积增速可能会超过绿化速度，加上城市绿化的规模报酬递减作用，城市绿化覆盖率呈下降趋势；当经济发展至更高水平（人均地区生产总值高于 100559 元）时，公众的生态环境意识和政府绿化能力都处于较高水平，城市建成区面积则可能趋于稳定，以第三产业为主的产业结构（如公园、游乐场、体育场等）也可能促进城市绿化水平提高，因此，城市绿化覆盖率可能由降转升。

若将经济发展与城市绿化的关系划分为 3 个阶段，则就 2011 年 69 个样本城市来看，安庆、蚌埠、北海等 25 个城市（占截面组的 36.23%）仍处于第一阶段，处于第二阶段的城市最多，有北京、上海、长春等 39 个城市，占 56.52%，仅包头、杭州、宁波等 5 个城市处于人均地区生产总值较高且城市绿化覆盖率上升的第三阶段，具体如图 3 所示。

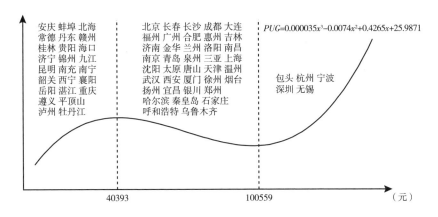

图 3　2011 年大中城市经济发展与城市绿化关系

注：横轴为人均地区生产总值，纵轴为城市绿化水平。

（2）城镇化率对城市绿化覆盖率具有积极影响。城镇化率的估计系数为正，且在 5% 水平上显著，这与 Zhao 等[13]、潘家华[8] 的研究结论一致，假设 H2 得到验证。这表明，2000 年以来的快速城镇化提高了城市绿化水平，具体而言，城镇化率每增加 1 个单位，城市绿化覆盖率将提高 0.0927 个单位，主要原因可能是：人口向城市的集聚增加了绿化需求，同时也为城市提供了充足的城市绿化所需的劳动力要素，从而引起城市绿化增加速度快于为容纳更多人口而进行的城市向外扩张的速度，最终表现为城镇化率与城市绿化覆盖率之间的正向关系，如武汉与长沙的人均地区生产总值、人口密度、财政支出占地区生产总值比重以及自然条件均差别不大，但武汉的城镇化率明显比长沙高，城市绿化覆盖率也较高。

（3）控制变量。城市人口密度、财政支出占地区生产总值比重系数均为正，且均通过了显著性检验，说明二者与城市绿化覆盖率呈显著的正向关系。由城市人口密度的表达式[①]可知，城市人口密度大意味着在建成区面积（即分母）一定时城市人口（即分子）较多或者城市人口相同时建成区面积较小，前一种情况使得公众对城市绿化的需求更多，在后一种情况下更易于实施城市绿化。与预期一致，城市绿化作为提供生态服务的公共品，在其他条件不变的情况下，财政支出占地区生产总值比重越高，城市绿化能力和倾向也越高，所以城市绿化水平可能更高。以气候带为表征的自然因素均在 1% 水平上显著，其系数符号为负表明，相对于地处热带、亚热带的城市，地处内陆性和高原高山气候带的城市的绿化覆盖率较低，如除自然因素外其他条件都很相近的郑州与厦门、兰州与徐州等城市之间的绿化水平的差异。

（三）城市绿化在个体和时期上的差异分析

为了更清晰地观察城市绿化覆盖率的个体和时期差异，图 4 和表 3 分别从区域个体（细化气候带）和时期角度做了进一步刻画。

1. 个体差异分析

图 4 为按细分气候带展示的个体差异（固定效应）估计值 δ_i，即各城市绿化覆盖率与整体均值的偏离，大于 0 表示高于全国水平，反之低于全国水平。观察图 4 可知，三亚、深圳、北海、海口等城市的绿化覆盖率明显右偏（高）于整体平均水平，而兰州、西宁、呼和浩特、乌鲁木齐等城市的绿化覆盖率显著左偏（低）于整体的水平。所以，基本可以认为，我国城市绿化水平呈现由南向北、由东向西下降的区域趋势，也可以表述为由沿海向内陆，由热带、亚热带向温带、高原高山气候带递减的地理、气候特征。这不仅与我国植被梯度变化规律一致，而且在一定程度支持了自然因素对城市绿化有显著影响的结论，是城市绿化应因地制宜的基本依据之一。

---

① 《中国城市年鉴》中有关城市人口密度的表述为：城市人口密度＝城市人口/建成区面积。

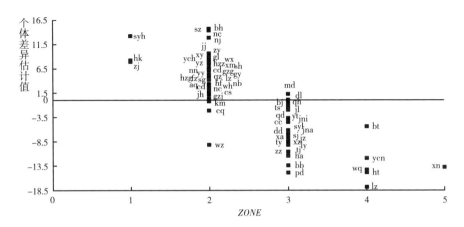

图 4　大中城市绿化覆盖率个体差异

注：字母表示城市，如 bj、tj、sh 分别表示北京、天津、上海，以此类推。个别说明如下：
syh = 三亚，syl = 沈阳，ycn = 银川，ych = 宜昌，gzg = 广州，gzj = 赣州，md = 牡丹江，ha = 哈
尔滨，sj = 石家庄，pd = 平顶山，jni = 济宁，jna = 济南，ht = 呼和浩特，wq = 乌鲁木齐。
ZONE 表示气候带，其中，1 = 热带季风气候，2 = 亚热带季风气候，3 = 温带季风气候，4 = 温
带大陆性气候，5 = 高原高山气候。

2. 时期差异分析

表 3 为 2000 ~ 2011 年我国大中城市的绿化覆盖率的时期差异。表 3 表明，
我国大中城市绿化水平具有明显的时期趋势：2000 ~ 2011 年城市绿化水平基
本呈上升趋势，2006 年为转折点，时间差异估计值由负（- 0.1622）转为正
（0.9703），且 2006 年以来一直为正，这意味着，在考察期内随着时间推移，
大中城市的绿化水平呈增加趋势。然而，2008 年、2011 年的城市绿化水平分
别低于 2007 年、2010 年，这很可能是金融危机后国家积极推行经济升级转
型，以及地方政府人为加速城镇化的结果，对于后者进行"反思"是必要的[①]。

表 3　2000 ~ 2011 年大中城市绿化覆盖率的时期差异

年　份	时期差异估计值	年　份	时期差异估计值
2000	- 3.7439	2003	- 1.8183
2001	- 4.1893	2004	- 1.4062
2002	- 3.3195	2005	- 0.1622

---

① 如 2010 ~ 2012 年，许多地方政府推行"上楼""农改非"政策后，中央政府及时纠正了这
一做法。

年　份	时期差异估计值	年　份	时期差异估计值
2006	0.9703	2009	2.8521
2007	1.9865	2010	4.1539
2008	1.2940	2011	3.3828

四　结论与政策启示

本研究运用 2000～2011 年中国 69 个大中城市的相关数据，基于面板数据固定效应模型，估计了经济发展、城镇化对城市绿化的影响，尽管模型纳入的变量较少而且受数据限制仅选择了大中城市的样本，这也是以后开展进一步研究的两个方向，但就本研究的估计结果来看是比较稳健的，研究结论可总结为如下四点。一是经济发展与城市绿化水平并非简单的线性关系，而是呈 N 形变化，两个拐点分别是人均地区生产总值 40393 元和 100559 元，即人均地区生产总值低于 40393 元和高于 100559 元时，城市绿化水平随着经济发展水平提高而增加，而人均地区生产总值超过 40393 元且低于 100559 元时，二者呈反向关系。截至 2011 年，大多数（39 个，占截面组的 56.52%）城市处于第二阶段，仅深圳、杭州等 5 个城市处于第三阶段。二是城镇化对城市绿化有积极影响。2000 年以来的快速城镇化使得人口由农村、农业流向城市和工业，城镇化带来的城市绿化水平提高速度超过了城区面积扩张速度是二者呈正相关的原因。三是人口密度、财政支出占地区生产总值比重均对城市绿化水平有正向影响。城市单位面积人口的增加，将从需求和供给两方面促进城市绿化水平提高。作为提供生态服务的公共品，城市绿化具有正外部性，财政支出提高了其供给水平。另外，自然因素是影响城市绿化水平的重要因素。四是城市绿化水平在横向和纵向上存在明显差异。在横向上，城市绿化水平呈现地理、自然分布特征，即东部、南部或亚热带、热带的城市绿化水平较高，而西部、北部或大陆性、高原高山气候带的城市绿化水平相对较低。在纵向上，城市绿化覆盖率时期差异估计值于 2006 年转为正并一直持续为正，随着时间推移，城市绿化水平基本呈上升趋势。

以上结论蕴含的主要政策启示是：①经济发展与城市绿化之间呈 N 形

关系，但并不一定是依次而过的，特别值得注意的是，中国大多城市仍处于经济发展而城市绿化水平下降的第二阶段，如果对于包括城市绿化在内的解决城市生态问题的措施不作为，那么经济发展与城市绿化的关系不会自然而然地向第三阶段发展，而是很可能出现城市不适宜人居住和经济衰退的现象，落入不可持续的陷阱；②城镇化提高了城市绿化水平，进而提高了城市人口容纳能力，但城镇化对城市绿化的促进作用较小（系数仅为0.0927），而且城镇化也给城市绿化带来一定压力，因此，将解决城市生态问题的希望寄予城镇化是不可取的，也是不现实的，况且人口密度、财政政策、自然因素也是影响城市绿化的重要因素；③城市绿化是经济、社会、生态的系统工程，应该综合考量人口、财政、自然因素，特别要遵循自然规律，如"人挪活，树挪死"的基本规则，避免浪费人力、物力的"大树进城"。

参考文献

［1］ Douglas, I, "Urban Ecology and Urban Ecosystems: Understanding the Links to Human Health and Well-being," *Current Opinion in Environmental Sustainability* 4 (2012).

［2］ Jennings, V., Johnson, G. C., Gragg, R. S., "Promoting Environmental Justice through Urban Green Space Access: A Synopsis," *Environmental Justice* 5 (2012).

［3］ Wolch, J. R., Byrne, J., Newel, J. P., "Urban Green Space, Public Health, and Environmental Justice: The Challenge of Making Cities 'Just Green Enough'," *Landscape and Urban Planning* 125 (2014).

［4］ Yang, J., Huan, C. H., Zhang, Z. Y., Wang, L., "The Temporal Trend of Urban Green Coverage in Major Chinese Cities between 1990 and 2010," *Urban Forestry & Urban Greening* 13 (2014).

［5］ Heather, E., Wright, W., Rebecca, K. Z., James, R. M., "Accessibility and Usability: Green Space Preferences, Perceptions, and Barriers in a Rapidly Urbanizing City in Latin America," *Landscape and Urban Planning* 107 (2012).

［6］ Krellenber, K., Welz, J., Päcke S. Reyes, "Urban Green Areas and Their Potential for Social Interaction: A Case Study of a Socio-economic Ally Mixed Neighborhood in Santiago de Chile," *Habitat International* 44 (2014).

［7］ 仇保兴：《我国城市发展模式转型趋势——低碳生态城市》，《城市发展研究》2009年第16期，第1~6页。

［8］ 潘家华：《新型城镇化道路的碳预算管理》，《经济研究》2013年第3期，第12~14页。

[9] Heynen, N. , Perkins, H. A. , Roy, P. , "The Political Ecology of Uneven Urban Green Space," *Urban Affairs Review* 42（2006）.

[10] McConnachie, M. M. , Shackleton, C. M. , "Public Green Space Inequality in Small Towns in South Africa," *Habitat International* 34（2010）.

[11] Byrne, J. , "When Green is White: The Cultural Politics of Race, Nature and Social Exclusion in a Los Angeles Urban National Park," *Geoforum* 43（2010）.

[12] Chen, W. Y. , Wang, D. T. , "Economic Development and Natural Amenity: An Econometric Analysis of Urban Green Spaces in China," *Urban Forestry & Urban Greening* 12（2013）.

[13] Zhao, J. J. , Chen, S. B. , Jiang, B. , Ren, Y. , Wang, H. , Vause, J. , Yu, H. D. , "Temporal Trend of Green Space Coverage in China and its Relationship with Urbanization over the Last two Decades," *Science of the Total Environment* 442（2013）.

[14] Nowak, D. J. , "Contrasting Natural Regeneration and Tree Planting in Fourteen North American Cities," *Urban Forestry & Urban Greening* 11（2012）.

[15] Zhu, P. , Zhang, Y. , "Demand for Urban forests in United States Cities," *Landscape Urban Plan* 84（2008）.

[16] Zhu, P. , Zhang, Y. , "Demand for Urban Forests and Economic Welfare: Evidence from the Southeastern U. S. Cities," *Journal of Agricultural and Applied Economics* 38（2006）.

[17] Sun, J. , Wang, X. , Chen, A. , Ma, Y. , Cui, M. , Piao, S. , "NDVI Indicated Characteristics of Vegetation Cover Change in China's Metropolises over the Last Three Decades," *Environmental Monitoring and Assessment* 179（2011）.

[18] 万广华:《城镇化与不均等: 分析方法和中国案例》,《经济研究》2013 年第 5 期, 第 73 ~ 86 页。

[19] 雷潇雨、龚六堂:《城镇化对于居民消费率的影响: 理论模型与实证分析》,《经济研究》2014 年第 6 期, 第 44 ~ 57 页。

[20] 白仲林:《面板数据的计量经济分析》, 南开大学出版社, 2008, 第 202 页。

[21] Wooldridge, J. M. , *Econometric Analysis of Cross Section and Panel Data* (Cambridge, MA: MIT Press, 2002).

自然保护区周边农户
生计策略分析

孙 博[*]

摘 要 本文基于可持续生计理论，选取湖北和云南两省7个自然保护区周边的477个样本，分析了农户生计资本和生计策略差异，以及生计资本对生计策略选择的影响，得出结论：①除自然资本外，湖北和云南农户生计资本差异显著；②湖北农户以务工自营为主，云南农户以务农营林为主；③在生计资本中，户主身体健康、家庭劳动力比重、是否有村干部、人情往来支出、农田面积、林地面积、房屋面积、有无通信工具和交通工具、牲畜家禽数量、人均年收入以及银行贷款对农户生计策略选择均有显著影响。建议增加生计资本，优化生计策略，以消除贫困，减少农户对自然资源依赖。

关键词 农户 生计资本 生计策略

一 引言

近年来，农户生计成为发展中国家和地区广泛关注的话题[1]。周边社区及农户是农村最主要的经济活动主体，其采取的资源利用方式和生

---

* 通讯作者简介：孙博，女，黑龙江哈尔滨人，北京林业大学经济管理学院博士研究生，主要从事林业经济与政策、资源与环境经济研究工作。邮箱：sbgzhm@126.com。

计策略是影响生态保护成效的重要因素[2]，传统农户往往从森林等原始自然环境中获取食物、燃料、饲料、建筑材料、药材和其他产品以满足生存需要和产生经济收入[3]，这加剧了保护与发展之间的冲突。2015 年以来，中共中央、国务院相继颁布了《关于加快推进生态文明建设的意见》《生态文明体制改革总体方案》，促进农户可持续生计成为实现生态文明战略的重要内容。

目前，学者对生计资本、生计策略以及生计资本与生计策略的关系做了很多探讨。现有的生计资本研究大致可以分为三类。一是生计资本状况分析，如杨云彦等建立指标体系测量南水北调（中线）工程库区农户生计资本[4]；郭圣乾等利用因子分析法对河北、山东、河南、湖北、湖南五省农户生计资本的脆弱性做出评价[5]；Bhandari 使用可持续生计方法探讨了尼泊尔农户生计资本对从事非农活动家庭生计变化的影响程度[6]；何仁伟等运用熵值法和聚类分析法将四川凉山彝族自治州农户生计资本划分成不同类型，并对农户生计资本的空间格局特征进行研究[7]。二是生计策略选择及影响因素分析，多样化的生计策略是可持续生计的核心，也是解决贫困问题的重要手段。通过计算可持续生计效益指数发现，农户生计策略越多样，收入越高，不同生计策略收入所占的比重越趋向平均化；反之，依赖外出打工、卖粮菜等个别生计策略的农户生计水平较低，发展果园收益最高，其次是做小生意和外出打工，大棚种植和舍饲养殖收益最低[8~9]。生计资本、家庭结构、自然条件和居民点布局等内在因素和政策制度等外部因素对农户生计策略选择均有影响[10~11]。三是生计资本与生计策略的关系，如部分学者根据 Sharp 等在非洲开展的研究，运用 Logistic 回归模型分析农户生计策略与生计资本的关系[12~13]；Kemkes 采用分位数回归法分析了格鲁吉亚山区自然资本对农户生计策略选择的作用[14]。

可见，国内外学者主要考察欠发达地区生计资本类型、生计策略影响因素，并对生计资本和生计策略的关系进行了初步梳理。但已有研究对生计资本的分析偏重于考察某种生计资本对生计策略的影响，并没有对每一种生计资本包含的要素做具体分析。在此基础上，本文根据英国国际发展部（DFID）开发的可持续生计框架（SLA）将五大资本细分为 15 个指标，并将这 15 个指标作为自变量，分析每项生计资本对生计策略的影响，结合湖北和云南的实际情况，将调研区域的生计策略分为务工型、务农型、营林型和自营型，以此探讨家庭生计资本对生计策略的影响效果，并从自然禀赋存在差异的两个区域出发分析农户可持续生计策略的调整方案，为制定脱贫政策提供依据。

二　研究区域

湖北位于我国长江中游地区，是我国的南北过渡地带，经济发展水平相对较高；云南地处我国西南边陲，是典型的高原山地省份，经济发展水平相对落后，两者均是外出务工大省也是少数民族聚集区。截至目前，湖北、云南建立的各类自然保护区分别为 64 个和 162 个，总面积分别为 109.64 万公顷和 282.53 万公顷，分别占全省面积的 5.9% 和 7.4%。随着自然保护区数量和面积的增加，周边社区管理难度逐渐变大，经济发展与生态保护矛盾日益凸显。由于两省的空间分布差异较大，自然地理条件和农户生产经营行为也存在一定差别。因此，本文选择湖北和云南最有代表性的几个保护区作为案例点，借此分析生计资本、生计策略选择的差异以及生计资本对生计策略的影响。本文研究的保护区具体信息见表 1。

表 1　研究区域概况

省份	保护区	级别	成立时间	面积(公顷)	森林覆盖率(%)	涉及行政村数(个)	涉及村民数(人)
湖北	神农架保护区	国家级	1982 年	7046700	96.56	11	6998
	五峰后河保护区	国家级	2000 年	1034000	91.33	2	868
	赛武当保护区	国家级	2011 年	21203	95.88	9	3005
	丹江口保护区	省　级	2003 年	45103	91.21	——	——
云南	元江保护区	国家级	1989 年	22378.9	41.50	29	29745
	西双版纳保护区	国家级	1958 年	242500	95.70	122	73915
	糯扎渡保护区	省　级	1997 年	21679	78.37	8	8981

三　样市选择

2014 年，笔者对采用分层随机抽样方法确定的湖北和云南 7 个自然保护区及其周边社区进行调研，抽样村是在当地保护区管理人员的帮助下选取的，可以充分代表保护区周边农户的情况。用于农户访谈的问卷表由家庭人口基本信息、资源禀赋、生产经营、主观认知等内容组成。全部调查问卷均是由调查员一对一完成的，户主是被访问的主要对象，当户主外出时，则对他的妻子或其他熟悉家庭情况的成年人（18 岁以上）进行调查。本文最终使用的样本数量为 477 个，另有 57 个样本因为数据不全、前后回答存在逻辑不一致等被剔除，剔除的样本 22 个来自湖北、35 个来自云南，问卷的有效率为 89.3%。

四 实证分析

（一）农户生计资本的差异

本文采用列联表方法分析不同生计资本下农户的生计策略选择，并通过单因素方差分析判断不同生计资本下农户的生计策略是否有显著差异。由于湖北和云南的社会经济发展水平不同，农户的生计资本水平也有区别。在人力资本中，湖北户主受教育程度比云南高，云南户主健康状况比湖北好，云南农户劳动力比重较高；在物质资本中，湖北农户居住面积比云南略大，云南拥有通信设备、交通工具和牲畜家禽的农户多于湖北；在自然资本中，无论是农田还是林地，湖北资源禀赋均较云南少；在社会资本中，湖北农户家庭有村干部比例和人情往来支出多于云南；在金融资本中，湖北农户人均年收入、银行贷款和个人借款均比云南高。总之，农户生计资本规模有限，生计风险较大，如何提高人均收入是消除贫困面临的重要问题，除金融资本外，云南农户生计资本状况优于湖北（见表 2）。

表 2　湖北和云南农户生计资本状况

单位：%

		湖北		云南	
		频数	比重	频数	比重
人 力 资 本					
户主受教育程度	文盲	14	11.0	30	8.6
	小学	45	35.4	156	44.6
	初中	54	42.5	131	37.4
	高中及以上	14	11.0	33	9.4
户主健康状况	健康	62	48.8	222	63.4
	一般	44	34.6	99	28.3
	疾病	21	16.5	29	8.3

续表

		湖北		云南	
		频数	比重	频数	比重
人　力　资　本					
劳动力比重	<40%	28	22.0	22	6.3
	40%~80%	81	63.8	182	52.0
	>80%	18	14.2	146	41.7
物　质　资　本					
居住面积	<100 m²	14	11.0	47	13.4
	100~200 m²	86	67.7	196	56.0
	>200 m²	27	21.3	107	30.6
通信设备	<1.5	47	37.0	122	34.9
	1.5~3	56	44.1	195	55.7
	>3	24	18.9	33	9.4
交通工具	0	33	26.0	57	16.3
	0~1	78	61.4	191	54.6
	>1	16	12.6	102	29.1
牲畜家禽	0	49	38.6	21	6.0
	0~1	53	41.7	138	39.4
	>1	25	19.7	191	54.6
自　然　资　本					
农田面积	<1 亩	35	27.6	29	8.3
	1~10 亩	82	64.6	246	70.3
	>10 亩	10	7.9	75	21.4
林地面积	0 亩	45	35.4	102	29.1
	0~100 亩	61	48.0	212	60.6
	>100 亩	21	16.5	36	10.3
社　会　资　本					
是否有村干部	现在有	15	11.8	22	6.3
	曾经有	14	11.0	8	2.3
	都没有	98	77.2	320	91.4
去年人情往来支出	<0.5 万元	73	57.5	313	90.5
	0.5 万~1 万元	43	33.9	25	7.2
	>1 万元	11	8.7	8	2.3
是否加入农业合作社	加入	7	5.5	30	8.6
	未加入	120	94.5	320	91.4

续表

		湖北		云南	
		频数	比重	频数	比重
金　融　资　本					
人均年收入	<1万元	75	59.1	232	66.3
	1万~2万元	28	22.0	69	19.7
	>2万元	24	18.9	49	14.0
银行贷款	<1万元	66	52.0	226	65.1
	1万~2万元	28	29.9	25	7.2
	>2万元	23	18.1	96	27.7
个人借款	<1万元	77	60.6	298	85.4
	1万~2万元	33	26.0	26	7.4
	>2万元	17	13.4	25	7.2

注：表中频数为有效样本数，其合计数与总样本数未必相同。

为进一步分析湖北和云南两组农户生计资本在统计学上的异同，在此进行了独立样本 T 检验。湖北与云南农户人力资本对应的 p 值为 0.480、0.002、0.000，所以两组在户主健康和劳动力比重上有显著差异；社会资本对应的 p 值为 0.001、0.000、0.270，所以两组在是否有村干部和人情往来支出上有显著差异；自然资本对应的 p 值为 0.000、0.995，所以两组在林地面积上无显著差异；物质资本对应的 p 值为 0.284、0.276、0.000、0.000，所以两组在交通工具和牲畜家禽上有显著差异；金融资本对应的 p值 0.117、0.686、0.000，所以两组在个人借款上有显著差异。

（二）农户生计策略的差异

湖北和云南两省农户人均工资收入分别为 3603 元、512 元，人均打工收入分别为 15161 元、6221 元，务工人均收入占家庭全年人均总收入的 50% 和 17%；两省农户人均种地收入分别为 1490 元、5188 元，人均养殖收入分别为 2275 元、1853 元，务农人均收入占家庭全年人均总收入的 25% 和 54%；两省农户人均营林收入分别为 619 元、2559 元，人均营林收入占家庭全年人均总收入的 2% 和 11%；两省农户人均自营收入分别为 2994 元、

901 元，人均自营收入占家庭全年人均总收入的 8% 和 2% 。可见湖北农户
生计策略选择依次为务工 > 务农 > 自营 > 营林，而云南农户生计策略选择依
次为务农 > 务工 > 营林 > 自营，湖北人均收入水平高于云南（见表3）。

表3　湖北和云南农户生计策略选择

单位：元

	均值		标准误		最小值		最大值	
	湖北	云南	湖北	云南	湖北	云南	湖北	云南
人均总收入	14393.71	13584.25	25466.32	36570.29	109.25	133.33	250194	569160
人均工资收入	3602.99	512.41	1104.62	3393.47	0	0	72000	60000
人均打工收入	15160.63	6221.05	16839.63	16814.53	0	0	80000	180000
务工型 *	0.50	0.17	0.38	0.29	0	0	1	0.98
人均种地收入	1489.94	5188.10	2611.20	7716.48	0	0	20000	75000
人均养殖收入	2275.31	1852.73	3881.17	4437.44	0	0	21520	37750
务农型 **	0.25	0.54	0.29	0.33	0	0	0.97	1
人均营林收入	618.90	2559.27	6222.94	6467.47	0	0	70000	52000
营林型 ***	0.02	0.11	0.10	0.22	0	0	0.93	0.88
人均自营收入	2994.11	900.94	13084.05	5422.60	0	0	100000	50000
自营型 ****	0.08	0.02	0.20	0.09	0	0	1	0.90

注：＊根据中国社会科学院农村发展研究所的相关文件可知，务工型表示农户收入来源中工资
和打工收入所占比重最高，该比重等于村干部、护林员、景区服务人员和公司职员人均收入的总和
除以人均年总收入，本文计算务工收入时考虑了人均打工时间。

＊＊务农型表示农户种地和养殖收入所占比重最高，等于种植粮食作物、经济作物，养殖家畜
家禽人均收入的总和除以人均年总收入，本文计算务农收入时考虑了人均种地时间和日均养殖时
间。

＊＊＊营林型表示农户林业全部收入所占比重最高，等于从事木材采伐、营造经济林、生产林副
产品人均收入的总和除以人均年总收入，本文计算营林收入时考虑了人均营林时间。

＊＊＊＊自营型表示农户自营全部收入所占比重最高，等于开商店、药店、饭店、农家乐、加工
作坊和从事个体运输人均收入的总和除以人均年总收入，本文计算自营收入时考虑了日均自营时
间。

（三）　生计资本对农户生计策略的影响

人力资本。在湖北，户主健康状况和务工、营林呈正相关，劳动力比重越低越倾向于营林，虽然繁重的营林工作需要身体健康的劳动力，但林地面积过大，仅需较少的劳动力进行管护，户主受教育程度对生计策略选择无影响；在云南，户主受教育程度对务工、营林和自营的影响有显著差异，农户受教育程度越高，越有能力获取充足的经济收入[15]，户主健康状况和劳动力比重对生计策略选择无影响。

社会资本。在湖北，家庭没有村干部更愿意务工，去年人情往来支出和务农呈相关关系；在云南，家庭有村干部更倾向于务农和营林，去年人情往来支出对生计策略无影响，是否加入农业合作社对两省农户生计策略均无影响。社会资本可以概括为促进个人和社区以一个有效的方式实现共同目标的人际网络和价值观，长期来看社会资本显著影响可持续生计，可以提升家庭和社区内外合作的能力[16]。

自然资本。在湖北，农田面积越大越倾向于务农，其对自营有显著影响，林地面积越大越倾向于务工，其对自营有显著影响；在云南，农田面积越大越倾向于务农，其对营林有显著影响，林地面积对生计策略选择有显著影响，和务工、营林呈正相关关系。可见，拥有较多农田的农户仍习惯于传统农耕，部分农户在农地上营林或者在农闲时自营；而林地面积大的农户收入较多，可以投入人力、财力和物力促进生计策略多样化。

物质资本。在湖北，居住面积越大越倾向于务工，通信工具越少越愿意营林，交通工具越少越愿意务农，牲畜家禽越多越倾向于务农；在云南，居住面积大小对务工和营林有显著影响，通信工具数量对务工和务农有显著影响，交通工具数量对务工、营林和自营有显著影响，牲畜家禽数量对务工和营林有显著影响。因此，作为家庭的经济基础，物质资本对农户生计策略选择起到重要作用。

金融资本。在湖北，人均年收入较低的农户更愿意外出打工，有固定收入来源的农户则愿意务农或自营，银行贷款越多越倾向于务农，个人借款对农户生计策略选择无影响；在云南，人均年收入较高的家庭更愿意务工、营林，收入较低的家庭大多务农、自营，银行贷款对自营有显著影响，个人借款对务农有显著影响。不同区域家庭收入对生计策略选择的作用不同，收入少的农户主要从事农业生产或低回报的非农工作，而较富裕的农户从事高回报的非农工作[17]。

不同生计资本下农户生计策略选择如表 4 所示。

表4　不同生计资本下农户生计策略选择

生计资本			务工型		务农型		营林型		自营型	
			湖北	云南	湖北	云南	湖北	云南	湖北	云南
人力资本	户主受教育程度	文盲	0.15 (0.27)	0.19 (0.33)	0.49 (0.46)	0.56 (0.37)	0.01 (0.01)	0.05 (0.16)	0.11 (0.29)	0.07 (0.20)
		小学	0.24 (0.30)	0.22 (0.32)	0.51 (0.39)	0.58 (0.33)	0.03 (0.15)	0.09 (0.20)	0.05 (0.12)	0.01 (0.06)
		初中	0.25 (0.28)	0.13 (0.25)	0.53 (0.36)	0.52 (0.30)	0.01 (0.06)	0.16 (0.25)	0.09 (0.21)	0.02 (0.09)
		高中及以上	0.37 (0.31)	0.09 (0.19)	0.35 (0.38)	0.57 (0.32)	0	0.14 (0.21)	0.11 (0.28)	0
		F值	1.44	3.09**	0.88	0.79	0.61	4.06***	0.62	5.15***
	户主健康状况	健康	0.29 (0.33)	0.18 (0.29)	0.50 (0.40)	0.55 (0.32)	0.04 (0.16)	0.12 (0.22)	0.08 (0.22)	0.01 (0.07)
		一般	0.26 (0.29)	0.14 (0.27)	0.47 (0.38)	0.57 (0.33)	0.01 (0.01)	0.12 (0.23)	0.07 (0.17)	0.02 (0.11)
		疾病	0.12 (0.14)	0.22 (0.34)	0.54 (0.36)	0.50 (0.30)	0.01 (0.01)	0.11 (0.21)	0.13 (0.23)	0.02 (0.08)
		F值	2.54*	0.90	0.24	0.51	2.97**	0.02	0.76	0.30
	劳动力比重	<40%	0.22 (0.26)	0.24 (0.31)	0.44 (0.41)	0.48 (0.29)	0.05 (0.19)	0.13 (0.22)	0.11 (0.24)	0.02 (0.08)
		40%~80%	0.26 (0.31)	0.16 (0.28)	0.52 (0.39)	0.55 (0.30)	0.01 (0.05)	0.13 (0.23)	0.08 (0.20)	0.02 (0.10)
		>80%	0.21 (0.23)	0.17 (0.30)	0.53 (0.36)	0.56 (0.35)	0	0.10 (0.21)	0.07 (0.19)	0.01 (0.07)
		F值	0.34	0.73	0.51	0.70	2.74*	0.43	0.33	0.37

续表

生计资本		务工型		务农型		营林型		自营型	
		湖北	云南	湖北	云南	湖北	云南	湖北	云南
是否有村干部	现在有	0.12 (0.16)	0.09 (0.17)	0.63 (0.38)	0.56 (0.32)	0.03 (0.11)	0.25 (0.32)	0.06 (0.16)	0.01 (0.03)
	曾经有	0.24 (0.32)	0.20 (0.37)	0.44 (0.43)	0.35 (0.28)	0.01 (0.02)	0.20 (0.29)	0.11 (0.22)	0
	都没有	0.27 (0.30)	0.18 (0.29)	0.49 (0.38)	0.55 (0.29)	0.01 (0.10)	0.11 (0.21)	0.08 (0.21)	0.02 (0.09)
	F值	1.85*	1.05	1.06	2.69*	0.19	3.19**	0.26	0.28
去年人情往来支出	<0.5万元	0.24 (0.30)	0.16 (0.28)	0.46 (0.40)	0.56 (0.32)	0.02 (0.12)	0.12 (0.22)	0.08 (0.22)	0.02 (0.09)
	0.5万~1万元	0.27 (0.29)	0.23 (0.32)	0.51 (0.38)	0.53 (0.32)	0.01 (0.07)	0.13 (0.23)	0.10 (0.20)	0
	>1万元	0.19 (0.25)	0.30 (0.39)	0.72 (0.29)	0.49 (0.41)	0.01 (0.02)	0.11 (0.21)	0.05 (0.09)	0.04 (0.12)
	F值	0.34	1.37	2.23*	0.25	0.12	0.06	0.36	0.81
是否加入农业合作社	加入	0.29 (0.32)	0.15 (0.28)	0.66 (0.33)	0.54 (0.33)	0.02 (0.10)	0.11 (0.22)	0	0.02 (0.08)
	未加入	0.24 (0.29)	0.17 (0.29)	0.49 (0.39)	0.55 (0.32)	0.01 (0.02)	0.15 (0.28)	0.09 (0.21)	0.02 (0.09)
	F值	0.16	0.13	1.34	0.67	0.05	0.92	1.22	0.04

社会资本

续表

生计资本		务工型 湖北	务工型 云南	务农型 湖北	务农型 云南	营林型 湖北	营林型 云南	自营型 湖北	自营型 云南
自然资本									
农田面积	<1亩	0.21	0.14	0.48	0.52	0.03	0.04	0.05	0
		(0.26)	(0.28)	(0.40)	(0.32)	(0.16)	(0.17)	(0.13)	
	1~10亩	0.27	0.18	0.51	0.62	0.01	0.14	0.11	0.02
		(0.30)	(0.29)	(0.37)	(0.32)	(0.07)	(0.23)	(0.24)	(0.10)
	>10亩	0.20	0.17	0.68	0.64	0	0.08	0.03	0.01
		(0.32)	(0.29)	(0.33)	(0.31)		(0.19)	(0.06)	(0.06)
	F值	0.74	0.23	2.27*	4.19***	0.41	3.82**	2.22*	1.21
林地面积	0亩	0.23	0.09	0.54	0.51	0.01	0.01	0.03	0.01
		(0.26)	(0.23)	(0.35)	(0.31)	(0.06)	(0.02)	(0.09)	(0.03)
	0~100亩	0.22	0.18	0.47	0.58	0.02	0.10	0.13	0.03
		(0.27)	(0.29)	(0.42)	(0.31)	(0.13)	(0.21)	(0.27)	(0.11)
	>100亩	0.37	0.37	0.50	0.51	0	0.21	0.06	0.01
		(0.37)	(0.35)	(0.37)	(0.32)		(0.27)	(0.12)	(0.02)
	F值	2.25*	13.66***	0.34	2.87*	0.58	14.59***	3.64**	2.72**
物质资本									
居住面积	<100m²	0.11	0.24	0.54	0.51	0.03	0.14	0.13	0.01
		(0.22)	(0.33)	(0.39)	(0.31)	(0.11)	(0.26)	(0.24)	(0.02)
	100~200m²	0.26	0.18	0.49	0.57	0.02	0.07	0.08	0.02
		(0.29)	(0.29)	(0.39)	(0.32)	(0.11)	(0.17)	(0.22)	(0.10)
	>200m²	0.27	0.12	0.53	0.54	0	0.19	0.05	0.01
		(0.31)	(0.25)	(0.36)	(0.32)		(0.27)	(0.13)	(0.08)
	F值	1.79*	3.53**	0.21	0.97	0.51	11.03***	0.65	1.39

续表

物质资本

生计资本		务工型		务农型		营林型		自营型	
		湖北	云南	湖北	云南	湖北	云南	湖北	云南
通信工具	<1.5	0.22 (0.26)	0.14 (0.28)	0.47 (0.39)	0.60 (0.32)	0.04 (0.16)	0.10 (0.22)	0.09 (0.20)	0.02 (0.11)
	1.5~3	0.26 (0.31)	0.20 (0.30)	0.52 (0.38)	0.52 (0.32)	0.01 (0.01)	0.12 (0.22)	0.08 (0.20)	0.02 (0.08)
	>3	0.26 (0.30)	0.11 (0.23)	0.52 (0.39)	0.58 (0.30)	0	0.17 (0.24)	0.09 (0.22)	0
	F值	0.27	2.47*	0.30	2.26*	2.27*	0.98	0.07	0.76
交通工具	0	0.27 (0.33)	0.10 (0.21)	0.55 (0.36)	0.57 (0.34)	0	0.15 (0.20)	0.09 (0.23)	0.01 (0.03)
	0~1	0.23	0.17 (0.29)	0.43 (0.40)	0.53 (0.32)	0.02 (0.12)	0.14 (0.25)	0.06 (0.16)	0.01 (0.04)
	>1	0.28 (0.34)	0.21 (0.32)	0.39 (0.42)	0.59 (0.30)	0.01 (0.02)	0.06 (0.17)	0.16 (0.30)	0.03 (0.11)
	F值	0.31	2.67*	2.09*	1.03	0.81	5.54***	1.68	2.88**
牲畜家禽	0	0.28 (0.29)	0.01 (0.01)	0.43 (0.40)	0.62 (0.32)	0.01 (0.01)	0.11 (0.19)	0.05 (0.13)	0
	0~1	0.25 (0.30)	0.17 (0.29)	0.50 (0.41)	0.52 (0.33)	0.03 (0.15)	0.16 (0.25)	0.09 (0.22)	0.01 (0.07)
	>1	0.19 (0.28)	0.19 (0.30)	0.58 (0.34)	0.57 (0.32)	0	0.09 (0.20)	0.12 (0.27)	0.02 (0.10)
	F值	0.79	4.18*	2.07*	1.12	1.74	3.50**	1.03	1.14

续表

生计资本		务工型		务农型		营林型		自营型	
		湖北	云南	湖北	云南	湖北	云南	湖北	云南
人均年收入	<1万元	0.29 (0.32)	0.13 (0.26)	0.42 (0.39)	0.60 (0.31)	0.01 (0.07)	0.09 (0.19)	0.06 (0.16)	0.10 (0.07)
	1万~2万元	0.25 (0.27)	0.21 (0.29)	0.59 (0.32)	0.51 (0.33)	0	0.16 (0.24)	0.08 (0.18)	0.05 (0.14)
	>2万元	0.12 (0.16)	0.30 (0.36)	0.64 (0.38)	0.38 (0.30)	0.04 (0.19)	0.19 (0.27)	0.16 (0.32)	0.02 (0.08)
	F值	3.11**	8.24***	3.85***	10.62***	1.06	6.43***	2.33*	4.02*
银行贷款	<1万元	0.25 (0.29)	0.17 (0.29)	0.46 (0.38)	0.55 (0.32)	0.01 (0.05)	0.12 (0.23)	0.16 (0.32)	0.02 (0.10)
	1万~2万元	0.26 (0.30)	0.12 (0.23)	0.48 (0.38)	0.59 (0.29)	0.04 (0.16)	0.12 (0.21)	0.07 (0.20)	0.03 (0.10)
	>2万元	0.21 (0.28)	0.19 (0.31)	0.65 (0.38)	0.55 (0.33)	0	0.11 (0.22)	0.05 (0.16)	0.01 (0.03)
	F值	0.25	0.55	2.17*	0.22	1.27	0.13	0.81	2.62*
个人借款	<1万元	0.22 (0.28)	0.17 (0.29)	0.49 (0.38)	0.56 (0.32)	0.02 (0.12)	0.11 (0.22)	0.10 (0.22)	0.02 (0.09)
	1万~2万元	0.28 (0.32)	0.15 (0.25)	0.49 (0.39)	0.45 (0.30)	0.01 (0.01)	0.17 (0.26)	0.06 (0.19)	0.01 (0.06)
	>2万元	0.29 (0.30)	0.21 (0.31)	0.55 (0.41)	0.53 (0.31)	0	0.13 (0.26)	0.04 (0.15)	0.01 (0.02)
	F值	0.66	0.25	0.18	2.68*	0.74	1.00	0.82	0.37

金融资本

五 结论与讨论

我国80%的自然保护区位于经济落后的中西部地区和偏僻山区，这些地区居民居住地点分散，经济文化落后，当地社区传统的生产生活方式对自然资源的依赖性强，自然保护区的建立使当地居民失去了管理和利用资源的权利，为了脱贫和生计社区居民逐渐由单一资源依赖型生产转变为多种生产经营形式。因此，明确生计资本和生产经营的关系能够兼顾周边社区与农户的需求与利益，减少保护与发展的矛盾，实现自然保护区的可持续发展[18]。

本文通过对农户生计策略进行分类，基于湖北、云南两省7个保护区抽样调查的493个农户，分析不同生计资本下农户生计策略的选择，得出的结论有以下几个。①除自然资本外，湖北和云南农户生计资本差异显著。②湖北农户生计依赖于务工和自营等新型生计策略，而云南农户生计仍依赖于传统的农林业生产。③在人力资本中，在湖北，户主身体健康状况和劳动力比重对生计策略选择有显著影响，而在云南，户主受教育程度对生计策略选择有显著影响；在社会资本中，在湖北，家庭是否有村干部和去年人情往来支出对生计策略选择有显著影响，而在云南，家庭是否有村干部对生计策略选择有显著影响；自然资本对两省农户生计策略选择均有显著影响；物质资本对两省农户生计策略选择均有显著影响；人均年收入和银行贷款对湖北农户生计策略选择有显著影响，金融资本对云南农户生计策略选择有显著影响。

根据以上结论，本文提出以下建议。①增加农户收入是促进自然保护区可持续发展的关键环节。保护区管理者从政策制定到项目建设都应该考虑当地居民的生计，一方面开展社区共管模式，构建多种形式的社区经济合作体系（如农民＋公司＋保护区的股份合作制），另一方面传统农户可以通过扩大农林业生产规模改善生计，新型农户生计策略应尽可能向发展果园、绿色种植、生态旅游，做小生意或外出打工转变，这样有助于拓宽收入来源渠道，促进生计策略多样化，同时消除农户破坏环境的动机，进而减轻生态保护的压力。②自然资本和物质资本仍然是决定农户生计水平的重要因素，但提高农户人力资本和社会资本是未来实现可持续生计的有效途径。通过长期的务工务农技能培训、生态保护教育和保护区相关法律法规宣传，提升家庭劳动力整体素质，鼓励农户自主参与野外巡护和保护区管理活动不足，弥补社区因保护区建立而遭受的传统权益损失，真正实现保护区和社区的利益共享。

参考文献

［1］ Block, S., Webb, P., "The Dynamics of Livelihood Diversification in Post - famine Ethiopia," *Food Policy* (2001).

［2］ 赵雪雁、李巍、杨培涛:《生计资本对甘南高原农牧民生计活动的影响》,《中国人口·资源与环境》2011 年第 21 期,第 111 页。

［3］ Angelsen, A., Jagger, P., Babigumira, R., "Environmental Income and Rural Livelihoods: A Global - Comparative Analysis" *World Development* 64 (2014).

［4］ 杨云彦、赵锋:《可持续生计分析框架下农户生计资本的调查与分析——以南水北调（中线）工程库区为例》,《农业经济问题》2009 年第 3 期,第58 ~ 64 页。

［5］ 郭圣乾、张纪伟:《农户生计资本脆弱性分析》,《经济经纬》2013 年第 3 期,第 26 ~ 30 页。

［6］ Prem, B., Bhandari, "Rural Livelihood Change? Household Capital, Community Resources and Livelihood Transition," *Journal of Rural Studies* 34 (2013).

［7］ 何仁伟、刘邵权、刘运伟:《典型山区农户生计资本评价及其空间格局——以四川省凉山彝族自治州为例》,《山地学报》2014 年第 6 期,第 641 ~650 页。

［8］ 梁义成、李树苗、李聪:《基于多元概率单位模型的农户多样化生计策略分析》,《统计与决策》2011 年第 15 期,第 63 ~ 67 页。

［9］ 汤青:《黄土高原农户可持续生计评估及未来生计策略——基于陕西延安市和宁夏固原市 1076 户农户调查》,《地理科学进展》2013 年第 2 期,第161 ~ 167 页。

［10］ 黎洁、李亚莉、邰秀军:《可持续生计分析框架下西部贫困退耕山区农户生计状况分析》,《中国农村观察》2009 年第 5 期,第 29 ~ 38 页。

［11］ Edirisinghe, J. C., "Smallholder Farmers' Household Wealth and Livelihood Choices in Developing Countries: A Sri Lanka Case Study," *Economic Analysis and Policy* 18 (2015).

［12］ 苏芳、蒲欣冬、徐中民:《生计资本与生计策略关系研究——以张掖市甘州区为例》,《中国人口·资源与环境》2009 年第 6 期,第 119 ~ 124 页。

［13］ 许汉石、乐章:《生计资本、生计风险与农户的生计策略》,《农业经济问题》2012 年第 10 期,第 100 ~ 104 页。

［14］ Kemkes, R. J., "The Role of Natural Capital in Sustaining Livelihoods in Remote Mountainous Regions: The Case of Upper Svaneti, Republic of Georgia," *Ecological Economics* 56 (2015).

［15］ Vedeld, P. , Jumane, A. , Wapalila, G. , et al. , "Protected Areas, Poverty and Conflicts: A Livelihood Case Study of Mikumi National Park, Tanzania," *Forest Policy and Economics* 21 (2012).

［16］ Levien, M. , "Social Capital as Obstacle to Development: Brokering Land, Norms, and Trust in Rural India," *World Development* 74 (2015).

［17］ Nguyen, T. T. , Do, T. L. , Bühler, D. , et al. , "Rural Livelihoods and Environmental Resource Dependence in Cambodia," *Ecological Economics* 120 (2015).

［18］ 吴伟光、楼涛、郑旭理：《自然保护区相关利益者分析及其冲突管理——以天目山自然保护区为例》，《林业经济问题》2005 年第 25 期，第 272～274 页。

差序治理与农地流转
合约方式选择*

——基于赣、辽两省 1628 户农户的问卷调查

王　岩**

　　摘　要　合约作为双方意愿达成一致的约定，有助于实现合作共赢。农地流转合约作为衔接交易双方的纽带，在实践中存在口头非正式和书面正式两种方式，而合约方式选择能够对利益相关者的合作预期及权益保障产生重要影响。本研究从差序治理的角度出发，首先在理论层面探析农户选择不同农地流转合约方式的内在机理并提出研究假说，进而借助江西和辽宁两省 1628 户农户入户调研的一手数据，运用结构方程模型对假说进行检验。结果表明：差序治理对农地流转合约方式选择的影响受治理情境的影响，即在市场治理情境下，农户在农地流转中更倾向于选择书面正式合约，而在非市场（人情）治理情境下，农户更趋向于口头非正式合约。最后本研究在上述分析基础上得出相应政策启示。

　　关键词　差序治理　信任　农地流转　合约方式

---

　　*　基金项目：教育部哲学社会科学研究重大课题攻关项目（13JZD014）；国家自然科学基金（71373127）；国家社会科学基金（10BJY063）；江苏省普通高校研究生科研创新计划项目（KYLX15_0538）；2015～2016 学年度"清华农村研究博士论文奖学金"项目（201510）。

　**　通讯作者简介：王岩，男，河南商丘人，南京农业大学公共管理学院博士生，主要从事土地经济与政策研究工作。邮箱：0123wy3210@163.com。

一　引言及问题提出

十八届三中全会明确提出加快构建新型农业经营体系，推动土地流转，发展适度农业规模经营是实现农村土地资源高效、可持续利用的重要措施。农地流转是同农业现代化、要素市场化水平相适应的农业发展方式的转变和农业生产要素的重组过程。一方面，随着我国农村劳动力外流，近年来农地流转面积不断扩大，截至 2015 年年底，我国承包耕地流转面积已达到 4.43 亿亩（占家庭承包经营耕地面积的 33.3%）；另一方面农地流转规模与农地现代化以及要素市场化的内在要求还存在较大差距。在农地流转过程中，将交易双方衔接起来的纽带是流转合约，合约作为农地流转交易过程中的重要载体，在具体的操作层面存在着口头非正式和书面正式等不同方式，是农地流转交易行为的有机组成部分。新制度经济学认为合约作为一种具体的制度安排，其意义体现在农民选择何种类型的合约以及合约能否得到有效执行上。

农地租赁及其合约选择，一直是学术界研究的重点。现有研究主要集中于合约类型（定额合约、分成合约）、合约期限（短期合约、长期合约）（Cheung，1969）、合约治理（罗必良等，2015）等方面，对于农地流转合约方式选择进行研究的相对较少，且现有研究多以对合约现状的描述为主。事实上农地租赁市场普遍存在市场化和非市场化两种交易方式，且整体而言农地流转较多集中在亲友、街坊邻居等熟人社会中（Belay 等，2004；Gao 等，2012）。Grossman 和 Hart（1986）、Hart（1990）倡导的不完备合约（Incomplete Contract）思想则较好地阐述了为什么农地租赁过程中关系型合约能够发挥重要作用，而农户是否采用关系型合约则主要受制于信任程度（Siles 等，2000；Macours 等，2004）。费孝通（1998）认为中国农村最突出的特征是具有"乡土性"，这种格局将个体视为中心，其他人以及群体均以与这个中心的距离而产生亲疏远近的社会关系，人们以血缘和亲缘维系着乡土社会的稳定，若农地流转发生于亲友、邻居等熟人之间，此时法律意义上的书面正式流转合约显得并不必要，其研究表明熟人社会中人情关系构成了农地租赁的重要规则。叶剑平等（2010）通过对中国 17 个省份的调查发现，82.6% 的农地转出和 81.8% 的转入并未订立书面正式合约。洪名勇等（2015）对贵州 3 个县的调研结果显示，在农地转入时采取口头合约的比例达 90.14%，转出时为 89.89%。刘文勇等（2013）认为在熟人社会中，农户之间信息的高度对称性使农户选择口头合约的交易费用接近零，因此农户在农地流转合约方式选择上普遍存在"重口头、轻书面"现象。与此同时，赵其卓、唐忠（2008）对四川绵竹的调研表明，农地流转以书面正式合约方式为主，农户在农地流转时签订书面正式合约的比重为 67.6%。可以看出，总体上，在中国农村，农地流转主要以口头非正式合约方式为主，但这一现象在不同区域具有差异性。

已有研究为本文提供了十分有益的借鉴。我们不禁要问，在农地发生流转时，如果流转双方选择了口头非正式合约来约束彼此的行为，且口头非正式合约可以得到较好的履行，那么是什么原因导致农户流转农地时选择口头非正式合约，而农户又在何种情境下倾向于采用书面正式合约？其背后的机理是什么？深化对农户农地流转合约方式选择及其机理的理解，特别是在当前加快推进农业现代化、适度规模经营以及农地合理有序流转的现实背景下，具有较强的理论意义和实践价值。基于此，本研究从我国农村特定的文化背景出发，以差序治理为视角构建分析框架，对农户农地流转合约方式选择进行理论分析并提出研究假说，在此基础上，借助对辽宁和江西两省 1628 户农户入户调研的一手数据，运用结构方程模型这一定量分析工具，对假说进行验证，并进一步探讨影响农地流转合约方式选择的因素及其影响程度，由此得出研究结论并提出相应的政策建议。

二 理论基础与研究假说

（一）差序治理的内涵

同西方社会"团体格局"情境下的社会关系不同，费孝通提出"差序格局"概念，形象地概括了中国传统的社会结构和人际关系的特点："我们的格局不是一捆一捆扎清楚的柴，而是好像把一块石头丢在水面上所发生的一圈圈推出去的波纹，每个人都是他社会影响所推出去的圈子的中心，被圈子的波纹所推及的就发生联系，每个人在某一时间某一地点所动用的圈子是不一定相同的"（费孝通，2012）。"差序格局"是指中国社会尤其是乡土社会中人与人的信任关系是以自己为圆心、依次向外扩散的，这意味着自身同他人的关系在信任程度上存在着亲疏远近之分。

这种"差序格局"除了是一种道德范式外，更为重要的还在于它是对社会稀缺资源进行分配的方式或格局（孙立平，1996）。在乡土社会自然经济情境中，家庭以及家族，几乎垄断了内部成员全部的社会稀缺资源，这些资源除了包含土地、货币以及财产这类有形的资源，还包括地位、声望、名誉、权利以及心理满足等无形的资源。而掌握各类社会有形和无形资源的能力，决定了作为社会网络关系中心的这个人或者这个家庭同他人之间信任关系的程度。黄光国（1988）将这些社会信任关系网络依次概括为强关联、熟人关联、弱关联和无关联。完全陌生的人之间表现为无关联；通过一般的交换和联系后，人们之间生成了弱关联的关系；与街坊邻居通过较为经常和长期的联系和了解，形成了熟人关联关系；血缘和姻亲构成了强关联关系的生成机理（罗家德等，2012）。不可否认法制中国的理念在社会主义市场经济有序运行中所发挥的作用与日俱增，然而，"关系"亦必不可少，特别是在广大农村，在"差序格局"下，其发挥重要作用的土壤一直存在（Winn，1994）。时至今日，村落共同体依然表现为熟人社会（万俊毅，2011）。

在"差序格局"视野中，不同的关联关系与相应的治理机制匹配，本研究将此界定为"差序治理"。无关联及弱关联关系中的公平规则更应该通过政策、法规等正式制度的形式予以保障，本研究将其界定为"市场治理"；强关联关系中的血缘及亲缘间的需求规则、熟人关联中的人情规则更多通过非正式制度发挥作用，可将其界定为"非市场（人情）治理"。

（二）差序治理与农地流转合约方式选择

农地流转涉及不同主体，比如产业化龙头企业、农民专业合作社、家庭农场主、农户等，农户又可细分为同村农户以及外村农户。刘一明等（2013）通过对全国890户农户进行入户调研，指出74.77%的农地流转给了亲友邻居，因此中国目前的农地流转主要表现为"关系型"流转的特征（罗必良等，2013）。在差序治理的视角下，根据流转对象的不同，可将农户把农地转给企业等规模经营主体、外村农户、同村农户以及亲友分别进行讨论，详见图1。

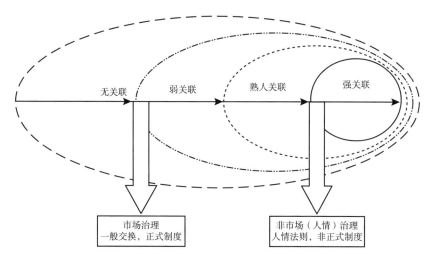

图1　"差序格局"下农地流转合约方式选择及治理路径

以企业为代表的规模经营主体，一般与转出农地的农户互不相识，因此二者之间表现为无关联关系，由于彼此间缺乏信任，容易诱发机会主义行为，因此在流转合约方式选择上双方均更倾向于书面正式合约，流转租金在这四类主体中也是最高的；农户若将农地流转给外村①农户，此时双方为弱关联②关系，一般地，由于同村转出户与外村转入户分属不同的自然村，但多数情况下同属一个行政村，因此，可以通过"套近乎"等方式建立起联系，但与本自然村内部的流转相比双方仍然缺乏信任，这里流转双方可能更倾向于采用书面正式合约的方式来约束双方行为，流转租金一般低于企业等规模经营主体。在无关联与弱关联关系下，流转双方是一般交换的关系，在差序治理中，宜实行市场治理的范式，相应地宜采用正式制度下签订农地流转书面正式合约的方式约束双方行为。

① 这里的"外村"是指自然村。一般地，农户将农地流转给外村是指流转给本自然村以外的农户，"本自然村"与"外村"多数情况下同属一个行政村，本课题组于2015年1~8月组织的对江西省丰城市和遂川县、辽宁省东港市和苏家屯区1628户农户的实地调查也证实了这一论断。

② 弱关联介于无关联与熟人关联之间。同以企业为代表的规模经营主体一般与转出农户之间互不相识，所呈现出的无关联相比，由于转出户与外村转入户分属不同的自然村但常同属一个行政村，因此其关联程度要强于无关联，但与流转发生在同一个自然村农户之间所呈现的熟人关联相比，其关联性又相对较弱。

与市场治理不同，在熟人关联及强关联关系中，双方由于遵循人情规则、血缘、亲缘、地缘以及声誉、名望等非正式制度，在农地流转时更倾向于采取口头非正式合约，因此在差序治理中，更适宜采用非市场（人情）治理的范式。具体地，当农地流转发生在同一自然村内部时，村落是熟人社会共同体，在熟人关联情境下村民之间信任程度较高，由于人情关系、名誉和声望等非正式制度对村民有较大的约束力，因此在农地流转时通常采取口头非正式合约的方式，而不采用缔结书面正式合约的方式来约束双方的行为，村内流转租金一般高于亲友间流转；亲友之间具有血缘以及亲缘关系，属于强关联的类别，很多时候流转土地是免费给亲友耕种的，与村内流转相比，农地流转给亲友时采取口头非正式合约的可能性更大，而租金也较村内流转更低。

研究假说：农地流转发生在农户与亲友或同村农户之间时，农户更倾向非市场（人情）情境下的治理范式，相应地更倾向缔结口头非正式合约；流转发生在农户与企业等规模经营主体或外村农户之间时，农户更倾向市场情境下的治理范式，相应地更倾向缔结书面正式合约。

三　数据来源、模型构建与变量选择

（一）数据来源

本研究的数据来自课题组 2015 年 1～8 月对辽宁、江西两省的农户调查，调查共涉及 15 个乡镇、56 个行政村的 1700 多户农户，其中有效数据有 1628 户。结合农民收入水平、水土条件、地理位置等差异，选择以下 4 个县（区、市）为调研点（见表 1）。苏家屯区位于沈阳市市郊，是介于城市与农村的地域综合体，在发展农业过程中享受到城市辐射作用为其带来优势，同时也承受了被城市吞噬的压力。东港市属于丹东市，地处东北亚、环渤海和环黄海经济圈交汇点，具有港口城市特点。丰城市属于宜春市，耕地面积为 124.44 万亩，列江西省首位，是典型的粮食主产区。遂川县位于江西省西南边陲，是吉安市面积最大、人口最多的县，也是国家新一轮扶贫工作重点县。为保证样本随机性，在 4 个县（区、市）各随机选 3～4 个乡（镇），每个乡（镇）选 3～4 个行政村，每个行政村随机选 30 户左右的农户进行入户调查。由于本研究所需样本为发生过土地转出行为的农户，经过对不适宜样本的处理，最终样本包括 55 个行政村的 516 户转出户。

表 1　调查地点与问卷分布

单位：%

调研省份	选择城市	调研县(区、市)	有效问卷量	转出户数量	转出比率
辽宁省	沈阳市	苏家屯区	392	40	10.20
	丹东市	东港市	419	211	50.36
江西省	宜春市	丰城市	383	135	35.25
	吉安市	遂川县	434	130	29.95
合　计			1628	516	31.70

（二）差序治理与农地流转合约方式选择[①]：描述性证据

从表 2 不难看出，当前农地流转很大程度上塑造了差序治理这一特征，当农地流转发生在亲友以及同村农户之间时，呈现出非市场（人情）治理的特点，农地流转的租金较低，采用书面正式合约的比例也较低，相应的亲友间农地流转书面正式合约签约率仅为 2.22%；农地流向同村农户的采用书面正式合约的比例为 9.45%，高于亲友间。总的来说，农户农地流向外村农户以及企业等规模经营主体时，由于信任程度比流向亲友及同村农户要低，采用书面正式合约的比例分别达到 54.05% 和 55.84%，远高于流向亲友及同村农户，这也在很大程度上诠释了市场治理的特征。从流转租金分析，从流向亲友时的 167.13 元到流向企业等规模经营主体时的 463.78 元，租金逐渐呈现出一种从人情化向市场化过渡的进程。在违约率方面，在 516 户转出户中仅有 7 户发生违约，总的违约率为 1.36%，说明违约率和违约风险是可控的。

---

① 这里讨论的合约方式分为书面正式合约和口头非正式合约。笔者在实际调研中发现，除这两种合约方式外，还存在第三者证明及非规范书面协议（也称书面非正式合约，指农户间私下签订的在法律意义上不具有效力的书面协议），在本次对赣、辽两省 1628 户农户调研中，这两种合约为 38 份，但不管将其划分到书面正式合约或口头非正式合约都不科学，因此这两种合约方式不在本研究讨论范围内。

表2　差序治理与农地流转合约方式选择

单位：%，元

流转对象	流转数量	占比	租金	书面正式合约数量	占比	违约数量	违约率
亲友	90	17.44	167.13	2	2.22	1	1.11
同村农户	275	53.30	296.24	26	9.45	1	0.36
外村农户	74	14.34	432.71	40	54.05	4	5.41
企业等规模经营主体	77	14.92	463.78	43	55.84	1	1.30
总计	516	100.00	—	111	21.51	7	1.36

（三）模型构建

在农地流转的大量实证研究中，已有文献主要基于 Logistic 和 probit 模型进行统计分析，有些农户农地流转合约方式选择的影响因素应纳入潜变量，它们不容易直接观测到，但可以用一些外显指标去间接测量，结构方程模型可以同时处理潜变量及其具体指标值。本研究选取对辽宁、江西两省1628户农户调查的一手数据，使用结构方程模型从差序治理、农户特征、农地流转特征以及外部环境特征4个方面来对农地流转合约方式选择的影响因素进行实证研究。

结构方程模型是运用统计中的假设检验方法对有关现象的内在结构理论进行主体行为分析的统计方法，其对潜变量、测量误差和因果模型具有独特的处理能力，支持以理论为基础的证实性研究。简单来说其整合了测量模型和结构模型。测量模型可用于描述潜变量与指标间的关系，结构模型则可用于描述潜变量间的关系。

测量模型如下：

$$x = \Lambda_x \xi + \delta \tag{1}$$

$$y = \Lambda_y \eta + \varepsilon \tag{2}$$

潜变量间的关系通常可写成如下结构方程：

$$\eta = B\eta + \Gamma\xi + \zeta \tag{3}$$

其中，x 为外生观测变量，y 为内生观测变量，ξ 为外生潜变量，η 为内生潜变量，Λ_x 为外生观测变量在外生潜变量上的因子载荷矩阵，Λ_y 为内生观测变量在内生潜变量上的因子载荷矩阵；B 为内生潜变量间的关系，Γ 为外生潜变量对内生潜变量的影响，ζ 为结构方程的残差项，反映了在方程（3）中 η 未能被解释的部分。

（四）变量选择

（1）差序治理。差序治理主要通过"转出农地的去向"这一指标来表示。在农户将农地转给亲友、同村农户、外村农户以及企业等规模经营主体时，可能存在市场治理的方式以及非市场（人情）治理的方式，在缔结农地流转合约之时农户会相应地采取书面正式合约或者口头非正式合约等不同的合约形式。

（2）农户特征。农户特征拟通过"户主受教育程度""户主是否是党员""家庭主要收入来源""农业资产现值"这 4 个指标来体现。

（3）农地流转特征。农地流转特征用"转出农地质量""流转租金""流转期限""流转面积"来体现。

（4）外部环境特征。选择"村干部是否干预农地流转""二轮承包期内自家承包地是否发生了调整""水利灌溉设施是否有保障""所在村庄道路状况"4 个指标来反映外部环境特征。

本研究的结构方程模型包含 4 个外生潜变量，以符号 ξ 表示，分别为差序治理（ξ_1）、农户特征（ξ_2）、农地流转特征（ξ_3）以及外部环境特征（ξ_4），外生潜变量共有 13 个指标，分别为：X_1——转出农地的去向；X_2——户主受教育程度；X_3——户主是否是党员；X_4——家庭主要收入来源；X_5——农业资产现值；X_6——转出农地质量；X_7——流转租金；X_8——流转期限；X_9——流转面积；X_{10}——村干部是否干预农地流转；X_{11}——二轮承包期内自家承包地是否发生了调整；X_{12}——水利灌溉设施是否有保障；X_{13}——所在村庄道路状况。其中，X_1 属于 ξ_1 因子，$X_2 \sim X_5$ 属于 ξ_2 因子，$X_6 \sim X_9$ 属于 ξ_3 因子，$X_{10} \sim X_{13}$ 属于 ξ_4 因子。变量的解释说明以及预期符号详见表 3。

内生潜变量为农地流转合约方式选择，用 η 表示，内生潜变量有 2 个指标，将内生潜变量的取值限定在 ［1，2］，把口头非正式合约定义为 $Y_1 = 1$，把书面正式合约定义为 $Y_2 = 2$。

表3　变量说明

外生潜变量	观测变量			预期符号
	变量名称	编号	变量赋值	
差序治理	转出农地的去向	X_1	亲友=1;同村农户=2;外村农户=3;企业等规模经营主体=4	+
农户特征	户主受教育程度	X_2	文盲=1;小学=2;初中=3;高中(含中专)=4;本科以上(含大专)=5	+
	户主是否是党员	X_3	否=0;是=1	+
	家庭主要收入来源	X_4	1=种地收入;2=外出打工收入;3=小本生意收入;4=政府救济及其他	-
	农业资产现值	X_5	实际值(元)	?
农地流转特征	转出农地质量	X_6	低=1;中=2;高=3	+
	流转租金	X_7	实际值(元)	+
	流转期限	X_8	实际值(年)	+
	流转面积	X_9	实际值(hm^2)	+
外部环境特征	村干部是否干预农地流转	X_{10}	否=0;是=1	+
	二轮承包期内自家承包地是否发生了调整	X_{11}	否=0;是=1	+
	水利灌溉设施是否有保障	X_{12}	无保障=1;一般=2;有保障=3	+
	所在村庄道路状况	X_{13}	不好=1;一般=2;好=3	+

四　研究结果与分析

(一)　实证研究结果

利用结构方程评价模型匹配度时,拟合优度(CMIN/DF)值越小,说明模型和实际数据差异越小。非常规拟合指标(NFI)、拟合良好性指标(GFI)、比较拟合指标(CFI)的取值范围多为0～1,指标值越接近1,表明模型同实际数据拟合度越高,近似均方根误差估计(RMSEA)越小越好。

运用分析结构方程模型的 Amos21.0 平台软件进行结构模型验证，在一般情况下，CMIN/DF < 4，NFI > 0.85，GFI > 0.85，CFI > 0.85，RMSEA < 0.1，表示模型拟合程度相对较好。经测算，测量模型和结构模型的拟合程度都较好。测量模型变量的拟合指标见表 4。

表 4　测量模型拟合指标

外生潜变量	CMIN/DF	NFI	GFI	CFI	RMSEA
差序治理	1.419	0.994	0.985	0.996	0.014
农户特征	1.982	0.965	0.991	0.988	0.021
农地流转特征	2.333	0.975	0.984	0.958	0.037
外部环境特征	2.683	0.979	0.989	0.987	0.089

对农地流转合约方式选择的影响因素进行结构模型验证，得出结构模型的拟合指标为：CMIN/DF = 2.217，NFI = 0.988，GFI = 0.994，CFI = 0.977，RMSEA = 0.045。结构模型的拟合程度较为理想。结构模型的计量结果如表 5 所示。

表 5　结构模型计量结果

	影响路径	影响符号	路径系数	显著程度	检验结论
结构模型	差序治理→农地流转合约方式选择	+	0.724 ***	0.009	支持
	农户特征→农地流转合约方式选择	+	0.382 **	0.036	支持
	农地流转特征→农地流转合约方式选择	+	0.820 **	0.044	支持
	外部环境特征→农地流转合约方式选择	+	0.415 **	0.029	支持

注：* 、** 和 *** 分别表示在 10%、5% 和 1% 水平上显著。

本研究在对结构模型进行估算的基础上，厘清了外生潜变量（差序治理、农户特征、农地流转特征以及外部环境特征）对内生潜变量（农地流转合约方式选择）的影响方向及程度，在此基础上需要进一步的对测量模型进行计算，以期得出 13 个外生观测变量对 4 个外生潜变量的影响方向及程度，表 6 为测量模型估计结果。

表6   测量模型估计结果

	影响路径	影响符号	路径系数	显著度	检验结果
测 量 模 型	转出农地的去向→差序治理	+	0.612***	0.002	显 著
	户主受教育程度→农户特征	+	0.667**	0.047	显 著
	户主是否是党员→农户特征	+	0.314**	0.038	显 著
	家庭主要收入来源→农户特征	-	-0.608	0.442	不显著
	农业资产现值→农户特征	-	-0.713	0.505	不显著
	转出农地质量→农地流转特征	+	0.506**	0.027	显 著
	流转租金→农地流转特征	+	0.437**	0.039	显 著
	流转期限→农地流转特征	+	0.834**	0.039	显 著
	流转面积→农地流转特征	+	0.561	0.126	不显著
	村干部是否干预农地流转→外部环境特征	+	0.613**	0.032	显 著
	二轮承包期内自家承包地是否发生了 调整→外部环境特征	+	0.584**	0.025	显 著
	水利灌溉设施是否有保障→外部环境特征	+	0.660**	0.029	显 著
	所在村庄道路状况→外部环境特征	+	0.809	0.237	不显著

注：*、**和***分别表示在10%、5%和1%水平上显著。

（二）结果分析

结构模型反映外生潜变量对内生潜变量的影响，包括影响方向及程度。从表5可看出，在结构模型计量结果中，4个外生潜变量在对农地流转合约方式选择的影响上均有较高载荷，表明本研究选取的4个外生潜变量对农地流转合约方式选择这一内生潜变量具有较强解释力。

首先，差序治理在1%水平上对农地流转合约方式选择产生正向显著影响，而农户特征、农地流转特征以及外部环境特征均在5%水平上对农地流转合约方式选择产生正向显著影响，与本研究的假设保持一致；其次，上述4个外生潜变量的标准化路径系数显示，农地流转特征对农地流转合约方式选择的影响程度最高，为0.820，而对农地流转合约方式选择产生显著影响的另外3个外生潜变量，即差序治理、外部环境特征以及农户特征的路径系数也分别达到了0.724、0.415、0.382；最后，作为外生观测变量，转出农地的去向在1%水平上通过了显著性检验，对农地流转合约方式选择产生正向显著影响。这表明农户将农地转给不同关联程度的主体时，面临不同治理方式，当农户将农地转给具有无关联以及弱关联特征的交易主体时，其更倾向市场治理的方式，相应地更愿意缔结书面正式合约；而当农户把农地转给具有熟人关联以及强关联特征的交易主体时，较多采用非市场（人情）治理的方式，交易双方也更倾向口头非正式合约。

五 结论与启示

（一）研究结论

本研究在理论分析的基础上，通过描述性证据证实了差序治理分析的合理性，即当农户将农地转给亲友、同村农户、外村农户、企业等规模经营主体时，呈现出从非市场（人情）治理情境逐渐向市场治理情境过渡的特点，农户将农地转给亲友、同村农户、外村农户、企业等规模经营主体时签订书面正式合约的比例依次为 2.22%、9.45%、54.05% 和 55.84%，农地流转合约方式选择也从口头非正式趋向书面正式。进而，基于结构方程模型的实证结果表明差序治理在 1% 水平上对农地流转合约方式选择产生正向显著影响，验证了研究假设。

不难看出中国农村传统的血缘、地缘、业缘等关系建构了农民群体社会信任的"差序格局"及其治理，而且这种内嵌于熟人社会关系网络的信任格局很难超越家庭和熟人社会这一范畴，正是这种局域的信任和关系网络造成农村地区土地要素市场交易在很大程度上呈现出人格化的倾向，但当农户将农地流转给熟人社会之外的主体之时，往往又呈现出市场化的特点。

（二）政策启示

首先，熟人社会和乡土情境下的人情交往规则不容忽视。农地流转差序治理的形成源于农户与不同主体的亲疏远近和社会信任关系的"差序格局"，这种亲疏远近及信任关系是农村社会具有的封闭性特征造成的，具有典型的排他性。本次调研地区的农户在面临农地流转合约方式选择时深受"差序格局"影响，在农地流转市场化特征并不明显的情境下，流转时交易双方的亲疏关系以及彼此间的信任程度显得尤为重要，人情法则不容忽视。

其次，各级地方政府不宜为追求理论上的纯粹性而采取行政命令等方式迫使农户使用书面正式合约方式流转农地。由于农地流转合约方式选择是农户综合考虑交易成本、风险、社会信任等方面后的均衡结果，强行推广以书面正式合约方式流转农地,不但会削弱农户的选择和处置权,而且会增加农地流转的交易费用。不可否认,现代合约经济学的观点认为与书面正式合约相比,口头非正式合约的稳定程度较低,违约风险较大。但本次调研发现,目前农户在农地流转发生时,选取口头非正式合约方式的比例远高于选取书面正式合约,且口头非正式合约履约效果良好。所以,各级地方政府在有序推进农地流转的进程中,应因人因时因地制宜,将选择何种合约方式的自主权赋予农民,只需在适当时候做好规范引导。

最后,政府在制定和实施农地流转等相关农业政策时,一方面要关注正式制度的重要性,另一方面也应注重信任等非正式制度安排作用的发挥。新制度经济学认为非正式制度安排非常重要,为此应改变思维定式,深化资产的内涵和外延,把信任作为重要的无形资产进行培育。鉴于农民的行为偏好和决策深受乡土情境中人情关系、社会信任、村规民约、公序良俗等惯习的熏陶和影响,各级政府在制定农地流转等相关农业政策时应充分考虑乡村社会的语境,吸纳其合理成分,重视本土文化等非正式制度的影响。

参考文献

［1］ Cheung, "Transaction Costs, Risk Aversion and the Choice of Contractual Arrangements," *JL & Econ* 12 (1969).

［2］ 罗必良、何一鸣:《博弈均衡、要素品质与契约选择》,《经济研究》2015年第8期,第162~174页。

［3］ Belay, K., Manig, W., "Access to rural land in Eastern Ethiopia: Mismatch Between Policy and Reality," *Journal of Agriculture and Rural Development in the Tropics and Subtropics (JARTS)* 105 (2004).

［4］ Gao, L., Huang, J., Rozelle, S., "Rental Markets for Cultivated Land and Agricultural Investments in China," *Agricultural Economics* 43 (2012).

［5］ Williamson, O., "Transaction – Cost Economics: The Governance of Contractual Relations," *Journal of Law and Economics* 22 (1979).

［6］ Grossman, S., Hart, O., "The Costs and Benefits of Ownership: A Theory of Vertical and Lateral Integration," *Journal of Political Economy* 94 (1986).

［7］ Hart, "Property Rights and the Nature of the Firm," *Journal of Political Economy* 98 (1990).

［8］ Siles, M., Robison, L., Johnson, B., et al., "Farmland Exchanges: Selection of Trading Partners, Terms of Trade, and Social Capital," *Journal of the American Society of Farm Managers and Rural Appraisers* 63 (2000).

［9］Macours, K., De Janvry, A., Sadoulet, E., "Insecurity of Property Rights and Matching in the Tenancy Market," Department of Agricultural & Resource Economics, UCB, 2004.

［10］费孝通：《乡土中国生育制度》，北京大学出版社，1998。

［11］叶剑平、丰雷、蒋妍：《2008 年中国农村土地使用权调查研究》，《管理世界》2010 年第 1 期，第 64～73 页。

［12］洪明勇、龚丽娟：《农地流转口头契约自我履约机制的实证研究》，《农业经济问题》2015 年第 8 期，第 13～20 页。

［13］刘文勇、孟庆国、张悦：《农地流转租约形式影响因素的实证研究》，《农业经济问题》2013 年第 8 期，第 43～48 页。

［14］赵其卓、唐忠：《农用土地流转现状与农户土地流转合约选择的实证研究》，《中国农村观察》2008 年第 3 期，第 13～19 页。

［15］张四梅：《人口结构变动视角下的我国农村土地流转》，《经济地理》2014 年第 34 期，第 131～136 页。

［16］高珊、黄贤金：《农村市场化对农户耕地流转的影响》，《长江流域资源与环境》2012 年第 21 期，第 816～820 页。

［17］江淑斌、苏群：《农村劳动力非农就业与土地流转——基于动力视角的研究》，《经济经纬》2012 年第 2 期，第 110～114 页。

［18］费孝通：《乡土中国》，北京大学出版社，2012。

［19］孙立平：《"关系"、社会关系与社会结构》，《社会学研究》1996 年第 5 期，第 20～30 页。

［20］钟契夫：《资源配置方式研究——历史的考察和理论的探索》，中国物价出版社，2000。

［21］黄光国：《面子：中国人的权力游戏》，《巨流图书公司》，1988.

［22］罗家德、李智超：《乡村社区自组织治理的信任机制初探》，《管理世界》2012 年第 10 期，第 83～93 页。

［23］Winn, J. K., "Relational Practices and the Marginalization of Law: Informal Financial Practices of Small Businesses in Taiwan," *Law and Society Review* 28 (1994).

［24］万俊毅、欧晓明：《社会嵌入、差序治理与合约稳定》，《中国农村经济》2011 年第 7 期，第 14～24 页。

［25］刘一明、罗必良：《产权认知、行为能力与农地流转签约行为》，《华中农业大学学报》（社会科学版）2013 年第 5 期，第 23～28 页。

［26］王岩、石晓平、杨俊孝：《农地流转合约方式选择影响因素的实证分析——基于新疆玛纳斯县的调研》，《干旱区资源与环境》2015 年第 11 期，第19～24 页。

循环经济视角下农村生活垃圾
资源化利用和无害化处理研究

——基于福建省泉州市安溪县南坪村初步
实践的调查与分析

邓启明　康正姜　张秋芳*

摘　要　本文以循环经济理论为指导，以农村生活垃圾的减量化、资源化和无害化处理为切入点，从当前国家新农村建设"村收集、镇转运、县处理"的垃圾治理背景出发，通过对福建省泉州市安溪县南坪村生活垃圾的处理现状及存在问题进行全面调查与分析研究，为东南沿海农村生活垃圾处理提出配套对策建议，以期实现农村生活垃圾处理的经济效益、生态效益和社会效益，推进美丽乡村建设。一是要制定和完善相关法律法规，引导和规范农村垃圾处理行为；二是要进行宣传和教育培训，促进农村环境保护工作顺利进行；三是要完善农村生活垃圾处理基础设施，逐步实施垃圾分类处理；四是要引入市场机制和社会力量，切实推进农村生活垃圾治理。

关键词　循环经济　农村　生活垃圾　处理　减量化　资源化　无害化

---

*　通讯作者简介：邓启明，男，博士，宁波大学商学院教授、硕士生导师，宁波大学浙江台湾研究院副院长、中国生态经济学学会海洋生态经济专业委员会秘书长、浙江省农业经济学会理事，主要从事农渔业资源开发与生态环境保护、海峡两岸经贸交流与产业合作研究工作。邮箱：dqm99@163.com。

一 研究背景与问题的提出

农村生态环境遭到严重污染与破坏，不仅阻碍美丽乡村和新农村建设，而且违背农村经济社会可持续发展理念，全民的"米袋子、菜篮子、水缸子"将受到严重威胁。特别是近年来"垃圾围村""癌症村"等现象频繁被曝光，农村生态环境恶化及其防治问题引起社会各界的广泛关注。2015 年 11 月，住房和城乡建设部等十部门联合发布了《关于全面推进农村垃圾治理的指导意见》，明确提出了农村垃圾治理的目标——到 2020 年全面建成小康社会时，全国 90% 以上村庄的生活垃圾得到有效治理，实现有齐全的设施设备、有成熟的治理技术、有稳定的保洁队伍、有长效的资金保障、有完善的监管制度；农村畜禽粪便基本实现资源化利用，农作物秸秆综合利用率达到 85%，农膜回收率达到 80% 等。国家"十三五"规划纲要也明确要求：进一步改善农村的人居环境，对全国 13 万个村庄进行环境整治，到 2020 年全国 90% 以上村庄的生活垃圾得到有效治理。显然，农村生活垃圾处理是农村生态文明建设的短板，如何推动和实现农村生活垃圾资源化利用及无害化处理已成为重要的理论和现实课题。本文拟以循环经济理论为指导，对福建省泉州市安溪县南坪村的初步实践进行调查分析，既总结经验与规律，又发现存在的问题及其原因，并提出相应策略措施，为农村生活垃圾治理提供参考，以推进美丽乡村建设和区域经济社会可持续发展。

二 南坪村生活垃圾处理的现状与成效分析

（一）经济社会发展及垃圾生成情况

南坪村位于福建省泉州市安溪县城厢镇，地处城厢镇镇政府驻地南 1.3 公里处的五峰山山坡，村民居住点主要分布在山体延伸出的三支丘陵、山脊，由 4 个村落组成，分别是南山、庵坪、鸡母寿和垵园。每个村落大约有 120 户、500 位村民。大部分男性村民在集镇或较近的县城务工，大多数妇女在家务农。该村主要的农作物有茶、水稻、蔬菜和花生等，主要养殖的水产品和畜禽有鱼、羊、鸡和鸭等。

生活垃圾一般指人类在日常生活或为日常生活提供服务的活动中产生的固体废物[1]。由于该村位于经济较为发达的东部沿海地区，村民收入水平相对较高，可支配收入相对较多。据福建省统计局统计，2015年福建省农村居民人均纯收入在全国排名第六，为13793元，比2014年增长9.0%，扣除价格因素实际增长7.2%。其中，南坪村人均纯收入约为15900元。伴随着经济社会的不断发展，当地村民的消费结构也悄然发生了变化，工业品的消费量逐渐增多，产生的生活垃圾量正趋近于城市，生活垃圾的种类增多、数量增加、处理难度加大、成本不断增加[2~3]。据笔者调查，除了厨余垃圾、枯枝落叶和农作物残渣、农药包装物外，生活垃圾的主要成分是废纸、布料、塑料、玻璃、金属、废电池、废日光灯、过期药品等。尤其是难降解的塑料及有害废旧电池等垃圾的数量逐渐增多，给环境的自净能力和垃圾处理带来极大挑战。

（二）生活垃圾处理现状与成效

在农村生活垃圾处理中，收集、转运与处理三个环节紧密相连，其中任一环节操作不当都将提高处理的难度、降低处理的效率。为此，如图1所示，南坪村村委会出面聘请了村里较为贫困的5位村民负责全村的公共卫生，并监督他们的工作。其中4位分别负责南山、庵坪、鸡母寿和坦园4个村落公共区域的清扫工作，每周工作2~3次，工资为600元/月；另1位负责将4个村落的垃圾集中运往乡镇垃圾中转站，每天1次，即早上7点左右将垃圾运往中转站，工资为1500元/月。这些劳务费通常由村民负责一部分、政府补贴一部分，村民负担部分为年均36元/人。与此同时，村委会也向村民宣传有关卫生环保方面的规章制度，让村民不得随意焚烧或倾倒垃圾。同时在村里人口聚居区配置垃圾箱，约50米一个。每家每户都自备小型垃圾桶收集各自家庭生活垃圾，待垃圾装满后丢到上述垃圾箱。因此，若总体来看，南坪村生活垃圾处理已基本实现了"村收集、镇转运、县处理"，原先"脏、乱、差"的村貌得到了改变，村民居住环境得到了一定的改善。

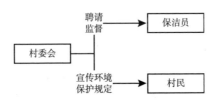

图1　垃圾处理组织系统

　　虽然南坪村垃圾处理取得了一定成效，但仍然存在诸多不足与挑战。特别是在垃圾收集过程中，村民并没有将垃圾进行简单分类而是直接混合丢弃，这种做法不但不能从根本上实现农村垃圾的减量化、资源化，而且加大了农村生活垃圾处理成本和终端无害化处理的难度，使得农村生活垃圾资源化利用及无害化处理的效率十分低下。笔者建议将农村生活垃圾分为可回收和不可回收两大类。部分可变卖的生活垃圾将被拾荒者收集变卖，部分厨余垃圾可被养殖户用作饲料，其余生活垃圾被混合丢弃到村里指定的垃圾站，由村里负责清运垃圾的保洁员运到城厢镇，再由城厢镇运送到县城的垃圾焚烧发电厂进行处理（见图2）。但当前南坪村并没有将可供他人直接使用或可变卖的垃圾分拣出来，也没有将垃圾进行分类丢弃。这一方面加大了垃圾的运输成本和终端分类成本；另一方面，垃圾湿度过大会加大焚烧难度，增加煤等辅助燃料的消耗，不但浪费资源，而且会产生新的垃圾。

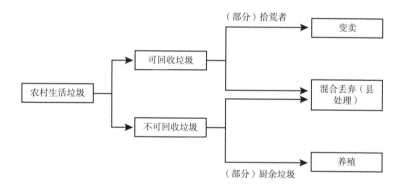

图2　垃圾处理方式

三　生活垃圾处理存在问题及原因分析

（一）存在问题

1. 管理方面存在问题

　　实现农村生活垃圾的资源化利用和无害化处理，离不开科学有效的管理。但笔者通过调查发现，南坪村对生活垃圾的管理还不够完善。这主要表现在以下几个方面。

一是村委会、保洁员和村民之间没有形成合理的相互制约关系，尤其是保洁员和村民之间的联系有待增加。目前，南坪村主要是由村委会聘用、监督保洁员，并向村民宣传村容整洁及生态环境保护等方面政策规定，而保洁员和村民与村委会间并没有反向的互动与联系机制。保洁员只是一味地扫自己的地，而不对村民的行为加以监督和引导，村民乱丢、乱扔等不健康、不文明的行为没有改善，从而增加保洁员的工作量；反过来，保洁员也很可能因为缺乏村民的监督而不够尽责，应付了事。

二是乡村生活垃圾处理政策复杂难懂，不易宣传和实施。村委会相关政策的宣传和推广工作不到位，生搬硬套所在县（市）和乡（镇）制定的垃圾处理政策和相应规定，直接将烦琐、复杂的垃圾处理政策与要求灌输给村民，要求村民按条文规定进行处理。笔者的调查与访谈结果表明，大部分村民受教育程度并不高、环保意识相对薄弱，一时很难改变长年养成的生活垃圾处理习惯，在没有强制监管的情况下，很难自觉地按相关规定行事，政策宣传不力降低了村民的执行意愿和效率，影响和阻碍了日益增长的生活垃圾的资源化利用及无害化处理工作，甚至制约了当地的美丽乡村和生态文明建设。

三是当前"村收集、镇转运、县处理"的垃圾治理政策有待改进，尤其是要加强和改进垃圾分类收集与管理工作。南坪村的生活垃圾处理实行"村收集、镇转运、县处理"，涉及村庄以外整个垃圾处理链条上的其他地方，相关政策措施必须符合县（市）和乡（镇）生活垃圾处理规定，这无形中加大了垃圾处理与监管的难度。特别是目前该村所属的县（市）和乡（镇）并没有实施垃圾分类收集和有针对性的处理，就算南坪村严格实行垃圾分类处理，很大部分工作也将是徒劳的，那些被分类处理好的垃圾仍会被混合转运到垃圾焚烧发电厂统一处理，所增加的管理和处理成本将付诸东流。

2. 收集、处置方面存在问题

总的来看，南坪村的生活垃圾虽然得到了集中处理，村容村貌有了很大的改善，但并没从根本上实现垃圾的资源化利用及无害化处理，还存在许多问题。

一是未将可就地处理的垃圾分拣出来，增加了农村生活垃圾的处理量与成本。尤其是那些可及时分拣出来进行变卖或就地降解的生活垃圾，并没有被分拣出来进行变卖或就地降解，而是被盲目地与其他垃圾混合运送到县城的垃圾焚烧发电厂，这势必加大垃圾的收集和运输成本，进而加大垃圾的处理成本，加剧垃圾处理与经济效益之间的矛盾。

二是混合丢弃加大了终端处理难度，难以实现农村生活垃圾的资源化利用和无害化处理。目前，国内外广泛采取的生活垃圾处理方式，主要有堆肥、焚烧与填埋 3 种。除了填埋，焚烧和堆肥皆要求对垃圾进行科学、合理的分类。如果不将不易燃烧或易燃易爆的垃圾分拣出来，将加大垃圾焚烧的难度和垃圾处理的成本；不将不易腐化和有毒的垃圾分拣出来，不仅会加大堆肥难度，而且堆出的肥很容易对土地造成二次污染。

三是垃圾终端处理技术不高，农村生活垃圾资源化利用和无害化处理效率低下。由于该村生活垃圾的终端处理方式主要是焚烧，而垃圾焚烧发电行业在国内起步比较晚，关键技术和一些硬件设施比较落后，对垃圾的焚烧处理很难达到国际标准。一方面，垃圾热值满足不了焚烧垃圾需要的热值，只有增加辅助原料方可进行垃圾焚烧，加大了资源的消耗和处理成本；另一方面，由于技术水平和硬件设施跟不上，很难将垃圾焚烧产生的能源充分利用，也很难控制焚烧垃圾所产生的有毒有害气体和其他废弃物。

（二）原因分析

通过对福建省南坪村的调查分析，笔者发现该村在垃圾资源化利用及无害化处理方面存在问题的主要原因有以下几点。

（1）农村生活垃圾种类多、数量大，且处理过程涉及环节较多，治理比较困难。在农村垃圾治理过程中，要实现垃圾的资源化利用和无害化处理，对垃圾进行合理的分类必不可少。然而，由于垃圾种类繁多、数量庞大，很难制定行之有效的垃圾分类标准。即使制定出较为合理的垃圾分类标准，基于农村生活垃圾分布分散、涉及环节多等特点，既需要耐心又需要时间的垃圾分类实施、推广起来也较为困难。

（2）区域内未实施农村生活垃圾分类管理，不利于资源化利用及无害化处理。在"村收集、镇转运、县处理"的垃圾治理模式下，直接影响和控制垃圾终端处理的县城与负责垃圾转运的乡镇均未对垃圾进行合理分类处理，这将会给各村垃圾资源化利用及无害化处理带来阻碍。在一个县域范围内，全县垃圾被集中统一处理，如果大部分地区的垃圾没有实现合理有效的分类处理，个别地区的分类处理不仅会徒劳无功，而且会加大垃圾的处理成本，大大降低了垃圾处理的经济效益。

（3）农村生活垃圾治理现有的指导政策比较模糊，相关政策规定可操作性不强。近年来国家越来越重视农村生活垃圾的治理工作，也为此出台了许多政策措施，然而大部分政策仍较为空泛，难以用于指导农村生活垃圾的处理。如相关文件虽然明确要求农村生活垃圾治理采用"村收集、镇转运、县处理"模式，但是并没有出台具体的政策规定，对该模式中各环节的工作进行指导与规范，以实现农村生活垃圾的资源化利用和无害化处理。

（4）引导人们保护生态环境的相关法律法规缺乏，对破坏环境的行为制裁不力。当前我国农村环境保护的立法机制仍不完善，表现出重政府主导、轻公众参与，重事后立法、轻事前立法的特点，在很大程度上加大了农村生活垃圾处理相关法律法规制定的难度[4]。由于缺乏引导和约束村民垃圾处理行为的实用性法律法规，很多村民在无犯罪成本的状态下为了一时的方便快捷，将生活垃圾随意丢弃，使农村生态环境遭到了严重的破坏。

（5）农村环境保护的宣传与教育培训工作不到位，广大村民的环保意识薄弱。对南坪村村民进行访问后得知，村里公告栏时常会贴一些环境保护的宣传字报，但是并没有相关的人员组织村民学习环境保护知识。除了要求将垃圾投放到指定地点以外，对垃圾的处理没有其他的要求。村民关于农村生活垃圾资源化利用及无害化处理的意识薄弱，甚至是没有，其中，约85%的村民不知道什么是垃圾的资源化利用和无害化处理。由此可见，相应的环境保护宣传和教育工作不到位，阻碍了农村生态文明建设。

四　促进农村生活垃圾资源化利用和无害化处理的对策建议

（一）完善相关法律体系和监管机制，引导和规范农村垃圾处理行为

（1）完善农村环保立法机制，充分发挥法律法规在农村生活垃圾治理中的积极作用。国家现有的农村环保立法机制存在公众的参与程度较低且法律出台滞后等问题，相关法律法规在农村生活垃圾污染的法律责任和具体处罚等方面的规定不明确，阻碍了法律发挥其在农村生活垃圾资源化利用和无害化处理中的积极作用。因此，应该完善农村环保立法机制和相关法律法规，用完备的法律法规鼓励和引导村民减少垃圾的制造并合理处理已经产生

的垃圾。例如，参考日本等国的垃圾分类规定，制定在县域内切实可行的垃圾分类标准，引导村民合理处理垃圾。因为地区的生活垃圾最终都由县城处理，在"村收集、镇转运、县处理"模式下，如果只有南坪村进行垃圾分类，不仅无效而且会加大垃圾的处理成本。

（2）建立健全农村生活垃圾处理的监管机制，提高农村生活垃圾资源化利用和无害化处理的效率。从南坪村垃圾管理现状可知，该村缺乏有效的农村生活垃圾处理的监管机制。在只有保洁员的工作被监督的情况下，村委会玩忽职守和村民不按法律法规规定处理生活垃圾的可能性将加大，进而降低农村生活垃圾处理的效率。因此，应该充分发挥村委会、村民和保洁员在农村生活垃圾处理中的监督作用，使三者相互制约，形成有效的监督体系，即村委会、村民和保洁员三者之间两两互相监督，并制定相关法律法规巩固这种监督机制，从而提高农村生活垃圾资源化利用和无害化处理的效率。

（二）进行宣传和教育培训，促进农村环境保护工作顺利进行

（1）以减量化、资源化和无害化理念为指导，培养村民的环境保护意识。经济发展带来村民收入的增加和消费观念的转变，很多还可以继续使用的东西被当作废弃物丢掉，不仅浪费了很多自然资源，而且增加了垃圾的处理成本，降低了垃圾处理的经济效益以及垃圾减量化、资源化和无害化处理的效率。为了改善当前的情况，建议通过宣传片放映、海报宣传等方式进一步普及环境保护相关知识，即宣传在日常生活中减少垃圾的产出量、重复利用相关物品、在节约资源的同时减少垃圾的处理量等观念，培养村民的环境保护意识，让垃圾减量化、资源化和无害化理念深入人心。

（2）加强环保知识与政策教育，鼓励村民用行动促进农村生活垃圾的有效治理。村委会应该通过不同的方式对不同的村民群体进行环保教育，传播农村生活垃圾治理的相关政策。不仅让村民意识到农村生活垃圾污染给他们生活环境带来的威胁，比如垃圾处理不当会传播疾病、污染他们赖以生存的土地等，而且让其明确环境保护不是某一个人或是某一个群体的责任，是每一个村民的责任，只有依靠大家的力量，农村生活垃圾减量化、资源化和无害化处理才能得以顺利开展，使其自觉依据垃圾处理的相关规定处理农村生活垃圾。

（三）完善农村生活垃圾处理基础设施，逐步实施垃圾分类处理

（1）配备新的垃圾处理设备，提高农村垃圾处理效率。现有的一些垃圾处理设备满足不了垃圾分类的需要，因此，应更换垃圾处理硬件设施，比如垃圾分类需要不同的垃圾桶，因而需要在现有的基础上增加垃圾桶的数量；现有的垃圾转运车只有一个车厢，只能将垃圾混合装运，因而要改进垃圾转运车的结构，使其符合垃圾转运的需求，让垃圾能够分类别地运到终点站进行分类别处理。配备合理的农村生活垃圾处理设备后，引导并鼓励村民逐步实施垃圾的分类投放，从而有利于垃圾处理终端对垃圾进行分类处置。

（2）充分利用自然环境的自净能力，促进农村垃圾资源化。相较于城市而言，广大农村不仅拥有较为广阔的土地而且植被覆面盖广，建议将一些能够自动降解的垃圾分拣出来就地处理。例如，利用简易堆肥技术将厨余垃圾制成肥料。在实现垃圾资源化的同时，垃圾的减量降低了垃圾的转运成本和终端处理成本，促进了垃圾处理实现经济效益与生态效益的双赢。

（四）引入市场机制和社会力量，切实推进农村生活垃圾治理

（1）引导企业参与垃圾处理工作，利用市场竞争推动垃圾处理行业发展。当前农村生活垃圾的处理是由政府直接参与的，大部分费用主要源于国家的财政支出。这种个人承担成本少和缺乏竞争的做法不但增加了农村生活垃圾的处理成本，而且降低了垃圾的处理效率。因此，在垃圾处理中，应该积极调动市场的力量，使私人部门加入到垃圾的处理工作中，在竞争中提高垃圾的处理效率，从而真正实现垃圾的减量化、资源化和无害化。

（2）充分发挥民间环境保护组织的积极作用，促进农村生活垃圾资源化利用及无害化处理。我国有中华环保联合会、中华环保基金会和中国环境文化促进会等环境保护组织，它们的主要职能为团结、凝聚社会各方的力量，共同参与环境保护工作，加强环境监督，维护公众的环境权益，协助和配合政府实现国家环境目标、任务，促进中国环境事业发展。因此，民间环境保护组织可以充分利用其职能，在协助政府展开农村生活垃圾治理工作的同时，引导村民了解环境保护相关知识，鼓励他们从源头减少垃圾产生量、按规定对生活垃圾进行处理并监督他们的执行情况，以实现农村生活垃圾的减量化、资源化和无害化。

（3）转变政府在垃圾处理中的地位，让政府从农村生活垃圾处理的直

接参与者变成农村生活垃圾处理市场的监管者。一方面，生活垃圾具有外部不经济性，即垃圾处理不当造成的环境污染会危害其他非垃圾制造者；另一方面，垃圾处理中提供的服务等产品属于公共产品，具有非排他性和非竞争性。因此，垃圾的处理离不开政府的管理。在鼓励企业对农村生活垃圾进行处理的同时，政府应当充分利用自身的权力制定合理的垃圾处理市场准入标准，对垃圾处理企业提供的垃圾处理服务等产品进行检验，对垃圾处理的资源化、无害化、减量化结果进行考核。

五　简要小结与展望

当前我国农村各地的生态环境已不同程度遭到影响与破坏，采取有效措施保住农村的"绿水青山"已刻不容缓。换句话说，在美丽乡村和农村生态文明建设过程中，农村生活垃圾怎样合理处理已成为困扰大家的一大难题。由于资源匮乏，发展循环经济已经成为各国经济可持续发展的必然趋势。在循环经济的发展中，最常依据的理论是循环经济"3R"原则，即以"减量化、再利用、资源化"为基本原则，通过高效的循环利用资源，在追求更大经济效益的同时节约资源并保护环境。因此，在新形势下，应该采取切实可行的综合措施，通过制定合理的政策措施指导和规范垃圾处理工作，同时完善相关法律法规来约束和引导村民的垃圾处理行为，努力实现农村生活垃圾处理的资源化利用和无害化处理。笔者以福建省泉州市南坪村的初步实践为研究对象，通过全面调查与分析研究，提出了东南沿海农村生活垃圾治理的配套措施与对策建议，认为尤其是要根据合适的分类标准对农村生活垃圾进行分类回收，然后进行相应的处理，以提高农村生活垃圾处理效率，促进农村生态文明建设和区域经济可持续发展。

参考文献

[1] 邱才娣：《农村生活垃圾资源化技术及管理模式探讨》，硕士研究生学位论文，浙江大学，2008。

[2] 管冬兴、邱诚：《农村生活垃圾问题现状及对策探讨》，《中国资源综合利用》2008年第8期。

[3] 边炳鑫、赵由：《农业固体废弃物的处理与综合利用》，化学工业出版社，

2005。

［4］张建伟、王艳玲：《加强农村环保亟待完善立法机制》，《环境保护》2012 年第
10 期。

［5］吴玉萍、董锁成：《当代城市生活垃圾处理技术现状与展望：兼论中国城市生
活垃圾对策视点的调整》，《城市环境与城市生态》2001 年第 1 期。

［6］邓启明：《基于循环经济的现代农业研究：高效生态农业的理论与区域实践》，
浙江大学出版社，2007。

［7］陆学、陈兴鹏：《循环经济理论研究综述》，《中国人口·资源与环境》2014 年
第 11 期。

［8］何品晶、张春燕、杨娜等：《我国村镇生活垃圾处理现状与技术路线探讨》，
《农业环境科学学报》2010 年第 11 期。

［9］魏佳容、李长健：《我国农村生活垃圾污染防治的法律对策——基于湖南省常
德市石门县的问卷调查》，《华中农业大学学报》（社会科学版）2014 年第 2
期。

［10］岳旺：《多中心治理理论视角下农村生活垃圾治理模式分析》，《科技致富向
导》2014 年第 24 期。

第二篇

生态经济理论
与方法

论生态文明产权制度改革[*]

沈满洪^{**}

摘　要　生态文明产权制度主要是指自然资源产权制度、环境资源产权制度和气候资源产权制度。生态文明产权制度改革是一个从"不控总量"到"总量控制"、从"开放产权"到"封闭产权"、从"无偿使用"到"有偿使用"、从"不可交易"到"鼓励交易"转变的过程。生态文明产权制度改革已经从"自下而上"的改革转向"自上而下"的推进，是需要政府、企业和公众协同推进的治理结构。生态文明产权制度改革还存在技术性障碍和制度性障碍，但这些障碍是可以通过科技攻关解决的。生态文明产权制度改革比其他领域的产权制度改革更加复杂，需要根据重要性、紧迫性及可行性，按照轻重缓急程度选择优先领域。

关键词　生态文明　产权制度　制度改革

产权制度改革是生态文明制度建设的基础性和关键性内容。就产权清晰是资源高效配置的前提而言，产权制度改革是生态文明制度建设的基础；就产权交易是资源高效配置的根本手段而言，产权制度改革是生

---

*　基金项目：浙江省哲学社会科学重大招标项目"生态文明制度建设研究（14YSXK03ZD）"。本文已以"推进生态文明产权制度改革"为题作为特约稿发表于 2015 年第 6 期的《中共杭州市委党校学报》。

**　通讯作者简介：沈满洪，宁波大学校长，浙江省生态文明研究中心主任、首席专家，主要从事生态经济理论与政策、资源与环境经济学、生态文明理论与制度等领域的研究工作。

态文明制度建设的关键。广义的生态文明产权制度是指有利于生态文明建设的整个产权制度，狭义的生态文明产权制度主要是指自然资源产权制度、环境资源产权制度和气候资源产权制度。本文所讲的是狭义的生态文明产权制度。

一 明晰生态文明产权制度改革的内容

阐述生态文明产权制度改革的内容就是回答"改什么"的问题。生态文明产权制度改革是一个从"不控总量"到"总量控制"转变的过程，是一个从"开放产权"到"封闭产权"转变的过程，是一个从"无偿使用"到"有偿使用"转变的过程，是一个从"不可交易"到"鼓励交易"转变的过程。

（一）生态优先，确定总量

资本资源、信息资源和科技资源等社会资源的开发使用一般不受总量约束和控制。但自然资源、环境资源和气候资源等资源不同于社会资源，这些资源的开发使用直接影响到生态平衡、环境质量和气候状况。过度开发使用水资源会导致生态用水的不足进而影响生态系统的安全，过度排放污染物会超越环境容量从而导致环境质量的下降乃至不可逆转，过度排放温室气体会超越气候容量[①]进而导致气候变暖。因此，按照尊重自然、顺应自然、保护自然的原则，水资源、森林资源等自然资源开发使用不能突破生态阈值，污染物排放要控制在环境容量之内，温室气体排放要控制在气候容量之内。以水资源为例，一个区域的水资源要保持供求平衡，必须做到：

水资源供给量 = 生活需水量 + 生产需水量 + 生态需水量

这就表明，在水资源供给量给定的前提下，生态需水量与生活需水量、生产需水量之间是一个此消彼长的关系。生态需水量多了，生活需水量或生产需水量就少了；反之，生活需水量和生产需水量多了，生态需水量就少了。在不少地区出现的情况是，为了增加生产需水量和生活需水量，侵占生态用水，从而导致生态系统退化。

---

① 气候容量是参照环境容量而使用的一个概念，大致意思就是温室气体的排放控制在不会导致气候变暖的范围之内的数量。

　　按照生态优先的原则，作为水权开发使用的取水量必须首先扣除生态需水量，即：

$$取水量 = 生活需水量 + 生产需水量 = 水资源供给量 - 生态需水量$$

　　因此，生态文明产权制度改革首先要考虑生态需要，在满足生态需要的基础上核算可以开发使用的自然资源总量，在这个总量范围内统筹各种用途。也就是说，生态文明产权的数量要小于自然资源、环境资源、气候资源的供给总量。

（二）分配总量，界定产权

　　当一个区域或一个流域可以开发使用的自然资源总量确定以后，还需要进一步对其进行分配。以水资源为例，假如一个流域的水资源总量是 M，生态需水量为 N，那么，可以开发使用的水资源数量 T 便是水资源总量与生态需水量之差：

$$T = M - N$$

　　如何分配 T 的产权？首先，应该在流域内的区域之间进行分配。如果流域是由上游、中游和下游三个地区构成的，那么，取水总量 T 在三个区域之间可以按照基期年的取水基数、人口基数、产值基数等因素进行分配。如果当前取水总量大于 T，那么，要先把取水总量核减到 T，再进行区域之间的分配。无论是上游、中游还是下游获得一个取水量后还需要继续进行层层分解，直至分配到最小区域单位。其次，每个区域单位获得取水量后，还需要进一步分解到各个部门，例如农业用水量、工业用水量、服务业用水量、公共用水量、城乡居民用水量等。最后，各个部门把用水量分配到各个农户、企业等。

　　生态文明产权制度的建设往往是建立在许可制度基础上的。在许可制度基础上微观主体获得的自然资源数量、环境资源数量、气候资源数量就是一个生态文明产权的数量。只要产权的初始分配是清晰的，那么，在产权得到充分保护的前提下，产权所有者就可以自由支配自己所拥有的那部分产权。

（三）有偿使用，珍惜资源

　　各个区域、各个部门、各个企业、各个家庭在获取自然资源产权、环境资源产权和气候资源产权后，到底是无偿使用还是有偿使用？在发达国家两种情况都有。在市场机制健全的情况下，即使是无偿使用，市场机制的作用也能够很快形成产权的均衡价格。中国与发达国家的差异在于：一方面，中国的市场机制尚处于进一步完善的过程中，由政府配置转向市场配置尚需时日；另一方面，中国对自然资源、环境资源和气候资源的需求比发达国家强烈得多，中国长江两岸布局的企业尤其是重化工业，比欧洲的莱茵河、美国的密西西比河要密集得多。这么多的企业和家庭追逐那么有限的自然资源、环境资源和气候资源，如果采取无偿使用制度，必然导致浪费式使用、低效率使用。反之，实施有偿使用制度，可以让企业和家庭更加珍惜资源、高效利用资源、优化配置资源，并努力使每一种资源产生最高的价值。因此，在中国实施自然资源产权、环境资源产权、气候资源产权的有偿使用制度，是保障资源集约开发、节约利用、高效配置的重要条件。党的十八届五中全会通过的《中共中央关于制定国民经济和社会发展第十三个五年规划的建议》明确指出："建立健全用能权、用水权、排污权、碳排放权初始分配制度，创新有偿使用、预算管理、投融资机制，培育和发展交易市场。"[1] 可见，自然资源、环境资源、气候资源的有偿使用已经成为大势所趋。

（四）产权交易，优化配置

在产权清晰、自由交易的情况下，商品和要素交易必然实现交易双方双赢。这是经济学经典著作《国富论》早已证明了的结论。在生态文明产权领域也能够实现生态文明产权配置的高效化。下面以黄河流域为例来说明水权交易可能带来的福利增加。1987 年 9 月 11 日，国务院办公厅转发了国家计委和水电部（今"水利部"）《关于黄河可供水量分配方案报告的通知》。这是中国首个由中央政府批准的黄河可供水量分配方案。该水量分配方案由国务院办公厅以国办发〔1987〕61 号文通知各省（区、市），作为南水北调工程生效前黄河可供水量的分配方案。在南水北调工程生效前，黄河沿岸各省份分配耗用的黄河河川径流量为 370 亿 m³，分配到各省份的情况见表 1。

表 1 黄河可供水量分配方案（南水北调工程生效前）

单位：亿 m³

省份	青海	四川	甘肃	宁夏	内蒙古	陕西	山西	河南	山东	河北、天津
年耗水量	14.1	0.4	30.4	40.0	58.6	38.0	43.1	55.4	70.0	20.0

姑且不论"八七分水方案"的科学性和合理性①，将宁夏和山东进行比较，宁夏的用水效益是山东的三分之一。假如宁夏的用水效益是每吨水增加1个单位的净收益，那么，山东的用水效益便是每吨水增加3个单位的净收益。因此，如果宁夏的取水量从40亿吨减少到30亿吨，把减少下来的10亿吨以每吨2个单位的价格卖给山东，那么，宁夏和山东分别可以增加10亿个单位的净收益。这就是水权交易的妙处。在浙江的东阳和义乌之间、在内蒙古的鄂尔多斯和巴彦淖尔之间开展的区域水权交易，就是基于区域之间的水资源效率的差异。

同样，基于不同微观经济主体之间用水效率的差异性和节水边际成本的差异性，也可以在微观经济主体之间开展水权交易。张掖已经开展了基于"水票"工具的农户间的水权交易，内蒙古的阿拉善盟已经开展了工业企业与农户之间的水权交易。遗憾的是，由于工业部门推进不力，产权制度不够健全，至今尚无工业企业之间的水权交易。只要坚定不移地推进水权制度改革，工业企业之间的水权交易必将发生。

同样的道理，实施用能权、排污权、碳排放权交易制度，也可以大大提高这些资源的配置效率和使用效益。

二 廓清生态文明产权制度改革的主体

阐述生态文明产权制度改革的主体就是回答"谁来改"。推进改革需要明确主体。"自下而上"的渐进式改革的主体往往是基层单位或微观主体，"自上而下"的激进式改革的主体往往是上级政府乃至中央政府。生态文明产权制度改革是一个从"自下而上"的探索到"自上而下"的推进的过程。假如说十八届三中全会之前中国的生态文明产权制度改革属于"自下而上"的探索，那么十八届三中全会以后便是"自上而下"的推进。因此，中国生态文明产权制度改革是一个上下级政府的互动，改革涉及政府、企业、居民等不同主体。

（一）政府是生态文明产权制度改革的引导力量

长期以来，自然资源、环境资源、气候资源领域被认为是市场失灵的领

---

① "八七分水方案"是以1987年的农业取水量为主进行考虑的，自然存在时代的局限性。况且，南水北调后受水区域应该酌减黄河取水量。

域，因为这些领域往往存在外部性问题、公地悲剧问题、自然垄断问题。正因为市场失灵，所以这些领域往往是政府管制的领域。

随着自然资源、环境资源、气候资源产权界定技术的进步，产权界定的成本日益下降。例如，对二氧化硫、化学需氧量、氮氧化物、氨氮等主要污染物基本上可以做到在线监控，而且监控成本不高。浙江桐乡生产的刷卡排污设备一套只要4万多元。与产权界定成本下降相对应的是，自然资源、环境资源、气候资源的稀缺性日益增加。稀缺性的增加意味着其产权价值也是增加的。

因此，不仅传统意义上的竞争性产品和要素的配置可以让市场机制发挥决定性作用，而且自然资源、环境资源、气候资源等新古典经济学认为是市场失灵的资源的配置也可以让市场机制发挥决定性的作用。当然，自然资源、环境资源、气候资源的特殊性决定了市场配置的复杂性，在市场配置的同时还需要政府发挥更好的作用。

生态文明产权制度的变革在经历了"自下而上"的多年试点以后，已经可以转向"自上而下"的顶层设计。党的十八届三中全会给出了顶层设计的框架，《生态文明体制改革总体方案》全面展示了顶层设计的思路。但是，由于自然资源、环境资源、气候资源产权制度改革对政府部门而言是一场自我革命，改革必然面临阻力。我国的排污权交易制度改革试点试了25年，水权交易制度改革试点试了15年，迟迟没有全面推广，其中一个重要原因就是，由政府配置转向市场配置遭到原来从事这些资源配置的政府官员的抵制。

由于政府是以科层制的形式组织起来的层级机构。顶层设计的生态文明产权制度改革方案设计完成以后，需要层层传递到基层。在传递过程中，往往面临中央政府相关部门的"自我保护"和地方政府"地方保护主义"。因此，政府在推进生态文明产权制度改革的过程中，必须充分认清改革的阻力，扫除这些阻力，变阻力为动力，以"赎买""补偿"等方式推进改革的顺利进行。只有这样，改革才有可能取得成功。

（二）企业是生态文明产权制度改革的主导力量

生态文明产权制度改革总体上是从"不控总量"转向"总量控制"、从"开放产权"转向"封闭产权"、从"无偿使用"转向"有偿使用"、从"不可交易"转向"鼓励交易"的过程。在这一过程中，生态文明产权实质上是从政府手里转到企业手里，政府是生态文明产权的"让渡者"，企业是生态文明产权的"受纳者"。

作为"受纳者"的企业自然是生态文明产权制度改革的主导力量。生态文明产权制度明确了，企业就知道什么可以为、什么不可以为；企业就知道什么产权需要买进、什么产权需要出让；企业就知道是选择技术创新减少排污量还是选择购买排污权增加排污量。总体上看，在生态文明产权制度明晰的情况下，企业就可以以最低的成本实现给定的环境保护目标。

对于国有企业，环境成本与其他的劳动成本、土地成本、资金成本等是打混账的。企业盈利了，利润是交给政府的；企业亏损了，亏损是由政府买单的。排污权无偿使用状态下的盈利或亏损与排污权有偿使用情况下的盈利或亏损，对企业而言是无差异的。这样的产权制度安排，必然导致低效率。所以需要进一步推进国有企业的产权制度改革，特别需要建立包括自然资源、环境资源、气候资源约束在内的硬约束。

对于民营企业，不论是劳动力成本还是资源与环境成本，都是同等重要的。自然资源低价格使用，就会导致其更多使用自然资源；环境资源零价格使用，其就会无视环境资源的稀缺性。生态文明产权制度一旦明确，企业就要权衡：是通过技术进步提高资源生产力还是扩大外部购买增加资源消耗，是通过技术进步减少污染排放还是购买更多排污权扩大排污量？哪一个方案的净收益大就选择哪一个方案。

生态文明产权让渡到企业以后所带来的极大好处，便是使企业拥有选择权。选择权的意义是什么呢？就是企业在更大净收益的方案和较大净收益的方案之间可以权衡。这种权衡是导致企业利润增进的，也是导致社会福利增进的。

（三）公众是生态文明产权制度改革的推动力量

总体上看，经济高速或中高速增长与自然资源有限供给、自然资源利用效率低下之间的矛盾十分尖锐，经济总量扩张与环境容量有限、环境资源利用效率低下之间的矛盾十分尖锐，人民群众日益增长的生态环境质量需求与政府不尽理想的生态环境质量供给之间的矛盾十分尖锐。[2] 因此，对以"美丽中国"为目标的生态文明建设的期盼，就是公众关注生态文明产权制度改革的动力源泉。

公众作为生态文明制度改革的推动力量，其动力具体表现在三个层次。

第一层次是广大居民的绿色期盼。要想提高生活质量，就必须提高环境质量；提高环境质量就必须改革环境产权制度。这种改革的期盼会通过选票等途径传递给政府，对政府形成一种压力。第二个层次是非政府组织的绿色宗旨。非政府组织尤其是绿色非政府组织的一个重要目标，就是通过自己的组织行为对政府和企业形成一种环境压力。例如，支持政府的绿色、循环、低碳政策，反对政府的黑色、线性、高碳政策；支持企业的绿色、循环、低碳发展，反对企业的黑色、线性、高碳发展。第三个层次是生态文明专家学者的绿色价值实现。实现自我价值是人的需要的最高层次。从事生态文明建设研究尤其是从事生态文明制度研究的专家学者的追求是自己的研究成果能有助于生态文明建设。他们往往以政府智囊的形式向政府传递政策建议，通过政策建议的采纳和使用实现自身价值。在日益强调科学决策的大背景下，专家学者的作用表现得越来越重要。

公众参与生态文明产权制度改革，不只局限于上述动力。随着收入水平的提高，公众的需要已经从生存的需要、安全的需要上升到社交的需要、尊重的需要和自我实现的需要。公众不仅要求改善环境质量，而且要求参与环境质量改善的方案的决策。这是一种政治需要和社会需要。因此，没有公众的参与，生态文明产权制度改革是难以顺畅运行的。

生态文明产权制度改革的三个主体并非孤立的，而是联动的。从社会管理转向社会治理的重要标志就是每个主体都是主动的，而不是被动的。生态文明产权制度改革就是要形成政府、企业、公众相互支持、相互支撑、相互制约的格局。生态文明建设中政府、企业和公众之间的管理与被管理、主动与被动、强势与弱势的关系转向生态文明产权制度改革中的平等主体之间的治理关系，是社会的重大进步。中共中央、国务院印发的《生态文明体制改革方案》明确指出："到 2020 年，构建起由自然资源资产产权制度、国土空间开发保护制度、空间规划体系、资源总量管理和全面节约制度、资源有偿使用和生态补偿制度、环境治理体系、环境治理和生态保护市场体系、生态文明绩效评价考核和责任追究制度等八项制度构成的产权清晰、多元参与、激励约束并重、系统完整的生态文明制度体系，推进生态文明领域国家治理体系和治理能力现代化，努力走向社会主义生态文明新时代。"[3] 在这段话中，"环境治理体系""环境治理和生态保护市场体系""产权清晰、多元参与、激励约束并重、系统完整的生态文明制度体系""推进生态文明领域国家治理体系和治理能力现代化"等关键词和关键句都是与生态文明产权制度改革密切相关的。可见生态文明治理体系和治理结构的变革不仅是生态文明建设的手段，而且是生态文明建设的目标。

三　抓住生态文明产权制度改革的关键

阐述生态文明产权制度改革的关键就是要回答"突破口何在"。习近平总书记"绿水青山就是金山银山"的重要思想已经成为中国生态文明建设指导思想。杭州的桐庐、湖州的安吉、丽水的遂昌等部分地区已经部分实现了绿水青山的价值转化，但是，还有相当一部分地区尚未实现绿水青山的价值转化。究其原因，就是生态文明产权制度建设存在技术性障碍和制度性障碍。

（一）技术性保障

第一，产权计量技术。生态文明产权的计量比社会资源产权的计量要复杂得多。矿产资源的开采量、渔业资源的捕获量、水资源的获取量等的计量相对比较简单，但是，污染物的排放量、温室气体的排放量等的计量就没有那么简单了。虽然，随着环保技术的进步，已经可以对主要污染源实施在线监控，但是监控的数据依然存在较大误差。解决检测和计量误差成为环境产权制度建设中的一个突出问题。

第二，产权监控技术。初始产权分配到微观主体以后，必须确保产权制度是真正得到遵守的。尤其要防止突破给定自然资源、环境资源和气候资源总量的问题产生。例如，企业在使用给定的自来水的同时又以自备井的方式偷采地下水，企业在正常排污口排放核定的污染物的同时又以偷排的方式排放污染物。只有严厉打击这些阻碍生态文明建设的违法行为，才有可能使得生态文明产权制度真正奏效。中国排污权交易制度的实施最早发生在上海闵行区。排污权总量控制和交易制度有效保障了上海自来水的水源，并促进了闵行区的快速发展。后来，交易制度不再运行了。原因是，闵行区实施了"排海工程"，把污水直接排放到东海。这实际上就是排污总量的严重突破和环境污染的越境转移。这种突破是不符合环境保护的基本原则的。

第三，产权定价技术。社会资源的产权定价制度比较成熟，生态文明产权定价则是一个新生事物。例如，一亩森林的生态价值和碳汇价值是多少？虽然已经有市场价值法、替代市场法和假想市场法等评估方法，但是，至今尚无类似 GDP 核算那样得到普遍接受的方法。这是需要突破的方面。

（二）制度性保障

第一，产权保护制度。生态文明产权一旦界定到企业和居民，必须得到有效的保护，做到生态文明产权神圣不可侵犯。只要微观经济主体合法取得了生态文明产权，就拥有使用权、支配权、转让权等一系列的权益，这些权益不应受到其他力量的左右，更不能由政府强行没收。例如，某个区域核定的排污权总量是 X，按照这一数量排放仍然达不到广大公众的环境质量需要，因此，需要把排污权总量核减到 Y。那么要实现（$X - Y$）的核减量，要么政府利用税收予以回购，要么绿色社团组织发动公众购买，这样才能保证排污权总量控制在 Y 之内。

第二，产权交易制度。可交易性是产权制度的基本特征。生态文明产权只有可以交易，才有可能提高配置效率和使用效益。生态文明产权交易制度的建设，需要强化下列几点。一是加强生态文明产权交易规则的建设。一般而言，要规则先行，在科学合理的规则下开展交易，从而做到有章可依。二是加强生态文明产权交易的平台建设。目前，全国各地既有综合的产权交易中心，又有独立的排污权交易中心，处于"八仙过海，各显神通"的状态。可以考虑在各个地区分别设置常规的产权交易中心和生态文明产权交易中心，把自然资源产权、环境资源产权、气候资源产权的交易职能纳入生态文明产权交易中心。三是控制生态文明产权交易的交易费用。交易费用过高会遏制生态文明产权交易的发生。要根据各种生态文明产权的特殊性，创设一些独特的具体工具，例如农村水权交易可以设置"水票"，让用水协会对水权交易进行仲裁。

第三，信息甄别制度。信息甄别涉及两个方面：一方面是如何识别绿色产品、优质环境，另一方面是如何识别非绿色产品、低劣环境。消费者为了实现自己效用的最大化，愿意以更高的价格购买绿色产品，以更低的价格购买非绿色产品。但是，当市场中非绿色产品充当绿色产品的时候，便出现了"劣币驱逐良币"的现象。只有在产品和要素的信息充分的情况下，消费者才有可能真正购买到绿色产品。为此，就需要建立有效的绿色产品的标识制度或定点供给制度等信息甄别制度。同时，对于"黑色产品"、低劣环境等要敢于披露，让公众来驱逐"劣币"，抵制黑色发展和环境污染。

正因为生态文明产权制度的改革面临技术性障碍和制度性障碍，所以只有部分"绿水青山"转化成"金山银山"。不过，上述障碍并非不可逾越，依靠生态科技创新和生态制度创新，加强科技攻关力度，加强制度顶层设计，是完全有可能扫除这些障碍的。

四 把握生态文明产权制度改革的策略

阐述生态文明产权制度改革的策略就是要回答"怎么改"的问题。生态文明产权制度改革需要统筹考虑重要性、紧迫性和可行性。重要性和紧迫性主要回答改革的轻重缓急问题，可行性主要回答改革的可达性问题。

（一）影响生态文明产权制度改革的因素

生态文明产权制度改革的重要性是由各种生态文明制度对生态文明建设成效的影响决定的。习近平总书记的"山水林田湖是一个生命共同体"的理论指出："山水林田湖是一个生命共同体，人的命脉在田，田的命脉在水，水的命脉在山，山的命脉在土，土的命脉在树。"[4]植树造林、退耕还林、退耕还草等生态林业建设是生态文明建设的源泉。因此，林权制度建设是十分重要的。由于水资源具有不可替代性，因此，水权制度的建设也具有极端重要性。

生态文明产权制度改革的紧迫性，取决于两个方面：一是某种自然资源的稀缺性状况，二是某种自然资源产权制度的资源配置效率状况。自然资源越稀缺，越需要产权制度的保障；现有自然资源产权制度资源配置效率越低，越需要推动这种自然资源产权制度的改革。就资源稀缺性而言，水资源和土地资源都十分稀缺，因此，都是十分重要的；但是，就资源配置效率而言，我国的土地资源的配置效率是相对较高的，而水资源的配置效率是相对较低的。因此，相对而言，水资源产权制度改革比土地资源产权制度改革紧迫。

生态文明产权制度改革的可行性是指某种自然资源的产权界定和产权交易的技术条件和制度条件的具备程度。就水资源与气候资源的比较而言，液态的水和气态的温室气体都具有流动性，都比较复杂，但相对而言，水资源的计量技术比较简单，温室气体的计量技术比较复杂，因此，水资源产权界定的可行性更大一些。从制度层面看，也是如此，对水资源进行产权界定和交易的制度障碍要少于温室气体，因此，水资源产权制度改革的可行性大于气候资源。

（二）生态文明产权制度改革的策略安排

将自然资源产权、环境资源产权和气候资源产权制度改革的重要性、紧迫性和可行性进行排列组合，结果如表2所示。

表2　生态文明产权制度改革的轻重缓急及可行性

资源产权类别	具体资源	重要性	紧迫性	可行性
自然资源产权	水　资　源	十分重要	十分紧迫	基本可行
	林业资源	十分重要	比较紧迫	基本可行
	矿产资源	比较重要	比较紧迫	基本可行
	渔业资源	比较重要	比较紧迫	难度较大
环境资源产权	排　污　权	十分重要	十分紧迫	基本可行
	生　态　权	十分重要	比较紧迫	难度较大
气候资源产权	碳排放权	十分重要	十分紧迫	难度较大
	碳　汇　权	十分重要	比较紧迫	难度较大

生态文明产权制度改革的策略安排是：在紧迫性和可行性同等的情况下，越是重要的制度越要优先改革；在重要性和可行性同等的情况下，越是紧迫的制度越要优先改革；在重要性和紧迫性同等的情况下，越是可行的制度越要优先改革。就自然资源、环境资源和气候资源比较而言，自然资源产权制度改革基本可行，气候资源产权制度改革则难度较大，因此，改革的先后顺序应该是：自然资源产权制度改革优先于环境资源产权制度改革，环境资源产权制度改革优先于气候资源产权制度改革。

从上述三个类别八大资源的产权制度改革分析可见，水资源产权、排污权等制度改革既十分重要，又十分紧迫，而且基本可行，因此，它们是生态文明产权制度改革中的"先行者"。林业资源产权制度改革虽然也十分重要，而且基本可行，但由于林权制度建设起步较早，生态公益林补偿制度、林权抵押贷款制度、森林法处罚制度等均已实施，因此，就现状而言并不十分紧迫。与自然资源紧密相关的是能源问题。在中国的能源结构中，化石能源的比例依然居高不下。化石能源的比例不下降、总量不控制，中国的环境污染治理和温室气体减排目标就难以实现。而国际社会对于中国的碳减排压力层层加码。因此，必须实施用能权、碳排放权制度。这恐怕就是党的十八届五中全会强调用能权、用水权、排污权、碳排放权改革的缘由吧。

参考文献

［1］《中共中央关于制定国民经济和社会发展第十三个五年规划的建议》，《浙江日报》2015 年 11 月 4 日，第 1～4 版。

［2］沈满洪：《生态文明建设：思路与出路》，中国环境出版社，2014。

［3］中共中央、国务院：《生态文明体制改革总体方案》，《浙江日报》2015 年 9 月 22 日，第 6 版。

［4］习近平：《关于〈中共中央关于全面深化改革若干重大问题的决定〉的说明》，《浙江日报》2013 年 11 月 12 日，第 1、6 版。

关键自然资本与区域经济增长[*]

——基于省际面板数据的经验研究

马兆良　田淑英[**]

摘　要　关键自然资本影响人类健康与福利，关键自然资本能否通过影响人力资本积累与外溢，从而产生区域经济增长效应仍是有待进一步检验的理论问题。本文基于省际面板数据，对各类关键自然资本能否促进经济增长及其可能作用机制进行实证分析。研究结果表明，关键自然资本能够促进区域经济增长，主要机制是通过人力资本积累与外溢实现经济增长。研究结论对应的政策含义为：一是要加大对关键自然资本投资，扩大其外部性作用范围；二是要不断提高人力资本水平，以促进关键自然资本要素功能的发挥，实现生态、经济和社会协调健康发展。

关键词　关键自然资本　人力资本　区域经济增长

一　引言与文献回顾

长期以来，特别是改革开放以来，我国坚持以经济建设为中心，经济得

---

*　基金项目：国家社会科学基金重大项目"采煤沉陷区生态－经济－社会多维关系演化规律及调控机制研究（14IDB145）"；国家社会科学基金项目"促进林业生态经济发展的公共政策研究（12BJY141）"；中央财政支持地方高校建设项目"安徽省生态经济发展（J05024542）"。

**　通讯作者简介：马兆良，安徽大学讲师，博士，主要从事生态经济与区域经济发展研究工作。邮箱：mzlahdx@163.com。田淑英，安徽大学教授，博士，博士生导师，主要从事生态经济、财税理论与政策研究工作。邮箱：shuyingtian@163.com。

到快速发展。但片面追求经济产出，忽视了生态系统承载能力、生态系统的服务功能，没有处理好经济发展同生态保护的关系，我国许多地区出现了不同程度的生态退化，部分地区森林被破坏，湿地萎缩，河湖干涸，水土流失，土壤沙化、石漠化和草原退化较为严重。2010 年，全国水土流失面积达 356 万平方公里，占我国陆地面积的 37%，沙化土地面积达 174 万平方公里，石漠化土地面积达 12.96 万平方公里，退化、沙化、碱化草地达 135 万平方公里。[①] 2014 年发布的全国第二次湿地资源调查数据显示，我国湿地总面积为 5360.26 万公顷，与第一次调查相比减少了 339.63 万公顷，减少率为 5.96%。其中，自然湿地面积为 4667.47 万公顷，占全国湿地总面积的 87.08%，与第一次调查相比减少了 337.62 万公顷，减少率为 6.75%。[②]一些地区由于过度开发，已经接近或超过生态系统承载能力的上限，生态服务不足对经济社会发展的制约日益凸显。

1998 年长江流域与松花江流域特大洪涝灾害发生后，为扭转这一态势，我国先后实施了天然林保护、退耕还林及退耕还湿等一系列重大生态恢复工程。特别是党的十八大以来，中央把生态文明建设放在突出的战略位置，"保护生态环境就是保护生产力、改善生态环境就是发展生产力"，自然资本与物质资本、人力资本、社会资本一起，成为促进经济增长的新要素。

关于自然资本（Natural Capital，NC）及关键自然资本（Critical Natural Capital，CNC）的界定，Costanza 和 Daly（1992）较早地从功能性角度出发，指出自然资本是能够在未来持续提供有价值生态商品或服务流量的存量，包括可再生自然资本，如生态系统，和不可再生自然资本，如化石燃料与矿藏等。Guerry 等（2015）认为对产生有用的商品和服务起作用的有生命和无生命的生态系统的组成成分都属于自然资本。Chiesura 等（2003）、Deutch 等（2003）、Ekins 等（2003）分别从社会文化、人类福利保障和可持续发展的角度对关键自然资本进行界定。一般称自然资本中能够对重要环境功能产生影响，并且不能被人造资本所替代的部分为关键自然资本。本文从生态服务（Ecosystem Services）提供这一视角出发，把关键自然资本界定为森林、湿地、海洋生态系统以及自然保护区等。

---

① 《国务院关于印发全国主体功能区规划的通知》（国发〔2010〕46 号），2016 年 9 月 8 日，http：//www.gov.cn/zwgk/2011－06/08/content_ 1879180.htm。

② 《国务院关于印发全国主体功能区规划的通知》（国发〔2010〕46 号），2016 年 9 月 8 日，http：//www.gov.cn/zwgk/2011－06/08/content_ 1879180.htm。

对于关键自然资本与区域经济增长的关系，Costanza 和 Daly（1992）、诸大建（2012）认为可持续发展需要一定的（关键）自然资本支撑。而关键自然资本影响区域经济增长的实证研究比较少见。据我们所知，目前相关研究只有两篇：一是李京梅等（2012）就海洋生态资本对福建罗源湾经济增长的影响进行实证研究，实证结果表明海洋生态资本对经济增长有明显促进作用；二是魏强等（2014）用净初级生产力（NPP）作为生态系统服务能力的代理变量，使用黑龙江省 1986～2010 年的时间数列数据进行实证分析，研究结果表明生态系统服务能够促进区域经济增长。上述两篇研究成果开创了关键自然资本与区域经济增长关系实证研究之先河。

借鉴上述实证研究的思路，我们使用省际面板数据，进行关键自然资本经济增长效应的实证研究，在面板数据分析时固定个体效应及时间效应，可以一定程度解决解释变量中的遗漏变量问题；并且面板数据与单纯的时间序列或截面数据相比具有更大的样本容量，能够较大程度地提高参数估计的精确度。

二　计量模型设定与变量说明

（一）基本计量模型设定

为检验关键自然资本对区域经济增长的影响，我们借鉴严成樑（2012）、Acemoglu 等（2014）、祁毓等（2015）设定经济增长方程的思路，将基本计量模型设定如下：

$$\ln pgdpit = \alpha_1 cnc_{it} + \alpha_2 (cnc \times h)_{it} + \beta X + u_i + vt + \varepsilon_{it} \tag{1}$$

式（1）中，被解释变量 $\ln pgdp$ 表示经济增长；解释变量 cnc 表示关键自然资本；$(cnc \times h)$ 表示关键自然资本和人力资本的交互项；X 表示一系列影响经济增长的控制变量；u 为个体固定效应；v 为时间固定效应，ε 为随机干扰项，下标 i 代表各个体，下标 t 代表年份；α_1 与 α_2 分别表示解释变量关键自然资本 cnc 以及关键自然资本和人力资本的交互项 $(cnc \times h)$ 对被解释变量 $\ln pgdp$ 的回归系数。

（二）变量说明

计量模型（1）中各个变量的具体含义如下。

经济增长变量（$lnpgdp$）。经济增长变量是本文实证分析中的被解释变量，我们采用人均地区生产总值（单位为万元）的对数值进行度量。

关键自然资本（cnc）。关键自然资本测度指标的选取是本文实证分析的重要基础。森林、湿地和海洋以及自然保护区是最重要的关键自然资本形态，考虑到我国自然资本构成的实际以及统计数据的可获得性，参考马兆良和田淑英（2016）的生态资本指标选取思路，本文使用森林覆盖率（$forest\_ratio$）、湿地率（$wetlands\_proportion$）和自然保护区率（$preserve\_proportion$）等指标，从不同维度刻画关键自然资本。

根据已有研究成果及经济增长理论，我们在实证研究中加入以下变量组成控制变量组（X）：物质资本存量（k）、人力资本存量（h）、工业化水平（$industry$）、城镇化水平（$urban$）和对外开放度（$open$）等。其中，物质资本存量（k），其计算使用 2004 年实际价格衡量，即以 2004 年为基期，首先使用永续盘存法计算各省（区、市）的物质资本存量，在此基础上计算出人均物质资本；人力资本存量（h），使用学术研究中普遍采用的平均受教育年限法进行测度，小学、初中、高中（中专）、大专及其以上教育分别按照 6、9、12、16 计算；工业化水平（$industry$），使用第二产业增加值占 GDP 的比重进行测度；城镇化水平（$urban$），使用城镇化率，即城镇人口占辖区总人口的比例进行度量；对外开放度（$open$），使用外贸依存度，即进出口总额与 GDP 的比值衡量。

本文选取中国 31 个省（区、市）2004～2013 年的面板数据。其中森林覆盖率源于《中国林业统计年鉴》，其余指标数据源于《中国统计年鉴》，或根据《中国统计年鉴》数据计算得到。对个别缺失的数据，我们采用线性插值法进行补齐。各变量的描述统计见表 1。

表 1　各变量的描述统计

变量	含义	观测值	均值	标准差	最小值	最大值
$lnpgdp$	人均地区生产总值（万元）	310	1.509	1.424	0.694	2.720
$forest\_ratio$	森林覆盖率（%）	310	0.300	0.875	0.032	0.660
$wetlands\_proportion$	湿地率（%）	310	0.081	0.219	0.005	0.733
$preserve\_proportion$	自然保护区率（%）	310	15.5	26.8	1.6	36.8
k	物质资本存量	310	1208	561	972	1759
h	人力资本存量	310	5.655	3.923	4.182	9.235
$urban$	城镇化水平	310	0.497	1.149	0.207	0.896
$open$	对外开放度	310	0.326	0.871	0.025	1.668
$industry$	工业化水平	310	0.399	0.197	0.070	0.548

三　实证结果分析

（一）关键自然资本经济增长效应

这一部分首先考察关键自然资本与区域经济增长的关系，实证检验结果见表2。表2第（1）～（3）列回归结果表明森林覆盖率（*forest_ ratio*）、湿地率（*wetlands_ proportion*）与自然保护区率（*preserve_ proportion*）对 ln*pgdp* 的回归系数分别为 0.0288、0.0435 与 0.0098，即森林覆盖率（*forest_ ratio*）、湿地率（*wetlands_ proportion*）每增长 1%，人均地区生产总值对应增长 2.88%、4.35% 与 0.98%，其中森林覆盖率与自然保护区率的回归结果分别在 10%、1% 置信水平上显著，而湿地率的回归结果不显著。这表明关键自然资本对区域经济增长具有正向效应，这一实证结果和李京梅等（2012）、魏强等（2014）的研究结论相吻合，并且与经济理论预期一致。具体而言，关键自然资本与区域经济增长之间的内在关系表现在以下方面：一是供给服务，关键自然资本通常是通过向社会提供各种食物、纤维、水资源、药材等物质而直接参与经济生产；二是调节服务，如气候调节、水体净化以及水土保持等服务，调节服务往往在保障正常生产方面发挥着巨大作用，这一类服务多以间接的形式参与经济生产；三是文化与健康保障服务，关键自然资本的文化与健康保障服务对经济发展的贡献多体现在教育、科研、旅游和娱乐休憩等活动中，而教育和科研对经济增长的贡献通常间接表现为人力资本和技术进步对经济增长的影响。故我们得出初步结论，关键自然资本对区域经济增长有正效应。

关键自然资本对区域经济增长的作用更多体现在其外部性上：关键自然资本引致人力资本积累。为此，我们在表2中引入关键自然资本与人力资本交互项来进一步考察关键自然资本产生经济增长效应的作用机制。

表2第（4）～（6）列分别考察森林覆盖率与人力资本交互项（*forest_ ratio × h*）、湿地率与人力资本交互项（*wetlands_ proportion × h*）以及自然保护区率与人力资本交互项（*preserve_ proportion × h*）对区域经济增长的影响。实证结果显示，三个维度的关键自然资本与人力资本交互项系数分别是 0.0337、0.0296 与 0.0218，且均在 5% 水平上显著，实证结果初步表明关

表2 关键自然资本的经济增长效应

解释变量	被解释变量：lnpgdp					
	(1)	(2)	(3)	(4)	(5)	(6)
forest_ratio	0.0288 * (0.0152)			0.0187 * (0.0153)		
wetlands_proportion		0.0435 (0.0628)			0.0289 (0.0872)	
preserve_proportion			0.0098 *** (0.0035)			0.0316 (0.0692)
forest_ratio × h				0.0337 ** (0.0149)		
wetlands_proportion × h					0.0296 ** (0.0161)	
preserve_proportion × h						0.0218 ** (0.0142)
其他控制变量	控制					
cons	− 2.0741 ** (0.7392)	− 1.7822 *** (0.1095)	0.2641 ** (0.1695)	0.6284 (1.0641)	2.3620 *** (0.6296)	0.9042 *** (0.2674)
F	637.7	466.27	604.36	245.62	389.34	401.93
R-squared	0.8744	0.8502	0.7029	0.8543	0.6919	0.8572
观测值	217	278	247	279	279	247

注：*** 、 ** 、 * 分别表示在1%、5%、10%置信水平上显著，括号内数值为稳健标准差。

键自然资本与人力资本之间存在相互促进的关系，关键自然资本通过发挥其外部性，引致人力资本积累，从而对区域经济增长产生正向效应。对此，我们将做进一步的分析。

（二）关键自然资本促进经济增长的机制分析

在现实经济活动中，区域经济增长具有惯性，因此，我们进一步采用动态面板模型进行分析，引入经济增长的滞后期（$lnpgdp_{it-j}$）作为解释变量。动态面板模型除了缓解经济变量的惯性之外，可以有效解决因引入滞后变量而产生的内生性问题。需要指出的是，关键自然资本对区域经济增长的影响存在一定程度的滞后，为此，我们将关键自然资本、关键自然资本与人力资本交互项均做滞后一期处理。对应的动态面板模型如下：

$$\ln pgdp_{it} = \sum_{j=1}^{p} \gamma_j \ln pgdp_{it-j} + \alpha_1 cnc_{it} + \alpha_2 (cnc \times h)_{it} + \beta X + u_i + v_t + \varepsilon_{it} \quad\quad (2)$$

对于动态面板模型的估计，一般采用广义矩估计方法（GMM）。广义矩估计方法主要分为差分矩估计（Difference – GMM）和系统矩估计（System – GMM）。差分矩估计是先对模型求差分，然后将一组滞后的解释变量作为差分方程的工具变量。系统矩估计结合了差分方程和水平方程，此外还增加了一组滞后的差分变量作为水平方程相应的工具变量。相对而言，系统矩估计的估计量具有更好的有限样本性质，本文主要采用系统矩估计方法进行计量分析并主要研究系统矩估计结果。静态分析结果初步表明，人力资本积累是关键自然资本促进区域经济增长的一个作用机制。考虑到构建静态面板模型时，解释变量可能因具有内生性而产生估计偏误。故在这一部分使用动态面板模型，对关键自然资本促进区域经济增长的作用机制做进一步检验。我们使用系统矩估计（System – GMM）方法进行估计，这样可以有效解决解释变量的内生性问题。考虑到关键自然资本对经济活动影响的滞后性，我们在实证分析中把关键自然资本与人力资本交互项做滞后一期处理，同时引入被解释变量的滞后期。为了检验动态面板模型设定是否正确，以及使用系统矩估计（System – GMM）方法的前提是否成立，我们需要对系统矩估计（System – GMM）扰动项的自相关性进行检验，并进行过度识别检验，具体检验与回归结果见表 3。

表 3   关键自然资本经济增长效应动态分析

解释变量	被解释变量：lnpgdp		
	（1）	（2）	（3）
L. ln*pgdp*	0. 8263 *** （0. 2634）	1. 2534 *** （0. 4418）	0. 7458 *** （0. 3027）
L2. ln*pgdp*	0. 1060 *** （0. 0531）	– 0. 3037 *** （0. 1415）	0. 2091 *** （0. 0862）
L. (*forest_ratio* × *h*)	0. 0906 *** （0. 0310）		
L. (*wetlands_proportion* × *h*)		0. 0267 * （0. 0151）	
L. (*preserve_proportion* × *h*)			0. 0409 ** （0. 0247）

续表

解释变量	被解释变量：lnpgdp		
	（1）	（2）	（3）
其他控制变量	控制		
cons	− 0.5782 **	− 0.5625	0.4193
	（0.2841）	（0.1281）	（0.4805）
AR（2）	0.7380	0.2532	0.5962
Sargan	0.8623	0.9170	0.7085
观测值	247	247	247

注：*** 、** 、* 分别表示在 1% 、5% 、10% 置信水平上显著，括号内数值为稳健标准差。

　　表 3 的结果显示，AR（2）检验值的伴随概率均大于 0.1，说明扰动项无二阶序列相关性；Sargan 检验值的伴随概率均显著大于 0.1，表明额外工具变量是有效的。因此动态模型设定是正确的。表 3 的（1）～（3）列的估计结果显示，森林覆盖率与人力资本交互项、湿地率与人力资本交互项、自然保护区率与人力资本交互项的滞后一期回归系数分别为 0.0906、0.0267 与 0.0409，对应的回归结果分别在 1% 、10% 与 5% 的水平上显著。关键自然资本与人力资本交互项回归系数为正值一方面表明增加关键自然资本将对人力资本积累及外溢产生正向效应，另一方面也说明关键自然资本外部性特征的发挥，需要较高的人力资本存量作为基础。事实上，良好的生态环境有助于提高人们的健康水平，增加健康的人力资本（王弟海，2012）；同时，生态环境的改善能够很大程度提高人们的幸福感，更多的幸福感有利于促进创新与技术进步（李树和陈刚，2015），从而引致经济增长。可见，投资关键自然资本，有利于人力资本积累与外溢，从而实现长期经济增长。与上文静态分析结果一致，动态分析结果表明关键自然资本引致人力资本积累与外溢是关键自然资本促进区域经济增长的作用机制之一。

四　结论与政策启示

　　本文主要考察了关键自然资本与区域经济增长的关系，基于中国省际面板数据，分别使用静态面板及动态面板分析，实证研究结果表明关键自然资本，特别是森林自然资本对区域经济增长具有显著的正向效应；而人力资本积累与外溢是关键自然资本促进区域经济增长的一个作用机制。研究结论对中国加快推进生态文明建设及生态、经济和社会协调健康发展具有很强的启示意义。一是重视生态环境特别是关键自然资本在经济增长中的作用。传统经济增长模式主要依靠增加物质资本投入，忽视生态环境治理必然带来资源、环境约束趋紧及生态退化等后果，并最终制约经济增长。十八届五中全会提出的坚持绿色发展，就是积极应对生态环境困境的战略举措。坚持绿色发展，就是使经济发展转变为主要依靠自然资本，特别是关键自然资本及人力资本推动的新模式。二是投资自然资本，特别是投资关键自然资本。30多年来中国经济高速增长，经济系统规模不断扩大，遭受破坏的生态系统已经达到或接近其承载力上限，生态系统服务不足已成为制约经济社会可持续发展的突出因素。为此，应树立尊重自然、顺应自然、保护自然的理念，坚持"绿水青山就是金山银山"的理念，扩大森林、湿地等关键自然资本面积，提升生态服务水平；加大退耕还林、退牧还草力度，启动湿地生态效益补偿和退耕还湿工作，加强对采煤沉陷区的生态修复与综合治理。三是提升人力资本水平。应加大对教育的投入，提高教育质量，培养创新型人才，以促进关键自然资本经济增长效应的实现。

参考文献

[1] Costanza, R., Daly, H. E., "Natural Capital and Sustainable Development," *Conservation Biology* 6 (1992).

[2] Guerry, A. D., Polasky, S., Lubchenco, J., et al, "Natural Capital and Ecosystem Services Informing Decisions: From Promise to Practice," *Proceedings of the National Academy of Science* 112 (2015).

[3] Chiesura, A., De Groot, R., "Critical Natural Capital: A Socio-cultural Perspective," *Ecological Economics* 44 (2003).

[4] Deutch, L., Folke, C., Skanberg, K., "The Critical Natural Capital of Ecosystem Performance as Insurance for Human Well-being," *Ecological Economics* 44 (2003).

[5] Ekins, P., Simon, S., Deutsch, L., Folke, C., De Groot, R., "A Framework for the Practical Application of the Concepts of Critical Natural Capital and Strong Sustainability," *Ecological Economics* 44 (2003).

[6] 诸大建：《绿色经济新理念及中国开展绿色经济研究的思考》，《中国人口·资源与环境》2012年第22期。

[7] 李京梅、张国庆、陈尚、李蕾：《罗源湾海洋生态资本对区域经济贡献度的实

证分析》,《中国海洋大学学报》(社会科学版) 2012 年第 1 期。

[8] 魏强、佟连军、吕宪国:《生态系统服务对区域经济增长的影响研究——以黑龙江省为例》,《人文地理》2014 年第 5 期。

[9] 严成樑:《社会资本、创新与长期经济增长》,《经济研究》2012 年第 11 期。

[10] Acemoglu, D., Naidu, S., Restrepo, P., Robinson, J. A., "Democracy Does Cause Growth," *NBER Working Paper* (2014).

[11] 祁毓、卢洪友、张宁川:《环境质量、健康人力资本与经济增长》,《财贸经济》2015 年第 6 期。

[12] 马兆良、田淑英:《生态资本外部性、人力资本积累与创新》,《江西财经大学学报》2016 年第 2 期。

[13] 王弟海:《健康人力资本、经济增长和贫困陷阱》,《经济研究》2012 年第 6 期。

[14] 李树、陈刚:《幸福的就业效应——对幸福感、就业和隐性再就业的经验研究》,《经济研究》2015 年第 3 期。

松花江流域哈尔滨段生态
红线区划分研究[*]

何明哲　万鲁河　杨　旭[**]

摘　要　生态红线对维护生态安全格局、保障生态系统功能、支撑经济社会可持续发展具有重要作用。本文以松花江流域哈尔滨段为研究对象，以2015年5月环境保护部颁布的《生态保护红线划定技术指南》为指导，采用现场踏勘、实地调查等方法，并在ArcGIS10.2支持下，对研究区进行水源涵养功能重要性评价、水土保持功能重要性评价和水土流失敏感性评价，确定了3类生态红线区，分别为水源涵养红线区、水土保持红线区和水土流失敏感红线区，各占研究区面积的30.19%、0.39%和8.55%，最终得到综合生态红线区面积为1509km²，占总面积的31.07%。

关键词　松花江流域哈尔滨段　生态红线划分　水源涵养　水土保持　水土流失

　　随着经济的快速发展，人类对自然资源的开发与破坏，使得生态系统的服务功能下降、环境不断恶化，经济建设与生态环境的矛盾日益严峻，直接影响人类社会的可持续发展。为此，国务院颁布的《国务院关于加强

---

[*]　基金项目：国家科技重大专项课题基金资助项目（2013ZX07201007－006）；国家自然科学基金资助项目（41171021）。

[**]　通讯作者简介：万鲁河，男，博士，哈尔滨师范大学地理科学学院教授，博士生导师，主要从事 GIS 开发与知识挖掘等研究工作。邮箱：wanluhe@163.com。

环境保护重点工作的意见》（国发〔2011〕第 35 号），明确提出了要加大生态保护力度，编制环境功能区划，在重要生态功能区，陆地和海洋生态环境敏感区、脆弱区等区域划定生态红线，对各类主体功能区分别制定相应的环境标准和环境政策[1]，首次提出了生态红线的概念[2~9]。划定生态红线区对国家生态安全和可持续发展具有重要战略意义。

目前国外并没有生态红线这一概念，但生物多样性保护、城市建设以及生态系统研究中蕴含着生态红线理论。例如，Mander 和 Selm 等人为保护区域生物多样性，应用生态基础设施的本质原理对栖息地进行网络设计；Honachefsky 提出在土地利用规划过程中将生态基础设施和生态系统服务功能结合起来，以减轻城市扩张对生态环境的影响；Costanza 将生态系统服务分为生态系统生产的产品、生态系统所提供的生态功能及人类从生态系统中获得的生态效益，将其细分为 17 个类别。

我国生态红线的思想最早运用于城市建设和规划中，2005 年广东省首次提出生态红线并对其进行实际应用，规划提出了红线调控、绿线提升、蓝线建设三大战略任务；同年，深圳市率先在城市规划中划定基本生态控制线，并制定了相应的城市生态系统保护制度，把基本生态控制线提升到法律层面并对其进行强制保护[10~12]；符娜、李晓兵对土地利用规划的生态红线区划分方法进行了研究，认为生态红线是指具有生态服务功能的重要区或生态环境脆弱区[13~14]；冯文利在土地利用规划研究中，运用生态红线的思想并把生态红线分为三种类型[1,15~16]；李玉锋等依据生态系统完整性和生态安全格局的理论，划定了大连市的生态基本生态控制线，促进形成"一脊串多廊"的生态安全格局[17~20]；刘雪华等以环渤海地区为例，综合考虑了生态系统敏感性、生态系统服务功能和自然生态风险等因子，划定了产业布局的生态红线区、生态黄线区和可开发利用区[1,15,21~22]；饶胜等系统梳理了生态红线的概念与内涵，对生态红线的划分与管理进行了讨论并提出初步建议[23]。

然而，生态红线划定工作尚处于初级探索阶段，划定方法和技术路线等仍处在不断探索中，由于划定区域尺度大小不同、所处地理位置不同，生态保护红线划定过程中仍存在一些亟待解决的问题。仅有部分地区尝试划分生态红线区，这些地区采取的划分方法简单，多以现有的重要功能区、自然保护区、风景区等直接作为生态红线划分依据，主观性和随意性大[24~25]。为此，本文以松花江流域哈尔滨段为研究对象，以 2015 年 5 月环境保护部颁布的《生态保护红线划定技术指南》为指导，应用 RS 和 GIS 技术，对松花江流域哈尔滨段进行生态红线的划定，确定松花江流域哈尔滨段的生态红线区，采用的划定方法更为合理，避免了主观性的干扰，为该地区今后生态环境保护与建设、城市合理规划与发展提供了科学依据，同时也为其他地区的生态红线划定提供了科学参考。

一　研究区与研究方法

（一）　研究区概况

松花江流域哈尔滨段位于黑龙江省中南部，西起朱顺屯断面、流经阿什河口下断面和呼兰河口下断面、东止于大顶子山断面，全长 66km，属于松花江的中游，范围为：E124°2′~128°3′，N45°9′~46°57′。流域海拔高度为 75~100m，属中温带大陆性季风气候[26]。研究区东部为中低山丘陵，而西部为平原，地形总趋势是东高西低，年平均气温为 2.5~4.0℃，年平均无霜期为 110~150 d，年降水量为 400~600 mm，年积温为 2500~3100℃，土壤肥沃、地域辽阔、人口相对较少，适宜发展农业，是重要的粮食生产基地[27~29]。

（二）　数据来源与处理

本文所涉及的数据主要包括地形、土地利用类型、归一化植被指数（NDVI）、气象数据（气温、降水、风力、蒸发等）等。气象数据源于《哈尔滨市统计年鉴（2014）》，是 2014 年黑龙江省 14 个气象观测站点各月的降雨数据；NDVI 数据是在 ENVI5.2 中通过对 TM 影像做波段计算得到的；土地利用类型数据由 TM 影像解译得到。根据研究需要，对原始数据做进一步处理[30]。

土地利用类型：根据研究区土地利用具体情况，将研究区分为建设用地、水体、草地、林地、农业用地和其他用地 6 类，而后对 TM 影像采用 ENVI5.2 监督分类法进行土地利用类型的提取，得到研究区土地利用类型数据，如图 1 所示。

归一化植被指数（NDVI）：利用 ENVI5.2 对 TM 影像按照式（1）进行提取。

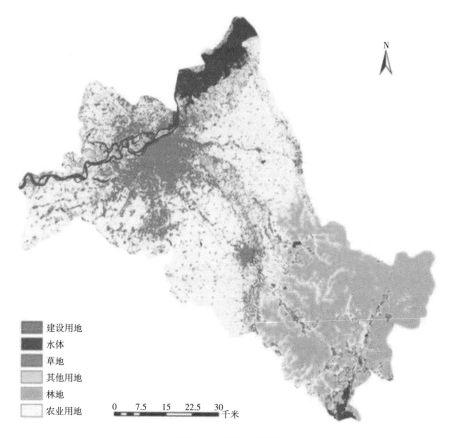

图例：
- 建设用地
- 水体
- 草地
- 其他用地
- 林地
- 农业用地

0　7.5　15　22.5　30 千米

图 1　土地利用类型

$$NDVI = \frac{(R_{nir} - R_{red})}{(R_{nir} + R_{red})} \tag{1}$$

在式（1）中，R_{nir} 为近红外波段反射率，R_{red} 为红外波段反射率。

降水因子 R：本文采用了 FAO 建立的通过修订 Fournier 指数求算 R 值的方法，该方法既考虑了年降水总量，又考虑了降水的年内分布，数据也容易获取，具有较好的应用价值[13~14,24,31]，该方法采用公式（2）进行计算。

$$F = \sum_{i=1}^{12} P_i^2 / P \tag{2}$$

式（2）中，i 是月份，P_i 是月降水量，P 是年降水量。然后建立 R 与指数 F 的关系，如公式（3）所示。

$$R = a \times F + b \tag{3}$$

式（3）中，a、b 的值取决于气候条件。依据研究地区气候条件与世界其他地区的类比分析结果，a、b 的值分别取 4.17 和 -152。R 因子的计算采用公式（4）：

$$R = \left[4.17 \times \sum_{i=1}^{12} (P_i^2/P) \right] - 152 \tag{4}$$

利用 ArcGIS10.2 对 2014 年黑龙江省 14 个气象观测站点各月降雨数据（见表 1）进行空间差值处理，得到空间分布数据（见图 2），根据公式（2）、公式（3）、公式（4）计算得到 R 因子，如图 3 所示。

表 1 2014 年黑龙江省 14 个气象观测站点各月降雨数据

单位：mm

区站号	1 月	2 月	3 月	4 月	5 月	6 月	7 月	8 月	9 月	10 月	11 月	12 月
呼 玛	40	32	1	28	704	242	1100	309	594	125	92	19
嫩 江	77	125	0	7	876	454	1339	1358	924	185	166	72
孙 吴	60	124	4	39	1022	974	1937	268	1078	307	232	87
克 山	51	52	0	28	738	751	2683	1206	986	227	56	59
齐齐哈尔	25	23	61	62	559	277	1146	1262	589	217	28	49
海 伦	54	75	0	27	985	1203	2112	753	1038	285	92	179
富 锦	59	40	14	114	1018	863	884	411	1302	274	141	237
安 达	3	11	18	48	596	992	667	1253	426	155	18	166
哈尔滨	13	16	15	64	917	570	1156	840	323	146	14	117
通 河	44	68	23	103	1159	715	993	739	546	340	105	155
尚 志	57	63	158	88	908	393	1404	1122	569	409	82	197
鸡 西	18	7	187	63	1071	758	854	837	919	326	87	274
牡丹江	1	10	143	209	1218	486	928	507	669	783	73	150
绥芬河	39	14	107	155	1034	643	1142	1041	744	541	90	223

L、S 因子：L、S 为地形因子，本文采用公式（5）、公式（6）求算 L、S 因子，式中，F 是流向，θ 是坡度，m 是坡长指数。

$$LS = \left(\frac{L_{hill}}{22.1} \right)^m \times (65.41 \times \sin^2\theta + 4.56 \times \sin\theta + 0.065) \tag{5}$$

气象观测站点
研究范围
黑龙江省范围

0 45 90 180 270 360
千米

图 2 气象观测站点分布

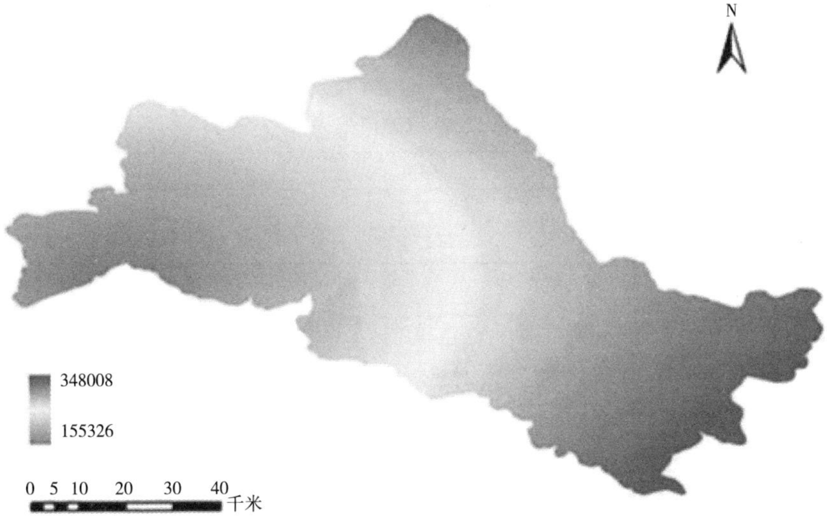

348008

155326

0 5 10 20 30 40 千米

图 3 降水因子 R

$$L_{hill} = \frac{\sqrt{F}}{100} \tag{6}$$

通常情况下，m 的取值范围如表 2 所示。

表 2 坡长指数 m 的取值范围

坡度 θ	m 取值
$\theta \geq 5.14°$	0.5
$5.14° > \theta \geq 1.72°$	0.4
$1.72° > \theta \geq 0.75°$	0.3
$\theta < 0.75°$	0.2

根据研究区 DEM 数据（见图 4），在 ArcGIS10.2 中应用 Spatial Analyst 的表面分析中的坡度工具，得到坡度（见图 5），而后对坡度重分类得到坡长指数 m 值，如图 6 所示，利用研究区 DEM 数据求水流方向，水流方向是指水流离开每一个栅格单元时的指向，通常情况下，将栅格单元 x 的 8 个邻域栅格编码，水流方向以其中的某一个值来确定，栅格方向编码用 2 的幂值指定，如果栅格单元 x 的水流流向左边，则其水流方向被赋值为 16，如表 3 所示，分析生成的水流方向图如图 7 所示。最终得到 L、S 因子图，如图 8 所示。

表 3 水流方向编码

32	64	128
16	x	1
8	4	2

C 因子：C 为植被覆盖因子，本文根据 Wischmeier 等的实际观测研究结果，结合哈尔滨土地利用数据，对各土地利用类型的 C 因子进行取值，具体如表 4 所示。

表 4 不同土地类型 C 因子值

土地利用类型	水 体	城镇居民点	裸 地	灌 丛	林 地	耕 地
C 因子	0	0.2	0.2	0.035 ~ 0.26	0.003 ~ 0.42	0.003 ~ 0.26

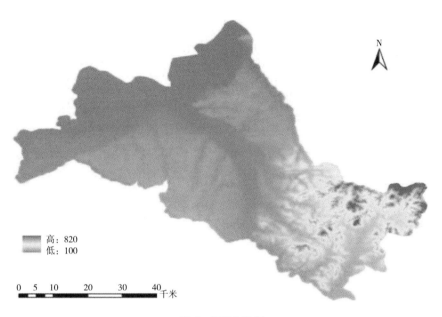

高：820
低：100

0　5　10　　20　　30　　40 千米

图 4　DEM 数据

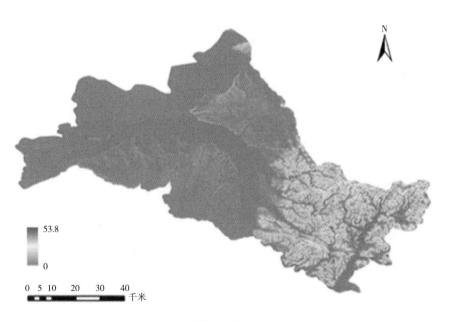

53.8

0

0　5　10　　20　　30　　40 千米

图 5　坡度

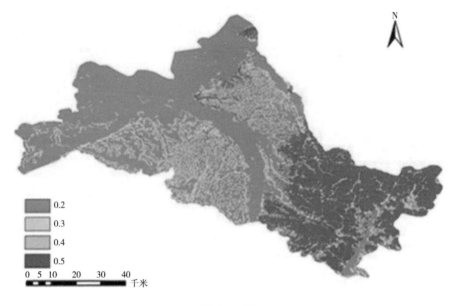

图 6　*m* 值

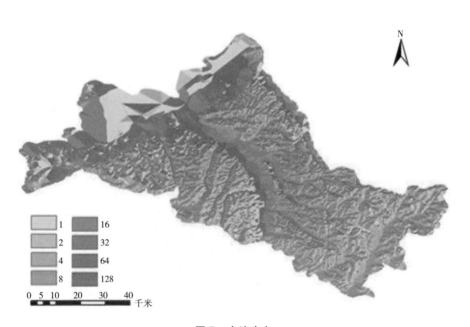

图 7　水流方向

　　C 因子值在 0～1 内变化，值越小表示水土流失的可能性越小，值越大表示水土流失的可能性越大，值从小到大表示水土流失发生的可能性递增。其

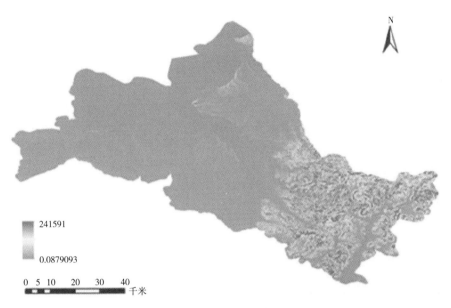

图 8　L、S 因子

中灌丛、林地、耕地的 C 因子值是根据其植被覆盖度来确定的。一般情况是，植被覆盖度越高，水土流失的可能性越小，C 因子值也越小；相反，植被覆盖度越低，水土流失的可能性越大，C 因子值越大。图 9 为 C 因子图。

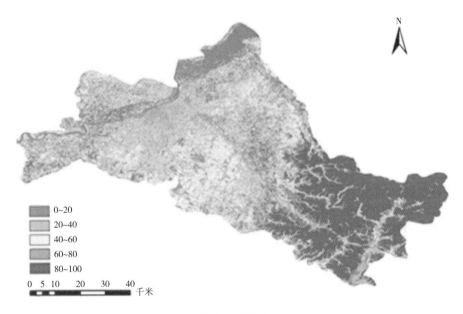

图 9　C 因子

（三） 研究方法

据引言中对生态红线的介绍，考虑到目前学界多采用生态敏感和生态脆弱度来界定生态上不可逾越的底线[32]，以及哈尔滨市特殊的地理位置，本文选用水源涵养功能重要性、水土保持功能重要性和水土流失敏感性作为评价指标，构建了松花江流域哈尔滨段生态红线区划分框架（见图10），结合《全国主体功能规划》和《全国生态功能区划》，并借助 GIS 软件，实现了各评价指标空间化，最终划分出松花江流域哈尔滨段的生态红线区。

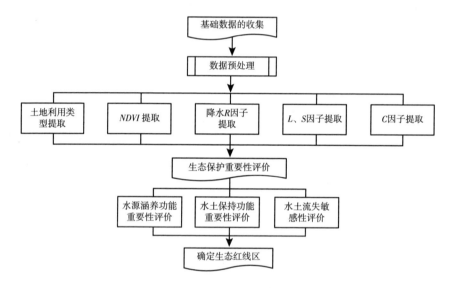

图 10　生态红线区划分框架

1. 水源涵养功能重要性评价

水源涵养是生态系统（如森林、草地等）通过其特有的结构与水相互作用，对降水进行截留、渗透、蓄积，并通过蒸散实现对水流、水循环的调控，是生态系统的重要服务功能之一[33~34]。水源涵养量是生态系统水源涵养功能的评价指标，因模型评价法的准确度较高，故采用基于降水和蒸散的水量分解模型对其进行评价，模型如公式（7）所示：

$$WY = P - ET$$

$$ET = \frac{P(1 + \varpi\,\dfrac{PET}{P})}{1 + \varpi\,\dfrac{PET}{P} + \left(\dfrac{PET}{P}\right)^{-1}} \tag{7}$$

在式 (7) 中，*WY* 为水源涵养量，作为水源涵养服务能力的代用指标；*P* 为多年平均年降水量，由 1994 ~ 2014 年的降水数据计算得到，平均年降水量为 524.5mm；*ET* 为蒸散量；*PET* 为多年平均潜在蒸发量，由 1994 ~ 2014 年的蒸发数据计算得到，平均潜在蒸发量为 1586.8mm；ϖ 为下垫面（土地覆盖）影响系数，依据土地利用类型取值，具体参考取值如表 5 所示。

表 5　水源涵养功能重要性评价参数 ϖ 参考取值

土地利用类型	农业用地	林　地	水　体	草　地	建设用地	其他用地
ϖ	0.5	1.5	1	0.5	0.1	0.1

以哈尔滨市土地利用类型数据为基础数据，应用 ArcGIS10.2 计算蒸散量 *ET* 和水源涵养量 *WY*，对照土地利用数据，将评估结果图与土地利用类型图进行叠合，扣除独立细小图斑和人工用地，即完成水源涵养功能重要性评价。

2. 水土保持功能重要性评价

水土保持是生态系统提供的重要调节服务之一。水土保持功能主要与气候、土壤、地形和植被有关。本文以土壤保持量，即潜在土壤侵蚀量与实际土壤侵蚀量的差值，作为生态系统水土保持功能的评价指标，采用修正自通用水土流失方程（USLE）的水土保持服务模型进行评价，模型结构[35~37]如公式（8）所示：

$$A_c = A_p - A_r = R \times K \times L \times S \times (1 - C) \tag{8}$$

式（8）中，A_c 为土壤保持量，A_p 为潜在土壤侵蚀量，A_r 为实际土壤侵蚀量，*R* 为降水因子，*K* 为土壤可蚀性因子，*L* 、*S* 为地形因子，*C* 为植被覆盖因子。

3. 水土流失敏感性评价

根据环境保护部生态功能区划技术规范的要求，本文选取降雨侵蚀力、坡长坡度和地表植被覆盖等评价指标，并根据研究区的实际对分级评价标准做相应的调整。将反映各因素对水土流失敏感性的单因子分布图，用地理信息系统技术进行乘积运算，如公式（9）所示：

$$SS_i = \sqrt[4]{R_i \times LS_i \times C_i} \tag{9}$$

式（9）中，SS_i 为 i 空间单元水土流失敏感性指数，评价因子包括降雨侵蚀力（R_i）、坡长坡度（LS_i）、地表植被覆盖（C_i）。不同评价因子对应的敏感性等级值见表 6。

表 6 水土流失敏感性的评价指标及分级赋值

因 素	降雨侵蚀力 R	土壤可蚀性 K	坡长坡度 LS	地表植被覆盖 C	分级赋值 S
不敏感	<25	石砾、沙	0~20	≥0.8	1
轻度敏感	25~100	粗砂土、细砂土、黏土	20~50	0.6~0.8	3
中度敏感	100~400	面砂土、壤土	50~100	0.4~0.6	5
高度敏感	400~600	沙壤土、粉黏土、壤黏土	100~300	0.2~0.4	7
极敏感	>600	砂粉土、粉土	>300	≤0.2	9

根据前文水土保持功能重要性评价中 USLE 计算得出的 R、L、S、C，将计算的各因子相乘，获得了各像元的土壤侵蚀量。根据土壤侵蚀量大小进行水土流失敏感性分级，完成水土流失敏感性评价。

二 结果与分析

（一）水源涵养功能重要性评价结果

由水源涵养功能重要性评价得到水源涵养红线区（见图 11）。该类红线区面积为 1466km²，占研究区总面积的 30.19%，水源涵养功能表现出明显的空间差异，红线区集中分布在松花江沿岸及东南部地区（阿城区），松花江沿岸水土资源丰富，东南部地区为林地，具有良好的水源涵养条件，其水源涵养功能随着坡度的增加而增大。水源涵养功能较低的地区主要分布在南岗、道外、道里、平房、香坊等地区，这些区域以建筑用地和农业用地为主，缺少森林和草地的保护。因此，加强对红线区的封禁和管护，是保护水源涵养红线区的重要措施之一。

（二）水土保持功能重要性评价结果

图 12 为水土保持红线区，面积为 19km²，占研究区总面积的 0.39%，其面积较小，零散地分布在东南部地区，对该区域的保护，需要合理配置水土资源，禁止人为开垦和破坏。

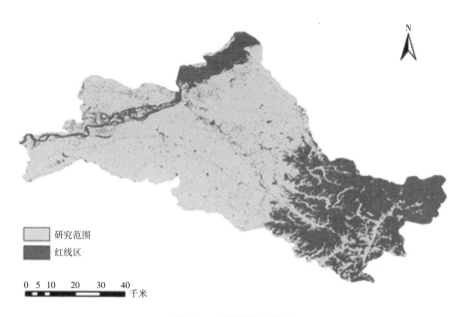

图 11 水源涵养红线区

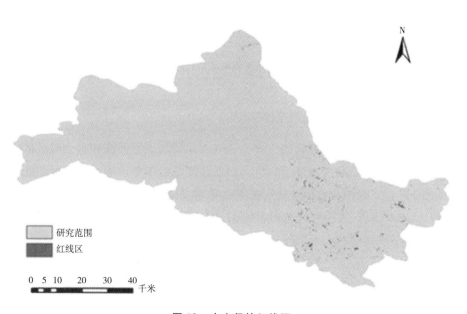

图 12 水土保持红线区

（三）水土流失敏感性评价结果

图 13 为水土流失敏感红线区，该类红线区面积为 392km²，占研究区总面积的 8.07%，集中分布在东南部地区，分布范围相对集中，该区域是松花江流域水土保持和生态环境建设的重点区域，这主要与其海拔高、地形起伏较大、森林密布等特点有关，这些特点为土壤侵蚀提供了强大的营力，应有计划地保护林地，稳固土壤，依靠自然的自我修复能力控制水土流失。

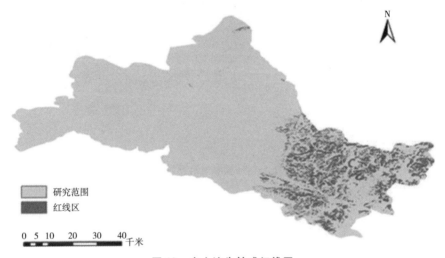

图 13 水土流失敏感红线区

（四）综合生态红线区划定结果

对研究区的水源涵养功能重要性、水土保持功能重要性和水土流失敏感性评价结果进行空间叠加分析，得到松花江流域哈尔滨段的综合生态红线区（见图 14），其面积见表 7。划定松花江流域哈尔滨段的综合生态红线区总面积为 1509km²，占研究区总面积的 31.07%。

表 7 综合生态红线区面积

单位：km²，%

	面 积	百分比
水源涵养红线区	1466	30.19
水土保持红线区	19	0.39
水土流失敏感红线区	392	8.07

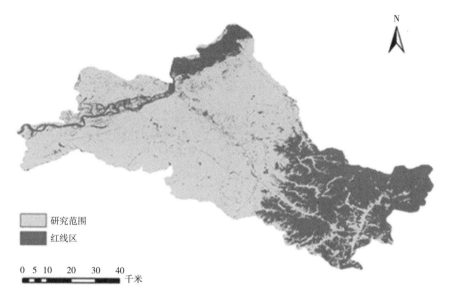

图 14　综合生态红线区

三　结论

松花江流域哈尔滨段生态红线区的划定关系到经济、城市规划、生态安全、生态敏感性和稀缺性等因素[38]。通过建立生态红线区，打造重要的生态安全格局，来协调多种利益关系，保障区域生态安全。将水源涵养重要性评价、水土保持重要性评价和水土流失敏感性评价作为松花江流域哈尔滨段生态红线区的关键指标，划定生态红线区，使该区域的生态保护更为科学合理，这具有重要价值和积极意义。通过划定松花江流域哈尔滨段的生态红线区，研究生态红线的划定方法，确定松花江流域哈尔滨段最需要保护的核心域，既保护了松花江流域哈尔滨段供给生态服务的关键区域，也从根本上解决了当地经济发展过程中资源开发与生态保护之间的矛盾。本文得到如下结论。

（1）生态红线区划定的方法。基于水源涵养功能重要性、水土保持功能重要性和水土流失敏感性评价进行生态红线区划分，水源涵养功能重要性采用基于降水和蒸散量的分解模型法进行评价；水土保持功能重要性采用修正自通用水土流失方程（USLE）的水土保持服务模型开展评价，综合考虑

降水因子 R ，土壤可蚀性因子 K ，地形因子 L 、S ，植被覆盖因子 C 。水土流失敏感性评价选取降雨侵蚀力、坡度坡长和地表植被覆盖等评价指标，并根据研究区的实际对分级评价标准做相应的调整。

（2）确定了松花江流域哈尔滨段的生态红线区。在分析松花江流域哈尔滨段概况的基础上，以水源涵养功能重要性、水土保持功能重要性和水土流失敏感性评价作为划定生态红线区的关键指标，得到水源涵养红线区，面积为 1466km² ，水土保持红线区，面积为 19km² ，水土流失敏感红线区，面积为 392km² ，综合生态红线区，面积为 1509km² 。

（3）松花江流域哈尔滨段生态红线的管理应坚持自然优先、生态保护与生态建设并重的原则，优先布局松花江流域哈尔滨段生态红线区用地，同时，通过建立松花江流域哈尔滨段生态红线管理平台，实现行政管理和社会服务信息化，加强生态红线的统一监管和动态调整，及时发布松花江流域哈尔滨段的生态红线分布状况和调整信息。加强调控措施，确保松花江流域哈尔滨段生态红线区的长久发展。

参考文献

［1］符娜、李晓兵：《土地利用规划的生态红线区划分方法研究初探》，中国地理学会 2007 年学术年会会议论文，南京，2007。

［2］Ebenman, B., Jonsson, T., "Using Community Viability Analysis to Identify Fragile Systems and Keystone Species," *Trends in Ecology & Evolution* 20（2005）.

［3］De Lange, H. J., Sala, S., Vighi, M., Faber, J. H., "Ecological Vulnerability in Risk Assessment a Review and Perspectives," *Science of the Total Environment* 408（2010）.

［4］Bergengren, J. C., Waliser, D. E., Yung, Y. L., "Ecological Sensitivity: A Biospheric View of Climate Change," *Climatic Change* 107（2011）.

［5］Kappel, C. V., Halpem, B. S., Napoli, N., *Mapping Cumulative Impacts of Human Activities on Marine Ecosystems*（Boston, Massachusetts: Sea Plan, 2012）.

［6］Douvere, F., Ehler, C., Making Ecosysterm-Based Management a Reality: Marine Protected Area Management in the Context of Marine Spatial Management（Paper Represented at the Nordic Workshop on Marine Spatial Planning, Copenhagen, Denmark, 2007）.

［7］Santi, E., Maccherini, S., Rocchini, D., Bonini, I., Brunialti, G., Favilli, L.,

Pelini, C., Pezzo, F., Piazzini, S., Rota, P. E., Salerni, E., Chiarucci, A., "Simple to Sample: Vascular Plants as Surrogate Group in a Nature Reserve," *Journal for Nature Conservation* 18 (2010).

［8］Halpem, B. S., Lester, S. E., McLeod, K. L., "Placing Marine Protected Areas onto the Ecosystem-Based Management Seascape," *Proceedings of the National Academy of Sciences of the United States of America* 107 (2010).

［9］Mora, C., Sale, P. F., "Ongoing Global Biodiversity Loss and the Need to Move Beyond Protected Areas: A Review of the Technical and Practical Shortcomings of Protected Areas on Land and Sea," *Marine Ecology Progress Series* 434 (2011).

［10］Mander, U. E., Jagonaegi, J., Kuelvik, M., *Network of Compensative Areas as an Ecological Infrastructure of Territories* (Paderborn: Ferdinand Schoningh, 1998).

［11］Selm, A. J., *Ecological Infrastructure: A Conceptual Framework for Designing Habitat Networks* (Paderborn: Ferdinand Schoningh, 1988).

［12］Honachefsky, W., *Ecologically Based Municipal Planning* (Boca Raton, FL: Lewis Publisher, 1999).

［13］钟奇振:《红线调控, 绿线提升, 蓝线建设, 生态城市群呼之欲出》,《南方日报》2004 年 9 月 7 日, 第 2 版。

［14］符娜:《土地利用规划的生态红线区划分方法研究——以云南省为例》, 硕士学位论文, 北京师范大学, 2008。

［15］冯文利:《生态安全条件下的土地利用规划研究——区域生态红线区的引入与土地资源管理》, 硕士学位论文, 北京师范大学, 2007。

［16］冯宇:《呼伦贝尔草原生态红线区划定的方法研究》, 硕士学位论文, 中国环境科学研究院, 2013。

［17］左志莉:《基于生态红线区划分的土地利用布局研究》, 硕士学位论文, 广西师范学院, 2010。

［18］Costanza, R., D'Arge, R., De Groot, R., "The Value of World's Ecosystem Services and Natural Capital," *Nature* 387 (1997).

［19］深圳市规划局:《深圳:坚守基本生态控制线》,《城乡建设》2007 年第 7 期。

［20］李玉锋、吕春英:《城市规划环评中基本生态控制线的应用》, 2012 年中国环境科学学会学术年会会议论文, 2012。

［21］刘雪华、程迁、刘琳、彭羽、武鹏峰、石翠玉、朱洪辉:《区域产业布局的生态红线区划定方法研究——以环渤海地区重点产业发展生态评价为例》, 载中国环境科学学会编《2010 中国环境科学学会学术年会论文集》第 1 卷, 中国环境科学出版社, 2010。

［22］许妍、梁斌、鲍晨光、兰冬东、于春艳、马明辉:《渤海生态红线划定的指标体系与技术方法研究》,《海洋通报》2013 年第 4 期。

［23］饶胜、张强、牟雪洁:《划定生态红线创新生态系统管理》,《环境经济》2012 年第 6 期。

［24］林勇、樊景凤、温泉、刘述锡、李滨勇：《生态红线划分的理论和技术》，《生态学报》2016 年第 36 期。

［25］王忠玉、田茜、万鲁河、杨旭：《基于 SWAT 模型的松花江流域哈尔滨段径流量模拟》，《环境监测管理与技术》2015 年第 5 期。

［26］龚文峰、袁力：《土地利用及生态服务价值变化的图形信息特征分析——以松花江流域哈尔滨段为例》，《环境科学与技术》2010 年第 8 期。

［27］宋小燕、穆兴民、高鹏、王飞、王双银：《松花江流域哈尔滨站降雨径流历史演变及其驱动力分析》，《中国水土保持科学》2010 年第 2 期。

［28］刘在平、曹满红、陈晓翔：《基于 GIS 对松花江流域哈尔滨段洪泛区灾害评估》，《测绘与空间地理信息》2010 年第 1 期。

［29］姚雄、余坤勇、刘健、杨素萍、何平、邓洋波、俞欣妍、陈樟昊：《南方水土流失严重区的生态脆弱性时空演变》，《应用生态学报》2016 年第 3 期。

［30］Arnoldus, *Physiography and Soils*（Enschede, the Netherlands：ITC, 1988）.

［31］杨世凡、安裕伦、王培彬、马良瑞、胡锋、孙泉忠：《贵州赤水河流域生态红线区划分研究》，《长江流域资源与环境》2015 年第 8 期。

［32］刘兆芹：《水源涵养功能重要性评价》，硕士学位论文，武汉理工大学，2013。

［33］王春菊、汤小华：《基于 GIS 的水源涵养功能评价研究——以福建省为例》，《安徽农业科学》2007 年第 28 期。

［34］肖玉、谢高地、安凯：《青藏高原生态系统土壤保持功能及其价值》，《生态学报》2003 年第 11 期。

［35］刘敏超、李迪强、温琰茂、栾晓峰：《三江源地区土壤保持功能空间分析及其价值评估》，《中国环境科学》2005 年第 5 期。

［36］韩永伟、高吉喜、王宝良、刘成程、汪军、拓学森：《黄土高原生态功能区土壤保持功能及其价值》，《农业工程学报》2012 年第 17 期。

［37］姚钰清：《苏州市生态红线区域的划定及关键影响因素分析》，硕士学位论文，苏州科技学院，2015。

社会团体提升生态文明建设科普
教育活动成效的策略研究[*]

蔡卓平　段舜山[**]

摘　要　社会团体应该集中专家力量，结合学术特色，发挥专业优势，积极参与生态文明建设科普教育工作。本文介绍生态文明建设及其科普教育情况，分析社会团体开展生态文明建设科普教育工作的意义及其推动因素，总结社会团体开展生态文明建设科普教育工作的实践模式，归纳社会团体开展科普教育过程中面临的困境，提出社会团体开展生态文明建设科普教育工作的提升策略。实例分析广东省生态学会近年在开展生态文明建设相关活动中的实践成果，以期为相关社会团体开展相关科普宣传工作提供有益参考。

关键词　生态文明　科普教育　社会团体　策略

一　生态文明建设及其科普教育

生态文明是人类社会继原始文明、农业文明和工业文明后的一种新式

---

*　基金项目：本文得到广东省省级科技计划项目（2015A070709013，2016A070708011）、广州市科技计划项目（201609010091）、广州市建设国家级科技思想库研究课题专项"广州市生态环境保护与可持续发展战略研究"、广东省环保公益项目"'小小微藻功能大，环境保护要靠它'环保科普宣传活动"等项目的资助。

**　通讯作者简介：蔡卓平，男，博士，《生态科学》常务副主编，广东省生态学会副秘书长、科普工作委员会秘书长、海洋生态专业委员会秘书长、生态健康人居与生态工程专业委员会秘书长。邮箱：ecolsgd@163.com。

文明形态，它是人类文明发展的必然趋势，也是推进科学发展观的必然需求。生态文明建设是中国特色社会主义事业中一项非常重要的内容，它关系人民福祉和民族未来，与实现中华民族伟大复兴中国梦有密切关系[1]。党中央、国务院高度重视生态文明建设，先后出台了一系列重大决策部署，推动生态文明建设取得了重大进展。党的十八大把生态文明建设提升到前所未有的高度，并对"大力推进生态文明建设"提出了新要求、新部署，生态文明建设再次成为热点。科普教育活动是加快推进生态文明建设的一项基础性社会工程[2~3]。在科学技术日益渗透社会系统各个领域的今天，科学技术成为推动人类社会进步与文明发展的巨大动力，推进生态文明建设必然离不开科学技术的支撑和推动。如何积极开展科普教育工作，使科技的应用既有利于提高经济生产力又有利于保护生态环境，实现社会的可持续发展，是生态文明建设的关键所在。但是，根据有关调查，我国公民科学素质水平与发达国家相比差距较大，公众对基本科学知识了解程度较低，在科学精神、科学思想和科学方法等方面更为欠缺。公民科学素质水平低下，已成为制约我国经济发展和社会进步的瓶颈之一[4]。通过科普宣传教育，在社会中形成一种宣传生态文明建设的良好风气，让更多的公众了解生态文明建设的相关内容，有利于生态文明建设成果的巩固，对推动生态文明建设有重要作用。

二 社会团体开展生态文明建设科普 教育工作的意义及其推动因素

社会团体有着比较广泛的活动领域，承担着多方面重要的工作职能，其中一个重要的工作职能就是开展科普活动，促进全民科学素质的提高。特别是学术社会团体（学会）在知识创新体系中发挥着重要的作用，是中国科学技术协会的组织基础、职能基础和工作基础，因此它们更应该利用自身的特点，并整合好自己在科普工作上的资源优势，积极开展生态文明建设科普教育工作。胡锦涛同志在中国科学技术协会成立 50 周年纪念大会上曾经对学会科普工作提出了新要求，各级学会必须不断拓展学会科普工作能力、加强学会社会服务功能，这也是国家和社会发展的必然要求。

首先，社会团体的主要成员是科学技术工作者和教师，他们具有学术优势和研究特长，他们知识面广，创新性强，且普遍热心参与和支持科普活动。社会团体是由科技工作者组成的群众团体组织，因此它必须参与动员、组织、支持科技工作者开展科普工作。其次，国家在中长期科学和技术发展规划中把创新文化建设和科学普及工作列为规划战略研究的课题之一，因此必须通过不断开展科学普及工作，提高公民科学素质，引导公众理解科学，实现人、自然、社会和谐发展。最后，只有利用好社会团体的力量，开展生态文明建设的科学普及，让广大人民群众不断接受和掌握相关知识，才能真正实现科教兴国的战略目标，同时推进生态文明建设的发展。

推动学会开展生态文明建设科普事业的因素包括国家、地方政府给予所得税返还等政策优惠。开展科普活动能够提升学会形象，提高学会影响力；能够使学会得到较大的成就感，获得社会认可与荣誉；能够与学会其他的业务产生较好的协同效应，促进学会全面发展；能够直接获得经济与社会收益，形成学会特殊科普品牌，打造学会科普产业等[5~8]。

三　社会团体开展生态文明建设的科普教育工作的实践模式

（一）进行科普展览

社会团体可以通过制作与生态文明建设内容相关的展板在广场、学校、社区等地方进行展示，并请专家现场解答群众的提问。同时还可以在现场发放有关生态文明建设的小册子，介绍"生态文明建设的出现及其重要意义""当前建设生态文明的特征及面临的挑战和困难""生态文明建设的科技发展需求""生态文明建设的政策创新"等内容，并请专家到现场和群众交流，通过这些科普形式让更多的公众了解生态文明相关知识。

（二）开设专家讲座

由于部分青年朋友对生态文明建设方面了解不足，因此，他们非常渴望能够更多地学习生态文明的知识。他们希望专家能够面对面地解答他们的疑问，例如，"什么是生态文明""为什么要进行生态文明建设""如何进行生态文明建设"等。针对这些问题，学会可以组织科普讲座，让更多参加科普讲座的听众了解与生态文明建设相关的知识。

（三）开展网络竞赛

科普竞赛是开展科普活动的有效形式之一。社会团体可以开办科普竞赛并设置奖品等，通过发动学生、青年朋友、普通公众等对象积极参加科普竞赛，提高他们对生态文明建设的参与度，增强他们对生态文明建设的了解。通过开展科普竞赛，有效推动生态文明建设的科普教育，让参与者意识到要大力加强和全面建设生态文明。

（四）加强媒体传播

网络传播是提高科普成效的有效途径，通过建设科普网站、设立微信公众号等网络手段，让更多的网民去浏览、了解，加强和巩固生态文明科普工作成果。例如，可以利用网络途径，介绍党的十八大对生态文明建设的总体要求和战略部署。同时对生态文明建设的科技发展需求的四大核心方面——国土空间开发格局、全面促进资源节约、加大自然生态系统和环境保护力度、加强生态文明制度建设进行网络展览宣传等。

（五）实地讲解

一方面，社会团体可以选择一些生态文明建设取得较好成果的地区，组织专家学者前往并进行点评讲解，让更多的公众了解生态文明建设的成果。另一方面，学会可以利用机会对"高消耗、高排放、高污染"带来的资源破坏、生态恶化、环境污染等问题进行介绍。让公众知道，生态文明建设面临的问题和挑战主要是社会发展与自然资源供给能力、生态环境承载能力的矛盾日益尖锐化[7~9]。

四　社会团体开展科普教育过程中面临的困境

首先，开展科普工作虽然是学会工作的主要职能之一，但总体来看，目前学会在开展社会科普中不具主体地位，科普能力提高受到一定的制约，面临着一系列的困境。其次，学会不像政府部门那样具有行政效能，导致学会开展生态文明建设科普工作的进展缓慢。学会是群众性的学术社团组织，它在社会科普工作中只能处于次要地位，因此学会科普能力难以提高。再次，大多数学会的专职人员少，人员力量不济，难以担负更大的科普工作任务，加上学会福利待遇较差等原因，工作人员缺乏科普工作主动性，主要采用按部就班的工作方式，开展科普宣传工作的效果不大。最后，学会科普活动的经费相对不足，科普能力得不到提高；学会影响力有限，对会员的吸引力和凝聚力不强，无法形成强大的科普队伍，会员参与科普工作的积极性不高[8~9]。

五　社会团体开展生态文明建设科普教育工作的提升策略

（一）树立正确的学会科普工作观念

学会管理人员要始终保持一种开放进取的心态，时刻准备迎接学会在开展科普工作过程中面临的各种挑战和机遇。认清学会生态文明建设科普工作现状，采取一系列措施改变不良现状。学会管理人员观念的创新，尤其是学会理事长等领导的观念创新是推动学会生态文明建设科普工作发展的关键。学会应该把科普工作作为己任，熟悉生态文明建设科普工作的目标、意义、内容、方法等，充分利用学会现有优势条件，结合社会改革和发展实际来创新思维。只要学会树立正确的开展生态文明建设科普工作观念，就一定能肩负起社会的重任，推动生态文明建设科普工作的开展。

（二）完善相关的学会科普工作体制

学会必须深化科普工作体制改革，把握好学会科普工作的定位，认清学会的主要功能。党的十八届三中全会明确提出全面深化改革，激发社会组织的活力。我们要以改革为契机提升学会影响力，完善相关科普工作体制，促改革、谋发展，提升学会科普工作能力的信心。通过学会主持搭建综合科普平台，充分发挥学会科普工作的长处。同时，改革用人制度，充实科普力量，更新科普工作观念，改进科普工作的理念、方法，形成新的思维、视角和途径，提升学会生态文明建设科普工作的效果。

（三）提升学会科普工作技术和方式

目前，随着信息技术的发展与应用，学会科普管理工作的开展方式也越来越先进。要做好学会科普工作的数字化转型，拓宽发展渠道，充分利用数字网络快捷方便的优势，实现学会的多种科普表现形式、服务功能和价值延伸。切实经营好学会，不断加大科普经费投入，提高学会的经济实力。充分利用学会有形和无形资产，大力组织开展科普活动，为学会科普能力建设提供社会和经济基础。加强对生态文明建设科普工作方式的研讨和交流，努力探讨新形势下学会科普工作的规律和经验。

（四）重视学会科普工作内容建设

不断增强学会的活力和凝聚力，积极搭建为公众科普发展服务的平台，更好地开展生态文明建设科普工作。在开展科普工作中，发挥学会跨行业的优势特点，提高学会科普能力建设，完善学会科普工作内容。在策划和组织一些大型生态文明建设科普活动时，联合社会力量，调动企、事业单位的积极性，争取他们的经费支持。还可以利用科普媒体，通过科普图书、科普音像制品、科普报刊、电台和电视台的科普栏目等拓宽学会科普渠道[6~9]。

六　总结和展望

推进生态文明建设被认为是一个庞大的系统工程，除了需要配套的政策、法律和社会组织管理制度外，还需要加强科普宣传工作，促使公众树立正确的生态文明观念。开展科普活动有利于促进全民科学素质的提高，针对生态文明建设课题的科教宣讲活动，应该是推动生态文明建设进程的一项重要配套工作[9~10]。依托社会团体的力量，积极承担生态文明建设相关科普科技项目，为推进生态文明建设工作做出应有的贡献。以笔者所在的广东省生态学会为例，学会近年通过承担广东省省级科技计划项目"生态文明建设的科技需求与政策创新宣讲活动""'人类的好朋友——微藻'科普宣传展览活动"等，广州市科技计划项目"'海洋微藻——全能型小巨星'科普宣传专题活动""微小生物作用大　生态环保建奇功——环保微生物艺术科普展览与实验活动""环保植物进万家　生态健康科普活动""广州气象地质灾害生态安全对策科普展览"等，广州市建设国家级科技思想库研究课题专项"广州市生态环境保护与可持续发展战略研究"，广东省环保公益项目"'小小微藻功能大，环境保护要靠它'环保科普宣传活动"等各类科普宣传项目，利用学会自身优势，积极开展生态文明建设相关科普教育活动。在开展广东省省级科技计划项目"生态文明建设的科技需求与政策创新宣讲活动"过程中，围绕"生态文明建设的出现及其重要意义的宣传""当前建设生态文明的特征及面临的挑战和困难的展现""生态文明建设的科技发展需求的科教""生态文明建设的政策创新的介绍"等内容开展生态文明建设的科技需求与政策创新宣教活动，取得了一定的成效。

总之，社会团体通过集合具有扎实生态学相关研究背景而且对社会科普工作非常富有热情的专家团队，采用科普展览、专家讲座、网络竞赛、媒体传播、实地讲解等多种科普宣传模式，开展生态文明建设的科普宣传活动，不断探讨完善学会开展生态文明建设科普宣传的模式及其提升策略。在提高公众对生态文明建设的探索、实践和思考，推进生态文明建设进程的同时，宣扬保护环境、节能环保、健康生活的理念，打造公众喜闻乐见的科普宣讲活动，推广高效的科普宣传模式，实现高效传播科技知识、推动全民科学素质提高和科普事业的全面发展。有望在展示项目富有创造性的探索与实践成果的同时，为相关学会基层开展科普宣传工作提供有益参考。

参考文献

［1］白杨、黄宇驰、王敏等：《我国生态文明建设及其评估体系研究进展》，《生态学报》2011年第20期。

［2］赵景柱：《关于生态文明建设与评价的理论思考》，《生态学报》2013年第15期。

［3］Zhang W., Li H. L, An X. B., "Ecological Civilization Construction is the Fundamental Way to Develop Low – Carbon Economy," *Energy Procedia* 5 (2011).

［4］Li G. J., "Vigorously Promotes Ecological Civilization Construction," *Environmental Protection* 14 (2011).

［5］孙林、康晓梅：《生态文明建设与经济发展：冲突、协调与融合》，《生态经济》2014年第10期。

［6］Zhang L., Zhang D. Y., "Relationship between Ecological Civilization and Balanced population development in China," *Energy Procedia* 5 (2011).

［7］Liu M. C., Li W. H., Fu C., et al., "Dynamic Prediction of Chinese Development Based on the Ecological Footprint Method," *International Journal of Sustainable Development and World Ecology* 17 (2010).

［8］ 胡秋君:《提高学会科普能力建设的主要途径与措施》,《学会》2007 年第
4 期。

［9］ 蔡卓平:《学会开展生态文明建设科普工作的模式与对策研究》,《科协论坛》
2016 年第 2 期。

［10］ Chen X. H., Zhou Z. Y., "Promote the Engineering of Ecological Civilization
Construction by Building 'Resource – Conserving and Environment – Friendly
Society'," *Frontiers of Engineering Management* 1 (2014).

生态文明示范城市建设的路径思考

——"七个第一"看贵阳模式

陈　龙　方　兰[*]

摘　要　贵阳市是我国第一个生态文明示范城市，积累了丰富的生态文明建设经验。贵阳市是我国第一个"国家森林城市"，拥有第一家环保法庭、第一部生态文明地方性法规、第一个生态文明城市规划、第一个生态文明建设委员会、第一本生态文明地方教材和第一个生态文明国家级国际论坛。"七个第一"彰显了生态文明建设的贵阳模式，即立足生态优势，打造生态产业体系；推行法制建设，打造生态文明制度保障；做好科学规划，强化生态文明顶层设计；加强统一领导，打造生态文明管理体系；加强生态教育，弘扬生态文明文化；举办生态论坛，传播生态文明"中国声音"。由此得出生态文明建设需要政府加强顶层设计和制度建设、生态文明建设需要生态产业体系的打造、生态文明建设需要弘扬生态文化的培育生态文明的思维三大启示。

关键词　生态文明　城市发展　贵阳模式

一　引言

21世纪，人类正遭受前所未有的生态危机，全球气候变暖、海平面上

---

* 通讯作者简介：陈龙，陕西师范大学西北历史环境与经济社会发展研究院博士生。邮箱：740287413@qq.com。

升等正威胁着人类的生存。工业文明带来了人类物质生活的巨大飞跃，同时也带来了巨大的生态压力。目前全球正在依靠"环境透支""生态赤字"维持正常的运行。相关资料显示，自 2012 年以来，1.5 个地球才能满足人类的正常生活。[1]改革开放以来，我国的经济实现了腾飞，从一个贫穷落后的国家一跃成为全球第二大经济体。但是也付出了巨大的环境代价。目前我国已经成为世界上最大的生态负债国，生态足迹是生态承载力的 2 倍，处于生态赤字的状态。为了改善生态环境、实现可持续发展，党的十七大提出建设生态文明，十八大将生态文明建设纳入"五位一体"战略布局，并写进党章。这是世界上唯一一个执政党将生态文明建设作为治国理政的理念和历史使命写进党代会报告和党章。[2]生态文明建设被提升到了前所未有的高度，开启了可持续发展的新时代。

2015 年，中央时隔 37 年再次召开城市工作会议，会议指出我国的城市发展进入新的时期。改革开放以来，我国经历了世界历史上规模最大、速度最快的城镇化进程。1949 年，我国城市人口比例为 10%；1980 年，我国城市人口比例不到 19%；而到了 2008 年，我国城市人口比例达到 45%（国际平均水平为50%）；2011 年，我国城镇化率首次超过 50%，达到 51.27%；2015 年，我国城镇化率达到 56.1%；预计到 2020 年，我国城镇化水平将达 60%。将城镇化率从30% 提高到 60% 这一发展阶段，英国用了 180 年左右的时间，美国用了 90 年左右的时间，日本用了 60 年左右的时间，而我国大约只需要 30 年的时间。快速的城镇化已经使我国从乡村社会进入城市社会，城市成为我国经济、政治、文化、社会等方面活动的中心，成为经济发展的强大引擎和"火车头"。但是城市发展在取得重大成就的同时，也暴露了很多的问题。城市病、千城一面、垃圾围城、雾霾弥城等昭示着城市发展必须走出一条全新的发展道路。

将生态文明的理念融入城市建设，将城市建设成为人与人、人与自然和谐共处的美丽家园，是当前我国城市发展的重要目标和发展思路。贵州省贵阳市是我国第一个生态文明示范城市，总结贵阳生态文明示范城市工作的经验，对我国新时期城市发展具有十分重要的借鉴意义。

二　生态文明城市建设的理论思考

生态文明城市就是将生态文明的理念融入城市规划和建设过程，其出发点是反对环境污染、追求环境优美，核心目标是追求人与自然的高度和谐。

目前学术界对生态文明视域下的城市建设已经有了不少的研究，也形成了很多概念，比如，生态城市、可持续发展城市、绿色城市、低碳城市、田园城市、健康城市、山水城市、共生城市、智慧城市、海绵城市等。这些概念其实都是生态文明理念在城市发展中的运用，都代表了生态文明的某些具体的方面，都可以视为生态文明城市建设。生态文明城市建设的核心问题主要是由谁来建设生态文明城市以及如何推进生态文明城市建设。

（一）生态文明城市建设的模式

生态文明城市建设的模式，其实质就是生态文明究竟该由谁来推动、由谁来建设的问题。谁才是生态文明建设真正的主体。目前关于这个问题，学术界主要有三种典型的观点。

第一，生态文明政府主导模式。该模式认为生态文明必须在政府的强制力保障下进行推动和建设。保护自然环境和生态环境是政府应该承担的职责，[3]环境保护需要一票否决制，[4]而一票否决体现的就是上级政府对下级政府的强制命令。著名学者海尔布罗纳也认为，"铁的政府"，或许是军事政府，对实现生态控制是绝对必要的。[5]这种观点的主要出发点是生态文明建设的公共性，为避免"公地悲剧"只能求助外在的权威。

第二，生态文明市场主导模式。该模式认为，只有充分发挥市场的作用，调动市场的积极性，采用市场化的手段才可能建设生态文明。其核心和突出特点就是对自然资源等进行产权的界定和产权制度的设计。环境保护市场化是我国经济可持续发展战略的重要组成部分，有效的产权制度是环境保护市场化的基础和前提条件。[6]在实施生态环境治理的过程中，运用经济手段和价值规律，坚持机制创新，更能保证治理工作的顺利进行。[7]这种观点的出发点是基于政府失灵造成的低效率，在科斯定理和制度经济学的思路框架下探讨生态文明建设。

第三，生态文明社会主导模式。该模式认为，由社会和社会团体自发行动起来保护生态环境，才能真正推动生态文明。该观点强调环境NGO的作用，认为NGO是我国环境保护领域一支不可或缺的积极力量，[8]NGO组织应在我国的环境保护中占主体地位。国际著名生态政治学家丹尼尔·科尔曼就是这种观点的主要代表，他认为生态环境危机的根本原因是国家的政治经济权力集中于少数人、资本主义价值观的狭隘性和社群的丧失，主张通过社群和基层民主的方式化解生态危机。[9]这种观点突出了社会和民众的参与，是对政府和市场失灵的补充。

政府主导、市场主导和社会主导的生态文明模式都有其优缺点。任何一种单一的生态文明推进模式都无法取得成功。政府主导模式中的信息不对称、委托代理等问题会导致政府失灵。市场机制已经被证明是非常有效和灵巧的机器，可以最大限度调动每个经济体的主动性和积极性，是迄今为止人类发现的最有效的配置资源的方式。[10]但是，市场调节也会失灵。我国的NGO等民间组织还不完善，与欧美发达国家相比存在很大的差距。因此，尚不能担当生态文明建设的主体。只有将政府、市场和社会的力量联合起来，实现协调治理，生态文明才有可能真正实现。从理论上看，人与自然是一个有机统一体，只有有机、系统的思维才能够真正实现人与自然、人与社会、人与人、人与自身的和谐。如西方最新产生的有机马克思主义就主张只有树立命运共同体的理念，塑造共同的价值观，统筹政府、市场、社群的力量才可能实现生态文明。[11]因此只有将这三种模式有机地结合起来，才能真正推进生态文明建设。在实践过程中，我国的生态文明建设从总体上看就是这三种不同主导模式的有机结合。首先，政府对生态文明的顶层设计进行不断的丰富和完善，并规划和构建生态文明制度。其次，积极探索自然资产管理制度，完善资源确权和生态价值补偿机制等都是发挥市场在资源配置中的基础性和决定性作用的举措。最后，基层民主和自治制度等的设立就是吸纳民众参与生态文明决策。习近平总书记提出命运共同体的理念就是三者融合的集中体现。因此在生态文明城市建设过程中要树立命运共同体的理念，实现政府、市场、社会三者的有机结合。

（二）生态文明城市推进的路径

如何推进生态文明城市建设，将生态文明的理念贯穿到城市发展当中是推进生态文明建设的重要环节。学术界对此也是见仁见智，如陈嫡提出价值观建设、经济建设、社会建设和环境建设四大路径。[12]王如松提出生态安全、循环经济、和谐社会三大路径。[13]薛梅、董锁成等介绍了国外生态城市建设的七种模式：循环经济推动式、零碳模式、公交引导式、公众参与式、社区驱动式、项目推动式、紧凑型发展模式。[14]仇保兴提出了能源和资源的协同集，城市服务功能与产业协同集，气候、自然与景观协同集三个协同集共生、自动演化的成长机制。[15]

推进路径是生态文明城市建设的实施方案，关乎生态文明城市建设的效果和成败。从理论上分析，生态文明城市建设的目的就是要克服人类面临的生态危机，建设人与自然和谐的美丽家园。法兰克福学派认为生态危机发生的根源是技术或者技术的资本主义使用，因此必须对技术进行改造，主张实施生态适宜的技术、中性技术等。生态马克思主义认为生态危机的根源是资本主义制度，因此只有对制度进行变革才能解决生态问题。[16] 有机马克思主义则认为生态危机的根源是现代性，只有变革观念，培育生态文明思维，才有可能解决生态问题。我国的生态文明建设是在中国特色社会主义理论体系的指导下，在社会主义制度范围内进行的。实施的是观念、技术、制度相融合的推进路径。我国率先明确提出生态文明的概念和理论，将其上升为国家战略，并提出山水林田湖生命共同体的理念，倡导生态文明的新风尚，"绿水青山就是金山银山"，正是从观念上推进生态文明建设的体现。我国提出了低碳经济、循环经济、绿色经济的发展战略，通过科技创新转变经济发展方式，就是从技术上实现技术的改造，走出一条适宜于生态技术进步的发展道路。生态文明制度的构建和法律制度等的完善就是从制度层面上保障生态文明的推进。因此生态文明城市建设具体的推进路径可能千差万别，但基本上是在观念、技术、制度三个维度上推进生态文明建设。

生态文明是人类继农业文明和工业文明后的一种全新的文明模式，是在后现代视野的框架下产生的一种全新的文明形态。后现代主义强调有机的、系统的、整体的思维，强调任何一种发展道路都必须植根于特定的文化背景，体现特定文化背景的特点。我国的生态文明城市建设既具有一般性，也具有特殊性。每个地方都有不同的文化背景和地理环境特征，在生态文明推进过程中既要把握问题的一般性，也要把握问题的特殊性，注重生态文明推进路径的一般化和本土化，因地制宜地推进生态文明城市建设。

三　生态文明城市建设的实践思考——贵阳模式

贵阳是我国第一个国家生态文明示范城市，是生态文明建设的先行者和开拓者。早在 2002 年贵阳就成为我国第一个建设循环经济生态试点城市，其对生态文明城市建设的探索领先于全国。经过多年的实践，贵阳生态文明城市建设取得了很大的成绩，被誉为生态文明的一颗璀璨的明珠。贵阳生态文明发展道路也被称为"贵阳模式"。新时期，在坚持"五位一体"的战略布局下，在"五大发展理念"的指导下，贵阳坚持转型发展、统筹发展、包容发展、持续发展、共享发展和改革发展，探索出了一条"经济实力强、生态环境好、幸福指数高"的生态文明城市建设道路，逐步实现了"科学发展美、自然生态美、人居环境美、人文行为美、生活幸福美"五美融合的生态文明态势。笔者用贵阳生态文明建设中的"七个第一"来总结生态文明贵阳模式。

（一）立足生态优势，打造生态文明产业体系

2004 年，贵阳成为"国家森林城市"，这是我国第一个国家级森林城市。2007 年，贵阳获得"中国避暑之都"的荣誉，同时享有"温泉之城"的美誉。生态文明建设就是要依托生态比较优势。贵阳在生态和气候上具有很大的比较优势。2015 年，贵阳森林覆盖率达到 45.5%，森林蓄积量达到 2108.4 万立方米，湿地保有量达到 24 万亩，森林覆盖率近三年年均增速为 1 个百分点，在全国省会城市中排名前列，是世界上喀斯特地貌发育典型地区植被规模最大、质量最好的中心城市。贵阳环境空气质量优良率为 93.2%；地表水水质优良率（达到或优于 III 类水质）达 88.6%，城市（县城）集中式饮用水源水质达标率保持在 100%；区域环境噪声和道路交通噪声平均值分别为 58.9 分贝和 69.5 分贝，达到国家相关标准；主要污染物总量控制在贵州省下达的目标范围内。贵阳围绕生态优势，审时度势地打造生态文明产业体系，确立了以旅游、文化产业为重要支柱产业的生态工业、信息技术产业、生态旅游业、现代服务业、生态农业、节能环保产业六大生态产业体系。这使得贵阳走上了一条绿色、低碳、循环发展的道路。在生态产业体系的保障下，贵阳守住了发展和环保的双底线，实现了"既要绿水青山也要金山银山"。

（二）推行法治建设，打造生态文明制度保障

2007 年 11 月，贵阳成立了中级人民法院环境保护审判庭和清镇市人民法院环境保护法庭，这是我国第一家环保法庭。这也开创了我国法律制度的先河，环境保护开始运用法律的武器。该法庭成立后关于环保法律诉讼案件成倍地增加，极大提高了民众的环保意识。2010 年 3 月，贵阳出台《贵阳市促进生态文明建设条例》，这是我国第一部生态文明建设地方性法规。生态文明建设被纳入法制化、规范化和制度化的轨道。《贵阳市促进生态文明建设条例》包括总则，保障机制和措施，责任追究，附

则共计四章三十六条，详细规定了生态文明建设过程中各个环节的权责利，为生态文明建设提供了强有力的制度保障。从环保法庭的设立到地方性法规的出台，贵阳生态文明建设一开始就打上了法治化、制度化的烙印，有利于生态文明建设的顺利推进，也极大提高了民众对生态文明建设的认可。

（三）做好科学规划，强化生态文明顶层设计

2012 年 12 月 17 日，国家发展和改革委员会批复了《贵阳建设全国生态文明示范城市规划（2012—2020 年）》（以下简称《规划》），这是国家发改委审批的我国第一个生态文明城市规划。《规划》从优化空间开发格局、生态产业体系构建、生态建设和环境保护、生态宜居城市建设等方面，明晰了贵阳市生态文明建设的整体思路，构建了贵阳市生态文明城市建设的总体框架，展现了贵阳市生态文明建设的特点和亮点。《规划》指出了贵阳市生态文明建设的四大定位和两阶段发展目标。在优化空间布局上划分了四大功能区和三级城镇布局。在经济发展和环境保护上构建了六大产业体系和"三化"城市管理，指出生态文明建设和社会建设两大抓手。在保障上提出了财政、投资、金融、智力等多个"政策红包"以及成立专门的机构进行组织实施。《规划》全方位地对贵阳市生态文明建设进行了科学规划，在国家和上级政府的支持下，完善了对生态文明的顶层设计。

（四）加强统一领导，打造生态文明管理体系

2013 年 11 月 27 日，贵阳市政府对环保局、园林管理局等多个涉及生态文明建设的政府机关和相关职能部门进行了整合，成立了贵阳市生态文明建设委员会。这是我国第一个专门成立的生态文明管理机构，是对生态文明体制机制建设的一次重大创新。贵阳市生态文明建设委员会的成立，打破了过去多个部门之间存在的职能交叉和权责不清局面，有效地避免了部门本位主义和推诿扯皮等现象的发生，增强了贵阳市生态文明建设过程中的统一性和协调性，提高了生态文明建设的效率。同时也有利于"过规合一"的实施和落实。这种管理制度上的整合，使管理制度更加合理和科学，极大地增强了生态文明建设的领导力。生态文明建设委员会的建立在管理制度上体现了"把生态文明建设融入经济建设、政治建设、文化建设和社会建设的各方面和全过程"。[17]

（五）加强生态教育，弘扬生态文明文化

2008 年 9 月，《贵阳市生态文明城市建设读本》走进贵阳市小学、初中、高中校园，这是全国第一次将生态文明理念纳入地方教材，使其进入学校课堂。同时贵阳市发行了生态文明的市民读本、干部读本，引导市民践行绿色、低碳、简约的生活方式和消费模式。2011 年 12 月 6 日，在南非德班召开的联合国应对气候变化大会高端会议上，贵阳市与气候组织合作开展的"千村计划"项目，入选公私合作伙伴关系十大全球典范案例，成为唯一入选的中国项目。贵阳市对学生和市民的生态教育，提高了学生和市民的生态文明觉悟和意识，弘扬了生态文明文化。著名生态经济学家克利福德·科布指出："只有重新培养儿童和成人的思考方式，生态文明才可能出现。"[18]有机马克思主义学者也认为："如果生态文明的理念在学生时代没有扎下根，那么此后这种理念也就不太可能得以树立和发展了。"并提出了"教育第一"的口号。贵阳市生态文明教育无疑为我国的生态文明教育和生态文化的培育开了一个好头。

（六）举办生态论坛，传播生态文明"中国声音"

2009 年 8 月，首届生态文明贵阳会议召开，2013 年经党中央、国务院同意，生态文明贵阳会议升级为生态文明贵阳国际论坛，这是我国第一个以生态文明为主题的国家级国际性论坛，也是继博鳌论坛之后的又一个国家级论坛。每年的生态文明贵阳国际论坛都吸引了一大批国内外政要、知名学者和专家参与。论坛的国际影响力日益扩大，在生态文明的传播方面得到了国际上的关注和好评。通过论坛发布的"贵阳共识"，使贵阳生态文明理念走向全世界，向全世界宣传了生态文明建设的"中国声音"，极好地树立了我国生态文明的大国形象，对生态文明理念在全世界的推广起到了积极的促进作用。同时生态文明贵阳国际论坛作为一个全球性的交流平台，对生态文明建设理论与实践的交流和探讨，也在一定程度上推动了我国的生态文明建设的进程。

四　生态文明贵阳模式的思考与启示

贵阳市通过上述"七个第一"打造了生态文明城市建设的"贵阳模式"。贵阳模式，即立足生态优势，打造生态产业体系；推行法制建设，打

造生态文明制度保障；做好科学规划，强化生态文明顶层设计；加强统一领导，打造生态文明管理体系；加强生态教育，弘扬生态文明文化；举办生态论坛，传播生态文明"中国声音"。贵阳模式取得了很大的成功，对我国的生态文明建设具有重要的启示。

第一，生态文明建设需要政府加强顶层设计和制度建设。生态文明建设具有典型的"公共产品"性质。政府加强生态文明的顶层设计，既可以以较低的成本推动生态文明建设，又可以较好地把握生态文明建设的方向。同时政府通过生态文明制度和相关法律体系的设计，可以给生态文明建设提供制度保障，将生态文明建设纳入法制化、规范化、制度化框架，从而加强对生态文明建设的刚性约束。

第二，生态文明建设需要生态产业体系的打造和足够的经济发展支撑。生态文明建设需要经济发展方式的转变，需要坚持发展和环境保护的双底线。特别是我国现代化的宏伟目标还没有实现，必须实现生态文明建设和经济发展的双推动。因此生态产业体系的打造就成为经济发展方式转型的关键。通过生态产业体系的打造可以实现 GDP 的绿色增长，使 GDP 变得更绿、更蓝。

第三，生态文明建设需要弘扬生态文化，培育生态文明的思维。观念的转变是生态文明的关键，只有人人树立生态文明的意识，生态文明才能在民众的心中扎下根，民众才能在平时的行动中做出生态文明的行为。因此生态文明建设需要通过生态教育和生态论坛的倡导，不断培养和弘扬生态文明文化，让生态文明成为人人追求的社会新风尚。

贵阳市是我国生态文明建设的排头兵，其取得的生态文明建设的经验值得我国其他地方借鉴和学习。随着贵阳市生态文明城市建设实践的持续深入，贵阳模式也在不断地完善。贵阳生态文明示范城市建设值得期待和继续关注。

参考文献

［1］刘思华：《正确把握生态文明的绿色发展道路与模式的时代特征》，《毛泽东邓小平理论研究》2015 年第 8 期。

［2］刘思华：《关于生态文明制度与跨越工业文明"卡夫丁峡谷"理论的几个问

题》，《毛泽东邓小平理论研究》2015 年第 1 期。

[3] 胡鞍钢、王绍光：《政府与市场》，中国计划出版社，2000。

[4] 李松：《环保还需要"一票否决"》，《环境保护》2011 年第 2 期。

[5] 埃莉诺·奥斯特罗姆：《公共事物的治理之道》，余逊达、陈旭东译，上海译文出版社，2012。

[6] 卢现祥：《环境、外部性与经济评论》，2002 年第 4 期。

[7] 王东峰：《运用市场机制实施生态环境治理》，《人文杂志》2000 年第 6 期。

[8] 赵素兰：《NGO：环境保护运动中一支不可或缺的积极力量》，《社科纵横》2007 年第 7 期。

[9] 丹尼尔·A. 科尔曼：《生态政治》，梅俊杰译，上海译文出版社，2002。

[10] 张卓元：《发展当代中国马克思主义政治经济学三题》，《经济研究》2016 年第 3 期。

[11] 菲利普·克莱顿、贾斯廷·赫泽凯尔：《有机马克思主义——生态灾难与资本主义的替代选择》，孟献丽等译，人民出版社，2015。

[12] 陈旖：《基于生态文明的城市发展模式比较研究》，《贵州社会科学》2009 年第 11 期。

[13] 王如松：《生态安全、生态经济、生态城市》，《学术月刊》2007 年第 7 期。

[14] 薛梅、董锁成等《国内外生态城市建设模式比较研究》，《城市问题》2009 年第 4 期。

[15] 仇保兴：《共生理念与生态城市》，《城市规划》2013 年第 9 期。

[16] 刘仁胜：《生态马克思主义概论》，中央编译出版社，2007。

[17] 王新玉：《低碳城市和生态文明城市建设模式的差异性研究》，《生态经济》2015 年第 9 期。

[18] 李惠斌等：《生态文明与马克思主义》，中央编译出版社，2008。

中国自然保护区生态补偿机制探析：一个理论框架[*]

宋文飞　丁晓辉[**]

摘　要　通过自然保护区生态补偿机制改革解决自然保护区建设中生态利益与经济利益失衡，面临着许多亟须解决的理论问题。文章对自然保护区生态补偿机制的定义、生态补偿机制中的产权问题、产权机制界定不清下的生态补偿机制问题进行了理论分析，并针对自然保护区生态补偿机制改革提出了建立并完善正向激励机制和负向惩罚机制的主要思路。

关键词　自然保护区　生态补偿机制　正向激励机制　负向惩罚机制

面对日益严重的生态环境问题，自然保护区在保护生态资源的过程中扮演着重要角色。我国重视自然保护区建设，截至 2009 年年底，全国共建各种类型自然保护区 2538 处。虽然自然保护区数目增长，但是自然保护区建设中的固有弊端并没有得到有效解决，自然保护区在保护生态资源的过程中

---

*　基金项目：陕西师范大学中央高校基本科研业务费"效率视角下西北地区水资源利用与经济发展的空间协同效应研究（16SZYB38）"；国家社会科学基金重大项目"完善生态补偿机制研究（12&ZD072）"；国家自然科学基金项目"西部区域创新环境质量评价、监测与空间差异研究（71273209）"。

**　通讯作者简介：宋文飞，男，山东烟台人，博士，陕西师范大学讲师，主要从事环境约束与经济发展研究工作。邮箱：songwenfei－11@163.com。

造成的当地居民利益失衡、征地补偿不合理、管理混乱、立法缺失等问题依旧存在。这客观上亟须对自然保护生态补偿机制改革，以有效解决生态利益与经济利益失衡问题。

一　自然保护区生态补偿机制的定义和内涵

关于自然保护区生态补偿机制的概念，学界尚没有一个统一的界定。要明确自然保护区生态补偿机制的概念，主要理解以下几个含义：一是什么是"自然保护区"；二是什么是"生态补偿机制"；三是什么是"自然保护区的生态补偿机制"。

关于"自然保护区"概念，目前较为权威的是世界自然保护联盟（IUCN）对"Protected Area"（译为"保护地"）的定义："保护地指主要致力于生物多样性和有关自然和文化资源的管护，并通过法律和其他有效手段进行管理的陆地或海域。"我国关于自然保护区的概念，主要是 1994 年《自然保护区条例》对"自然保护区"的定义："自然保护区指对有代表性的自然生态系统、珍稀濒危野生动植物物种的天然集中分布区、有特殊意义的自然遗迹等保护对象所在的陆地、陆地水体或者海域，依法划出一定面积予以特殊保护和管理的区域。"与世界自然保护联盟（IUCN）等国际组织对自然保护区的界定范围有出入[①]。

关于"生态补偿"，国内学术界亦没有给出一个统一的定义。生态补偿概念在生态学、经济学、法学等多个学科有不同理解。与"生态补偿"类似的名称如"生态效益补偿""生态环境补偿""环境服务补偿"等表明了生态补偿概念不一，在不同的领域会产生基于不同侧重点的不同理解。李文华、刘某承（2010）将"生态补偿"界定为："以保护生态环境、促进人与自然和谐发展为目的，根据生态系统服务价值、生态保护成本、发展机会成本，运用政府和市场手段，调节生态保护利益相关者之间利益关系的公共制

---

① 根据世界自然保护联盟（IUCN）的分类，将自然保护区划分为严格的自然保护区、国家公园、自然遗迹、栖息地或者物种管理区、保护景观或海域景观、资源管理保护区六类。与国际上自然保护区域相应的分类体系（即严格的自然保护区、国家公园、自然遗迹、物种栖息地管理区、景观保护区、资源管理保护区等）相比，我国自然保护区仅限于具有代表性的自然生态系统、珍稀濒危野生动植物物种的天然集中区、有特殊意义的自然遗迹或景观，并不包括各类国家公园、文化景观及历史保护区。显然，我国自然保护区的概念界定存在争议，法律层面上至今尚未建立统一的自然保护区界定标准。

度。"王金南、万军和张惠远（2006）认为，生态补偿的政策范围界定有狭义和广义的差别。狭义的一种理解是生态（环境）服务功能付费（Payment for Ecological Services or Payment for Environmental Services，PES），即生态（环境）服务功能受益者对生态（环境）服务功能提供者付费的行为，这也是大多数国际组织和发达国家生态补偿的政策范围；另一种理解是在生态（环境）服务功能付费的基础上，增加生态破坏恢复的内容，即"破坏者恢复"（Polluter Pays Principle，PPP）和"受益者补偿"（Beneficiary Pays Principle，BPP），这是生态补偿政策的核心。

对"生态补偿"给出明确定义的国外学者并不多。如 Ruud Cupers（1996，1999）在其文章中将"生态补偿"定义为："对在发展中对生态功能和质量所造成损害的一种补助，这些补助的目的是提高受损地区的环境质量或者用于创建新的具有相似生态功能和环境质量的区域。" Allen Ao 和 Feddema（1996）则认为"生态补偿可以看作是对建设项目削弱生态功能或生态质量的一种替换"等。与"生态补偿"概念较为接近的概念是"生态系统服务付费"（Payment for Ecosystem Services，PES）、"环境服务付费"（Payment for Environmental Services，PES）或"生态效益付费"（Payment for Ecological Benefit，PEB）。国际上与自然保护区生态补偿联系较为紧密的概念是 PEB，分为生物多样性保护①付费及景观或娱乐服务②付费两类。PEB 概念补偿的对象是产生保护效益的人，与市场付费挂钩，而 PES 补偿的对象为生态环境本身，主要方式为政府付费。

关于中国"自然保护区的生态补偿机制"的概念，笔者认为，虽然对生态补偿机制并没有统一的界定，但是生态补偿机制的建立都是基于一个共同的特点：解决生态环境的外部性问题。由于外部性分为正外部性和负外部性，所以，从外部性的角度去看自然保护区的生态补偿机制，生态补偿机制应分为对经济行为正外部行为的激励机制和对负外部行为的惩罚机制。前者主要对保护生态环境主体予以补偿，以产生正向的保护生态环境的激励作

---

① 生物多样性保护的 PEB 类型包括对具有生态价值的栖息地（购买土地、使用物种或栖息地）补偿和对生物多样性保护工作的补偿，主要形式为保护地役权，土地契约，保护区的特许租地经营权，公共保护区的社团特许权，私人农场、牧场、森林等栖息地的管理合同，以及可进行限额交易的权利（可交易的湿地信用额度、开发权、生物多样性信用额度），支持生物多样性保护交易（企业内的生物多样性保护管理可交易份额、生态认证标签）。

② 景观或娱乐服务常与生物多样性保护服务重合。在有效保护生物多样性、自然保护区生态环境良好的情形下，游客才更倾向于购买本保护区内的景观欣赏服务。

用，达到保护生态环境的目的；后者主要通过征收生态税、处罚金等对生态环境破坏行为进行惩罚，以达到保护环境的目的。因此，可以分别将其概括为正向激励机制和负向惩罚机制。围绕以上两个机制，可以采取政府控制、经济调节、法律保护等一系列综合措施，对相关者的利益分配进行合理调节，使生态利益和经济利益达到协调状态。总之，生态补偿定义采用广义定义法更为合理。

二 中国自然保护区产权问题探讨

自然保护区生态补偿机制的完善和有效运行需要清晰的产权制度安排。由于自然保护区保护对象不同，涉及不同类型的产权制度安排，清晰界定产权较为困难。从保护的生物资源的多样性和层次性来看，自然保护区产权界定不可回避的问题就是如何界定不同类型生物资源产权，这其中涉及复杂而多样的权利界定，如动植物资源产权界定、土地资源产权界定、水资源产权界定、景观资源产权界定等。国家作为生物资源的所有权主体，行使所有权的各项职能是不现实的，需要明晰产权，以使资源配置达到有效状态。目前，我国关于生物资源产权的界定是模糊的。比如，我国《野生动物保护法》中对野生动物产权的规定过于简单，在单一国家所有制下，缺乏实现野生动物产权流转的相关规定，野生动物的保护、开发利用、驯养缺乏相应产权安排；自然保护区管理机构变相参与利益分配，野生动物的所有权、经营权、管理权大多被地方管理机构占有，不利于野生动物保护和开发利用。因此，有学者指出，野生动物产权分割是实现野生动物有效利用的主要手段，即根据不同利益主体要求，划分相应的产权，促进野生动物利用价值最大化。实现野生动物产权分割的前提是改变野生动物国家单一所有权下的权责不清问题，使所有权与使用权合法分离，实现产权的流转。

我国奉行大陆法系，所有权占主权的核心地位。但是，我国的做法与国外的成熟做法不同的是所有权权限界定不清，主要表现在所有权与其他派生权利权限界定不清。在所有权主权意识下，其他权利的行使缺乏相应的合法安排，导致产权界定不清。

另外，我国的所有权安排较为特殊的是在我国主要存在两种所有制形式，即国家所有制和农村集体所有制。但是，在实践操作中，农村集体所有制地位并没有得到充分尊重，表现在国家在征地过程中对农村集体所有权权益的漠视。国家所有权在地位上高于农村集体所有权，基于所有权而派生的农村集体使用权往往被虚置，导致农村集体虽然拥有所有权但是并没享有所有权权益，造成法理上的矛盾。我国自然保护区产权界定也反映了这种矛盾，较为典型的是自然保护区土地产权界定不清、附属于土地之上的林权界定不清。

土地产权界定不清晰，是造成土地利益分配失衡的根源。一般来说，土地产权是实现自然保护区有效管理的制度基础。因此，国外大多数国家对自然保护区实行土地国有制。比如，美国和加拿大的国家公园和其他类型的自然保护区，基本上是建立在国有土地上的。在加拿大，如果在省的土地上建立了国家公园，省政府通常将土地无偿转让给联邦。有的国家，联邦不享有土地所有权，地方政府才享有土地所有权，那么自然保护区就只能由地方政府负责建立，联邦政府只对自然保护区的建立和管理提供政策支持。如果自然保护区是在私有土地上建立，国家就只能通过征用、征购、购买或者邀请私人参与建立自然保护区。

从自然保护区的土地国家所有制来看，我国与国外并没有实质区别，但是我国土地产权纠纷有着与其他国家不同的特点，主要原因是所有权及其派生权利界定不清，缺乏完善的产权制度安排。比如，国外在进行自然保护区管理时，实行保护管理权交易（Conservation Easement）、可交易的发展权及完全购买土地权等制度安排实现产权合法流转，并采取一系列相关经济激励措施，如补贴、减免税以减少权利纠纷。相比之下，我国自然保护区土地产权较为单一，土地产权排他性、流转性、合法性缺失。在我国较为特殊的是，自然保护区土地所有权类型主要分为国家所有和集体所有，但在实践操作中，这两种权力地位不平等。自然保护区土地有很大一部分归农村集体所有，而国家对这部分土地的土地功能进行限制，可能会忽略农村集体利益。比如，近年来，山西农民的权益受到了限制，导致林政案件频繁发生，对当地的生物多样性、野生动植物的生存环境造成了威胁，不利于生态环境的保护。产生以上现象的根源是土地所有权与土地经营权分割过程中的利益失衡，主要是农村集体虽然法理上拥有土地所有权，但是并不拥有土地经营权，而自然保护区管理机构实际上扮演了代替农村集体享有土地所有权权益的角色，拥有土地实际经营权。这实质上是代表国家行使所有权权益的部分地方管理机构在获取经济利益的同时对农村集体所有权权益的损害，局部形成了地方政府利益与农村集体利益的矛盾。值得注意的是，农村集体的地位没有得到足够尊重，法律对其保障措施不健全，使得部分地方政府在征地过程中，可以以公共利益为名，随意征收集体土地，并单方面决定补偿金额，漠视了集体的公共利益和村民的生存利益以及村民唯一所能依赖的土地提供给他们的生活福利。作为实际产权代理人的地方政府实际扮演了追逐经济利益和保护环境的双重角色。而部分地方政府往往缺乏长远目光，盲目追求经济利益，不能对资源价值合理评估，造成资源价值偏离、资源过度开发和公共利益的损失。

由于林木具有附属于土地的特殊性，因此林权与土地产权紧密相关。土地产权界定不清晰，导致林权在界定中较为困难。《森林法》中的林权指的是森林、林木、林地等林木资源的所有权和使用权。从所有权结构来看，林地属于国家或集体所有，而林木的经营权则属于政府、农村集体经济组织和个人。但是集体林权的主体之间的产权关系并没有界定清晰，农民应占有的林地份额实际上并没有得到落实。

三　产权界定不清与中国自然保护区生态补偿机制问题

根据科斯定理，只有清晰界定产权，才能使利益分配实现帕累托最优。由于产权界定不清晰，产生了利益分配失衡问题，因此需要一个合理的生态补偿机制以平衡各方利益。自然保护区产权界定不清晰所引起的生态补偿机制问题主要表现为市场失灵与政策失灵。

市场失灵主要表现在以下几个方面。一是自然保护区居民为了自然保护区的公共利益牺牲了自身利益，而这部分利益没有得到有效补偿。一方面，自然保护区的建立具有极大的生态价值，自然保护区所产生的生态保育价值、美学价值、科研价值等为国家全民所有，而这部分利益却以牺牲当地居民的经济利益为代价，这部分利益没有得到有效的激励补偿；另一方面，自然保护区居民在牺牲自身经济利益的同时，为自然保护区生态功能做出贡献，而现实中却缺乏正向的激励措施。这两方面反映了自然保护区生态补偿机制中正向激励机制的缺失。其根源是现实中农村集体组织、个人产权界定不清晰，且没有得到应有的尊重和保护。自然保护区建立没有充分尊重当地居民的生存权益，导致偷猎盗伐等非法活动屡禁不止（Steinmetz et al.，

2006），造成保护区和当地社区矛盾（Maikhuri et al. , 2001）、人与野生动物的利益冲突（Newmark et al. , 1994；Bandara and Tisdell, 2003）及保护区居民与保护区的矛盾（Weladji and Tchamba, 2003）。二是自然保护区保护主体没有界定清晰，且缺乏相应的生态补偿正向激励措施。在实践中，代表国家行使所有权的是地方政府，地方政府在保护环境的同时，也是经济利益的参与者和追求者。这种双重角色使得自然保护区保护主体单一，扭曲了市场机制，使自然资源的应有保护价值没有得到充分体现。且缺乏企业、个人、社会团体参与保护自然资源的正向激励机制，在实践中，反而出现了地方政府为追求地方利益而忽略农村集体、个人合法权益的不合理现象。三是生态环境成本纳入核算的经济手段不到位。一方面，行政部门既是资源的所有者、监护者，又是资源的管理者、经营者。这种政、事、企不分的体制，使得环境产权交易、排污权交易、环保产业等缺乏相应的市场交易主体，制约了保护区市场机制的发展。另一方面，自然保护区市场主体的缺乏，使得环境税、排污费等经济调节手段落实不到位，在实践中表现为生态保护受益主体、受偿主体、责任主体等缺乏有效的利益调节安排。

政策失灵在政府实践操作中表现为法制不健全、管理体制混乱、生态税制缺失、财政转移支付不合理。

第一，自然保护区生态补偿法制机制不健全。虽然，我国目前有关于生态补偿的规定，但无论是规定内容还是立法体系，都是不完善的。关于自然保护区的生态补偿规定只在《环境保护法》《自然保护区条例》《森林法》《野生动物保护法》中规定了相关原则，对自然保护区的生态补偿责任主体、补偿标准、补偿方式、资金来源、生态税制、补偿对象、排放权交易等都缺乏相应的、细致的法律规定，在实践中缺乏可操作性。而且法律规定是零散的，没有一个专门法规对生态补偿机制进行定位和梳理。

另外，各地区结合自身情况，也制定了相关地方法规。比如，云南省的《云南省环境保护条例》《云南省森林生态效益补偿基金管理实施细则》，浙江省的《生态公益林管理办法的通知》等。其中，森林生态效益补偿基金是生态补偿机制中较为完善的一面。2001 年，我国开始在浙江等 11 个省份试点实施森林生态效益补偿，2005 年，正式设立森林生态效益补偿基金。2008 年之前对纳入国家重点公益林的国有、集体林地统一按每亩 5 元由中央财政予以补助。2009 年起对集体林地的补助提高到每亩 10 元。各省份也相继建立了森林生态效益补偿制度。按照国家有关重点公益林的区划规定，目前，国家级自然保护区范围内的林地全部纳入了中央财政补偿范围。省级以下自然保护区范围内的林地，根据相关政府制定的相关政策予以补偿，标准不一。但是，以上补偿标准并不是建立在对自然资源价值科学评估的基础上，而且补偿标准过于原则，标准低，虽然短期内能给当地居民经济补偿，但是并没有解决当地居民以后的生计问题，反映了我国对自然保护区生态补偿机制缺乏详细、合理的规定。

第二，自然保护区管理体制混乱。虽然《自然保护区条例》规定了自然保护区的综合管理与分部门管理的原则，由环保部门统一管理，但在实践操作中，地方管理自然保护区的做法不一，很难真正协调，且缺乏统一的指导规划及相关规则。另外，自然保护区在机构设置上也存在弊端，地方政府多把事业单位当作"管理机构"，导致自然保护区的管理混乱，不利于执法。这种层级管理的设置，使政府部门之间权力界定不清、在实践中出现多头管理、无人管理、机构臃肿、人浮于事等一系列问题。

第三，缺乏调节自然保护区的生态税制设计。我国在自然保护区内还没有开征单独的生态税，也尚未形成一套较为完备的环境税收政策。在我国税法中，缺少关于自然保护区生态税制的具体规定，对纳税主体、税种设计、税收计征方式、税收征管等都缺乏相应规定。在自然保护区生态税制缺失的情况下，自然保护区生态保护的资金来源就受到一定的限制。究其原因，我国自然保护区产权界定不清晰，税收调节自然资源保护供需双方利益缺乏产权制度支撑，利益主体界定不清，实行生态税制缺少稳定的税源。由于生态税制的缺失，在实践中，自然保护区资金来源无法得到保障。生态补偿资金主要来自自然保护区的国家主管部门投资，由于资金的层级配置问题，贫困地区的资金来源始终短缺，这大大制约了保护区的生态保护工作。

第四，自然保护区财政转移支付不合理。由于自然保护区大多处于贫困地区，而这些地区没有得到足够的财政支持，且财政在转移支付上向贫困地区倾斜缺乏详细安排。在纵向配置上，中央与地方对自然保护区财政转移缺乏合理分配，保护资金主要来自中央，且资金真正分配到当地居民的比例只有很小一部分，大多数资金被地方政府相关机构占有。

四　产权改革下的生态补偿机制理论探讨

自然保护区生态补偿机制改革的基础是产权改革。健全的产权制度建立在排他性（Exclusivity）、转移性（Transferability）、执法性（Enforceability）原则的基础上。自然保护区产权改革的主要思路如下：一是尊重农村集体、居民所有权的合法地位，在自然保护区中推动社区共管的产权改革，推动自然保护区的民众参与、民主决策、合作共赢；二是促使自然保护区管理机构行政管理权与经营权分离，相关管理部门只负责执法保护，唯有这样才能彻底改变国家利益地方化的弊端；三是根据自然保护区类型，在各种所有权主体地位平等的基础上，推动经营权的合法流转，改变实践中农村集体所有权与经营权脱节的现状，推动各主体的所有权权益的合法实现。

同时，在产权改革的基础上，完善生态补偿机制，以平衡各方利益。笔者认为，自然保护区生态补偿机制改革可以从完善生态补偿的正向激励机制和负向惩罚机制入手，减少外部性造成的市场扭曲。

（一）对自然保护区生态补偿正向激励机制的看法

如图 1 所示，Q' 是自然资源的阈值，保护资源应符合安全最小标准（Safe Minimum Standard，SMS）[1]。自然保护区应至少确保生态资源数量在 Q' 以上。自然保护区保护生态资源在产生正外部性的同时，也付出了相应的保护成本。在 Q^* 之前，保护的正外部边际效益大于所付出的边际成本，因此，需要给予一定的补偿和激励，以促使保护主体继续提高外部性，直到达到保护的最优状态 Q^*。如果不计成本地继续保护生态资源，保护的边际成本将超过边际收益。而边际成本呈上升状态，边际收益在达到资源数量的上限值 Q'' 之后，持续下降，继续保护只能产生更高昂的机会成本。实际上，自然保护区使生态资源的保护达到 Q'' 状态是不现实的，因为随着城市化的进行，生态保护与经济建设的矛盾将会加剧。现实的选择是保护的最优选择，使保护区建设兼顾生态保护与经济利益。

激励机制的设计首先需要明确保护主体。由于自然保护区具有公共产品的特点，因此保护的主体是政府及相关机构。由于保护的外部效益归全社会所有，因此保护主体理论上是所有受益主体，但是全部受益主体参与保护行动是不现实的，因此需要相关利益主体的代表机构参与保护，保护的资金来

---

[1]　安全最小标准（Safe Minimum Standard，SMS）由于不确定性与不可恢复性，若某一自然资源的族群或品质低于 SMS 标准，则可能会对该自然资源造成不可恢复的损害，因此应保护可再生自然资源的族群或品质使其不低于 SMS 标准，除非此标准的机会成本过大。

自受益主体。可以考虑自然保护区生态税制改革，推动自然保护区绿色财政体系的建立，通过绿色税制改革、财政体制改革，激励保护机构保护行为持续进行。当然，现实中确定受益主体是困难的，比较现实的路径是国家推动绿色财政体系改革，将环境税改革纳入税制改革的框架，完善绿色财政转移支付体制，加大生态补偿激励的资金保障力度。

现实中对自然保护区保护的外部效益与保护成本进行准确评估是比较困难的。由于保护的外部效应主要是生态效益，是一种长远收益，受益主体既可以为当代人，也可以为后代人，而保护的成本则主要是短期内保护生态放弃的机会成本，对其完全准确评估几乎是不可能的。因此，生态补偿机制的正向激励至少应使保护的补偿等于保护的短期成本，当然可以额外设计一种保护激励基金，对保护人进行奖励。

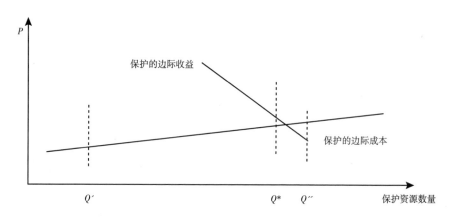

图 1　自然保护区保护的成本效益

自然保护区生态补偿机制的正向激励形式不应单一化。在自然保护区产权界定清晰的前提下，推动补偿机制的正向激励形式市场化的发展，可以引入排污权交易、产权流转、环保产业等市场化手段，使经济利益与生态利益有效结合。

（二）对自然保护区生态补偿负向惩罚机制的看法

自然保护区生态补偿的负向惩罚机制是基于行为者造成的负外部性所形成的一系列作用机制。其可以使负外部成本内部化，从而达到生态保育的目的。从狭义上看，负外部成本的内部化采取的主要原则是污染者付费原则（Polluter Pays Principle），即对行为人征收一定的生态税费，以减少行为负外部性的影响。

　　如图 2 所示，当存在负外部成本时，此时的污染量偏离最优水平 Q^*，如果不采取惩罚措施使环境成本内部化，污染者将会继续污染，使污染量达到甚至超过自然资源阈值，边际损害成本曲线将变陡，对生态环境造成不可恢复的损害。因此，需要建立生态补偿的负向惩罚机制改变污染者的扭曲行为，比如对污染者征收污染税，使扭曲的污染量 Q' 逐步回归到 Q^* 水平。当然，自然保护区生态补偿的负向惩罚机制也建立在产权界定清晰的基础上，需要对惩罚形式、惩罚主体、惩罚标准等有合理的制度安排。

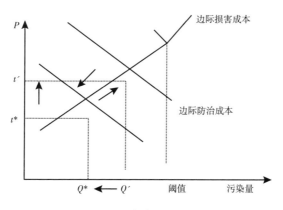

图 2　污染的惩罚机制

　　从广义角度来看，自然保护区生态补偿的负向惩罚机制应是针对自然保护区相关利益主体的负外部性行为所采取的一系列制度安排。由于自然保护区在建设过程中产生了一系列的负外部性影响，因此需要一个平衡利益的作用机制。保护区建设会对周围社区、当地居民造成负外部影响。比如，野生动物破坏周围居民的财产是普遍现象（Mehta and Heinen，2001），而大多数保护区对此并未建立补偿机制，造成了居民的财产损失（Maikhuri et al.，2000）；保护区对周围群众的自然资源利用进行一系列限制（Steinmetz et al.，2006），引发了居民与保护区冲突（Peters，1998）；保护区减少了当地社区的发展机会、居民的就业机会和收入（Cihar and Stankova，2006）等，这些都表明自然保护区需对"保护"行为所造成的负外部性影响建立一个合理的惩罚机制，以缓解各种矛盾。当然，当地社区、居民也会对保护区工作造成负外部性影响，比如，某些非法活动对保护区动植物保护的威胁（Bandara and Tisdell，2003；Steinmetz et al.，2006；Fabricius and Burger，1997；Dzerefos and Witkowski，2001），这就需要法律规范保护区居民行为，并对违法行为给予适当惩罚。总之，自然保护区生态补偿的负向惩罚机制需要运用经济、法律、政策的综合手段来保障和完善。

参考文献

［1］ 李文华、刘某承：《关于中国生态补偿机制建设的几点思考》，《资源科学》2010 年第 5 期。

［2］ 王金南、万军、张惠远：《关于我国生态补偿机制与政策的几点认识》，《环境保护》2006 年第 10 期。

［3］ Ruud Cupers, "Guidelines for Ecological Compensation Assoeiated with Highways," *Biological Conservation* 90 （1999）.

［4］ Ruud CuPers, "Ecological Compensation of the Impacts of a Road," *Ecological Engineering* 7 （1996）.

［5］ Allen Ao, Feddema J. J., "Wetland Loss and Substitution by the Permit Program in Southern California US," *Environmental Management* 20 （1996）.

［6］ Steinmetz R., Chutipong W., Seuaturien N., "Collaborating to Conserve Large Mammals in Southeast Asia," *Conservation Biology* 20 （2006）.

［7］ Maikhuri R. K., Nautiyal S., Rao K. S., et al., "Conservation Policy-People Conflicts: A Case Study from Nanda Devi Biosphere Reserve （a World Heritage Site）, India," *Forest Policy and Economics* 2 （2001）.

［8］ Newmark W. D., Manyanza D. N., Gamaza D. G. M., et al., "The Conflict between Wildlife and Local People Living Adjacent to Protected Areas in Tanzania: Human Density as a Predictor," *Conservation Biology* 8 （1994）.

［9］ Bandara R., Tisdell C., "Comparison of Rural and Urban Attitudes to the Conservation of Asian Elephants in Sri Lanka: Empirical Evidence," *Biological Conservation* 110 （2003）.

［10］ Weladji R. B., Tchamba M. N., "Conflict between People and Protected Areas within the Benoue Wildlife Conservation Area, North Cameroon," *Oryx* 37 （2003）.

［11］ Mehta J. N., Heinen J. T., "Does Community-Based Conservation Shape Favorable Attitudes among Locals? An empirical Study from Nepal," *Environmental Management* 28 （2001）.

［12］ Peters J., "Transforming the Integrated Conservation and Development Project （ICDP） App Roach: Observations from the Ranomafana National Park Project, Madagascar," *Journal of Agricultural and Environmental Ethics* 11 （1998）.

［13］ Cihar M., Stankova J., "Attitudes of Stakeholders towards the Podyji/Thaya River

Basin National Park in the Czech Republic," *Journal of Environmental Management* 81 (2006).

[14] Fabricius C., BurgerM., "Comparison between a Nature Reserve and Adjacent Communal Land in Xeric Succulent Thicket: An Indigenous Plant User's Perspective," *South African Journal of Science* 93 (1997).

[15] Dzerefos C. M., Witkowski E. T. F., "Density and Potential Utilisation of Medicinal Grassland Plants from Abe Bailey Nature Reserve, South Africa," *Biodiversity and Conservation* 10 (2001).

基于能值生态足迹改进模型的湖南省生态赤字研究[*]

杨　灿　朱玉林　顾荣华^{**}

摘　要　为了更好地了解湖南省当前的生态环境状况和可持续发展能力，在应用能值分析和本地生态足迹对传统生态足迹模型进行改进的基础上，以湖南省2000～2013年统计数据为依据，计算湖南省2000～2013年的人均能值生态足迹、人均能值生态承载力以及人均生态赤字。计算和分析结果表明：①湖南省存在生态赤字，社会经济发展对自然资源和环境造成的压力逐年增大。②湖南省生态承载力和人均生态承载力在一定范围内呈波动变化的状态，生态足迹和人均生态足迹在不断增加，呈上升趋势，说明湖南省的发展处于相对不可持续状态。其中耕地和化石能源地的生态足迹和人均生态足迹最大，其次是建筑用地，草地、水域和林地对湖南省人均生态足迹的影响程度较小。③2000～2013年，湖南省万元GDP生态足迹呈现逐年显著下降的趋势，这表明在研究时段内，湖南省的资源和能源的利用效率有了明显提升，湖南省经济发展造成的生态代价在显著减小。针对湖南省的发展现状，提出政策建议：巩固和深化湖南省实施绿色发展的成果，努力提升生态系统的自我恢复能力，减缓生态足迹增速，增加生态容量；同时，积极调整、

*　基金项目：2015年湖南省情与决策咨询研究课题（2015BZZ080）；2015年中南林业科技大学国家社科基金预研项目；2013年湖南省哲学社会科学基金项目（13YBA363）。

**　通讯作者简介：杨灿，女，湖南湘阴人，博士研究生，湖南绿色发展研究院副主任，副教授，主要从事生态经济、生态文化研究工作。邮箱：greenolivia@126.com。

优化区域经济结构，继续发展低碳经济，控制人口数量，提倡并鼓励绿色消费。

关键词　能值生态足迹模型　生态赤字　可持续发展　湖南省

引　言

随着工业文明的迅猛发展，人类的生产力得到了空前的提高。全球人口不断增加，城市化进程日益加快。与此同时，人类对自然的榨取和破坏达到了前所未有的程度。地球生态系统承受的负荷逐渐增大。十八大报告提出要把生态文明建设放在突出地位，融入经济建设、政治建设、文化建设、社会建设各方面和全过程，努力建设美丽中国，实现中华民族永续发展。2013年中央经济工作会议更是明确指出从资源环境约束看，我国现有的环境承载力已经达到或者接近上限，必须顺应人民群众对良好生态环境的期待，推动形成绿色低碳循环发展新方式。在经济快速发展的当前，自然生态资源与环境容量之间的关系问题已经成为制约人类社会经济与发展的瓶颈问题，如何正确处理经济增长与资源环境之间的关系，是实现区域可持续发展的战略问题。

资源环境的可持续利用要求将人类的生态足迹纳入地球生态系统的承载范围，避免出现生态赤字。而要使可持续发展切实可行，就必须科学地量化人类对资源的利用，客观地评价人类对生态系统造成的压力。在衡量可持续发展程度的方法中，生态足迹模型[1,2]是最有代表性的一种。生态足迹模型由加拿大生态经济学家 William Rees 于 1992 年提出，其学生 Wackernagel 在1996 年对此进行了完善。生态足迹模型量化了人类生存必需的真实的生物生产面积，通过测算和对比区域总生态需求（即生态足迹）和该区域自然生态系统满足这种需求的能力（即生态容量）来衡量区域经济发展的可持续状况。二十多年来，生态足迹模型被广泛应用于各个行业、各个空间尺度的可持续发展能力的核算与评估。本研究尝试应用能值生态足迹理论对湖南省的生态赤字状况和资源能源消耗情况进行核算和分析，并以此评估研究期间内湖南省的可持续发展状况，期望为湖南省的绿色发展提供理论支撑和政策参考。

一　研究区域介绍

湖南省位于我国东南腹地，长江中游南岸，地处江南丘陵与云贵高原、南岭山地与两湖平原的过渡地带，享有"内陆鱼米之乡""有色金属矿之乡"的美誉，有着悠久的农业、冶金等资源的开发历史和便利的交通条件。湖南省水资源较丰富，是我国天然的富水区之一。地表水系发达，河网密布，是东南沿海向内地经济辐射和南北物质交流的必经之地。全省土地面积为 21.18 万 km²，占全国国土面积的 2.2%，地貌类型复杂多样，包括山地、盆地、平原、丘陵和水面五大类。湖南省耕地资源短缺，实有耕地总资源为 378.76 万 hm²，人均耕地面积仅有 0.06hm²，只相当于全国平均水平的 2/3[3]。但湖南省林地资源丰富，至 2013 年年底，全省森林覆盖率为 57.01%，高于全国森林覆盖率 38 个百分点[4]。湖南省属中亚热带季风气候，气候温和，四季分明，大陆性特征明显，全省平均气温多年来维持在 16~18.5℃。湖南雨量充沛但时空分布不均，平均降水量为 1200~1700mm[4]。近年来，受全球气候变暖等因素影响，湖南省水灾与旱灾出现的频率明显上升，工业的快速发展所引起的环境污染问题日益严重，生态环境不断恶化，对经济社会发展产生了重大影响。

二　研究方法：能值生态足迹改进模型

（一）能值生态足迹理论

生态足迹分析模型从具体的生物物理量角度研究自然资本消费的空间，即能够提供资源或消纳废物的、具有生物生产力的地域空间，是关于人均物质消费和人口数量的函数，是各种消费商品的生物生产面积的总和。生态足迹模型基于土地面积的量化指标，度量和评价人类对自然资源的利用程度，以及人类对生态系统造成的压力，从而定量评价该区域经济可持续发展的状况。21 世纪初，徐中民等[5]、杨开忠等[6]学者将生态足迹概念引入国内，这一概念很快得到了众多学者的关注。但随着研究的深入，生态足迹模型的缺陷也逐渐显现：均衡因子和产量因子、全球平均生产力等指标没有充分考虑各区域和时间角度的现实差异，导致测算结果不稳定，从而影响了生态足迹方法作为统一标准进行度量和比较的可信度。生态足迹评价方法亟待修改和完善，而能值生态足迹方法就是基于能值理论对生态足迹进行改进的产物。

1987 年，美国生态学家 H. T. Odum 教授在系统生态、能量生态和生态经济原理的基础上，提出了能值分析理论（Emergy Analysis，EMA）[7]。能值理论将生态系统或生态经济系统中不同种类不可比较的各种资源、产品、劳务和信息以统一的太阳能值（Solar Emergy）形式度量，从而客观真实地评价和比较各种类型的自然资源对人类经济系统的贡献，以及生态系统的自我修复和可持续发展能力。改进后的能值生态足迹模型采用比较稳定的能值转换率和能值密度，更加全面而精确地反映各个区域的生物生产性土地面积需求，因而引起研究者们的广泛关注，被公认为目前国际上评价生态承载力状况最有效最先进的方法。进入 21 世纪，基于能值改进的生态足迹研究成为学界关注的热点。国内学者赵晟、李自珍[8]（2004）首次跨越了生态足迹模型土地生产能力的局限，摒弃了有争议的产量因子和均衡因子，采用更加成熟和稳定的能值转换率，同时，引入全球能值密度（Global Emergy Density）和区域能值密度（Regional Emergy Density）的概念，尝试将能值理论应用到生态经济系统中计算生态足迹和生态承载力，并据此评估环境资源对经济造成的具体影响及区域可持续发展状况。之后，张芳怡等[9]（2006）、王建源等[10]（2007）、陈春峰等[11]（2008）、刘淼等（2008）[12]、张雪花等[13]（2011）、张东华[14]（2012）、王志杰[15]（2013）、史永铭[16]（2014）等在前人基础上改进了能值生态足迹法，在应用中加大了统计和数据处理的难度，使得生态足迹的计算能进一步反映区域实际情况和技术进步，为决策者制定相关政策提供有力支持。

（二）能值生态足迹改进模型

传统生态足迹计算的出发点是自然生态系统的物质流，首先计算生物资源（如耕地、草地、林地等）的生态足迹，在此基础上通过引入产量因子和均衡因子，参照不同年份的全球平均产量，将这些物质流的数值转换成相应的生物生产土地面积，最后加权得到生态足迹和生态承载力。但这种理论无法克服自身的一些明显缺陷。其一，生态足迹的变化受社会、经济及自然因素影响，如人口、气候、土地、消费、管理、科技等；其二，在基于全球平均产量的转化过程中，对不同区域的生态系统产生影响的因素没有在核算中得到体现。能值生态足迹改进模型结合能值理论与生态足迹理论的优点，充分考虑物质循环与能量流动两个方面的因素，利用能值转换率将所有的自然资源（即各种不同类型、不同种类的能量流）统一转化为共同度量标准——太阳能值。通过引入能值密度概念，将区域自然生态系统内人们所需的全部能量，即各消费项目的太阳能值，换算成相应的生物生产面积，以此来计算和比较能值生态足迹与能值生态承载力，并据此评估区域可持续发展的程度。

具体的计算过程与步骤如下。

1. 计算可更新资源的能值

为了客观、准确地反映能值生态足迹状况，我们将自然资源分为可更新与不可更新两大类。其中，不可更新资源的消耗速度快于其再生速度，随着人类的不断开发与利用，自然资源终将走向枯竭。所以，生态承载力可持续发展研究的主要对象是可再生资源的利用。由于湖南省处于中国内陆，受潮汐影响作用较小，因此，本研究在能值生态承载力的计算中只考虑了五种可更新资源，包括太阳能、风能、雨水化学能、雨水势能和地球旋转能。每种资源的能值数据均可通过相应的太阳能值转换率计算得到。具体计算公式为：

$$可更新资源的能值 = 实物量 \times 能量折算系数 \times 能值转换率 \qquad (1)$$

根据能值理论，同一性质的能量一般只选取其中的最大值，以避免重复计算。因此，本研究的可更新资源主要为雨水化学能和地球旋转能之和。而区域可更新资源的人均能值等于可更新资源的总能值除以区域人口数量。

2. 计算区域能值密度

能值密度是能值理论与生态足迹模型结合的关键与互换的基础，分为全球能值密度和区域能值密度两种。为了真实客观地描述和反映湖南省的生态足迹和生态承载力水平，本研究采用的能值密度均为区域能值密度。区域能值密度的具体计算公式为：

$$区域能值密度 = 区域总能值 / 区域土地面积 \qquad (2)$$

3. 计算能值生态足迹与能值生态承载力

计算能值生态足迹时，将消费项目划分为生物和能源两大类。生物资源消费项目主要包括农产品（稻谷、小麦、玉米、豆类、薯类、油料、蔬菜等）、林产品、水产品和动物产品；能源消费项目主要包括煤炭、焦炭、汽油、原油、煤油、柴油、燃料油及电力。根据湖南省资源消费的实际情况，本研究选取了 6 类 27 项生态足迹指标：12 项农产品，分别为稻谷、玉米、小麦、薯类、豆类、麻类、棉花、烟叶、甘蔗、茶叶、蔬菜和水果；3 项林产品，分别为木材、油菜籽和油桐籽；3 项动物产品，分别为猪肉、牛肉和羊肉；1 项水产品；7 项能源消费项目，分别为煤炭、焦炭、汽油、原油、煤油、柴油和燃料油；1 项电力消费项目。

改进后的能值生态足迹模型为：

$$Eef = N \times ef = N \times \sum_{i=1}^{n} \frac{C_i}{P} \tag{3}$$

式（3）中，Eef 为能值生态足迹，N 为人口数量，ef 为人均能值生态足迹，P 为全球平均能值密度，C_i 为第 i 种资源的人均能值。

改进后的能值生态承载力模型为：

$$Eec = N \times ec = P_1/P \times 0.88 \tag{4}$$

式（4）中，Eec 为能值生态承载力，ec 为人均能值生态承载力，N 为人口数量，P_1 为人均区域能值密度，P 为全球平均能值密度，常数 0.88 为根据世界环境与发展委员会的报告，扣除 12% 的生物多样性的修正系数。

4. 计算生态盈余/赤字

能值生态足迹和能值生态承载力的比较结果反映的是社会发展所耗费的自然资源与自然生态系统可提供资源的定量关系。当一个地区 $Eec > Eef$，表明该地区处于生态盈余状态；反之，则处于生态赤字状态。具体计算公式为：

$$生态盈余 / 赤字 = 生态足迹 - 生态承载力 \tag{5}$$

5. 计算万元 GDP 生态足迹

万元 GDP 生态足迹是评价区域可持续发展状况的重要指标之一，它涉及经济发展与生态保护两个重要方面的内容，通过对生态足迹和经济指标的量化比较，可以较为客观真实地反映某一地区发展中对生态生产性土地的利用效率，以及人类社会经济活动给自然资源和生态环境造成的压力。具体计算公式为：

$$万元 GDP 生态足迹 = 能值生态足迹 / 万元 GDP \tag{6}$$

三   基于能值生态足迹改进模型的湖南省生态赤字核算

（一）数据与资料搜集

本研究所统计的各消费项目数据主要来自《中国统计年鉴》[17]（2001～2013 年）、《中国能源统计年鉴》[18]（2001～2013 年）、《湖南统计年鉴》[19]（2001～2013 年）和《湖南农村统计年鉴》[20]（2001～2013 年），以及《湖南省国民经济和社会发展统计公报》[21] 和《湖南省环境状况公报》[4]、湖南省林业信息网[3] 等。研究中涉及的太阳能值转换率主要来自蓝盛芳等[22] 的著作及相关文献，各类消费项目中产品的能量折算系数主要来自骆世明[24] 的相关论著。

（二）结果分析

1. 湖南省历年能值生态足迹比较分析

根据公式（1），可计算出湖南省历年的区域总能值。根据公式（2）可计算出历年的区域能值密度。在此基础上，利用公式（3）计算出湖南省历年能值生态足迹和人均能值生态足迹，计算结果见表 1。

从表 1 可知，2000～2013 年，湖南省能值生态足迹和人均能值生态足迹均呈现上升趋势，增长速度逐年增加。湖南省人均能值生态足迹年均为 20.56hm²，最大值为 2013 年的 25.98hm²，最小值为 2000 年的 14.38hm²，增长率为 80.67%。其中，2004 年和 2005 年的增幅较大，在这两年的能值生态足迹中化石能源用地和建筑用地的增幅较大。这说明近年来，湖南省经济的迅速发展依靠消耗大量的能源和电力，若不尽快改善这一现状，湖南省的生态环境将进一步恶化。为了更直观地观察湖南省 2000～2013 年能值生态足迹的变化及其与能值生态承载力的关系，将计算结果绘制成图表，如图 1 所示。

由图 1 可知，湖南省 2000～2013 年的能值生态足迹总体上以较快的速度呈增大的趋势。除 2002 年之外的其余各年，能值生态承载力都落后于能值生态足迹。其中，2011 年的差距最大，因而 2011 年的生态赤字最大。

表1　湖南省2000～2013年能值生态足迹演变

项目名称	太阳能值转换率	来源	太阳值						
			2000年	2001年	2002年	2003年	2004年	2005年	2006年
稻谷	8.30E+04	耕地	3.25E+22	2.99E+22	2.72E+22	2.66E+22	3.14E+22	3.20E+22	3.22E+22
小麦	6.80E+04	耕地	2.50E+20	2.29E+20	1.96E+20	1.77E+20	1.56E+20	1.43E+20	1.40E+20
玉米	8.30E+04	耕地	1.56E+21	1.58E+21	1.64E+21	1.76E+21	1.77E+21	1.83E+21	2.01E+21
豆类	8.30E+04	耕地	8.40E+20	9.41E+20	9.40E+20	8.61E+20	8.66E+20	8.73E+20	9.25E+20
薯类	8.30E+04	耕地	1.56E+21	1.76E+21	1.85E+21	1.74E+21	1.71E+21	1.72E+21	1.77E+21
棉花	1.90E+06	耕地	6.12E+21	6.79E+21	5.47E+21	5.83E+21	7.30E+21	6.63E+21	7.40E+21
麻类	8.30E+04	耕地	9.70E+19	1.36E+20	1.89E+20	1.87E+20	1.89E+20	1.94E+20	2.02E+20
甘蔗	8.40E+04	耕地	2.61E+20	3.75E+20	4.06E+20	3.20E+20	2.49E+20	2.26E+20	2.43E+20
烟叶	2.70E+04	耕地	6.47E+18	6.28E+18	7.20E+18	7.22E+18	7.31E+18	8.22E+18	8.30E+18
蔬菜	2.70E+04	耕地	1.18E+21	1.32E+21	1.45E+21	1.52E+21	1.53E+21	1.59E+21	1.88E+21
油菜籽	8.60E+04	耕地	3.63E+21	3.53E+21	2.88E+21	3.12E+21	1.27E+21	3.59E+21	3.81E+21
茶叶	2.00E+05	耕地	1.64E+20	1.67E+20	1.74E+20	1.73E+20	1.91E+20	2.06E+20	2.18E+20
猪肉	1.70E+06	耕地	1.32E+23	1.38E+23	1.41E+23	1.49E+23	1.52E+23	1.55E+23	1.30E+23
油桐籽	6.90E+05	林地	1.12E+21	1.08E+21	1.08E+21	1.00E+21	1.10E+21	1.13E+21	1.16E+21
木材	4.40E+04	林地	2.30E+21	2.34E+21	1.82E+21	2.43E+21	2.73E+21	2.88E+21	3.71E+21
水果	5.30E+05	林地	2.11E+20	6.97E+21	6.73E+21	7.20E+21	7.10E+21	7.57E+21	8.51E+21
牛肉	4.00E+06	草地	1.13E+22	1.10E+22	1.33E+22	1.34E+22	1.41E+22	1.52E+22	1.15E+22
羊肉	2.00E+06	草地	2.55E+21	2.79E+21	3.37E+21	3.93E+21	4.22E+21	4.87E+21	4.03E+21
水产品	2.00E+06	水域	1.47E+22	1.55E+22	1.65E+22	1.72E+22	1.84E+22	1.97E+22	1.76E+22
煤炭	3.98E+04	化石能源用地	3.89E+22	4.78E+22	5.00E+22	5.81E+22	7.04E+22	1.02E+23	1.10E+23
焦炭	3.98E+04	化石能源用地	3.40E+21	3.63E+21	3.98E+21	4.49E+21	6.27E+21	8.57E+21	9.33E+21

续表

项目名称	太阳能值转换率	来源	太阳值						
			2000 年	2001 年	2002 年	2003 年	2004 年	2005 年	2006 年
汽 油	6.60E+04	化石能源用地	3.28E+21	3.23E+21	3.83E+21	3.87E+21	4.56E+21	7.73E+21	7.49E+21
原 油	5.30E+04	化石能源用地	6.48E+21	5.28E+21	5.64E+21	6.09E+21	7.38E+21	7.92E+21	6.88E+21
煤 油	5.30E+04	化石能源用地	1.85E+20	1.13E+20	2.00E+20	2.04E+20	2.65E+20	2.85E+20	4.76E+20
柴 油	6.60E+04	化石能源用地	3.88E+21	3.43E+21	5.04E+21	5.11E+21	6.72E+21	7.80E+21	9.46E+21
燃料油	5.30E+04	化石能源用地	1.23E+21	1.21E+21	1.16E+21	1.14E+21	9.79E+20	1.15E+21	1.12E+21
电 力	1.59E+05	建筑用地	2.32E+22	2.52E+22	2.73E+22	3.13E+22	3.79E+22	3.86E+22	4.40E+22
能值汇总			2.93E+23	3.15E+23	3.23E+23	3.47E+23	3.81E+23	4.30E+23	4.15E+23
区域面积			2.12E+05	2.12E+05	2.12E+05	2.12E+05	2.12E+05	2.12E+05	2.12E+05
区域能值能量密度			1.38E+18	1.49E+18	1.53E+18	1.64E+18	1.80E+18	2.03E+18	1.96E+18
全球平均能值能量密度			3.10E+14	3.10E+14	3.10E+14	3.10E+14	3.10E+14	3.10E+14	3.10E+14
能值生态足迹			9.44E+08	1.01E+09	1.04E+09	1.12E+09	1.23E+09	1.38E+09	1.34E+09
人均能值生态足迹			14.38	15.38	15.72	16.77	18.34	21.88	21.09

项目名称	太阳能值转换率	来源	太阳值						
			2007 年	2008 年	2009 年	2010 年	2011 年	2012 年	2013 年
稻 谷	8.30E+04	耕地	3.21E+22	3.43E+22	3.32E+22	3.22E+22	3.31E+22	3.38E+22	3.37E+22
小 麦	6.80E+04	耕地	1.38E+20	4.87E+19	6.85E+19	1.06E+20	1.09E+20	9.16E+19	8.61E+19
玉 米	8.30E+04	耕地	2.14E+21	1.78E+21	2.19E+21	2.31E+21	2.59E+21	2.71E+21	2.88E+21
豆 类	8.30E+04	耕地	9.58E+20	6.22E+20	5.85E+20	6.19E+20	6.30E+20	5.90E+20	6.16E+20
薯 类	8.30E+04	耕地	1.87E+21	1.35E+21	1.23E+21	1.27E+21	1.28E+21	1.35E+21	1.37E+21
棉 花	1.90E+06	耕地	8.71E+21	8.64E+21	7.57E+21	8.11E+21	8.11E+21	8.95E+21	8.76E+21

续表

项目名称	太阳能值转换率	来源	太阳值						
			2007 年	2008 年	2009 年	2010 年	2011 年	2012 年	2013 年
麻　类	8.30E+04	耕地	1.99E+20	1.48E+20	2.34E+19	8.90E+19	5.86E+19	3.32E+19	3.32E+19
甘　蔗	8.40E+04	耕地	2.70E+20	1.70E+20	1.76E+20	1.72E+20	1.63E+20	1.66E+20	1.66E+20
烟　叶	2.70E+04	耕地	7.52E+18	7.46E+18	8.41E+18	8.58E+18	9.52E+18	9.54E+18	9.53E+18
蔬　菜	2.70E+04	耕地	1.76E+21	1.71E+21	1.89E+21	2.07E+21	2.22E+21	2.31E+21	2.12E+21
油菜籽	8.60E+04	耕地	3.95E+21	3.95E+21	4.96E+21	5.53E+21	6.04E+21	5.93E+21	6.26E+21
茶　叶	2.00E+05	耕地	2.50E+20	2.63E+20	2.82E+20	3.37E+20	3.80E+20	3.87E+20	3.87E+20
猪　肉	1.70E+06	耕地	1.24E+23	1.32E+23	1.40E+23	1.47E+23	1.44E+23	1.52E+23	1.46E+23
油桐籽	6.90E+05	林地	1.01E+21	1.02E+21	9.90E+20	1.03E+21	1.16E+21	1.13E+21	1.14E+21
木　材	4.40E+04	林地	3.91E+21	5.16E+21	3.22E+21	3.29E+21	3.54E+21	2.75E+21	3.06E+21
水　果	5.30E+05	林地	9.14E+21	9.39E+21	1.01E+22	1.11E+22	7.44E+21	7.78E+21	7.23E+22
牛　肉	4.00E+06	草地	1.22E+22	1.22E+22	1.32E+22	1.36E+22	1.35E+22	1.40E+22	1.38E+22
羊　肉	2.00E+06	草地	4.31E+21	4.42E+21	4.60E+21	4.43E+21	4.28E+21	4.31E+21	4.51E+21
水产品	2.00E+06	水域	1.87E+22	1.96E+22	2.07E+22	2.19E+22	2.20E+22	2.42E+22	2.35E+22
煤　炭	3.98E+04	化石能源用地	1.20E+23	1.19E+23	1.25E+23	1.32E+23	1.52E+23	1.41E+23	1.35E+23
焦　炭	3.98E+04	化石能源用地	1.04E+22	1.13E+22	1.15E+22	1.23E+22	9.65E+21	1.21E+22	9.92E+21
汽　油	6.60E+04	化石能源用地	7.73E+21	6.59E+21	7.00E+21	7.46E+21	8.39E+21	1.11E+22	9.47E+21

续表

项目名称	太阳能值转换率	来源	太阳值						
			2007年	2008年	2009年	2010年	2011年	2012年	2013年
原油	5.30E+04	化石能源用地	8.05E+21	7.36E+21	6.78E+21	7.04E+21	9.18E+21	1.11E+22	1.02E+22
煤油	5.30E+04	化石能源用地	5.60E+20	5.81E+20	6.96E+20	6.91E+20	7.32E+20	8.05E+20	8.32E+20
柴油	6.60E+04	化石能源用地	1.09E+22	1.04E+22	1.20E+22	1.39E+22	1.55E+22	1.39E+22	1.43E+22
燃料油	5.30E+04	化石能源用地	1.07E+21	1.10E+21	1.82E+21	2.00E+21	1.84E+21	1.63E+21	1.74E+21
电力	1.59E+05	建筑用地	5.10E+22	5.18E+22	5.78E+22	6.71E+22	7.40E+22	7.70E+22	7.45E+22
能值汇总			4.35E+23	4.44E+23	4.68E+23	4.97E+23	5.22E+23	5.31E+23	5.76E+23
区域面积			2.12E+05	2.12E+05	2.12E+05	2.12E+05	2.12E+05	2.12E+05	2.12E+05
区域能值密度			2.05E+18	2.10E+18	2.21E+18	2.35E+18	2.46E+18	2.51E+18	2.72E+18
全球平均能值密度			3.10E+14	3.10E+14	3.10E+14	3.10E+14	3.10E+14	3.10E+14	3.10E+14
能值生态足迹			1.40E+09	1.43E+09	1.51E+09	1.60E+09	1.68E+09	1.71E+09	1.86E+09
人均能值生态足迹			22.05	22.42	23.55	24.38	25.49	25.77	25.98

不同土地类型的人均生态足迹在时间序列上的变化趋势具有不一致性。2000～2013年，湖南省各类生物生产性土地面积对其能值生态足迹的贡献率大小依次为：耕地＞化石能源用地＞建筑用地＞水域＞牧草地＞林地。具体计算结果见表2，变化趋势见图2。

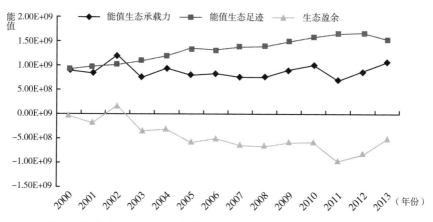

图1　湖南省2000～2013年能值生态足迹、能值生态承载力演变

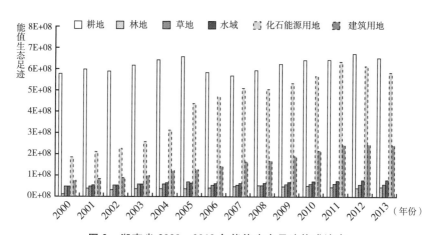

图2　湖南省2000～2013年能值生态足迹构成演变

表2　湖南省2000～2013年能值生态足迹构成演变

年份	耕地	林地	草地	水域	化石能源用地	建筑用地
2000	5.81E+08	1.17E+07	4.45E+07	4.72E+07	1.85E+08	7.49E+07
2001	5.97E+08	3.35E+07	4.44E+07	5.00E+07	2.08E+08	8.11E+07

续表

年份	耕地	林地	草地	水域	化石能源用地	建筑用地
2002	5.91E+08	3.10E+07	5.37E+07	5.30E+07	2.25E+08	8.81E+07
2003	6.16E+08	3.42E+07	5.60E+07	5.55E+07	2.55E+08	1.01E+08
2004	6.41E+08	3.52E+07	5.90E+07	5.93E+07	3.11E+08	1.22E+08
2005	6.58E+08	3.73E+07	6.47E+07	6.35E+07	4.36E+08	1.24E+08
2006	5.83E+08	3.97E+07	5.00E+07	5.67E+07	4.67E+08	1.42E+08
2007	5.68E+08	4.53E+07	5.32E+07	6.03E+07	5.11E+08	1.64E+08
2008	5.94E+08	5.01E+07	5.36E+07	6.33E+07	5.02E+08	1.67E+08
2009	6.21E+08	4.59E+07	5.72E+07	6.68E+07	5.32E+08	1.86E+08
2010	6.42E+08	4.96E+07	5.81E+07	7.05E+07	5.65E+08	2.16E+08
2011	6.41E+08	3.91E+07	5.74E+07	7.09E+07	6.35E+08	2.39E+08
2012	6.71E+08	3.76E+07	5.91E+07	7.80E+07	6.17E+08	2.48E+08
2013	6.52E+08	4.46E+07	5.89E+07	7.57E+07	5.84E+08	2.40E+08

从表 2 可知，2000～2013 年，耕地能值生态足迹基本呈增大趋势，但增长缓慢，由 2000 年的 5.81E+08hm^2 到 2013 年的 6.52E+08hm^2，增长率仅为 12.22%。相比其他五大土地类型的能值生态足迹增速，耕地的增速最小。增速最快的是林地，从 2000 年的 1.17E+07hm^2 到 2012 年的 4.46E+07hm^2，增速为 281.20%。其次为建筑用地，从 2000 年的 7.49E+07hm^2 增长到 2013 年的 2.40E+08hm^2，增速为 220.28%。耕地、林地和建筑用地的能值生态足迹在 2000～2013 年大致呈递增的趋势。化石能源用地能值生态足迹增速也很大，从 2000 年的 1.85E+08hm^2 增长到 2013 年的 5.84E+08hm^2，增速为 215.68%。2000～2013 年，湖南省林业产业发展较快，拥有丰富的林业资源，但与林业产业发达地区相比还存在较大的差距，林业的综合效益没有得到充分挖掘和体现，林地生态足迹需求量的增长速度要大于其供给能力的增长速度，这是林地生态足迹逐渐增加的主要原因。"十一五"以来，湖南省委、省政府在政策上由"经济生态化"向"生态经济化"转变，高度重视国土治理、生态环境改善等工作，实施了退耕还林、建设绿色通道、建设防护

林、保护生态公益林等一系列林业生态建设工程，2010 年以来实施效果逐渐呈现，全省森林覆盖率和林地生态供给能力有了一定程度的提高，故林地生态赤字从 2011 年开始出现连续下降。2000～2013 年，草地能值生态足迹和水域生态足迹增长较慢，增速分别为 32.15% 和 60.34%，水域能值生态足迹大致呈现逐年增大的趋势，草地能值生态足迹在 2006 年达到最大值（$6.47E+07hm^2$）。

由图 2 可知，耕地、化石能源用地和建筑用地的生态足迹变化对湖南省人均生态足迹的影响很大；水域次之，而草地和林地的生态足迹变化对人均生态足迹变化的贡献较小，所占比例均在 5% 以下，这表明湖南省林、牧、渔的生态足迹贡献率较低。湖南省自然生态的压力主要来自耕地和能源消费，二者是湖南省生态足迹的主导控制因子。此外，建筑用地能值生态足迹的比重也很大，表明湖南省的发展对电力的依赖度相对较大。总赤字的变大在很大程度上是由耕地、化石能源用地和建筑用地的生态足迹的增加造成的，这种供需的不平衡对未来湖南省持续健康发展有着直接影响。

近年来，随着国家"中部崛起"战略的实施、湖南省社会经济的不断发展以及各新经济区的设立，湖南省吸引了大量的外来人口，庞大的人口需要消耗大量的生活资料。另外，随着生活水平的提高，人们对肉类、水产品、水果类的消费需求大大增加，与之对应的能值生态足迹也有了明显提高。对能值生态足迹构成做进一步的分析，发现在耕地的项目中的猪肉和稻谷对能值生态足迹的贡献最大；在林地的项目中，贡献最突出的是水果，其次为木材。在化石能源用地的项目中，煤炭所占比例最高，其次是柴油和焦炭。在所有生物资源消费账户中位居前五的是猪肉、煤炭、电力、稻谷和水产品。另外，随着人们生活方式的改变，湖南省居民生活消费对生物资源的生态需求整体下降，对能源资源的生态需求逐年增加，湖南省化石能源消费水平呈上升态势，化石能源用地和建筑用地生态足迹需求逐年增加，煤炭、电力等能源的消耗量也有了很大增加，对电力的依赖度尤其大。

2. 湖南省历年能值生态承载力比较分析

采用国际通用的全球平均能值密度 $3.10E+14sej/hm^2$，根据公式（4）计算得出 2000～2013 年湖南省的能值生态承载力和人均能值生态承载力，结果见表 3。

表 3　湖南省能值生态承载力变化（2000～2013 年）

可更新资源	太阳能值转化率	太阳能值						
		2000 年	2001 年	2002 年	2003 年	2004 年	2005 年	2006 年
太阳能	1.00E+00	9.75E+20	9.75E+20	9.75E+20	9.75E+20	9.75E+20	9.75E+20	9.75E+20
风能	6.63E+02	9.22E+15	9.22E+15	9.22E+15	9.22E+15	9.22E+15	9.85E+15	9.85E+15
雨水化学能	1.54E+04	2.00E+22	1.98E+22	2.23E+22	2.49E+22	1.65E+22	1.65E+22	2.05E+22
雨水势能	8.89E+03	1.03E+22	1.02E+22	1.16E+22	1.24E+22	8.23E+21	8.23E+21	1.06E+22
地球旋转能	2.19E+04	1.91E+20	1.91E+20	1.91E+21	1.91E+21	1.91E+21	6.73E+21	6.73E+21
可更新资源能值		2.12E+22	2.10E+22	2.52E+22	2.78E+22	1.94E+22	2.42E+22	2.82E+22
区域面积		2.12E+05	2.12E+05	2.12E+05	2.12E+05	2.12E+05	2.12E+05	2.12E+05
区域能值密度		1.00E+17	9.90E+16	1.19E+17	1.31E+17	9.17E+16	1.14E+17	1.33E+17
全球平均能值密度		3.10E+14	3.10E+14	3.10E+14	3.10E+14	3.10E+14	3.10E+14	3.10E+14
能值生态承载力		7.81E+08	7.73E+08	9.37E+08	1.04E+09	7.13E+08	8.99E+08	1.09E+09
人均能值生态承载力		12.29	12.11	14.63	15.80	10.81	13.54	15.27

可更新资源	太阳能值转化率	太阳能值						
		2007 年	2008 年	2009 年	2010 年	2011 年	2012 年	2013 年
太阳能	1.00E+00	9.75E+20	9.75E+20	9.75E+20	9.75E+20	9.75E+20	9.75E+20	9.75E+20
风能	6.63E+02	9.22E+15	9.22E+15	9.22E+15	9.22E+15	9.22E+15	9.22E+15	9.22E+15
雨水化学能	1.54E+04	2.38E+22	2.19E+22	3.17E+22	1.98E+22	2.41E+22	2.10E+22	2.18E+22
雨水势能	8.89E+03	1.23E+22	1.13E+22	1.63E+22	1.02E+22	1.24E+22	1.08E+22	1.12E+22
地球旋转能	2.19E+04	1.91E+20	1.91E+20	1.91E+20	1.91E+20	1.91E+20	1.91E+20	1.91E+20
可更新资源能值		2.50E+22	2.31E+22	3.29E+22	2.10E+22	2.53E+22	2.22E+22	2.30E+22
区域面积		2.12E+05	2.12E+05	2.12E+05	2.12E+05	2.12E+05	2.12E+05	2.12E+05
区域能值密度		1.18E+17	1.09E+17	1.55E+17	9.90E+16	1.19E+17	1.05E+17	1.09E+17
全球平均能值密度		3.10E+14	3.10E+14	3.10E+14	3.10E+14	3.10E+14	3.10E+14	3.10E+14
能值生态承载力		9.29E+08	8.54E+08	1.23E+09	7.73E+08	9.40E+08	8.19E+08	8.51E+08
人均能值生态承载力		14.16	12.95	18.59	11.60	14.04	12.94	13.43

　　根据表3，从历年来湖南省可更新资源的能量数值可知，各年份的太阳能、风能及地球旋转能基本上保持不变，但降水量出现年际变化，雨水化学能和雨水势能有一定的差异，从而导致可更新资源总能值发生变化。在可更新资源能值中，能值投入最多的是雨水化学能，远远超过了其他可更新资源的能值投入，直接导致可更新资源总能值较大。这说明湖南省降水比较丰沛，雨水利用潜力巨大。2009年的雨水化学能值最大，达到 $3.17E+22sej$，这直接导致了2009年能值生态承载力（$1.23E+09hm^2$）达到最大。2004年和2005年的雨水势能值最小，只有 $8.23E+21sej$，2004年的能值生态承载力仅为 $7.13E+08hm^2$。

　　根据图1和表4可以看出，2000～2013年湖南省的能值生态承载力在一定范围内始终呈现波动变化的状态。2000～2013年，湖南省能值生态承载力最大值为2009年的 $1.23E+09hm^2$，最小值为2004年的 $7.13E+08hm^2$。人均能值生态承载力最大值为2009年的 $18.59hm^2$，最小值为2004年的 $10.81hm^2$。2001年，湖南省的能值生态承载力出现明显的下滑，2002年出现平缓波动趋势，2003年出现一个次高峰，为 $1.04E+09hm^2$，最低值为2004年的 $7.13E+08hm^2$。湖南省近年来人口的快速增长以及一些地方不合理的建设开发，导致建筑用地、耕地和水域的人均生态承载力持续下降。湖南省虽然已经开始重视生态经济的发展，但区域自然生态系统依然处于不可持续发展状态，年均人均能值生态足迹与年均人均能值生态承载力依旧呈现恶化趋势，经济发展与生态建设的矛盾依然存在。

　　3. 湖南省历年生态盈余/赤字比较分析

　　根据前文关于能值生态足迹和能值生态承载力的计算结果，利用公式（5）可得湖南省2000～2013年的生态盈余，见图1。

　　从时间序列来看，除了2002年为生态盈余（$1.91E+08hm^2$），其余各年均处于生态赤字状态。人均生态赤字最高达到 $14.68hm^2$，最低为 $0.22hm^2$，年均为 $6.95hm^2$。2002年以后，湖南省生态盈余持续平缓走低，2011年达最低，2011年后出现上升趋势（见表4）。这表明湖南省的社会经济发展对自然生态和资源环境造成的压力逐年增大，湖南省的自然生态系统处于不可持续发展状态，且赤字情况较为严重。从图1可见，湖南省的能值生态承载力呈现长期趋向增长、短期有所回落的态势，能值生态足迹则基本呈现持续稳定增长的趋势，因而造成湖南省生态赤字持续上升，并且呈现与能值生态足迹基本相同的变化趋势。这表明，湖南省的自然生态环境面临的压力较大，情形不容乐观，探索减少生态足迹的有效途径是一件非常重要且紧迫的工作任务。

4. 湖南省历年万元 GDP 生态足迹计算与资源利用效率比较分析

由计算结果可知 2000～2013 年湖南省的能值生态足迹，并查找 2000～2013 年湖南省万元 GDP 数据，根据公式（6）求得 2000～2013 年湖南省万元 GDP 生态足迹，结果见表 4。

万元 GDP 生态足迹反映的是对生态生产性土地的利用效率。万元 GDP 生态足迹需求越大，表明经济增长的生态占用越大，资源的利用效率越低，反之，则表明经济生产的过程中对资源的利用效率越高，自然系统的负荷越轻，生态足迹增长越缓。从表 4 可知，从 2000 年开始，湖南省的万元 GDP 生态足迹呈现不间断的逐年减小趋势，至 2013 年达到最低值（6.43hm²）。这表明，近年来，虽然资源的整体利用效率较低，湖南省的资源和能源利用效率还是在逐年提高，体现了经济发展与环境保护的协调共赢。近几年来，湖南省政府认识到自然生态环境是湖南省经济发展的重大支柱，积极响应国家发展生态经济和低碳经济的号召，大力加强环境治理，并初步取得了很好的成效。随着工业经济发展的步伐放缓、环境的逐渐恢复，湖南省的自然环境资源更具优势，湖南省的经济发展开始向生态经济方向转变。

表 4   2000～2013 年湖南省万元 GDP 生态足迹演变趋势

年份	能值生态承载力	能值生态足迹	生态盈余	人均能值生态承载力	人均能值生态足迹	万元 GDP 生态足迹
2000	9.29E+08	9.44E+08	−1.45E+07	14.16	14.38	26.58
2001	8.54E+08	1.01E+09	−1.60E+08	12.95	15.38	26.47
2002	1.23E+09	1.04E+09	1.91E+08	18.59	15.72	25.09
2003	7.73E+08	1.12E+09	−3.45E+08	11.60	16.77	23.98
2004	9.40E+08	1.23E+09	−2.88E+08	14.04	18.34	21.77
2005	8.19E+08	1.38E+09	−5.65E+08	12.94	21.88	20.98
2006	8.51E+08	1.34E+09	−4.86E+08	13.43	21.09	17.39
2007	7.81E+08	1.40E+09	−6.20E+08	12.29	22.05	14.85
2008	7.73E+08	1.43E+09	−6.58E+08	12.11	22.42	12.38
2009	9.37E+08	1.51E+09	−5.72E+08	14.63	23.55	11.55
2010	1.04E+09	1.60E+09	−5.64E+08	15.80	24.38	9.99
2011	7.13E+08	1.68E+09	−9.69E+08	10.81	25.49	8.55
2012	8.99E+08	1.71E+09	−8.12E+08	13.54	25.77	7.72
2013	1.09E+09	1.57E+09	−4.83E+08	15.27	25.98	6.43

四 结论与建议

湖南省 2000～2013 年能值生态足迹在 9.44E + 08～1.71E + 09hm², 最大值与最小值相差 7.66E + 08hm², 人均能值生态足迹则在 14.38～25.98hm², 增加了 11.60hm², 两者均基本呈现递增的趋势。总体而言, 湖南省自然生态系统压力的增大主要是由耕地供给不足和能源消耗过大造成的。能源足迹在总足迹中的占比很高, 这表明, 湖南省的快速工业化进程是以消耗大量能源为代价的, 而耕地足迹的高比例表明, 长期以来, 湖南省的农业可利用的资源存量锐减, 农村生态承载力下降, 资源环境的压力越来越大。作为一个农业大省, 湖南省对农业资源的需求量很大。因此, 能源问题和农业发展问题是湖南省可持续发展需要解决的首要问题。

生态足迹主要受人口数量、资源利用效率和产业结构、消费状况的影响。人口数量的增加、消费水平的提高和消费结构、产业结构的不合理都会导致生态足迹的增大。人口数量不仅从生物资源消费角度直接影响生态足迹, 而且从能源资源消费角度间接影响生态足迹。2000～2013 年, 湖南省总人口数 (年末户籍人口) 以平均每年增加 48.30 万人的速度直线上升, 人口数量增长了 9.58%, 这说明湖南省面临人口存量大、增量快的双重压力, 这对湖南省的总生态赤字的增加产生了重要影响, 即使在人均生态赤字很低的情况下, 其总生态赤字也会很高 (如图 3 所示)。因此, 如何控制人口数量也是湖南省可持续发展面临的重要问题。

此外, 近年来, 虽然湖南省科技水平提升较快, 土地利用结构也不断得到优化, 但整体上看, 湖南省仍属于经济欠发达的农业大省。随着经济的发展和人们生活水平的提高, 湖南省人均资源和能源的消费量也出现了大幅增加, 从而使 2000～2013 年湖南省的能值人均生态足迹出现了逐年增大的趋势。2005 年以后, 湖南省人均生态足迹的增长速度有所放缓, 资源消耗量的增长率也有所下降, 其主要原因是在湖南省委省政府的绿色经济转型政策下, 经济发展开始由粗放型向集约型转变, 科学技术水平随之上升。总的看来, 2000～2013 年湖南省出现持续的生态赤字的主要原因是对资源的过度利用导致生态系统的正常功能遭受破坏, 生态系统的资源供给能力大幅下降, 进而形成生态系统恶化以及区域发展不可持续的恶性循环。前些年湖南

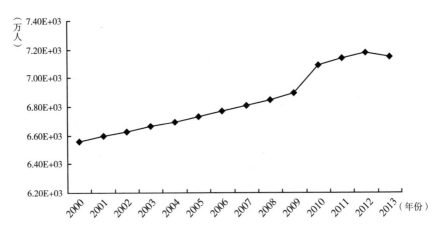

图 3　湖南省 2000～2013 年人口变化

省大力发展经济对生态资源的过度依赖和掠夺式开发，导致了严重的生态赤字问题，这一问题在短期内还无法解决。根据库茨涅茨环境曲线，在经济发展过程中，环境会呈现先恶化后改善的规律。湖南省在经济发展的进程中，正好来到了曲线的拐点。现阶段，要降低湖南省的生态赤字，缓和现有的人地矛盾，同时保证不降低人民的生活水平，必须尽快转变生产方式、生活方式和消费模式。具体来说，有以下几点。

（1）控制耕地和化石能源用地的需求量，提高土地利用的均衡性，增加对其他地类的利用以提高生物生态足迹的多样性。充分发挥湖南省林地资源丰富、森林覆盖率高、水网密布、滩涂面积较大的优势，加强林业生态建设，加紧恢复林地和水域的比例，提高草地蓄水量。搞好水资源优化配置，加强耕地资源生态安全保护，改善土地生态环境，调整土地利用结构，严守耕地保护红线，推进城市土地的集约利用。

（2）继续大力发展低碳经济，减缓生态足迹增速。积极开发低碳环保新能源，降低对不可再生资源的依赖，加强重点地域生态环境的整治，限制高能耗、高污染行业用地。调整产业结构，加强产业政策的引导，推动信息化和工业化深度融合，加快改造传统产业，建立资源集约型的经济增长模式。

（3）正确引导湖南省的人口流动，严格控制人口增长。加强绿色湖南建设的宣传，严格控制"两高"行业盲目扩张。提倡资源节约型消费模式，鼓励绿色消费，推进消费结构的多元化。从总量角度降低自然系统的生态负荷。

参考文献

[1] Rees W. E., Wackernagel M., "Urban Ecological Footprint: Why Cites Cannot be Sustainable and Why They are a Key to Sustainability," *Environmental Impact Assessment Review* 1996.

[2] Wackernagel M. Rees W. E., "Perceptual and Structural Barriers to Investing in Natural Capital: Economies from an Ecological Footprint Perspective," *Ecological Economic* 20（1997）.

[3]《湖南省情》，湖南林业信息网，http://www.hnforestry.gov.cn/。

[4]《湖南省环境状况公报》，长沙市政府网，http://www.changsha.gov.cn/xxgk/szfxxgkml/gzdt//t20120606_334146.html。

[5] 徐中民、张志强、程国栋：《可持续发展定量研究的几种新方法评介》，《中国人口资源与环境》2000年第2期。

[6] 杨开忠等：《生态足迹分析理论与方法》，《地球科学进展》2000年第6期。

[7] Odum H. T., Ecology and Economy: Emergy Analysis and Public Policy, Austin, USA: Texas Policy Research Project Report Number 78, 1987.

[8] 赵晟、李自珍：《甘肃省生态经济系统的能值分析》，《西北植物学报》2004年第3期。

[9] 张芳怡、濮励杰、张健：《基于能值分析理论的生态足迹模型及应用——以江苏省为例》，《自然资源学报》2006年第4期。

[10] 王建源、陈艳春、李曼华等：《基于能值分析的山东省生态足迹》，《生态学杂志》2007年第9期。

[11] 陈春锋、王宏燕、肖笃宁等：《基于传统生态足迹方法和能值生态足迹方法的黑龙江省可持续发展状态比较》，《应用生态学报》2008年第11期。

[12] 刘淼、胡远满、常禹等：《基于能值理论的生态足迹方法改进》，《自然资源学报》2008年第3期。

[13] 张雪花、李建、张宏伟：《基于能值－生态足迹整合模型的城市生态性评价方法研究——以天津市为例》，《北京大学学报》（自然科学版）2011年第2期。

[14] 张东华：《基于生态足迹改进模型的昆明市生态安全评价研究》，硕士学位论文，云南财经大学，2012。

[15] 王志杰：《基于能值生态足迹对我国区域可持续发展状态比较研究》，硕士学位论文，西南大学，2013。

[16] 史永铭、蒋俊毅等：《湖南绿色发展报告》，中共中央党校出版社，2014。

[17] 国家统计局：《中国统计年鉴》，中国统计出版社。

［18］国家统计局能源统计司编《中国能源统计年鉴》，中国统计出版社。

［19］国家统计局：《湖南统计年鉴》，中国统计出版社。

［20］湖南省农村经济调查队：《湖南农村统计年鉴》。

［21］《湖南省国民经济和社会发展统计公报》，湖南统计信息网，http：//www. hntj. gov. cn/tjgb/hntjgb/2013。

［22］蓝盛芳、钦佩：《生态经济系统能值分析》，化学工业出版社，2002。

［23］杨灿、朱玉林、李明杰：《洞庭湖平原区农业生态系统的能值分析与可持续发展》，《经济地理》2014 年第 12 期。

［24］骆世明：《农业生态学教程》，湖南科学技术出版社，1987。

草原生态补奖政策如何
更好地保护生态？[*]

杨　理　　孟慧君[**]

摘　要　当前的草原生态保护补助奖励政策和草原生态的关联并不明显，尤其是草原生态补助奖励金额和生态状况变化并不相关。为什么草原生态保护补助奖励政策和草原生态质量变化的关联非常模糊？如何更好地通过草原生态保护补助奖励政策提高草原生态安全？本文研究认为：草原生态保护补助奖励政策并不单一强调草原生态质量变化，这种策略是正确的，而且未来运用第二轮草原生态保护补助奖励政策进行绩效评估和加强监督时，不应加大超载罚款力度，更不应采用"双随机"抽查机制，而应该采用基于市场的经济激励措施。

关键词　生态保护　草原生态保护补助奖励政策　经济激励措施

一　引言

从 2011 年开始，中国在内蒙古、新疆、西藏、青海、甘肃、宁夏等 8

---

* 基金项目：陕西师范大学中央高校基本科研业务费"效率视角下西北地区水资源利用与经济发展的空间协同效应研究（16SZYB38）"；国家社会科学基金重大项目"完善生态补偿机制研究（12&ZD072）"；国家自然科学基金项目"西部区域创新环境质量评价、监测与空间差异研究（71273209）"。

** 通讯作者简介：杨理，博士，内蒙古大学经济管理学院教授，硕士生导师，主要从事草地资源管理与政策、环境与自然资源经济学研究工作。

个主要草原牧区省份全面实施草原生态保护补助奖励政策（以下简称"草原生态补奖政策"），2012 年又将黑龙江等 5 个有草原但不以草原牧区为主的省份纳入草原生态保护补助奖励政策实施范围，政策实施范围覆盖了全部 268 个牧区县、半农半牧区县，截至 2013 年全国共有 639 个县实施草原生态保护补助奖励机制，涉及草原面积达 48 亿亩，占全国草原面积的 80% 以上，其中可利用草原面积为 38.3 亿亩。"十二五"期间，中央财政累计投入资金 773.6 亿元，在 13 个省份和新疆生产建设兵团、黑龙江省农垦总局启动实施了第一轮草原生态补奖政策。草原生态补奖政策有力地促进了牧区生态恢复、牧业生产发展和牧民生活改善，加快了草原畜牧业生产方式转变。虽然牧民对草原生态补奖政策并不十分满意[①]，但是草原生态补奖政策对增加牧民收入起到了重要的作用，部分地区转移支付的比例占牧民可支配收入的 30% 以上，第二轮草原生态补奖政策也于 2016 年正式开始实施。

但是，当前草原生态补奖政策面临如何更好地保护草原生态的严峻挑战：一方面，草原生态补奖政策不但没有减少禁牧区偷牧、草原超载过牧现象，反而进一步加剧了矛盾；另一方面，草原生态补奖政策对农牧民的补贴额和草原生态质量变化不相关，甚至在第一轮实施过程中，多数地区把草原生态奖补的补贴额简化为只与草地面积相关，对禁牧和草畜平衡的约束只是名义上的，而不是事实。第二轮草原生态补奖政策已经把强化监督检查列为将来工作的重点，明确要求将草原禁牧和草畜平衡落实到位。第二轮草原生态补奖政策加强禁牧监管、加大超载罚款，这是否有助于保护草原生态？草原生态补奖政策该如何更好地保护草原生态？这已经是当前亟须解决的难题，也是未来草原生态补奖政策实施的难点。

二　第一轮草原生态补奖政策面临牲畜总量并没有减少的尴尬

从理论上讲，在干旱、半干旱草原，频繁调整牲畜数量并不科学（Li et al.，2014；邢旗，2006）。所以，在草原管理中，对载畜量标准的调整一般以 3 年或者 5 年平均为基准来调整，避免牲畜规模调整过于频繁，譬如

[①]　白爽、何晨曦、赵霞：《草原生态补奖政策实施效果——基于生产性补贴政策的实证分析》，《草业科学》2015 年第 2 期。

2006 年颁布的《内蒙古自治区草原管理条例实施细则》规定：旗县级人民政府草原行政主管部门依据国家、自治区的有关规定和标准，对草畜平衡的核定每三年进行一次。然而，这样的草畜平衡核定方式使草原生态补奖政策面临十分尴尬的困境：譬如为了避免内蒙古的草原生态保护补奖波动过大，曾明确要求草畜平衡相关数据 5 年不变（《内蒙古自治区人民政府办公厅关于开展草原生态保护补助奖励机制基本情况统计的通知》内政办发电〔2011〕11 号）。以此计算，2010 年锡林郭勒盟超载率为 17.78%，预定于 2013 年年底前实现减畜 266 万羊单位，其中禁牧区减畜 204.19 万羊单位，草畜平衡区减畜 61.8 万羊单位，要求禁牧区和草畜平衡区减畜工作分 3 年完成，2011 年完成减畜总数的 40%，2012 年、2013 年各完成 30%。可是由于近两年降雨偏多，牧草长势良好，按照规定本来应该大幅减少牲畜数量，但是事实上牲畜数量几乎没有变化，锡林郭勒盟 2012 年牧业年度，牲畜存栏达 1171.4 万头（只），与 2011 年相比几乎不变，与 2010 年相比，仅略降 4%！

三　草原生态补奖政策加剧了草畜矛盾

自草原生态补奖政策实施以来，全国牲畜超载率出现了显著的下降，内蒙古牲畜超载率也从实施前的 20% 以上迅速地下降为 10% 左右，2012 ~ 2015 年超载率都在 10% 左右（见表 1）。这一方面表明草原补奖政策的实施有效地缓解了牲畜超载，但实际上牲畜数量并没有明显地下降，由表 1 可见，内蒙古 2014 年年末牲畜量折合 9768.8 万羊单位（每一个大牲畜按照 5 个羊单位折算），为历史最高纪录。草原生态补奖政策并没有降低总载畜量，载畜量甚至有所提高，从理论上讲，相比收税，补贴也有增加产量规模的作用，所以牲畜总数增加并不奇怪。

那么，超载率是如何降下去的呢？超载率的下降主要来源于草原质量变好，导致天然草原的载畜量急剧增加。从表 1 可以看到，内蒙古超载率的下降主要归功于草原质量变好和承载力的迅速增长。问题是，承载力如此惊人的增长是否符合常识？草原生产力怎么可能如此迅速提高呢？特别是，33 个牧业旗的冷季载畜量有 23.4% 的增长，《2012 年全国草原监测报告》表明内蒙古草原产草量增产超过 10%。这也从另一个侧面表明，草原生态补奖政策导致草畜矛盾更加突出，迫于压力不得不降低标准，让草原承载力突破常规地大幅增长。

表1 2005~2015年天然草原的载畜量和牲畜超载率变化

单位：万羊单位，%

年份	2005	2006	2007	2008	2009	2010	2011	2012	2013	2014	2015
全国牲畜超载率*	40	34	33	32	31.2	30	28	23	16.8	15.2	13.5
内蒙古牲畜超载率*		22	20	18	25	23	18	11	8	9	10
内蒙古年末牲畜量**	9336.0	9033.5	9177.7	9541.3	9541.7	9694.2	9508.5	9340.0	9337.2	9768.8	
33旗冷季理论载畜量***	2029.3	1907.3	1544.5	2089.0	1708.1	1768.8	1972.9	2434.4	2683.3	2526.7	
33旗年末牲畜量**	4335.0	4413.4	4174.9	4199.2	4289.0	4241.8	4225.9	4471.2	4562.9	4717.7	

注：*2005年为内蒙古、新疆、甘肃和四川等省份天然草原的超载率，以后各年为重点天然草原的超载率，范围有所不同。

**内蒙古统计局公布的历年内蒙古牲畜头数折合为标准羊单位（大牲畜×5＋羊头只数）。

***内蒙古草勘院历年内蒙古33个牧业旗天然草原冷季适宜载畜量预报。

资料来源：农业部历年全国草原监测报告。

四　草畜平衡不能将当年产草量
作为超载判定依据

承载力并不是适宜的管理指标（Arrow et al.，1995），干旱、半干旱草原的年际波动异常高，使用载畜量作为判定指标并不适宜（Gillson and Hoffman，2007），干旱、半干旱草原年产草量波动超过40%的情况很常见，这导致测定的草畜平衡标准年际变化幅度非常剧烈。

从正式公布的《内蒙古33个牧业旗天然草原冷季可食牧草储量及适宜载畜量的监测通报》来看，2005~2013年33个牧业旗的冬季适宜载畜量变化程度超过30%的次数占比为25.0%；变化程度超过50%的次数有35次，占整体的比例为12.87%，其中牲畜规模增多50%的次数是26次（见表2）。2005~2013年，一些牧业旗相邻年天然草原的冬季适宜载畜量变化程度超过了100%，其中冬季适宜载畜量增多100%的次数有7次，这是一个让人吃惊的数字，表明对草畜平衡的调整不科学，如果严格按照草畜平衡管理调整牲畜规模，会导致无法有效地利用草原。因为按照牲畜自然增长规律，即使当年母羔全部不卖出，第二年的牲畜总量增多50%也是不现实的，除非牧民在上一年违背草畜平衡管理的规定而"超载"。

表 2　相邻年载畜量标准变化程度的统计

单位：%

相邻年载畜量（每羊单位亩数）变化程度	2005 年的苏木频数	2006 年的苏木频数	9 年间锡林郭勒盟 9 个牧业旗的频数	9 年间内蒙古 33 个牧业旗的频数
< −100	0	0	0	0
−100 ~ −50	0	0	3	9
−50 ~ −40	2	0	2	5
−40 ~ −30	2	0	2	11
−30 ~ −20	12	4	7	27
−20 ~ −10	12	8	15	61
−10 − 0	28	19	11	46
0 − 10	13	5	14	37
10 − 20	8	6	5	16
20 − 30	9	7	4	17
30 − 40	9	4	3	15
40 − 50	3	3	0	2
50 − 100	3	0	5	19
>100	0	0	1	7

资料来源：《锡林郭勒盟日报》《内蒙古 33 个牧业旗天然草原冷季可食牧草储量及适宜载畜量的监测通报》。

以 2004 – 2006 年锡林郭勒盟的载畜量标准为例，显然在旗县水平上，载畜量标准的变化程度并不明显，载畜量标准变化程度超过 30% 的旗县个数仅仅有 1 个。但是，从长期看，锡林郭勒盟的草畜平衡标准相邻年变化程度同样很大。2005 ~ 2013 年，从锡林郭勒盟的 9 个牧业旗的载畜量标准变化来看，牧业旗相邻年的载畜量标准变化程度超过 30% 的次数高达 16 次，占比 22.3%。

而对于苏木乡镇而言，这个变动就更大了，以最早颁布的锡林郭勒盟草畜平衡标准为例，相比 2004 年的载畜量标准，2005 年颁布的载畜量标准变化程度超过 30% 的苏木个数占到整体的 21.8%，其中 15 个苏木牲畜数量增多 30% 以上，4 个苏木减少 30% 以上。可见，以三年或者五年平均值作为草畜平衡调节依据，对干旱草原、半干旱草原来说非常必要。

五 巨额的超载罚款成为当前草原管理中
各方寻租博弈的目标

从细节去分析，更能理解草原生态补奖政策造成的草畜矛盾的严重性。当前草原超载率普遍超过 10%，每年超载牲畜头数超过千万羊单位，按照每羊单位罚款 20~100 元计算，当前管理体系应收而没有收上来的罚款就有 10 亿元。譬如内蒙古 33 个牧业旗理论载畜量为 2000 多万羊单位，超载 10%，每羊单位应罚 50 元，就有超过 1 亿元的草畜平衡罚款。这都是当前管理体系的运行成本，虽然没有计入行政成本，但是这是当前管理制度的制度费用之一。这些罚款理论上归政府所有，可能有少量罚款会成为基层人员的灰色收入，更多的情况是牧民通过不交罚款的方式保留收益。尽管采用双随机抽查制度会增强政府获得这部分经济租的权力，但是这个结果并不一定是最优的。现实中罚款结果如何，谁也不知道，而且一个地方和另一地方的博弈结果也不一致，这些巨额的罚款就成为各利益方追逐的无主经济租，当然也成为当前管理制度体系必不可少的制度费用，没有这些超载罚款，当前的草畜平衡管理恐怕就有名无实，无人真心管理了。

最糟糕的不是当前草畜平衡管理体系需要这些无主的经济租维持运行，而是当前的草畜平衡管理制度严重地损害了草原生态经济系统的弹性。弹性是健康生态经济系统的核心（Scheffer et al.，2001；Reid et al.，2014），而灾年加大处罚会严重降低抵抗灾害的能力（杨理等，2004）。草原生态补奖政策为了减轻草畜矛盾，降低减畜的压力，采用依据当年产草量判定草畜平衡的原则。迫于草原补奖措施规定造成的草畜矛盾压力，2011 年内蒙古按照《内蒙古禁牧、草畜平衡监测评价标准与方法》规定以当年产草量来衡量草畜平衡，在 2011~2016 年草原降水都比较理想的情况下，这不失为一个良策。但是，草原十年九旱、三年一大旱的情况并没有根本转变。假设歉年产草量下降 20%，超载率会飙升至 20%。更加可怕的是，此时，政府将迫于干旱造成的草原产草量剧降的压力，而进一步加大处罚力度。

如果旱灾造成的歉年比较严重，那么当前管理系统中的无主租值将出现根本性的增长，可能出现政府加大罚款的现象。当前政府已经将处罚条件、处罚方式等都已经规定好了，甚至在宣传上也已经造势，明确警告将会加大处罚力度。第二轮草原补奖政策已经将大多数牧户置于超载罚款的风险中，就等歉年的发生和舆论的支持了。

六　草原生态质量和禁牧、草畜平衡的关系探讨

（一）禁牧、草畜平衡是否会保护草原生态

对禁牧、草畜平衡作用的研究一直是学术界的争论热点（贾幼陵，2005；李青丰，2005；海山，2015）。其实从生态的角度看，当前的草原生态系统是人类、植物、动物协调进化的均衡结果，单纯地减少人类的影响，并不能维持原有草原生态系统的均衡，特别是在中国，中国草原生态系统的主导影响因素毫无疑问是人类。

当然，中国确实存在过度利用草原生态系统的现象，从经济学角度看，所谓的过度利用仅仅是对中国草原生态系统的正确认识，毫无疑问，中国草原生态系统进化的特征是人类占主导地位，人类利用不当，必然导致生态系统发生显著性变化。但是，简单地减少人类影响也不恰当，因为牧民对草原的利用仍然是有利于草原的，毕竟牧民是草原的主人，有产权就能长期激励牧民去保护草原。

过去，草原公有导致超载利用、草原退化，但是现在，简单地禁止放牧或者强制要求减少冬天当地的牲畜头数，而不减少夏天放牧的当地、外地牲畜头数，这样的管理并不科学。有多少过度利用是当地牧民的利用，又有多少过度利用和牲畜放牧相关（Thompson et al.，2009）？毫无疑问，中国草原退化是由利用不当造成的，可并没有足够的证据证明，当前草原退化的主因是承包者的过度放牧（达林太等，2012）。

譬如，在内蒙古自治区，有许多打草场在牧草肥美的夏天严格禁止放牧，反而在白雪皑皑一片枯草的冬天允许放牧，因为牧民清楚地知道打草场不施肥光打草一定会变为荒漠。而放牧可以免费地利用牲畜给打草场施肥，如果采用人工施肥反而成本高昂。人、牲畜、草的耦合关系表明单方面减少放牧并不会有益于草原生态系统。因为任何人都知道放牧利用是经济成本最低的中国草原生态系统利用方式。

（二）草畜平衡是饲草牲畜平衡还是草原畜牧业平衡？

在人类主导草原生态系统的情况下，人类的许多决策具有非常大的影响力，稍有不慎甚至会引起草原生态系统突破门槛值发生跃变，这是完全不可接受的危险。但是这是否意味着，科学家能够计量出正确的草畜平衡呢？这是做不到的。

第一，草畜平衡是什么平衡？是草畜（chu）平衡还是草畜（xu）平衡？是饲草和牲畜（chu）的平衡，还是草原植被和畜（xu）牧业的平衡？为什么不是水、草、畜的平衡？当前，已经不能依靠生态平衡指导生态保护了，为什么还要依赖草畜平衡罚款保护草原生态呢？

第二，即使假设存在一个科学的载畜量阈值，但是北方草原空间上的异质性特点十分突出，再加上干旱半干旱草原较大的时间异质性动态波动，严格遵守草畜平衡并不能实现可持续发展（Sandford et al.，2006）。更何况，目前的科学技术水平只能给出一个区域大致的指导指标，与每个牧户的实情存在较大的误差，很难针对每个牧户制定准确科学的载畜量标准。

所以，从生态经济系统的角度来看，即使假设真的存在一个科学的载畜量标准，假设以现有的科技水平能够测出这个载畜量标准，在当前市场经济条件下，在科技、资金等其他生产要素对饲草有明显替代效应的条件下，仍然完全不能针对单个牧户给出合理科学的载畜量，只能针对较大区域范围给出合理科学的载畜量，更不能依据草畜平衡对牧户罚款。

载畜量和放牧率是不同的概念（董世魁等，2002）。冬天的牲畜数量和造成超载的生长季放牧牲畜量也不是一回事。虽然在过去，超载和过牧的含义几乎是相同的，农牧民对草原的利用强度基本和牲畜头数成正比，但是现在农牧民在加大对草原科技和资金投入的前提下，对草原的利用强度和牲畜头数就不成正比。并不是牲畜多了，就一定对草地资源产生过度利用；也不是牲畜少了，对草地资源的利用就会减轻。当前，这种传统的管理方式并不能有效地降低草原的利用强度，也不能从根本上解决草畜的矛盾。

（三）禁牧和草畜平衡管理是提高生产成本的权宜措施

在美国蒸汽动力轮船已经纵横世界的时候，阿拉斯加海峡的渔民仍然在使用风力帆船捕鱼，这是为什么呢？这是典型的"公地悲剧"：在产权不清，相关利用者都尽力掠夺公地的经济利益的情况下，提高利用成本的措施是非常必要的。但是，这不是最佳策略，未来仍然要建立产权由市场配置的机制（Stavins，2003），一定要让市场在草地资源配置中发挥决定性作用。

同样的道理，通过禁牧、草畜平衡管理也可以提高牧民的生产成本，降低"公地悲剧"的竞争利用，但是禁牧是典型的提高生产成本的措施，明明可以更低成本、更高效率地放牧利用，却必须割草回来舍饲，这明显降低了经济效率。即使是草畜平衡管理也存在明显弊病：草畜平衡管理并不能保证符合草畜平衡的牧户就会更好地保护草原生态，也不能证明超过草畜平衡规定的超载牧户就会破坏草原生态。

草畜平衡管理致力于减少牲畜头数，在十年前，这还是一个正确的政策，而当前，这项政策已经没有科学基础了。因为，大多数地区草原已经承包到户，"公地悲剧"问题不存在，或者并不严重。需要草畜平衡管理政策抑制牧民通过多养牲畜掠夺公共草地利益的经济激励不存在了，所以草畜平衡管理政策不再必要了，当然在青藏高原、半农半牧区等公地仍然很多的地区还需要草畜平衡管理。

七　进一步完善草原生态补奖政策的建议

中国草原生态保护补助奖励机制政策是新中国成立以来在草原生态保护方面安排资金规模最大、覆盖面最广的一项政策。中国草原生态保护补助奖励政策以生态保护为核心目标，但是在考核评估时，却不以生态为核心来考评，而是坚持以生态、生产、生活来综合考评。这看起来颇让人费解，但是我们坚持认为这是一个正确的策略。

草原生态补奖政策以生态保护为目标，但是其实施效果却不能依赖生态状况评价。这看上去，是不合理的。但是，我们认为草原生态补奖政策的核心：禁牧和草畜平衡都不能很好地保护草原生态，为避免"公地悲剧"提高生产成本的草原管理措施虽然短期内限制了草原过度利用，但是这些管理措施和草原生态的关系十分复杂，并不只是简单的线性相关，所以第二轮草原生态补奖政策试图借助生态恶化来加大惩罚的理由也不成立。当前的每年调整草畜平衡的措施并不科学，而加大处罚的措施，就更不科学了，这会破坏生态系统抵抗灾害的弹性。相反，应该在大灾之年，在超载严重恶化的情况下，补贴牧户出栏牲畜而不是加大罚款力度。

草畜平衡管理不是监管饲草量和牲畜数量之间的动态平衡，而是依据草地生态系统的质量变化来调节利用草原。所以将目前的草原家庭承包和草畜平衡管理结合起来建立可交易放牧权制度是可行的基于市场经济的经济激励措施（杨理，2011，2013）。

总而言之，草原生态补奖政策采取依据当年而不是多年产草量测定草畜平衡的策略，所以必须改变超载必罚、从严执法的思路，应该借助经济激励管理措施，从生态、生产和生活等方面综合评价考核，这应是未来草原生态补奖政策改革的基本思路。

参考文献

［1］ YanBo Li, Gongbuzeren, WenJun Li, A Review of China's Rangeland Management Policies, IIED, 2014.

［2］ 邢旗：《草原利用与草畜平衡调节机制》，2006 中国草业发展论坛论文，广州，2006 年 9 月。

［3］ Arrow, K. , B. Bolin, R. Costanza, et al. , "Economic Growth, Carrying Capacity, and the Environment," *Ecological Economics* 2（1995）.

［4］ Gillson, L. , M. T. Hoffman, "Rangeland Ecology in a Changing World," *Science* 5808（2007）.

［5］ Scheffer, M. , et al. , "Catastrophic Shifts in Ecosystems," *Nature* 6856（2001）.

［6］ Reid, R. S. , M. E. Fernández – Giménez, K. A. Galvin, "Dynamics and Resilience of Rangelands and Pastoral Peoples Around the Globe," *Annual Review of Environment and Resources* 1（2014）.

［7］ 杨理、侯向阳：《弹性与草畜平衡管理关系初探》，《草业科学》2004 年第 21 期。

［8］ 贾幼陵：《关于草畜平衡的几个理论和实践问题》，《草地学报》2005 年第 4 期。

［9］ 李青丰：《草畜平衡管理：理想与现实的冲突》，《内蒙古草业》2005 年第 2 期。

［10］ 海山：《改变"反生态"的草原政策》，《中国科学报》2015 年 4 月 17 日。

［11］ Thompson, M. , et al. , "Mapping Grazing-Induced Degradation in a Semi-Arid Environment：A Rapid and Cost Effective Approach for Assessment and Monitoring," *Environmental Management* 43（2009）.

［12］ 达林太、郑易生：《真过牧与假过牧——内蒙古草地过牧问题分析》，《中国农村经济》2012 年第 5 期。

［13］ Sandford, S. , I. Scoones, "Opportunistic and Conservative Pastoral Strategies：Some Economic Arguments," *Ecological Economics*.

［14］ 董世魁、江源：《草地放牧适宜度理论及牧场管理策略》，《资源科学》2002 年第 6 期。

［15］ Stavins，R.，"Experience with Market-Based Environmental Policy Instruments，" *Handbook of Environmental Economics* 3（2003）.

［16］ 杨理：《基于市场经济的草权制度改革》，《农业经济问题》2011 年第 10 期。

［17］ 杨理：《公共草地资源管理制度变迁的中国经验》，2013 中国经济学年会论文，成都，2013 年 11 月。

智慧水务社会参与式管理
模式及其影响因素研究
——基于系统动力学模型分析

张　宁　王梦琳*

摘　要　随着信息技术的快速发展和广泛应用，智慧水务建设成为许多国家完善水资源科学管理的有效载体。本研究基于系统动力学模型及Vensim PLE 软件，从智慧水务顶层设计和社会系统动力参与两个层面分别对影响社会参与智慧水务建设管理的影响因素进行实证分析。结果表明，电子政务的投入对社会参与智慧水务建设的效果具有显著的正面影响；在智慧水务建设中，公众对政府治水的信任感对社会参与智慧水务建设的效果在短期内不太显著；信息化科技投入成为社会参与智慧水务建设的主要工具及途径；智慧水务的社会参与管理模式更多地依赖于"互联网＋"背景下的线上参与。

关键词　智慧水务　社会参与　影响因素　系统动力学

引　言

随着信息技术的快速发展和广泛应用，智慧水务建设成为许多国家完善水资源科学管理的有效载体。在哥伦比亚，为了更好地利用水资源并延长现

---

*　通讯作者简介：张宁，女，四川荣县人，博士，杭州电子科技大学技术经济与管理系教授，硕士生导师。邮箱：Zhedazhangning@ 126. com。

有设备使用寿命，IBM 公司为哥伦比亚水务局设计了一套系统，使得水务局能前瞻性地管理水务基础架构，由被动响应变为主动预测[1]（田雨等，2014）；以色列在供水方面之所以取得突破性进步主要原因是以色列政府在节水、提高水的利用效率、提高地下水的提纯水平与改善净化质量等方面下了细致的功夫，以及在智慧水务领域涌现出许多高科技公司。目前国内关于智慧水务建设的研究成果主要集中在技术层面上的智慧水务信息平台的构建、组织及其存在的问题研究，以及国内外先进城市研究案例分析[1~2]（杨明祥等，2014；田雨等，2014）。很少从公众参与的视角探索智慧水务建设过程中社会参与管理的问题，而公众参与水务管理已经成为学术界的一个热点研究领域。因此本文基于动态视角从技术层面和社会层面深入讨论社会参与智慧水务管理的影响因素，借助系统动力学原理构建智慧水务公众参与要素系统流图和系统动力学模型，并对模型的应用价值进行了讨论，提出了相应的改进意见。

一 文献综述与述评

社会公众参与一直以来都是公共管理研究的一个热点话题。公众参与的概念起源较早，从理论起源上看，4~6 世纪的古希腊雅典公民大会上所倡导的直接民主制模式促成了现代公民参与理论[4]。李程伟（2005）从公共管理学的角度对公众参与社会管理体制进行了解析，分别从制度层面、组织层面和机制层面对社会管理体制进行了研究。朱德米（2008）认为，公民参与社会管理已经成为当前公共管理改革和公共治理运动的主要关注点。潘小娟和白少飞（2009）认为，政府在社会管理活动中应当扩大社会参与。他们分析了地方政府加强社会管理的发展方向和基本趋势，提出以职能为出发点重塑政府行政理念、加强政府能力建设。冯全普（2011）认为公众参与社会管理的目的，就是随着民众的公民意识与政治参与水平逐渐提升，平衡不同社会力量的经济诉求和政治诉求。Cotton（2009）认为，参与式管理指员工参与管理决策制定和实施过程，通过与管理层的交互作用，从而影响管理行为的整个过程。在社会建设发展过程中，"促进公众参与"的重要性毋庸置疑[3]（贾西津，2008）。

从公众参与城市水务建设管理的角度来看，无论是传统水务管理还是现代新信息技术背景下的水务管理，国外的一些学者都将水务市场化发展作为一个国家水资源可持续发展的研究方向（Browder，2012），包括完善对企业参与制度和提高居民用水治水的关心程度（Radif，1999；Holden & Thobani，2004；Marino & Kemper，2007）。他们认为社会能够参与水资源立法和管理，将进一步提高水务管理的总效率和效果[5]（Radif，2009）；同时，开展面向社会的宣传教育和激励设计，提高各阶层的人士对水务事业的关心程度，也是水务管理工作的重点内容（Easter，1998）；对于社会利益主体如何共同参与水务管理，使其逐渐形成产业化和市场化，法国、德国、新加坡已开展试点工作，摸索经验（Lohmar，Rozelle，2008）[6]。国际水资源管理研究所（2008）特别指出新的水资源管理活动应当包含水环境治理与保护、水资源可持续利用、水资源利益相关者之间的利益分配以及水资源管理决策中的社会参与等问题[7]。Miguel A. Marino & Slobodan R.（2010）在《水资源综合管理》一书中指出，人类从事水资源管理活动的目标和内容已经发生了根本性的变化，不可持续的水资源管理模式已经不能适应新形势发展下的要求，而新的管理方式仍然在摸索中。

　　本研究主要从智慧水务顶层设计和社会系统动力参与两个层面进行分析即技术和社会两个层面。在技术层面，IBM公司在提出"智慧地球"的理念之后，进而在智慧水资源管理方面也做了深入的探索。IBM的智慧水资源管理分为利用、预测和协调三个部分[8]。IBM公司开发了一套智慧水资源管理系统，具有多数据共享，用可视化的方式统一展示管网、事件和预警信息，以及信息发布等功能，进而实现了实时采集、梳理管网顺序、优化调度以及各部门之间的信息共享，用于解决加利福尼亚州的索诺玛地区，因葡萄种植业对水的大量需求造成的用水高峰期水资源紧张以及水位波动等问题（王广斌，2013）。智慧水务利用物联网、互联网、云计算以及大数据等先进的信息技术，提高企业运营管理的协同化、智慧化，使供水更加安全、运营更加高效、服务更加灵活。智慧水务建设将以新信息技术应用带动水务信息化技术水平的全面提升，以重点应用系统建设带动信息化建设效益的发挥，为水务管理的精细化、智慧化提供信息技术支撑，有望成为解决城市水资源问题的重要途径[2]（杨明祥，2014）。可以用易于理解的简单公式表达：智慧水务＝水务信息化＋物联网＋云计算。查阅大量外文文献发现，关于"智慧水务"这个关键词的文献很少，而智慧水务就是在水务信息化基础上运用物联网、云计算发展而来的，所以本文对水务信息化这方面的文献进行梳理。

　　社会层面的研究主要是从社会资本角度出发，社会资本是近年来社会科学领域的热门话题，各个学科的学者都在将社会资本这个概念用于不同研究目的，但同时有关社会资本的概念和理论还有很多争议（Adler and Kwon，2002；Paldam，2000；张文宏，2003）。其中帕特南提出的"社会资本"概念影响广泛（Putnam，1993；帕特南，2001），故将其作为本研究的一个重要依据[9]。在《使民主运转起来——现代意大利的公民传统》一书中，帕特南指出："社会资本是指社会组织的特征，如网络、规范以及社会信任，它们能够通过促进合作行为来提高社会的效率。"[10]按照普特南（1993）的定义和 Bjrornskov's（2006）的研究，社会资本的三个组成部分为普遍信任、社会规范和自愿活动（Shim，2009），其中社会信任是社会资本的主要内容。

上述研究文献梳理揭示，国外学术领域对水务信息化建设问题的关注比国内要早，国内外智慧水务或水务信息化管理研究的论文近年来有剧增的趋势，其研究已成为多学科领域共同关注的热点话题，目前对智慧水务技术建设的研究较多，但对智慧水务建设下管理模式的研究较少。在进行智慧水务建设过程中，随着智慧水务的不断发展，管理模式创新势在必行，只有在引入先进信息技术的同时创新管理模式才能实现更高水平的智慧水务建设。因此，完善智慧水务建设的管理模式，解决智慧水务建设过程中缺乏公众参与或参与度不高的一系列问题，全面发挥智慧水务建设的功效是至关重要的。本研究在"互联网＋"的背景下，研究如何通过新信息技术应用建立水务信息化技术平台，有效地把社会各利益主体用水、治水的积极性调动起来，并探索和建立一个与智慧城市发展建设方向相一致的有效社会参与式管理模式。本文基于前人的研究以及实地调研，拟采用公众互联网线上参与数、线下参与数作为衡量智慧水务社会参与情况的直接产出，采用整个区域地区生产总值的增长来间接反映智慧水务建设公众参与的宏观经济效果。借助系统动力模型，依据社会利益主体关系图，从技术和社会资本两个层面进行分析，建立公众参与要素因果关系图，并借助计算机进行模拟仿真实验，获得辅助科学决策的信息，从而提出有效的建议以提高公众在智慧水务建设中的参与度。

二 智慧水务建设过程中的公众参与模型的构建

系统动力学（System Dynamics，SD）是系统科学理论与计算机仿真紧密结合，研究系统反馈结构与行为的一门科学。系统动力学是由美国麻省理工学院的福瑞斯特（Jay W. Forrester）教授在 1956 年创立的，是一种以反馈控制理论为基础，以仿真技术为手段，研究复杂社会经济系统的定量方法[11]（王其藩，2009）。由于公众参与的许多构成要素和影响因素是难以直接量化的，必须借助定性与定量相结合的方法，系统动力学模型最重要的功能是通过仿真模型表示非线性关系，并且能够建立系统内各因素之间的动态因果关系，研究系统的动态联系，从而获得辅助科学决策信息（欧绍华，2015），所以本文选择系统动力学模型作为研究工具。

（一）系统边界与基本假设

系统动力学认为，内因和外因有明显的区别，内因决定了系统的行为，而外因起不到决定性作用，因此选择合理的系统边界是建模的关键步骤。智慧水务建设过程中的社会参与主体包括政府、水务企业、社会公众和第三方科技机构。政府是水务行业的监管者，通过完善法律法规、营造智慧水务建设氛围、引导公众参与等方式为公众参与智慧水务建设提供适宜的宏观环境；水务企业是水务产品、服务的直接提供者，水务信息化的决策、投资和收益的主体；社会公众是智慧水务建设成果的直接消费者，是监督政府及企业行为的主体；第三方科技机构是智慧水务建设的技术提供方，是独立的评估监督机构。智慧水务社会利益主体之间的关系如图1所示。

从结构上看，智慧水务社会参与系统主要包括四个子系统，分别是政府行为子系统、水务企业行为子系统、社会公众行为子系统和第三方科技机构行为子系统。该系统有以下基本假设条件：其一，技术的发展和运行以及政府与水务企业、第三方科技机构的合作是一个连续、渐进的过程；其二，不考虑政府政策的重大变革以及非正常情况所导致的体系崩溃[12]；其三，公众参与智慧水务效果由公众互联网线上参与数、线下参与数以及GDP等指标来体现；其四，社会层面因素主要从公众信任度方面考虑，以政府电子政务建设代表政府在法律层面和社会层面所做的工作。

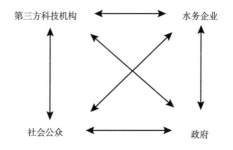

第三方科技机构 ↔ 水务企业

社会公众 ↔ 政府

图1　智慧水务社会利益主体要素框架

(二) 系统因果关系分析

基于上述理论分析以及实地调研,为了反映各影响因素之间的相互关系,引入其他的辅助变量,以 Vensim PLE 为平台建立智慧水务公众参与要素因果关系 (见图2)。

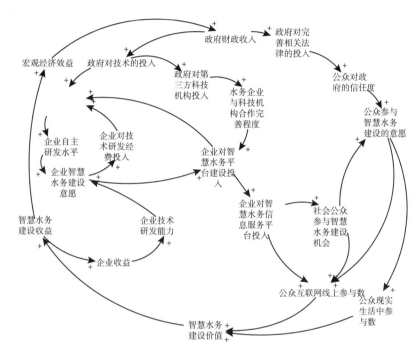

图 2　智慧水务公众参与要素因果关系

如图2所示,本文对智慧水务公众参与要素因果关系的主要回路进行分析。

(1) 从技术层面分析,政府对技术投入的强度增大,使得水务企业和第三方科技机构的投入力度增加,科技投入必然有相应的产出,通过建立完善的智慧水务平台,增加了公众参与的机会以及参与意愿,继而提高了公众参与度,智慧水务建设效果明显,会进一步刺激技术投入。

(2) 从社会层面分析,相关法律法规的完善使得公众对政府和社会的信任增加,使得公众参与意愿增加,公众愿意主动参与其中,智慧水务建设价值得以凸显。

(3) 公众的广泛参与使智慧水务建设的价值得以充分体现,智慧水务建设收益的提升,增加了政府的财政收入,政府通过增加对技术的投入和相关法律法规的投入，促进智慧水务技术平台建设、增加公众参与智慧水务建设机会，继而增加智慧水务建设收益。

（三）智慧水务公众参与要素的系统流程

以因果关系（图2）为基础，考虑现实性和可操作性，对因果关系进行简化与总结得出如下流程（见图3）。

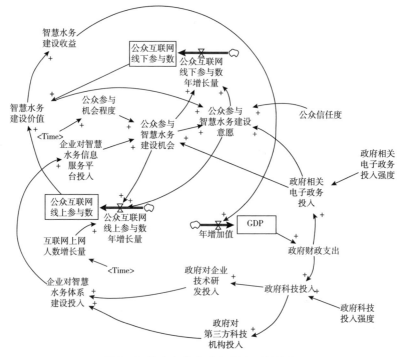

图3　智慧水务公众参与要素系统流程

由上述分析，建立状态变量、速率变量、辅助变量和常量的系统动力学方程。在此仅列出模型涉及的主要公式及说明。

（1）公众互联网线下参与数＝INTEG（公众互联网线下参与数年增长量，初值1）。

（2）公众互联网线上参与数＝INTEG（公众互联网线上参与数年增长量，初值2）。

（3）GDP＝INTEG（年增加值，初值3）。

（4）公众互联网线上参与数年增长量＝公众参与智慧水务建设意愿×0.5＋公众参与智慧水务建设机会×0.6＋互联网上网人数增长量×0.1。

（5）公众线下参与数年增长量 = 公众参与智慧水务建设机会 ×0.4 + 公众参与智慧水务建设意愿 ×0.5。

随着智慧水务建设的不断发展和完善，公众线上参与机会不断增加，比线下实际生活中参与的机会多，所以公众参与智慧水务建设的线上参与数所占比例更大。

（6）公众参与智慧水务建设意愿 = 公众信任度 ×0.4 + 政府相关电子政务投入 ×0.2 + 智慧水务建设价值 ×0.2 + 公众参与智慧水务建设机会 ×0.2。

（7）公众参与智慧水务建设机会 = 企业对智慧水务信息服务平台投入 ×0.6 × 公众参与机会程度 + 政府相关电子政务投入 ×0.4 × 公众参与机会程度。

（8）表函数公众参与机会程度 = With Lookup（Time，（［（0，0）-（10，10）］，（0，0），（1，1），（2，2），（3，3），（4，4），（5，5）））。

由于公众信任是公众是否愿意参与智慧水务建设的重要指标，所以公众信任所占权重为40%。公众参与智慧水务建设机会还受公众参与机会程度的影响，而机会程度随着水务建设的完善而增长，为了避免系统过于复杂，按照最初为0、最终为5的线性函数处理。

（9）企业对智慧水务体系建设投入 = 政府对企业技术研发投入 + 政府对第三方科技机构投入。

政府除了直接支持企业进行智慧水务技术建设外，还支持专门的科技机构进行技术研发，以便更好地完善智慧水务技术建设。

（10）政府相关电子政务投入 = 政府财政支出 ×0.2 × 政府相关电子政务投入强度。

（11）政府科技投入 = 政府财政支出 ×0.3 × 政府科技投入强度。

模型主要从技术和社会两方面进行研究，因此财政支出主要包括两方面，而智慧水务建设的科学技术投入明显较高，占30%。

三　模型仿真与应用

（一）模型的参数值及初始条件

由于智慧水务公众参与主体具有明显的差异性和多样性，智慧水务建设的相关数据不健全，公众信任等变量的赋值很难采取以现实数据为背景的实际赋值法。如果对模型中各要素的流率变量赋相对基准初始值，虽然无法获得实际定量值，但是通过模型模拟分析初始值是具有真实性和可比性的，并且系统模型能够起到预测作用。这种赋值方法虽然没有历史数据的支撑却可以用来分析智慧水务建设中公众参与的发展趋势，并对参数前后变化的效果进行对比。

在该模型中，初值 1 和 2 被统一设定为 10（不含单位），初值 3 被设定为 1000（不含单位）。在该模型中，各变量之间的单位并不统一，也缺少实际数据的赋值，因此在模拟过程中对所有变量均实行无量纲化处理。此外，将无法定量描述的辅助变量的取值范围设定在 [0，1][13]。

（二）模型有效性检验

在进行模拟仿真之前，需要对智慧水务公众参与的系统动力学模型进行有效性检验。系统动力学方法认为，模型结构的准确性远比参数的选择更重要，并且本研究所需的实际数据有限，因此本文以理论检验为主，着重考察模型结构的有效性、一致性和适应性[13]。

模型的建立基于大量的相关文献以及实地走访调查，模型本身包括了建模所需要的主要变量和反馈结构，并且计算机模拟结果显示模型的每个方程均有意义，因此模型是合适的。

在已有流图的基础上，用所建立的模型得到 5 年中公众互联网线上参与数于公众互联网线下参与数的变化情况，如图 4 所示。

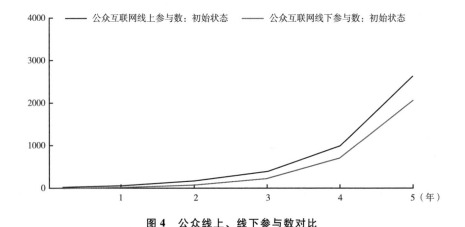

图 4　公众线上、线下参与数对比

从图 4 可以看出，公众互联网线上参与数与线下参与数都呈现增长态势；公众互联网线上参与数明显多于公众互联网线下参与数；从图形斜率可看出，公众参与数每年的增长量也在大幅度增加。随着智慧水务建设的不断完善，公众信息平台建设更加贴近公众生活、方便公众关注水务建设情况，所以线上参与数大幅度增加；为促进公众参与，除了完善公众参与平台之外，政府需要不断完善相关法律法规，促进电子政务的发展，使公众对相关法律、相关信息的了解更加透彻。综上所述，图 4 所显示的变化趋势与理论预期一致。

（三）仿真结果与应用

在系统流程图通过有效性检验的基础上，用 Vensim PLE 进行模拟仿真。取 Initial Time $= 0$，Final Time $= 5$，Time Step $= 1$，Saveper $= 1$，Units for Time $=$ Year[14]。

本文主要是研究影响公众参与度的主要因素。通过系统内部的单因素调整和多因素组合变动分别进行分析得到相应的趋势变动图。

1. 单因素调整

社会层面的分析，主要从社会资本角度考虑，其中社会信任是社会资本最主要的因素。图 5 是在公众信任度提高 20% 的情况下，通过模型仿真模拟输出的结果。

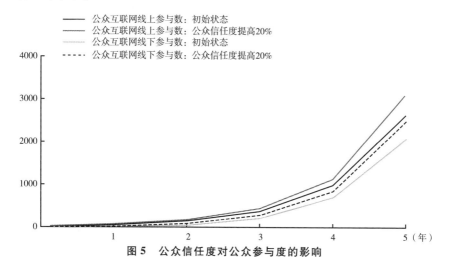

图 5　公众信任度对公众参与度的影响

由图 5 可以看出，公众信任度提高 20% 后，无论是线上还是线下情况，公众参与度都明显提升；比较具体数值之后发现，公众互联网线上参与数增加的幅度要略微高于公众互联网线下参与数的增加幅度，这是因为随着互联网的不断发展，人们越来越多地依赖电子产品，越来越多地通过网络去接触外界。

图6反映出电子政务投入强度提高20%之后，公众参与数的情况。可以看出，公众参与数增加明显，变动幅度也非常明显。电子政务的完善，涵盖了技术和社会两个方面，一方面政府通过电子政务平台与公众进行信息沟通，另一方面加强对电子政务的投入，完善相关的法律法规，充分保障公众的权益，从而促进了公众参与。图7从技术层面进行分析，考察科技投入强度提高20%时，公众参与数的变化趋势。可以看出公众互联网线上参与数和互联网线下参与数都有小幅度提升。

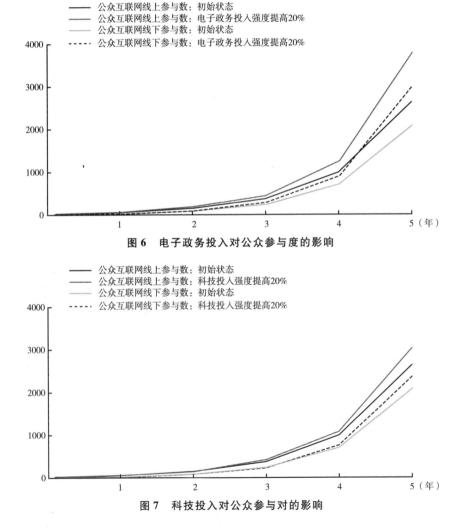

图6　电子政务投入对公众参与度的影响

图7　科技投入对公众参与对的影响

从图 8 可以看出，电子政务投入强度提高 20% 时，对公众线上参与数影响最大，变动幅度最高；公众信任度对公众参与数的影响略微高于科技投入对公众参与数的影响；科技投入对公众参与具有一定影响，但效果不太显著。由图 8 可以看出，在智慧水务建设公众参与这个问题上，一味地进行技术研发、增加技术投入，虽然会给技术方面带来一定的突破，但是如果想要提升公众参与数，提升公众对智慧水务建设的认同感，还是要对社会层面进行投入，完善相关法律法规，充分保障公众的权利，间接地增强公众对政府的信任度，从而增加公众参与数。

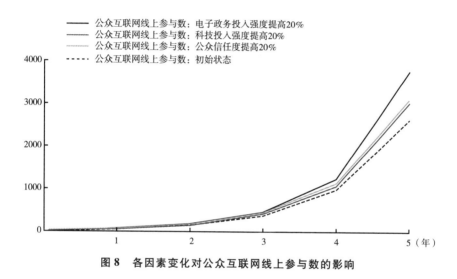

图 8　各因素变化对公众互联网线上参与数的影响

从表 1 可以看出，电子政务投入强度的提高对公众互联网线下参与数影响最为明显，而科技投入与公众信任度对公众互联网线下参与数影响程度大致相当。

表 1　各因素变化对公众互联网线下参与数的影响

单位：年，人

时间	电子政务投入强度提高 20%	科技投入强度提高 20%	公众信任度提高 20%	初始状态
0	10.000	10.000	10.000	10.000
1	23.200	22.600	28.600	22.600
2	78.615	74.130	90.915	72.915
3	268.282	240.298	274.559	228.984
4	898.821	757.986	811.021	692.896
5	3001.780	2373.470	2393.970	2070.160

从对表 1 和图 8 的综合分析来看，电子政务投入强度对公众参与度的影响最为明显。电子政务是政府部门利用现代信息技术和网络技术，实现高效、透明、规范的电子化内部办公、协同办公和对外服务的程序、系统、过程以及界面。电子政务系统的建立是需要不断完善的。不仅技术方面需要提升，而且制度、规范、信息方面也要不断地完善。科技投入的效果不如公众信任投入的效果，但需要注意的是，提高公众信任是一个长期过程，投入期长，投入效果在短时间内很难显现出来。相对而言科技投入的效果能在短时间内体现出来。

2. 主要因素的灵敏度分析

对单个因素分别进行灵敏度分析，设置相同的三个强度等级，从图 9 可以看出，电子政务对公众互联网线上参与数影响程度最大，公众信任度在三个强度等级的情况下几乎没有产生什么影响。公众信任不仅包括单个人对政府的认可，而且包括个人带动周围人群提升对政府的信任，即提升公众满意度，这是一个良性循环过程。所以小范围地提升公众信任并不能使公众参与度增加，只有公众信任达到一定程度，对政府信任的人群达到一定数量时，才能明显促进公众参与。电子政务的投入能够产生较为明显的效果，为政府促进公众参与提供了新的思路。

3. 多因素组合变动

对图 3 系统流程中的三个变量进行组合变动，得到公众互联网线上参与数情况，如图 9 所示。

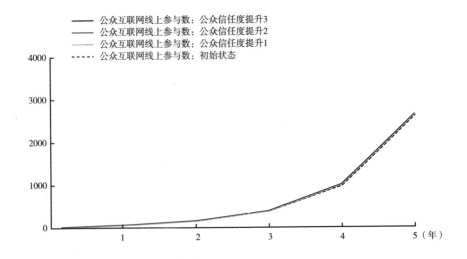

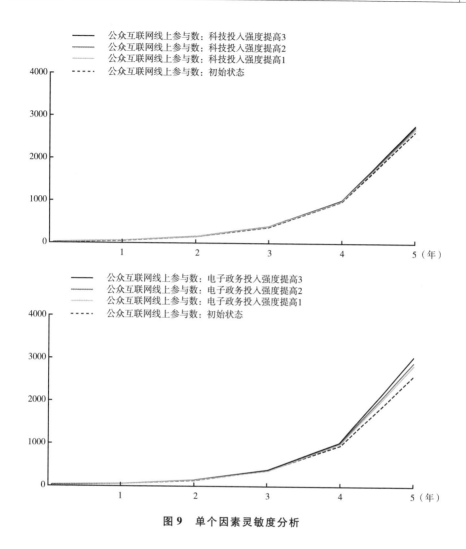

图9　单个因素灵敏度分析

图10是将公众信任度、电子政务投入强度、科技投入强度这三个变量进行一定比例的调整后所得。按照这三个因素在现实生活中投入的难易程度来调整，公众信任相对较难，所以投入较少，接下来是电子政务投入强度，最容易实现的是科技投入。从图10可以看出，组合因素的影响略微高于电子政务提高20%之后的影响。在总投入一定的情况下，想要在短期内提高公众参与度，提高电子政务的投入强度是一个明智的选择。但是，如果想要在长期内提高公众参与度，提高公众对政府的信任是必经之路。公众信任作为社会资本的主要部分，对于提高公众参与度起着至关重要的作用，实际上完善电子政务的建设能够间接地提高公众信任。

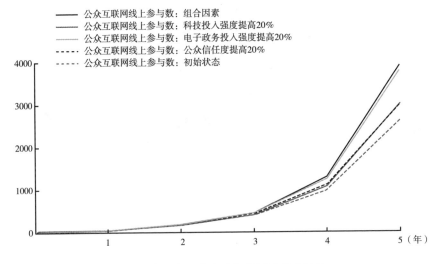

图10 多因素组合变动与单因素变动对比

四 结语

本文通过对已有的智慧水务、公众参与的相关文献进行总结，结合目前智慧水务建设公众参与的实际运行情况，构建了智慧水务公众参与要素因果关系模型，通过因果关系模型明确了智慧水务公众参与的实现路径和运行模式，进而借助 Vensim PLE 软件进行了系统仿真。通过对模型中主要因素进行单个因素分析、灵敏度分析、多因素组合变动分析发现，公众信任度、电子政务投入强度及科技投入强度对公众参与均具有正向影响。根据上述模拟仿真，主要得到如下启示。

（1）电子政务投入对提高公众参与具有显著作用。电子政务指运用计算机、通信等现代信息技术，实现政府组织结构和工作流程的优化重组，创建精简、高效、廉洁、公平的政府运作模式，以便全方位地向社会提供优质、规范、透明、高水准的管理与服务。电子政务的投入涵盖了技术和社会两个层面，政府不仅可以通过政府网站等平台发布智慧水务建设信息，与公众建立联系，而且可以完善其相关法律法规和政府运作模式，从而方便公众参与智慧水务建设及保障公众进行智慧水务建设。

（2）公众信任对提高公众参与具有正向作用。公众信任作为社会资本的主要内容，对提高公众参与度具有深远的影响。但公众信任的建立是一个长期积累的过程，在短时间内公众信任的提升很难对公众参与产生巨大影响。这就要求政府在制定相关政策时从公众出发，充分体现社会群众的意志，并且政府对电子政务的建设完善也可以间接地提升公众对政府的信任。同时，企业在实施智慧水务建设时，通过公众平台及时发布信息，也可以增加公众对水务企业的信任。只有一点一滴的积累，才能不断提升公众信任，提升公众满意度，从而促进公众积极参与智慧水务建设。

（3）科技投入对提高公众参与具有积极作用。科技的投入是单从技术层面来考虑智慧水务建设的公众参与。"互联网＋"成为当代社会发展的新趋势，智慧水务就是在信息技术快速发展的背景下提出的。如今，公众越来越依赖信息技术和互联网，公众参与的形式也从线下听证会、座谈会、上访等形式转为线上发送邮件、在各种公众平台发表言论等方式。对科技建设的投入非常必要，只有将智慧水务公众信息平台建设完善，才能为公众提供更多的参与机会，从而方便公众参与，进而提高公众参与度。

（4）正如上文提到，如今越来越多的人愿意在互联网、各种平台上进行公众参与，而且互联网线上参与涉及的范围相当广泛；线下的公众参与方式比如听证会、座谈会等必不可少，但是所涉及的范围有限。鉴于此，就需要政府和企业共同努力建设一个良好的互联网线上公众参与环境，完善电子政务平台、智慧水务公众参与平台以及其他平台建设，为公众参与提供充分的条件。

本文的研究存在一些不足之处，虽然对智慧水务建设公众参与影响因素进行了理论分析，但是由于相关数据不完整，所以采用平衡态赋值法研究了各因素对智慧公众参与的影响，为提高公众参与提供了相应的对策和建议。但是在建模过程中，一些相关变量的选择和参数设定还存在一定的主观性。后续研究可以结合统计学的相关方法对参数进行设定，从而进一步提高模型的准确性和科学性。

参考文献

［1］田雨、蒋云钟、杨明祥：《智慧水务建设的基础及发展战略研究》，《中国水利》2014年第20期。

［2］杨明祥、蒋云钟、田雨、王浩：《智慧水务建设需求探析》，《清华大学学报》

（自然科学版）2014 年第 1 期。

[3] 高勇：《参与行为与政府信任的关系模式研究》，《社会学研究》2014 年第 5 期。

[4] Milita Vienažindienė, Ramunë Čiarnienë, "New Public Management: Theoretical and Practical Aspects," *Engineering Economics* 5 (2007).

[5] 卢小丽、赵奥、王晓岭：《公众参与自然资源管理的实践模式——基于国内外典型案例的对比研究》，《中国人口·资源与环境》2012 年第 7 期。

[6] Pannathat Rojanamonk, Taweep Chaisomphob, "Public Participation in Development of Small Infrastructure Projects," *Sustainable Development* 20 (2012).

[7] 王兵：《当代中国人的社会参与研究述评》，《哈尔滨工业大学学报》（社会科学版）2012 年第 6 期。

[8] 田雨、蒋云钟、杨明祥：《基于智慧化依赖度的智慧水务建设分析模型》，《武汉大学学报》（工学版）2014 年第 6 期。

[9] Dong Chul Shim, Tae Ho Eom, "Anticorruption Effects of Information Communication and Technology (ICT) and Social Capital," *International Review of Administrative Sciences* 75 (2009).

[10] 罗伯特·D. 帕特南：《使民主运转起来——现代意大利的公民传统》，王列、赖海榕译，江西人民出版社，2001。

[11] 王其藩：《系统动力学》，上海财经大学出版社，2009。

[12] 胡军燕、朱桂龙、马莹莹：《开放式创新下产学研合作影响因素的系统动力学分析》，《科学学与科学技术管理》2011 年第 8 期。

[13] 原毅军、田宇、孙佳：《产学研技术联盟稳定性的系统动力学建模与仿真》，《科学学与科学技术管理》2013 年第 4 期。

[14] 贺彩霞、冉茂盛、廖成林：《基于系统动力学的区域社会经济系统模型》，《管理世界》2009 年第 3 期。

第三篇

绿色发展、节能减排与气候变化

基于能值的传统产业低碳
绿色转型评估方法研究[*]
——以华北某钢铁厂转型效果评估为例

张雪花　吴天培　程　扬　云　菲[**]

摘　要　在全球气候变暖、全世界碳减排的大潮中，拥有高耗能、高污染、高排放的钢铁企业急需进行绿色化转型，而评价转型成功与否需要一个客观的评估方法。本文提出一种基于能值的钢铁企业绿色转型效果评估方法，该方法可以将具有不同量纲的污水、废气、废渣资源化利用的环境效益通过太阳能值转化为二氧化碳减排量。并以华北某钢铁厂 2012 年数据为例，对其进行绿色化转型的环境效益评估，结果显示：该钢铁厂绿色转型效果显著，相当于年减少二氧化碳排放 109.9×10^4 t；废气资源化利用碳减排达年碳减排的 81.12%，能源技术改造仍然是企业绿色转型的重中之重。

关键词　绿色转型　废物资源化　效果评估　能值　钢铁行业

一　研究背景

近年来，由温室气体排放引发的全球气候变暖严重威胁着人类的生存与

---

* 基金项目：天津市哲学社会科学规划项目"绿色化视角下天津市低碳经济发展对周边地区辐射带动作用"（TJLJ15 - 008）；国家社会科学基金项目"'全碳效率'测度与区域生态经济评价研究"（12BJY025）。
** 通讯作者简介：张雪花，女，天津工业大学环境经济研究所教授，博士后，硕士生导师，主要从事碳减排与碳效率评估研究工作。邮箱：xuehua671231@163.com。吴天培，男，研究生，主要研究方向为环境经济学。程杨，女，研究生，主要研究方向为环境管理。云菲，女，研究生，主要研究方向环境规划管理。

发展，温室气体的减排成为当前环境领域的核心问题。

钢铁行业是我国国民经济的重要基础产业和实现工业化的支柱产业，同时也是能源消耗和大气污染物排放的大户，是我国实行节能减排的重点行业[1]。

有关钢铁企业碳排放的计算方法，目前国际上主要有政府间气候变化专门委员会（IPCC）提出的编制国家温室气体清单的 CO_2 排放计算方法、国际钢铁协会（WSA）根据 LCI 研究提出的 CO_2 排放计算方法等[2]。国内对温室气体排放量计算方法的研究基本没有脱离 WSA 和 IPCC 的框架[3~4]，但还没有形成统一的规范或标准[5~9]。

IPCC 方法计算的主要是使用化石燃料和还原剂所产生的 CO_2 排放量。WSA 的研究包括了原燃料开采、运输、钢厂内的产品生产过程，虽然考虑了副产品在钢厂外部回收再利用的抵扣，但不包括下游产品的制造、使用和废钢回收等[2]。

事实上，能源节约和碳排放量减少不仅得益于直接能源消耗量的减少，而且得益于废水、废气和废渣等废弃物资源化量的增加及排放量的减少。这是因为如果将大量未经处理的废弃物直接排放到环境中，未经处理的废弃物在环境中过量累积，就会导致环境质量下降。为了保持环境质量，满足人类的健康生活需求，就需要进行污染治理，需要投入大量的资源、能源，有时还会产生二次污染。由此看来，废弃物排放也是一种巨大的潜在的能源消耗和碳排放。因此，只有在对直接能源消耗实行碳减排的基础上，充分考虑废水、废气和废渣等废弃物资源化的潜在碳减排效果，才能更加全面地评价一个企业或行业技术改造措施的环境效益和节能效果。但是，废水、废气和废渣具有不同的实物量纲，无法直接以能源减少量或碳减排量度量。能值分析为解决这一难题提供了可行方法。

能值理论与分析方法由美国著名生态学家 Odum 提出，Odum 将能值（Emergy）定义为，一种流动或贮存的能量中所包含的另一种类别能量的数量[10]。因为任何形式的能量均源于太阳能，故以太阳能值为基准衡量单位[11]。任何资源、环境、产品或劳务形成所需直接和间接应用的太阳能量之和，就是其所具有的太阳能值，单位为太阳能焦耳（sej）[12]。可以说，资源能源生产过程中所耗用的其他种类物质的能量越多，该种资源单位质量所对应的能值量就越高[13]。因此，能值分析方法可以将不同来源和不同性质的物质，通过自然的能量转换为同一量纲的太阳能值。

鉴于此，面对实践需求，本文提出一种基于能值的钢铁企业绿色转型效果评估方法，旨在将不同量纲、不可比较的能量转化为同一量纲太阳能值，进而转化为二氧化碳排放量，以全面评价某项技术改造措施的环境效益和节能效果。

二　基于能值的钢铁企业绿色转型效果评估方法研究

基于能值的钢铁企业绿色转型效果评估分为以下几步：首先，将各种不同来源、不同性质的能量流换算成可以直接进行运算、合成的太阳能值；其次，借助电能的能值转化率，将各物质的太阳能值换算成相对应的电能，进而转化为标准煤；最后，根据标准煤火力发电燃烧计算物质的碳排放量，以碳减排量确定其节能量。

以上转换过程可简单示意为：

原始数据有效能→太阳能值→电能→标准煤→碳排放量。

（一）有效能计算

通过能量折算系数，将原始数据转化为有效能。计算公式如下：

$$E = P \cdot \alpha \tag{1}$$

其中，E 为有效能；P 表示物质的原始数据；α 表示能量折算系数，本文所用能量折算系数相关数据参照李建的研究[14]。

（二）太阳能值计算

以 Odum[10] 提出的能值分析方法为基础，通过能值转换率，将有效能转化为太阳能值。计算公式如下：

$$S = E \cdot \beta \tag{2}$$

其中，S 为太阳能值；β 表示能值转换率，是形成每单位某种能量（或物质）所需的另一种能量的量，即单位能量或物质所具有的能值，实际应用的是太阳能值转换率，即单位能量或物质需要多少太阳能焦耳转化而来，例如，形成 1J 木材的能量需要 34900sej 太阳能转化而来，那么木材的能值转换率就是 34900sej/J[12]。本文所用能值转换率相关数据参照李建的研究[14]。

（三）电能计算

经由电能的能值转化率，再将太阳能值转化为电能。计算公式如下：

$$q = \frac{S}{\gamma} \tag{3}$$

其中，q 为电能；γ 表示电能的能值转化率，等于煤的太阳能值转换率（sej/J）与电的煤炭能值转换率（J 煤炭/J 电）的乘积，其中煤的太阳能值转换率为 4×10^4 sej/J。电能的能值转换率随着电的煤炭能值转换率的变化而变化。1983 年电的煤炭能值转换率为 4J 煤炭/J 电[15]，则火力发电效率为 25%，根据当前火电厂发电效率推算电能的能值转换率为 1.05×10^5 sej/J。

（四） 二氧化碳排放量计算

利用计算的电能转化为标准煤，再根据标准煤火力发电燃烧排碳量计算二氧化碳排放量。计算公式如下：

$$Q_{CO_2} = q \cdot \mu \tag{4}$$

其中，Q_{CO_2} 为二氧化碳排放量；μ 表示每千瓦时供电排放的二氧化碳量，此处电量用以标准煤为原料的火力发电计算，单位火力发电煤耗根据国家发展和改革委员会公布的数据计算得出，火电厂平均每千瓦时供电煤耗为 360g 标准煤。标准煤火力发电燃烧碳排放量根据国家发展和改革委员会公布的数据计算，1kg 标准煤火力发电燃烧排放约 2.46kg 二氧化碳[16]，计算得 μ 为 0.8856kg/（kW·h）。

综上可得，基于能值的节能量计算公式为：

$$Q_{CO_2} = \frac{P_1 \times \alpha \times \beta}{\gamma} \times \frac{0.8856}{3600000} \tag{5}$$

由李建[14]的研究可得，废水、废渣可以由物质量经能值转换率转化为能值，不需要经过能量折算，因此节能量计算公式为：

$$Q_{CO_2} = \frac{P_2 \times \beta}{\gamma} \times \frac{0.8856}{3600000} \tag{6}$$

三 案例研究

本文以华北某钢铁厂为例，对其绿色转型的环境效益进行效果评估的应用研究。

（一）污水资源化效果评估

该钢铁厂水处理中心原水来源于三部分：矿井水、市政污水处理厂出水和企业生产废水。出水按水体组成成分分为三类：净化水、软化水和除盐水。该钢铁厂污水资源化处理流程如图 1 所示。

图 1 污水资源化流程

2012 年，该钢铁厂水处理中心产出净化水 $1439 \times 10^4 m^3$、软化水 $357 \times 10^4 m^3$、除盐水 $74 \times 10^4 m^3$，产水总量为 $1870 \times 10^4 m^3$，即 2012 年该水处理中心提取原水总量为 $1870 \times 10^4 m^3$。其中提取矿井水 $174 \times 10^4 m^3$，则提取市政污水处理厂出水和企业生产废水 $1696 \times 10^4 m^3$，即实际资源化污水总量。

由于再生水资源成分复杂，其密度计算比较烦琐，在误差允许范围内，本文以纯水密度代替再生水资源密度。

该钢铁厂 2012 年实际污水资源化总量为 $1696 \times 10^4 t$；参照李建[14]的研究，废水的能值转换率 β 取值 $4.94 \times 10^{12} sej/t$；电能的能值转化率 γ 经公式（3）计算，取值 $1.05 \times 10^5 sej/J$。

将以上数值代入公式（6），可得污水资源化利用的环境效益为：

$$Q_{CO_2} = \frac{(1696 \times 10^4) \times (4.94 \times 10^{12})}{1.05 \times 10^5} \times \frac{0.8856}{3600000} = 19.63 \times 10^4 (t)$$

即该钢铁厂 2012 年污水资源化利用效果相当于减少二氧化碳排放 $19.63 \times 10^4 t$。

（二）废气资源化效果评估

该钢铁厂将生产过程中产生的全部焦炉煤气，部分高炉煤气、转炉煤气，余热蒸汽进行回收，并将其用于发电，供企业自身使用，废气资源化处理流程如图 2 所示。

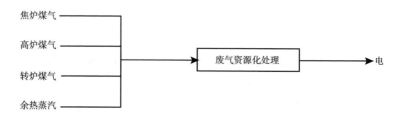

图 2 废气资源化流程

2012 年，该钢铁厂自发电量达 $25.3 \times 10^8 \mathrm{kW \cdot h}$；参照李建[14]的研究，电力的能量折算系数 α 取值 $1.18 \times 10^4 \mathrm{kJ/(kW \cdot h)}$，能值转换率 β 取值 $1.60 \times 10^5 \mathrm{sej/J}$；电能的能值转化率 γ 经公式（3）计算，取值 $1.05 \times 10^5 \mathrm{sej/J}$。

将以上数值代入公式（5），废气资源化利用的环境效益为：

$$Q_{CO_2} = \frac{(25.3 \times 10^8) \times (1.18 \times 10^4) \times (1.60 \times 10^5)}{1.05 \times 10^5} \times \frac{0.8856}{3600000} = 1.12 \times 10^4 (\mathrm{t})$$

即该钢铁厂 2012 年废气资源化利用效果相当于减少二氧化碳排放 $1.12 \times 10^4 \mathrm{t}$。

（三）废渣资源化效果评估

该钢铁厂积极开发综合利用技术，将企业生产过程中产生的高炉水渣、转炉钢渣、含铁氧化物、含铁尘泥及各种除尘灰等固体废弃物进行资源化处理，基本实现了工业固体废弃物零排放。该钢铁厂废渣资源化处理流程如图 3 所示。

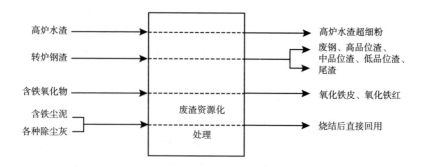

图 3 废渣资源化流程

该钢铁厂高炉水渣资源化产物为高炉水渣超细粉，即矿渣微粉。2012年超细粉生产量为 $111.83 \times 10^4 t$。

2012年，该钢铁厂转炉钢渣资源化产物量总计为 $95.46 \times 10^4 t$，其中，废钢为 $9.85 \times 10^4 t$，高品位渣为 $2.83 \times 10^4 t$，中品位渣为 $11.57 \times 10^4 t$，低品位渣为 $13.14 \times 10^4 t$，尾渣为 $58.07 \times 10^4 t$。

2012年，该钢铁厂含铁氧化物资源化产物量总计为 $8.08 \times 10^4 t$，其中，氧化铁皮为 $6.81 \times 10^4 t$，氧化铁红为 $1.27 \times 10^4 t$。

该钢铁厂将含铁尘泥及各种除尘灰烧结后回收利用，2012年处理含铁尘泥 $11.08 \times 10^4 t$，处理各种除尘灰 $27.24 \times 10^4 t$，共计为 $38.32 \times 10^4 t$。

由上可得，2012年该钢铁厂废渣资源化利用产物高达 $253.69 \times 10^4 t$；参照李建[14]的研究，可得废渣的能值转换率 β 取值 $1.50 \times 10^{14} sej/t$；电能的能值转化率 γ 经公式（3）计算，取值 $1.05 \times 10^5 sej/J$。

将以上数值代入公式（6），可得废渣资源化利用的环境效益为：

$$Q_{CO_2} = \frac{(253.69 \times 10^4) \times (1.50 \times 10^{14})}{1.05 \times 10^5} \times \frac{0.8856}{3600000} = 89.15 \times 10^4 (t)$$

即该钢铁厂2012年废渣资源化利用效果相当于减少二氧化碳排放 $89.15 \times 10^4 t$。

（四）废弃物资源化效果总计及占比

由以上可得，华北某钢铁厂2012年污水资源化利用碳减排达 $19.63 \times 10^4 t$，废气资源化利用碳减排达 $1.12 \times 10^4 t$，废渣资源化利用碳减排达 $89.15 \times 10^4 t$，以上三项资源化效果相当于年减少二氧化碳排放 $109.9 \times 10^4 t$。污水资源化利用碳减排占年碳减排的 17.86%，废气资源化利用碳减排占年碳减排的 1.02%，废渣资源化利用碳减排占年碳减排的 81.12%。

四　结论

钢铁产业作为国民经济的支柱产业，具有高耗能、高污染的特点，在能源价格日益上涨和环境压力逐渐增加的形势下，钢铁企业亟须走绿色化转型之路，而转型是否成功需要一种客观的评价方法。鉴于此，本文提出基于能值的钢铁企业绿色转型效果评估方法，并对华北某钢铁厂绿色转型的环境效益进行了评估，结果显示：该钢铁厂绿色转型效果显著，通过对废水、废气、废渣进行废物资源化利用，仅 2012 年，相当于减少二氧化碳排放 $109.9 \times 10^4 t$；废气资源化利用碳减排达年碳减排的 81.12%，能源技术改造仍然是企业绿色转型的重中之重。

参考文献

[1] 刘贞、蒲刚清、施於人等：《钢铁行业碳减排情景仿真分析及评价研究》，《中国人口·资源与环境》2012 年第 3 期。

[2] Liu Zhen, Pu Gang-qiang, Shi Yu-ren, "Simulation Analysis and Evaluation on Carbon Reduction Scenarios in Steel Industry," *China Population Resources and Environment* 3 (2012).

[3] 上官方钦、张春霞、郦秀萍：《关于钢铁行业 CO_2 排放计算方法的探讨》，《钢铁研究学报》2010 年第 11 期。

[4] Shangguan Fangqin, Zhang Chunxia, LI Xiu-ping, "Discussion on the CO_2 Emission Calculation Methods in Iron and Steel Industry," *Journal of Iron and Steel Research* 11 (2010).

[5] Association W. S., CO_2 Emissions Data Collection User Guide, Version 6, Chicago, 2011.

[6] Eggleston H., "2006 IPCC Guidelines for National Greenhouse Gas Inventories," *Forestry* 5 (2006).

[7] 侯玉梅、梁聪智、田歆：《我国钢铁行业碳足迹及相关减排对策研究》，《生态经济》2012 年第 12 期。

[8] Hou Yumei, Liang Congzhi, Tian Xin, "Study on Chinese Steel Industry Carbon Footprint Analysis and Emission Reduction Countermeasures," *Ecological Economy* 12 (2012).

[9] 张蕊娇、刘振鸿：《中国钢铁行业 CO_2 排放核算》，《中国人口·资源与环境》2012 年第 S2 期。

[10] Zhang Ruijiao, Liu Zhenhong, "Research on Carbon Emissions and Carbon Accounting System of Chinese Steel Industry," *China Population Resources and Environment* S2 (2012).

[11] 张辉、李会泉、陈波：《基于碳物质流分析的钢铁企业碳排放分析方法与案例》，《钢铁》2013 年第 2 期。

[12] Zhang Hui, Li Huiquan, Chen Bo, "Analysis Method and Case of Carbon Emission Assessment Based on Carbon Flow Analysis in Integrated Iron and Steel

Industry," *Iron and Steel* 2（2013）.

［13］白皓、刘璞、李宏煦:《钢铁企业 CO_2 排放模型及减排策略》,《北京科技大学学报》2010 年第 12 期。

［14］Bai Hao, Liu Pu, Liu Hongxu, " CO_2 Emission Model and Reduction Strategy of the Steel Making Industry," *Journal of University of Science and Technology Beijing* 12（2010）.

［15］邹安全、罗杏玲、全春光:《基于 EIO – LCA 的钢铁产品生命周期碳排放研究》,《管理世界》2013 年第 12 期。

［16］Zou Anquan, Luo Xing ling, Quan Chunguang, "Research on Carbon Emissions in Life Cycle of Iron and Steel Products Based on EIO-LCA," *Management World* 12（2013）.

［17］Odum H. T. , "Environmental Accounting: Emergy and Environmental Decision Making," *NewYork*: *John Wile* 51（1996）.

［18］Ulgiati S. , Odum H. T. , Bastianoni S. , "Energy Use, Environmental Loading and Sustainability : An Energy Analysis of Italy," *Ecological Modelling* 73（1994）.

［19］蓝盛芳、钦佩:《生态系统的能值分析》,《应用生态学报》2001 年第 12 期。

［20］Lan Shengfang, Qin Pei, "Emergy Analysis of Ecosystems," *Chinese Journal of Applied Ecology* 12（2001）.

［21］Chen B. , Chen G. Q. , "Ecological Footprint Accounting Based on Emergy-A Case Study of the Chinese Society," *Ecological Modelling* 198（2006）.

［22］李建:《基于能值—生态足迹模型的生态城市评价方法研究》,硕士学位论文,天津大学,2010。

［23］蓝盛芳、钦佩、陆宏芳:《生态经济系统能值分析》,化学工业出版社,2002。

［24］李娟:《基于双层规划模型的经济新区碳规划方法研究》,硕士学位论文,天津大学,2012。

基于绿色发展的贵州
环境污染损失价值评估

魏　媛　吴长勇　曾　昉
刘晓璐　李儒童　王必聪[*]

摘　要　贵州正处于工业化快速推进时期，随着经济快速增长，环境面临巨大的压力。准确计量经济发展过程中环境污染损失价值对改善生态环境、促进区域绿色发展具有非常重要的意义。本文采用成本法对贵州工业化进程中的环境污染损失价值进行定量评估，研究结果表明，2010～2013年贵州环境污染损失价值由107.439亿元增加到147.769亿元，环境污染损失价值占地区生产总值的比值由2010年的2.33%下降到2013年的1.85%，下降了0.48个百分点。揭示了贵州经济增长对环境的负外部性减弱，新型工业化发展效益得到体现。

关键词　新型工业化　环境污染　经济损失　计量核算

党的十八大报告要求加快建立生态文明制度，把资源消耗、环境损害、生态效益纳入经济社会发展评价体系，建立体现生态文明要求的目标体系、考核办法、奖惩机制。十八届五中全会进一步强调，实现"十三五"时期发展目标，破解发展难题，厚植发展优势，必须牢固树立并切实贯彻绿色发展理念。坚持绿色发展，走新型工业化道路，必须坚持节约资源和保护环境的基本国策，加快建设资源节约型、环境友好型社会，形成人与自然和谐发展现代化建设新格局，推进美丽中国建设，为全球生态安全做出新贡献。同

---

*　通讯作者简介：魏媛，女，贵州财经大学教授。邮箱：weiyuan09876@163.com。

时,《国务院关于进一步促进贵州经济社会又好又快发展的若干意见》(国发〔2012〕2 号)明确贵州的战略定位之一是逐步建立生态补偿机制,促进人与自然和谐相处,构建以重点生态功能区为支撑的"两江"上游生态安全战略格局,在守住生态红线的同时,实现经济社会的可持续发展。

当前,环境污染已经成为一个全球性问题,以大气污染、水污染、固体废物污染等为代表的污染物排放依然呈递增态势。环境污染不仅造成直接经济损失,而且给人体健康、农作物生长、区域生态安全以及经济社会的可持续发展带来严重的负面影响。因此,定量评估环境污染造成的经济损失能使公众直观地认识环境问题的严重性,有助于科学评估环境政策的有效性,为政府完善相关政策、守住"两条底线"提供决策依据。目前,国内外对生态环境损失有大量研究,Ridker 于 1967 年利用人力资本法对美国 1958 年大气污染造成的经济损失进行了估算[1];2002 年 Delucchi 等依据剂量 – 反应关系,运用市场价值法研究了大气污染的经济损失[2]。郑易生、徐猛、杨丹辉等对我国国家层面的环境污染经济损失进行了研究[3~5]。一些学者对我国部分省份的环境损失价值进行了核算[6~8],对快速工业化地区绿色发展转型的制约瓶颈及突破方略进行了研究[9];另一些学者对我国部分城市的环境价值量进行核算[10~13],安和平对贵州省经济增长与环境污染关系进行了实证研究[14]。总体上来说,但对新型工业化背景下的贵州环境污染损失价值评估缺乏系统的研究。因此,本文以贵州为研究对象,对新型工业化背景下的环境污染损失价值进行评估,以期为促进所研究区域新型工业化发展、经济社会绿色发展和生态文明建设提供参考。

一　数据来源与核算方法

(一) 数据来源

本文所用的数据主要来源于 2011 年和 2014 年《贵州省统计年鉴》、《中国统计年鉴》,2010 年和 2013 年《贵州省环境公报》、《中国环境公报》及《贵州省国民经济和社会发展统计公报》等。

(二) 核算方法

国际上对环境损失的核算主要有两种方法,即成本法和损害法。但由于成本法较为简单，可行性较大，因此绝大多数国家在进行绿色 GDP 环境损失成本核算时都采用成本法。

环境污染损失价值＝环境污染虚拟治理费用＋环保资金投入。

环境治理成本包含实际治理成本和虚拟治理成本两个部分[10]。环境污染的虚拟治理成本，又叫虚拟治理费用，是指将目前排放到环境中的污染物全部进行处理所需要的成本，核算虚拟治理成本以实际治理成本和实物量核算为基础。实际治理成本对应的是污染物去除量和排放达标量，而虚拟治理成本对应的是未处理量和处理未达标量（即排放量和排放未达标量）[15]。

环境污染虚拟治理费用＝废水虚拟治理费用＋废气虚拟治理费用＋固体废弃物虚拟治理费用。计算公式如下：

$$C_a = C_水 + C_气 + C_固 = Q_水 \times P_水 + Q_气 \times P_气 + Q_固 \times P_固$$

其中 C_a 为环境污染虚拟治理总成本；$C_水$、$C_气$、$C_固$ 分别为废水虚拟治理费用、废气虚拟治理费用、固体废弃物虚拟治理费用；$Q_水$、$Q_气$、$Q_固$ 分别为废水排放量、废气产生量、固体废弃物产生量；$P_水$、$P_气$、$P_固$ 分别为废水、废气、固体废弃物的单位治理成本。

（三）核算范围及口径

造成环境污染的因素有很多，但由于一些污染物的排放量很小，对环境造成的损失也小（如氨氮排放量、废水汞、废水镉、废水砷、氰化物等），不具有统计意义，一些污染物没有被列入法定统计指标，相关数据无法查找（如农村生活污水、农村生活垃圾），一些污染具有区域性的特点（如海洋污染），因此，结合贵州实际，将本文核算范围确定如下：废气主要包括工业生产、生活及其他活动产生的二氧化硫、烟尘、粉尘等；废水主要包括工业污水、城镇生活污水、化学需氧量（COD）排放量等；固体废弃物主要包括工业固体废弃物、城市生活垃圾等，核算时间选取 2010 年和 2013 年。

二　贵州环境污染损失价值核算

（一）环境污染虚拟治理费用的核算

（1）废气虚拟治理费用。废气虚拟治理成本核算的对象为大气中二氧化硫、烟尘、粉尘排放量。核算公式为：废气虚拟治理成本 = 各污染物的单位治理成本×各污染物的排放量。考虑烟尘、粉尘的治理成本相近，故核算时将烟尘和粉尘合并计算。单位治理成本参考张圣琼等的研究成果[16]，二氧化硫的单位治理成本为 1250 元/吨，烟（粉）尘的平均治理成本为 250元/吨。由表 1 可知，2013 年与 2010 年相比，实际排放到大气中的二氧化硫数量表现出下降的趋势，从 2010 年的 58.65 万吨下降到 2013 年的 43.90万吨，3 年间下降了 14.75 万吨，同比下降 25.15%。实际排放到大气中的烟（粉）尘的排放量呈现上升的趋势，由 2010 年的 3.78 万吨上升到 2013年的 4.08 万吨，3 年间上升了 0.30 万吨，同比上升 7.94%。

表 1　2010 年和 2013 年贵州废气实际排放量

单位：万吨

年份	2010	2013
二氧化硫实际排放量	58.65	43.90
烟（粉）尘实际排放量	3.78	4.08

从表 1 中可以看出，贵州大气污染中二氧化硫所占比重比较大，这符合贵州的实际情况，贵州在工业生产中的煤炭消费量还比较大，天然气等清洁能源使用较少，因此二氧化硫污染比较严重。根据计算公式：废气虚拟治理成本 = 各污染物的单位治理成本×各污染物的排放量，结合表 1 中的数据，计算贵州 2010 年和 2013 年的废气虚拟治理成本（见表 2）。

表 2　2010 年和 2013 年贵州废气虚拟治理成本

单位：亿元

年份	2010	2013
二氧化硫	7.33	5.49
烟（粉）尘	0.09	0.10
合计	7.42	5.59

表 2 中的计算结果表明，2013 年与 2010 年相比，贵州废气虚拟治理成本分别为表现出下降的趋势，由 2010 年的 7.42 亿元下降到 2013 年为 5.59亿元，同比下降了 24.67%。

（2）废水虚拟治理费用。水污染主要包括工业废水、生活废水以及农业废水。贵州水环境污染主要是由工业污染和生活废水污染造成的，工业废水绝大多数未经处理直接排入江河水域。尤其在贵州人口集中的城镇地区以及煤炭等矿产资源的开采区水污染更为严重。贵州内湖（库）一般为附近居民生产生活重要水源地或备用水源地，水污染不仅使水体功能退化，破坏了水环境的生态平衡，而且造成城乡居民饮用水质量下降，危害居民健康。

本文结合贵州水污染的主要特征，对水污染中的化学需氧量（COD）和氨氮排放量进行核算，由国家平均标准可知，化学需氧量（COD）的单位治理成本为 1.66 元/吨。参考张圣琼等的研究成果，废水的单位治理成本为 2.2 元/吨[16]。废水排放量统计结果见表 3。根据统计数据，运用公式废水虚拟治理成本 = 各污染物排放量×各污染物的单位治理成本，计算出 2010 年和 2013 年贵州的废水虚拟治理成本，结果见表 3。

表 3　2010 年和 2013 年贵州废水排放量及废水虚拟治理成本

年份	2010	2013
废水总排放量(亿吨)	2.060	1.430
COD 总排放量(万吨)	34.830	32.810
废水虚拟治理成本(亿元)	4.532	3.146
COD 虚拟治理成本(亿元)	0.006	0.005
合计(亿元)	4.538	3.151

由表 3 可知，贵州废水总排放量及 COD 总排放量表现出下降的趋势，这是因为工业污水达标排放率从 2010 年的 77.3% 提高到 2013 年的 80%，生活污水处理率从 2010 年的 74.8% 提高到 2013 年的 86.2%。表 3 的结果表明，2013 年与 2010 年相比，贵州的废水虚拟治理成本（含 COD）表现出下降的趋势，由 2010 年的 4.538 亿元下降到 2013 年为 3.151 亿元，同比下降了 30.56%。说明贵州在水污染治理方面取得了一定的成效，但由于废水排放总量较大，废水虚拟治理成本仍比较高，因此政府应加强对水污染的治理。

（3）固体废弃物虚拟治理费用。随着经济的发展，固体废弃物的产生量也处于较高水平，固体废弃物的污染主要包括工业固体废弃物污染以及生活垃圾的污染。贵州资源比较丰富，尤其是煤炭资源，对资源不合理的开发所带来的尾矿堆积是环境污染中工业固体废弃物污染较为严重的一项，其次是生活垃圾堆放。

贵州 2010 年和 2013 年工业固体废弃物的排放情况见表 4，参考张圣琼等的研究成果，工业固体废弃物丢弃的单位治理成本为 190 元/吨[16]，贮存的单位成本采用国家统一标准，即 6 元/吨。

表 4　2010 年和 2013 年贵州工业固体废弃物的排放情况

单位：万吨，%

年份	产生量	综合利用率	综合利用量	处置量	丢弃量	贮存量
2010	8187.68	50.90	4167.52	2497.55	59.76	3960.40
2013	8194.05	50.50	4137.99	2275.60	43.74	4012.32

根据表 4 的数据，运用公式工业固体废弃物虚拟治理成本 = 工业固体废弃物丢弃的单位治理成本 × 工业固体废弃物的丢弃量 + 工业固体废弃物的贮存单位成本 × 工业固体废弃物的贮存量，计算 2010 年和 2013 年贵州工业固体废弃物的虚拟治理成本，见表 5。

表 5　2010 年和 2013 年贵州工业固体废弃物虚拟治理成本

单位：亿元

年份	2010	2013
工业固体废弃物贮存量虚拟治处理成本	2.376	2.407
工业固体废弃物丢弃量虚拟治处理成本	1.135	0.831
工业固体废弃物虚拟治理成本合计	3.511	3.238

表 5 计算结果表明，2013 年与 2010 年相比，贵州固体废弃物的虚拟治理成本总体上表现出下降的趋势，由 2010 年的 3.511 亿元下降到 2013 年为 3.238 亿元，同比下降了 7.78%，其中工业固体废弃物贮存量虚拟治处理成本上升了 1.30%，工业固体废弃物丢弃量虚拟治处理成本下降了 26.78%，这揭示贵州应提高工业固体废弃物的综合利用率，减少其贮存量和丢弃量。

固体废物除了工业固废以外，还有生活垃圾，主要是城市生活产生的垃圾，相关生活垃圾统计结果见表 6。由表 6 可知，2013 年与 2010 年相比，贵州的生活垃圾产生量和处理总量均表现出上升的趋势，分别上升了 7.69% 和 19.21%，处理总量比产生量高 11.52 个百分点，故丢弃量表现出下降的趋势，同比下降了 17.11%。

表6　2010年和2013年贵州生活垃圾产生量、处理总量及虚拟治理成本

单位：万吨，亿元

年份	产生量	处理总量	丢弃量	虚拟治理成本
2010	428.51	294.92	132.59	2.52
2013	461.47	351.56	109.91	2.09

生活垃圾的虚拟治处理成本同样参考张圣琼等对废弃物单位治理成本的研究成果，即190元/吨[16]，计算方法同工业固体废物，计算结果见表6。从表6可以看出，2013年与2010年相比，贵州生活垃圾的虚拟治处理成本表现出下降的趋势，由2010年的下降到2.52亿元下降到2013年的2.09亿元，下降了17.06%。

综合上述计算结果，得出2010~2013年贵州固体废弃物虚拟治理费用（见表7）。

表7　2010年和2013年贵州固体废弃物的虚拟治理成本

单位：亿元

年份	2010	2013
工业固体废弃物虚拟治理成本	3.511	3.238
生活垃圾虚拟治理成本	2.520	2.090
固体废弃物虚拟治理成本合计	6.031	5.328

表7计算结果表明，2013年与2010年相比，贵州固体废弃物的虚拟治理成本表现出下降的趋势，由2010年的6.031亿元下降到2013年的5.328亿元，下降了11.66%。

（4）环境污染虚拟治理费用。表8统计了2010年和2013年环境污染虚拟治理费用的核算结果，从表中分析得出，2013年与2010年相比，贵州废气、废水和固体废弃物的虚拟治理费用总体上表现出下降的趋势，"三废"（包括废水、废气和固体废弃物，下同）虚拟治理总费用由2010年的17.989亿元下降到2013年的14.069亿元，同比下降了21.79%。

表8　2010年和2013年环境污染虚拟治理费用

单位：亿元

年份	2010	2013
废气虚拟治理费用	7.420	5.590
废水虚拟治理费用	4.538	3.151
固体废弃物虚拟治理费用	6.031	5.328
环境污染虚拟治理费用合计	17.989	14.069

（二）环保资金投入的核算

环境污染损失价值除了"三废"虚拟治理成本之外，还包括对环境工程、环境灾害防治等一系列投资，本文核算的环保投入就是指虚拟治理成本之外的所有费用。

2010 年和 2013 年贵州省环保资金投入、老工业污染源治理、建设项目"三同时"污染防治、城市环境基础设施建设、工业污染治理设施运行费用等，具体统计结果见表 9。

表 9　2010 年和 2013 年贵州环保资金投入

单位：亿元

年份	2010	2013
环保资金投入	89.45	133.70
老工业污染源治理	6.81	19.56
建设项目"三同时"污染防治	16.40	2.85
城市环境基础设施建设	28.91	60.33
环境管理能力建设	1.81	3.19
工业污染治理设施运行费用	35.52	47.77

2010 年，贵州环保资金投入为 89.45 亿元，比 2009 年增长 28.2%，贵州环保资金投入占地区生产总值的比例为 1.95%，工业污染源治理资金投入（包括老工业污染源治理资金和建设项目"三同时"污染防治资金）占地区生产总值的比例为 0.51%。2013 年，贵州环保资金投入为 133.70 亿元，比 2010 年增长 49.47%，比 2012 年增长 37.3%；环保资金投入占地区生产总值的比例为 1.7%，比 2010 年下降了 0.25%，工业污染源治理资金投入（包括老工业污染源治理资金和建设项目"三同时"污染防治资金）占地区生产总值的比例为 0.3%，比 2010 年下降了 0.21%，这说明贵州地区生产总值的增长速度远远高于环境保护资金投入的增长速度。

（三）环境污染损失价值的核算

环境污染损失价值核算结果见表 10。

表 10   2010 年和 2013 年贵州环境污染损失价值

单位：亿元

年份	2010	2013
环境污染虚拟治理费用	17.989	14.069
环保资金投入	89.450	133.700
总计	107.439	147.769

2010~2013 年贵州经济得到一定的发展，同时也造成了环境的污染，为了推动生态文明建设，走在生态文明建设的前列，贵州省加大了对环境污染的治理，由环保资金的投入即可看出。从表 10 可以看出，贵州环保资金投入不断增长，2013 年比 2010 年增加了 44.25 亿元，同比上升了 49.47%。说明贵州省政府对环境保护的重视，同时也说明经济发展带来的环境损失增加。

三　结论与讨论

（一）结论

2013 年与 2010 年相比，贵州的废气、废水和固体废弃物的虚拟治理费用总体上表现出下降的趋势，"三废"虚拟治理总费用由 2010 年的 17.989 亿元下降到 2013 年的 14.069 亿元，同比下降了 21.79%。环保资金的投入不断增长，2013 年比 2010 年增加了 49.25 亿元，同比上升了 49.47%。贵州环境污染损失价值由 2010 年的 107.439 亿元增加到 2013 年的 147.769 亿元，地区生产总值由 2010 年的 4602.16 亿元增加到 2013 年的 8006.79 亿元，贵州环境污染损失价值占地区生产总值的比值由 2010 年的 2.33% 下降到 2013 年的 1.85%（见表 11），下降了 0.48 个百分点。说明贵州在经济发展同时注重对环境的保护，但同时也应该看到，经济增长对环境造成的损害比较严重。因此，贵州应坚持可持续发展的方针政策，走绿色发展道路，摒弃传统的"先污染，后治理"的发展模式，转变经济增长方式，注重对新能源的开发利用，如风能、太阳能等。对于那些高污染、高能耗的企业实行关停措施，减少经济发展中对环境的损害。加快产业结构优化重组，推动第三产业的发展。加强科学技术水平和创新能力，积极研发对"三废"的综合利用方式，提高资源的综合利用效率，变废为宝，减少环境压力。

表 11 2010 年和 2013 年贵州环境污染损失价值占地区生产总值的比例

单位: 亿元, %

年份	环境污染损失价值	地区生产总值	占比
2010	107.439	4602.16	2.33
2013	147.769	8006.79	1.85

(二) 讨论

由于目前尚无完整、通用的环境污染损失价值核算体系,所以本文结论难免存在不足之处,但所用核算方法和现行主导的方法基本保持一致,有一定可比性。然而环境污染损失价值核算实际涉及情况极其复杂,环境污染对人体健康的损害等目前还难以定量化,故暂未纳入考量,这会使结论存在一定欠缺;关于环境污染虚拟费用核算,各地经济发展程度不同,环境治理的单位成本也有偏差,本文主要采用文献研究成果的平均治理成本,可能与贵州实际情况存在微小的差异。另外,部分数据可能存在统计口径的差别,对个别数据进行了微调;在方法上,鉴于数据获取和计算方法的困难性,比如在核算废气污染虚拟治理费用时,就只包含了二氧化硫、烟尘和粉尘,未包含氮氧化物的治理费用,所以核算出来的的损失较实际偏低;在环境污染虚拟治理费用的核算上,主要以工业"三废"和生活"三废"的环境污染损失为主,包含的污染物种类可能不够全面。基于这些方面原因及未纳入环境污染等的核算,所得绿色 GDP 结果可能偏高,同时治理环境污染后所产生的生态价值也未纳入核算,会使绿色 GDP 结果偏低,两者综合后,虽然结果仍有一些偏差,但与实际情况比较接近。未来的研究方向是对核算方法及核算要素等进行改进和探讨,以使核算结果更加精准。

参考文献

[1] Ridker R. G. , *Economics Cost of Air Pollution: Studies in Measurement* (New York: Frederick A. Praeger, 1967).

[2] Delucchi M. A. , Murphy J. J. , McCubbin D. R. , "The health and Visibility Cost of Air Pollution: A Comparison of Estimation Method," *Journal of Environmental Management* 64 (2002).

［3］郑易生、阎林、钱蕙红：《90 年代中期中国环境污染经济损失估算》，《管理世界》1999 年第 2 期，第 189 ~ 197 页。

［4］徐猛：《我国环境污染损失研究》，《现代商贸工业》2010 年第 8 期，第34 ~ 35页。

［5］杨丹辉、李红莉：《基于损害和成本的环境污染损失核算——以山东省为例》，《中国工业经济》2010 年第 7 期，第 1 ~ 12 页。

［6］杨晓庆、李升峰、朱继业：《基于绿色 GDP 的江苏省资源环境损失价值核算》，《生态与农村环境学报》2014 年第 4 期，第 533 ~ 540 页。

［7］金雨泽、黄贤金：《基于资源环境价值视角的江苏省绿色 GDP 核算实证研究》，《地域研究与开发》2014 年第 4 期。

［8］徐秀真、颜双波：《福建省绿色 GDP 核算研究及应用》，《安徽农业科学》2011 年第 19 期，第 11806 ~ 11808 页。

［9］袁荫贞：《快速工业化地区绿色发展转型的制约瓶颈及突破方略》，《改革与战略》2014 年第 7 期，第 78 ~ 81 页。

［10］胡爽、黄晴晴：《经环境污染损失调整的重庆市绿色 GDP 核算研究及应用》，《环境保护科学》2014 年第 4 期，第 91 ~ 93 页。

［11］许慧、徐玉新：《泰安市环境污染损失对 GDP 的修正核算》，《价值工程》2010 年第 7 期，第 209 ~ 210 页。

［12］温怀德：《杭州市绿色 GDP 核算指标体系及应用研究》，《技术经济与管理研究》2011 年第 2 期，第 110 ~ 114 页。

［13］曾先峰、王天琼、李印：《基于损害的西安市大气污染经济损失研究》，《干旱区资源与环境》2015 年第 1 期，第 105 ~ 110 页。

［14］安和平：《贵州省经济增长与环境污染关系的实证研究》，《中国人口·资源与环境》2009 年第 19 期，第 102 ~ 108 页。

［15］毛果平：《基于投入产出和产品生命周期分析的湖南省资源—环境—经济关系研究》，博士学位论文，中南大学，2009。

［16］张圣琼、赵翠薇：《贵州省环境污染损失的经济核算》，《贵州科学》2012 年第 6 期，第 92 ~ 96 页。

区域农业循环经济发展中
存在的问题与政策研究[*]

——以江西省为例

李志萌　张宜红　盛方富　马　回[**]

摘　要　循环农业是缓解农业资源约束矛盾的必然选择。创新农业发展方式，需要从农业内部的小循环走向农、工、商、研结合的产业大循环。文章以江西省为例，总结当前区域农业循环经济发展现状，针对农业循环利用能力不强、利益驱动机制不活、政策法规体系亟待完善等问题，提出完善循环农业经济法规、强化科技人才支撑、构建生态农业产业体系等五项对策建议。

关键词　循环农业　江西省　循环经济　体系建设

循环农业是一种以产生较少废弃物和提高资源利用效率为目的的环境友好型发展方式，是缓解农业资源约束矛盾、保障食品安全、建设生态文明的必然选择。《关于加快推进生态文明建设的意见》《关于加快发展农业循环经济的指导意见》明确提出要大力发展农业循环经济，建立起适应农业循环经济发展要求的政策支撑体系，基本构建起循环型农业产业体系。循环农业经济应成为区域解决农业面源污染和推进农业转型升级的重要路径。江西

---

*　基金项目：2016 年农业部软科学课题（201611）；2015 年江西现代农业及优势产业可持续发展协同创新课题阶段性成果（XDNYA1501）；国家社科基金项目（16BJL073）；江西财经大学协同创新中心重大招标课题（2016）研究成果之一。

**　通讯作者简介：李志萌，江西省社会科学院应用对策研究室主任，研究员。邮箱：Lzm0730@126.com。

的农业在三次产业中的占比较大，江西已把加快发展循环农业放在现代农业强省建设的突出位置，并将其作为农业提质增效、保障农业产品安全的重要路径。创新农业发展方式，从农业内部的小循环走向农、工、商、研结合，生产、消费、流通，保证农产品价值实现的产业大循环，促进现代农业的可持续发展。

一 农业循环经济的发展现状

近年来，江西省委省政府围绕"建设现代农业强省"的目标，加快转变农业发展方式，积极推进农业循环经济发展，坚持减量化、资源化、清洁化，保障农业生态环境安全，增强农业可持续发展能力。

（一）构建循环农业产业链

江西主动适应经济发展新常态，推进农业产业结构调整，构建现代循环农业产业体系（见表1）。把"打造全国绿色食品产业基地"作为着力点，大力发展草地畜牧业、特色果业、特色水产、蔬菜、茶叶、油菜等市场前景好、附加值高的优势特色产业，促进特色产业向优势产区集中，提升了整体农业发展质量和经济效益。创建了一批绿色有机农产品示范县和全国有机农业示范基地，开展了"三品一标"认证，提升了绿色、生态、有机农产品及加工品占比和供给能力，形成了区域主导产业特色明显的循环农业产业链和循环农业经济链。

表1 2015年推进农业循环链延伸的相关工作

相关工作	特点
绿色名优农产品	赣南脐橙、南丰蜜桔、江西绿茶等
无公害、绿色、有机农产品和农产品地理标志	2902个，其中有机农产品达1248个
全国生态农业示范县	婺源县、永新县等
省级绿色有机农产品示范县	资溪县、德兴市、兴国县、永新县、万载县
全国首批十大生态循环农业示范市	吉安市（七条农业主导产业带、九大特色循环农业产业板块）

（二）探索循环农业经济模式

1. 农户家庭小循环转向企业主体的大循环

各地区积极探索农业循环经济模式，大力倡导农业资源综合利用。江西赣南等地以农户为主体的"猪—沼—果"小循环模式被列入农业部十大循环模式之一，随着种植业、养殖业规模化发展及农村人口生产生活方式的改变，发展循环农业的主体转向企业大户。江西全省范围内主要运行的农业循环经济模式有"猪—沼—果（苗木）""猪—沼—菜（经济作物）""牛—沼—草（水生植物）"等，其特点如表2所示。

表2 江西现有的农业循环模式及特点

农业循环模式	特点
"猪—沼—菜（经济作物）"	建设户采取沼气或中型沼气工程,猪粪入池,沼肥种菜(经济作物),以沼渣做底肥,增加了养猪的经济效益
"猪—沼—果(苗木)"	建设户采取沼气或中型沼气工程,把沼渣、液作为速效有机肥用于果树(苗木)追肥,能使果品品质提高,增加产量,降低生产成本
"牛—沼—草(水生植物)"	建设户采取大中型沼气工程,把沼渣、液作为速效有机肥用于牧草追肥,以提高牧草产量

在大循环方面，江西各地区引导发展纵横第一产业、第二产业和第三产业的循环，通过三次产业间的循环，调整和优化农业产业结构和三次产业结构。在2015年的"百县百园"项目中，江西创新实行了"四区四型"（四区：农业种养区、农产品精深加工区、商贸物流区和综合服务区。四型：绿色生态农业、设施农业、智慧农业和休闲观光农业）园区建设，充分拓展循环农业产业链条，促进园区内三次产业融合发展。

2. 区域循环农业模式初显成效

新余市罗坊镇采用"N2N"生态循环农业发展模式。该模式通过农业废弃物资源化利用中心和有机肥生产中心2个节点，成功地将上游N个种养废弃物产生端与下游N个资源再生产品应用端结合起来，实现半径25公里区域内养殖场粪污、病死猪以及农作物秸秆等农业废弃物的无害化处理和资源化利用，变废为宝。结合先进的物联网技术，实现了工程智能化管理、集镇生物质天然气集中供气、生态有机肥供应全覆盖，推动养殖和种植各产业链无缝衔接，形成了闭链生态循环。

东乡县杨桥殿镇宋塘村的润邦集团采用可持续发展区域循环经济农业生态模式。集养殖、种植、加工为一体，发展"饲料—猪""家禽""水产—沼渣""沼液—药材""饲料草—工业加工"的"五位一体"的现代科技循环经济模式，形成了以白花蛇舌草药材种植基地为主，以生猪、家禽、水产生产及工业产品加工为引线的生态农业循环经济产业链。

（三）推动循环农业减量化

2010～2014年，江西省化肥施用强度①得到有效控制，如图1所示。2010年，江西省化肥施用强度为760.58千克/公顷，是全国平均水平346.15千克/公顷的2.20倍。截至2014年年底，江西省化肥施用强度为773.03千克/公顷，较2010年增长了1.64%，增速仅为全国平均水平的1/3左右。

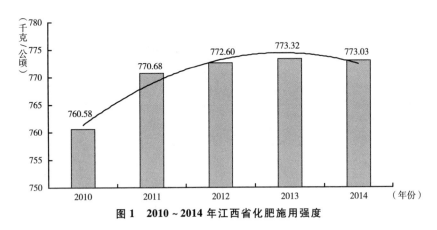

图1　2010～2014年江西省化肥施用强度

2010～2014年，江西省农药施用强度②呈下降趋势，如图2所示。2010年，江西省每公顷播种面积农药施用量为19.52千克。截至2014年年底，每公顷播种面积农药施用量降低到17.01千克，平均每公顷播种面积减少农药施用量2.51千克。

2011～2014年，江西省农业能耗指数③逐年下降，如图3所示。这一指数反映了农业能耗增加或降低的速度，体现了农业的能源利用效率、技术及资源管理水平的高低。科技水平的不断提升，改变了江西传统的

① 化肥施用强度即单位播种面积的化肥施用量，等于化肥施用量（实物量）/播种面积，单位为千克/公顷。
② 农药施用强度即单位播种面积的农药施用量，等于农药施用量/播种面积，单位为千克/公顷。
③ 农业能耗指数即农林牧渔业中间消耗总量与农林牧渔业总产值之比，等于农林牧渔业中间消耗总量/农林牧渔业总产值。

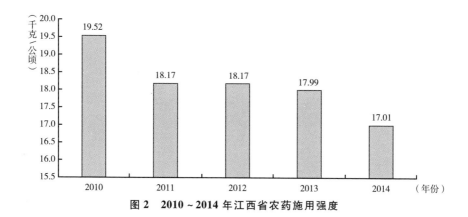

图2　2010～2014年江西省农药施用强度

农业作业方式，农业资源消耗程度总体上呈降低趋势。截至2014年年底，江西农业能耗指数为36.36%，较2011年36.98%降低了0.62个百分点。

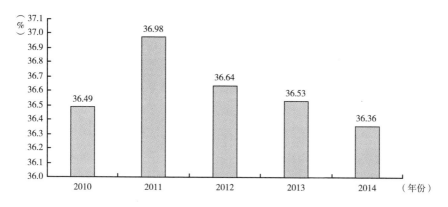

图3　2010～2014年江西省农业能耗指数

（四）提升循环农业资源有效利用率

化肥有效利用系数①增加。化肥有效利用系数反映了化肥的有效利用程度，该系数越高，说明化肥产生的效用越好。2014年，江西省化肥有效利用系数为99.27元/千克，较2010年的72.79元/千克提高了26.48元/千

---

①　化肥有效利用系数即单位化肥折纯使用量的种植业产值，等于种植业产值/化肥折纯使用量，单位为元/千克。

克，化肥施用效用显著提升。

废弃物资源化水平提升。农业废弃物资源包括农作物秸秆、人畜粪便等有机废弃物。在秸秆利用方面，截至 2015 年年底，江西省共推广秸秆还田腐熟技术 244.37 万亩，推广测土配方施肥技术 3180.4 万亩，酸化土壤改良培肥面积达 29.86 万亩。在粪污处理方面，自 2004 年以来，江西省农村沼气共投入建设资金 35.3 亿元，中央投资 12.3 亿元，地方各级政府配套建设资金 4.01 亿元。截至 2014 年年底，江西省农村沼气用户保有量达 196 万户，小型沼气工程累计达 5793 处，大中型沼气工程达 1278 处，总容积达 132 万立方米，年产沼气 6.2 亿立方米，折算标准煤 44.4 万吨，实现减排二氧化碳 110 万吨。

（五） 保障循环农业水平提升

有效灌溉系数①不断提高。有效灌溉系数反映了江西循环农业发展过程中的水利建设情况。自 2010 年以来，江西有效灌溉面积不断增加，有效灌溉系数从 2010 年的 0.60 增加到 2014 年的 0.65。

病死猪无害化处理体系逐渐建立。一是编制了病死畜禽无害化处理体系建设规划。2015 年 11 月，江西省农业厅、江西省发展和改革委员会联合制定了《江西省病死畜禽无害化处理体系建设规划（2015—2020年)》，计划到"十三五"期末，原则上每个畜禽生产县（市、区）至少建成 1 个无害化集中处理场，配套建设收集暂存点 800 个，全省日处理能力达到 400 吨，基本建成布局合理的病死畜禽无害化处理体系，基本实现病死畜禽及时处理、清洁环保、合理利用的目标。二是江西 23 个生猪养殖大县启动了病死畜禽无害化集中处理体系项目建设工作。截至目前，江西已有 29 个县（市、区）申报了病死畜禽无害化集中处理体系建设项目，其中基本建成的县有 6 个，正在开工建设的县有 16 个。三是初步形成了仓厢式堆肥法、生物降解法、化制法、沼气焚烧法等多种可复制、可推广的病死猪无害化处理模式，其适用范围及优缺点如表 3 所示。

---

① 有效灌溉系数 = 有效灌溉面积/耕地面积。有效灌溉面积是在灌溉工程设施基本配套、有一定水源、土地较平整、一般年景下，当年可进行正常灌溉的耕地面积。

表3　病死猪无害化处理模式适用范围及优缺点

病死猪无害化处理模式	适用范围	优点	缺点
仓厢式堆肥法	中小型猪场	投资少，运行简单，无异味，特别是可以利用干粪渣做填充料，解决了部分地方木屑紧缺的问题	化解封存时间较长（6个月左右），操作不规范会产蛆、产异味
生物降解法与化制法	大型猪场或集中无害化处理中心	处理量大，速度快，残值可再利用	投资成本及运行成本均较高
沼气焚烧法	有沼气池、储气柜的猪场	效果最好	焚烧时间长，尾气处理不当易产生空气污染

病虫害得到有效遏制。截至2015年，江西农作物病虫害统防统治覆盖率达30%，绿色防控覆盖率达22%，统防统治和绿色防控示范区农药用量减少20%~30%。

二　农业循环经济发展存在的突出问题

江西现代农业循环经济发展已经取得一些实践成效，但与周边省份相比，江西农业循环经济发展仍显滞后。要在更大范围内和更高层次上推动江西农业循环经济发展，必须解决以下几个突出问题。

（一）农业循环利用能力不强

农业减量化、再利用、再循环（即3R）是农业循环经济的重要内容。2014年江西有效灌溉系数为0.36，化肥有效利用系数为800.78元/千克，每公顷播种面积的农药使用量即农药施用强度达到17.01千克，畜禽粪污综合利用率为75%，2015年秸秆综合利用率达到90.7%，与江苏等省份平均水平存在较大差距（见表4），江西农业循环经济的发展急需提升。

表4　2014年江西与周边省份农业循环相关指标比较

指标	计算公式	单位	江苏	浙江	安徽	湖南	江西
有效灌溉系数	有效灌溉面积/耕地面积	—	0.51	0.63	0.48	0.35	0.36

指标	计算公式	单位	江苏	浙江	安徽	湖南	江西
化肥有效利用系数	种植业总产值/化肥折纯使用量	元/千克	1039.16	1546.49	620.76	1164.14	800.78
农药施用强度	农药施用量/播种面积	千克/公顷	10.35	25.81	12.74	14.18	17.01

注：因与本文其他统计数据出处不同以及指标口径不一致，最后计算数据存在不一致之处。
资料来源：根据《中国统计年鉴2015》《长三角年鉴2015》整理所得。

（二）利益驱动机制不活

农业循环经济发展具有生态、社会和经济等多重效益，其中生态效益和社会效益具有典型的正外部性，而经济效益要经过一段时间后才会有所体现。当前，江西的政策引导和相关激励约束机制尚不健全，而作为构建农业循环系统主角的农民和相关企业，主要受"成本—收益"框架下实实在在的经济效益的驱动。由于目前法规政策、技术指导和服务等还不到位，受观念、资金、土地等因素制约，畜禽粪便等废弃物利用还不能完全实现"有利可图"，养殖场、农户以及专业机构缺乏积极性，直接影响了废弃物利用水平的提高。

循环农业发展的市场效益并不好。比如，使用有机肥生产的农产品，大多数不会因为其生产过程施用有机肥而提升市场价值，且施用有机肥和粪肥通常比施用化肥更费时费力。目前，有机肥产品的应用范围和用量不大，有机肥产品的销售渠道不畅，利润空间有限，甚至没有利润，直接影响了畜禽粪便等废弃物的有机肥产品转化。在缺乏完善激励约束机制的前提下，受短期利益驱使，化学农业成为农民和企业的"理性"选择，这使有机肥销售规模难以扩大，进而制约了生产规模的进一步扩大。同样，以病死猪无害化处理、沼气工程为例，前期设备、管网建设需要的资金投入大，成本偏高，大型沼气设施的沼渣沼液产生量大，还田利用需要较大的输送半径和较高的输送成本，加上配套土地方面的问题，很多沼气工程处于"左右为难"的境况，直接影响了农业资源利用节约化、生产过程清洁化、产业链接循环化、废弃物处理资源化的进程。

（三）政策法规体系亟待完善

从国外农业循环经济的建设以及我国一些发达地区的建设经验来看，发展农业循环经济需要完善的政策法规体系。江西省周边省份为鼓励农业循环经济的发展相应出台了相关支持政策，如针对农业环境保护，湖南、江苏分别出台了《湖南省农业环境保护条例》《江苏省农业生态环境保护条例》；浙江、江苏对利用畜禽排泄物生产商品有机肥企业和商品有机肥使用主体进行财政补贴，浙江出台了《关于促进商品有机肥生产与应用的意见》，规定生产企业每生产销售 1 吨商品有机肥获得财政补贴 30 元；商品有机肥使用主体每使用 1 吨获得补贴 200 元。浙江省龙游县实施了沼气发电并网参照光伏发电价格政策。相比之下，江西专门针对农业环境保护的地方法律法规较少，如有机肥生产使用补贴尚未进行、沼气农业废弃物资源化利用项目建设用地性质尚未明确等，这导致江西农业循环经济发展难以依法依规推进，在无形中降低了江西循环农业发展的市场竞争能力。

（四）技术瓶颈制约亟待破解

技术是循环农业提升资源综合利用效率和提高产品质量的动力源泉。长期以来，江西对农业项目的资金投入、科技研发以及服务水平较低，技术推广应用也远远不足。2014 年，江西农业机械贡献水平只有 0.54 千瓦/万元；单位农作物播种面积的用电量也可在一定程度上反映机械技术水平，2014 年江西每公顷农作物播种面积的用电量为 17524.30 千瓦时，只占浙江的 4.4%（见表 5）；相应的，2014 年江西农用电动机为 23.6 万台，不到浙江省（84 万台）的 1/3，这在一定程度上表明江西农业机械化水平偏弱。同时，循环农业实施过程涉及种植业、养殖业、加工业、生物质能源等多领域产业，各产业之间的链条衔接较为复杂，受技术限制，当前农业废弃物只是简单粗加工，导致循环链条较短、资源综合利用水平不高，降低了农业循环经济发展的综合效益。

表 5　2014 年江西与周边省份农业技术指标比较

指标	计算公式	单位	江苏	浙江	安徽	湖南	江西
农业用电水平	农村用电量/农作物总播种面积	千瓦时/公顷	238966.12	398126.14	16492.03	14128.59	17524.30
农业机械贡献水平	农业机械总动力/农业总产值	千瓦/万元	0.72	0.57	0.33	0.51	0.54

资料来源：根据《中国统计年鉴 2015》《长三角年鉴 2015》整理所得。

（五）公众参与体系亟待完善

受文化素质不高、利益驱动机制不活等因素影响，许多农民缺乏循环经济意识，部分农民对农业循环经济理解片面，认为发展循环农业是政府的事情，因此农民参与的积极性较低。农民合作组织松散，未能很好地发挥带动和引领广大农民参与的作用。涉农企业认为发展循环农业前期投入太大，短期内得不到实际效益，所以涉农企业的参与积极性不高。受宣传等因素影响，广大公众对开发农业循环经济的重要意义缺乏足够的认识，社会参与度较低。同时，缺少与西方国家一样的非官方性质的规范化环保类组织，导致政府与公众的沟通缺乏相应的中间环节，影响公众参与的积极性。

三 明确发展循环农业重点和建立政策支持体系

（一）发展循环农业重点

发展循环农业应以推进资源利用节约化，重点推进土地节约集约利用；持续实现化肥使用量零增长；推进生产过程清洁化，加强农业面源污染防治，推进统防统治和绿色防控；推进产业链接循环化，构建农业循环经济产业链和复合型循环经济产业链，推进农产品加工清洁生产，确保食品安全；推进农业废弃物处理资源化，推进畜禽粪便资源化利用，提高农产品加工副产物综合利用水平，推进农村生活废弃物循环利用等为重点，加快循环农业发展。

（二）政策支持体系

1. 建立健全循环农业经济法规体系

一是转变发展观念。"有利可图"是发展循环农业经济的关键所在。仅靠政府投入支持发展循环农业经济是不可持续的，需加快转变观念，充分发挥市场的决定性作用，使循环农业主体摒弃"等靠要"观念，政府只需规范循环农业发展。二是加强顶层设计。根据美丽中国"江西样板"的总体目标和任务，以循环经济理论为指导，编制江西省农业循环经济的长期发展规划，明确未来江西农业循环经济发展的重点任务、重点工程和推进措施。

与此同时，建议由江西省发改委、农业厅、环保厅、水利厅等部门共同组建江西省农业循环经济工作领导小组，负责全省农业循环经济发展工作。三是建立健全循环农业经济法规体系。遵循国家有关法规、结合江西实际，全力推进《江西省农业生产环境保护条例》的立法进程，加快研究制定实施《江西省关于加快循环农业经济发展的意见》，界定各主体的产权，明确各参与主体在循环农业经济中的权利和义务，以协调农业资源开发、农业资源再生产利用及农业环境保护的关系。此外，应借鉴国内外发展循环农业经济的成功经验，制定完善农药、肥料、饲料、兽药等农业投入品管理和废弃物处理的法律法规，重点明确大规模沼气工程的立法保护，加快制定种植业、畜禽养殖业、水产养殖业污染物排放控制标准，制定完善节地、节水、节肥、节药等农业生产技术及农业面源污染监测、治理等标准和技术规范体系，为加快发展江西农业循环经济提供有力的法律法规保障。

2. 强化循环农业科技人才支撑体系

一是加强农业循环技术人才培养。整合资源，加快推进各地农校改革，加大扶持力度，培养一批具有先进理念的循环农业技术人才，提高农业清洁生产技术、农业废弃物循环利用技术和生物质能源开发利用水平。二是加快循环农业技术推广。加快新型长效缓释肥料、高效低毒低残农药及测土配方施肥技术、绿色防控技术等的推广应用，推进农业生产过程清洁化；大力推行标准化规模养殖，因地制宜推广畜禽粪污综合利用技术模式，加大秸秆利用技术示范推广力度，开展农田残膜回收区域性示范，重点推广农村规模化沼气"升级版"技术，推进农业废弃物处理资源化。三是加大循环农业技术投入力度。政府要加大财政投入，鼓励企业开展研发和技术攻关，实施重大科技专项，重点掌握拥有自主知识产权的循环农业经济适用技术，推动农业清洁化生产和农业废弃物资源化发展。

3. 构建生态循环农业产业体系

一是加快循环农业试点建设。按照循环化、立体化、无害化要求，根据当地生态承载容量，科学合理划分畜禽养殖"三区"，打通种养循环通道，在适养区加快种养结合型循环农业试点、区域生态循环型农业试点建设，探索多样化的"资源—废弃物—再生资源"农业循环模式。二是加快区域生态循环农业示范基地建设。以"百县百园"工程为重点，因地制宜推广使用农业循环技术，建设一批化肥和农药减量增效、节水灌溉、秸秆综合开发、畜禽粪便资源化利用的示范基地，加快区域生态循环农业技术开发和应用示范工程建设。三是构建生态循环农业产业体系。借力"互联网+"，开发农业的多种功能，推动生产要素不仅在种养业内循环，而且在种植业、养殖业、微生物产业、旅游之间实现良性循环，推动三次产业融合发展。

4. 建立健全农业循环经济发展长效机制

一是建立健全循环农业经济考核制度。按照减量化、清洁化、无害化、资源化的原则，构建循环农业经济评价指标体系，并将其纳入建设美丽中国"江西样板"评价考核体系，以此推动江西循环农业经济规范化、标准化、规模化发展。二是建立健全循环农业经济准入机制。借鉴浙江经验，提高循环农业准入门槛，将配备环保设施作为循环农业经济的准入标准，重点支持规模化养殖场，支持养殖小区建设粪便收集、贮运、处理、利用设施，建立绿色产品标识制度，严把农产品质量关。三是探索建立循环农业利益补偿机制。按照"谁受益，谁补偿"的原则，选择一些"农业小循环、农业区域循环"做得比较好的县先行探索构建农业生态补偿制度；同时，借鉴浙江省的经验做法，探索建立农业保险制度，推进在规模化发展较好的生猪重点县先行探索生猪保险，实现养殖户、资源化利用和处理企业、保险公司、政府监管四方利益共赢。四是建立健全循环农业经济监管机制。采取政府购买或奖补的形式，积极探索由第三方机构对全省农业废弃物处理进行监督，同时探索建立循环农业经济信息公开制度，对农业环境信息及时披露，加强农业生态环保审计，形成全民监督和生产者参与的长效机制，推进江西循环农业经济发展。

5. 构建并完善循环农业经济政策支持体系

一是支持建立资源化利用农业废弃物收集、储存、运输体系。借鉴浙江省的发展经验，对畜禽粪便、秸秆等农业废弃物按实际资源化利用量给予补贴；推进沼渣沼液深加工，生产适合种植的有机肥，制定有机肥生产标准，出台使用有机肥专项补贴政策；同时，将对农业废弃物进行收集、打包、运输等的机械纳入农机购置补贴范围，对农业废弃物收储实体用地、用电和运输绿色通道等实行优惠政策。二是支持资源化利用农业废弃物集中处理工程建设。整合国家、省级现有财政专项资金，重点支持大规模沼气工程、生物天然气工程建设，明确大规模沼气工程、生物天然气工程用地为农业配套设施用地，给予其合法身份；支持每个生猪重点县建设一个病死猪无害化处理中心，其他非生猪重点县可共建一个病死猪无害化处理中心。三是支持农业废弃物资源化产品销售。对直接利用沼气或生物天然气的主体给予使用补贴，对沼气发电上网电价给予参照光伏发电电价等优惠，对生物天然气接入城市燃气管网给予准入许可和价格补贴，给予生物天然气车用加气站准入许可和价格补贴。

参考文献

［1］农业部：《推进现代生态循环农业　加快发展方式转变》，农业部网站，2015年1月8日，http：//www. mlr. gov. cn/xwdt/bmdt/201501/t20150108_ 1340825. htm。

［2］韩长赋：《大力发展生态循环农业》，《农民日报》2015年11月26日。

［3］《关于加快发展农业循环经济的指导意见》（发改环资〔2016〕203号）。

［4］《牢牢把握可以大有作为的战略机遇期 全力推进绿色崛起打造生态文明样板》，江西新闻网，2015年7月22日，http：//jiangxi. jxnews. com. cn/system/2015/07/22/014066186_ 01. shtml。

［5］胡鞍钢、周绍杰、鲁钰峰等：《 "十三五"：经济结构调整升级与远景目标》，《国家行政学院学报》2015年第2期。

［6］黄国勤：《江西绿色农业》，中国环境出版社，2012。

江苏省企业能源消费的
碳排放空间格局

卢芹莉　黄贤金*

摘　要　研究企业碳排放对如何实现碳减排及经济社会可持续发展具有重要的现实意义。对江苏省纳入"万家"的 1221 家企业的能源消费数据进行测度，以 ArcGIS9.3、GeoDa1.4.0 和 SPSS19.0 为技术依托，对其碳排放的空间格局，空间相关性和集聚程度，企业碳排放与工业总产值的相关关系以及工业产值贡献率进行分析。江苏省企业碳排放在空间分布上严重不均匀，大抵呈现"南高—中平—北低"的阶梯状格局，大部分高碳排放县（区、市）位于省边界区域。江苏省企业碳排放在地市级单位上空间自相关性不强，而在县（区、市）级单位上趋向于空间集聚，高值集聚效应显著，后者是主要贡献者。江苏省 13 个地级市的工业产值效率相差悬殊，处于高度不平衡状态，产业结构升级对江苏改善其碳排放效应的作用十分突出。

关键词　企业能源消费　碳排放　空间格局　工业总产值　江苏省

一　引言

近年来，全球气候变化问题已成为当前国际社会关注的热点，而以化

---

* 通讯作者简介：卢芹莉，南京大学地理与海洋科学学院、洛桑联邦理工在读博士，主要从事环境经济研究工作。邮箱：passionbyqin@163.com。

石燃料为主的传统能源消费所带来的碳排放则是造成全球温室效应的主要人为原因。随着经济社会高速发展，能源消费持续增长，1990～2003年，我国CO_2排放量增加了17亿吨，增幅超过73%，已成为世界第二大碳排放国[1~2]，到2007年，能源碳排放首次超过了美国，居世界首位[3]。面对日益增加的减排压力和全球气候变化，如何实现碳减排与经济可持续发展，不仅是应对全球气候变化的客观要求，而且是我国经济转型升级的内在要求。

从现有文献来看，国内外的学者都对碳排放开展了积极的研究。在碳足迹方面，学者构建了不同的模型进行分析[4~7]，如Matthews等[8]结合投入产出模型建立了经济投入产出－生命周期评价模型（EIO－LCA），用以评估工业部门、企业、家庭等的碳足迹；赵荣钦等[9]构建了碳排放清单的核算框架和计算方法。在碳排放影响因素方面，学者也有不少探讨[10~13]，如Lantz等[14]采用相关模型进行回归分析，结果表明人口与CO_2排放成倒"U"形关系，而技术与CO_2排放成"U"形关系；Alves等[15]对碳排放驱动力进行分解，并对不同的因素进行分析；田云等[16]对武汉市14个碳源进行测算，利用LMDI模型对其进行因素分解。而在我国碳排放总量和省域碳排放研究方面，大多数研究从宏观的时空角度切入，如李艳梅等[17]利用能源消费数据对我国1953～2007年碳排放总量进行核算并分析了碳排放增长率的变化；卢俊宇等[18]利用基尼系数对中国省级区域能源消费进行碳排放公平性分析。这些研究，对了解碳排放的规律、机理，制定节能减排政策、提出有效的减排措施都具有重要的意义[19~22]，但随着国家将任务落实到各省、各市、各企业，尤其是落实到"耗能大户"的企业，将单个省份作为独立整体，进行更具体的空间格局分析的研究将引起越来越多的关注[23~25]。

作为一个工业主导型、高碳型耗能的大省，江苏省碳排放总量、人均碳排放和碳排放强度及其增长率均明显高于全国平均水平，更高于北京、上海等经济实力强、科技基础雄厚的先进地区[26]。因此，"十二五"期间，在我国对各省级行政区域分解的碳减排任务中，江苏省作为重中之重，需实现节能量6200万吨标准煤，而江苏省被纳入"万家企业"的1221家企业的能源消费量约占全省总量的66%①。由于其对江苏省，甚至全国的碳排放都

---

① 《关于推进江苏省万家企业节能低碳行动的通知》苏经信节能〔2012〕444号。

有着重要的影响，本研究以江苏省企业能源消费为切入点，分析江苏省各地级市和各县（区、市）的企业碳排放空间格局，对碳排放进行空间自相关分析，构建碳排放工业产值效率模型，以期为江苏省乃至我国的低碳发展、生态文明建设提供有益参考。

二 数据与研究方法

（一）数据来源

"万家企业"是指年综合能源消费量 1 万吨标准煤以上以及有关部门指定的年综合能源消费量 5000 吨标准煤以上的重点用能单位。根据《关于印发万家企业节能低碳行动实施方案的通知》（发改环资〔2011〕2873号），这些企业能源消费量高达全国总量的 60%，因此，这些企业的节能减排对于推进低碳发展具有重要意义。本文的研究对象为企业碳排放量，涉及对象为江苏省被纳入国家"万家企业节能低碳行动"的企业（单位），包括工业、交通运输、宾馆、饭店、商贸企业和学校，共 1221 家，主要集中在冶金、石化等大规模工业，其能源消费量占江苏省能源消费的 66%，通过调查这些企业 2010 年①的能源消耗量（已折算成标准煤），分区域统计，采用一定的能源消费碳排放核算方法计算各地区的碳排放量。其中，江苏省2010 年各类能源消费量数据来自 2011 年《中国能源统计年鉴》，江苏省2010 年各市工业总产值数据来自 2011 年《江苏统计年鉴》。

（二）能源消耗碳排放核算模型

通过构建能源消费的碳排放模型来计算江苏省各市"万家企业"主要能源消费的碳排放量：

$$C = Ncv \times E(\sum C_i) \tag{1}$$

$$E = (\sum E_t \times Ncv_t \times M_t)/E(\sum Ncv_t \times M_t) \tag{2}$$

其中，C 为碳排放总量；Ncv 为标准煤热值；C_i 为该县（市、区）第 i 个企业 2010 年综合能源消费量（标准煤）；E 为综合碳排放系数；E_t 为第 t

---

① 由于数据收集的限制，2010 年为最新数据。

种能源碳排放系数；M_t 为 2010 年江苏省第 t 种能源的消费量；Ncv_t 为第 t 种能源净发热值。其中，Ncv_t、Ncv、E_t 都来源于 IPCC[27] 相关参数（如表 1 所示）。

表 1 主要能源的碳排放系数和净发热值

一级分类	二级分类	碳排放系数（kgC/GJ）	净发热值（kJ/kg））
煤类	煤炭	25.8	20908
	焦炭	29.2	28435
油类	原油	20.0	41816
	汽油	18.9	43070
	柴油	19.6	43070
	煤油	20.2	42652
	燃料油	21.1	41816
天然气	天然气	15.3	38931（kJ/m^3）

（三）企业碳排放的空间自相关分析

由于空间位置的关系，观测值之间相互依赖。空间自相关就是对空间域中集聚程度的一种度量，用以描述整个研究区域上空间对象之间的关联程度，以表明空间对象之间是否存在显著的空间分布模式[28]。本研究采用 Global Moran's I、Getis-ord General G、局间关联指标和 Moran 散点图对江苏省 2010 年各地区的企业碳排放进行测度，前两者为全局空间自相关，用于探测整个研究区的空间关联结构模式以及识别空间为高值或者低值集聚，探测空间异质性；后两者为局部空间自相关，是以局部各个单元为考察对象，揭示空间参考单元与其邻近的空间单元属性特征值之间的相似性或相关性，识别空间集聚和空间孤立，探测空间异质性。

1. Moran's I 指数和 Getis-ord General G 统计量

$$\text{Moran's I} = \frac{n \sum_{i=1}^{n} \sum_{j=1}^{n} W_{ij}(x_i - \bar{x})(x_j - \bar{x})}{\left(\sum_{i=1}^{n} \sum_{i=1}^{n} W_{ij}\right) \sum_{i=1}^{n} (x_i - \bar{x})^2} \tag{3}$$

$$G(d) = \frac{\sum \sum W_{ij}(d) x_i x_j}{\sum \sum x_i x_j} \tag{4}$$

其中，n 为空间单元数目，x_i、x_j 表示空间单元 i 和 j 的属性值；W_{ij} 表示空间单元之间的拓扑关系。Moran's Ⅰ 系数值为 [-1，1]。Moran's Ⅰ 的值越接近 1，研究区域在空间分布上正相关性越强，观测属性呈集聚空间格局；反之，Moran's Ⅰ 越接近 -1，研究区域在空间上负相关性越强，观测属性在空间上呈离散空间格局；当 Moran's Ⅰ 接近期望值时，观测属性不存在空间自相关，在空间上呈随机分布[29]。

当 General G 值高于 E（G），且 Z 值显著时，观测值之间呈现高值集聚。当 General G 值低于 E（G），且 Z 值显著时，观测值之间呈现低值集聚。当 General G 趋近于 E（G）时，观测值在空间上随机分布[28~31]。

对 Moran's Ⅰ 和 General G 值结果进行统计检验，采用 Z 检验：

$$Z_I = \frac{I - \mathrm{E}(I)}{\sqrt{\mathrm{VAR}(I)}} \tag{5}$$

Z_I 表示空间自相关的显著水平，$E(I)$ 表示 Moran's Ⅰ 的数学期望，VAR（I）表示方差。General G 值检验同理。

2. 局部空间关联指标（LISA）和 Moran 散点图

$$I_i(d) = Z_i \sum_{j \neq i}^{n} W_{ij} Z_j \tag{6}$$

式（6）为 LISA 公式，Z_i、Z_j 是观测值的标准化形式，W_{ij} 是空间权重系数[28,32]。

Moran 散点图能定性区分出每个区域与相邻区域属性的相互关系，由 4 个象限组成，落入右上象限 HH（High-High）或左下象限 LL（Low-Low）的观察值分别表示某区域与其相邻区域的属性有高（低）程度的集聚效应，因而与相邻区域的属性逐步趋向一致。位于右下象限 HL（High-Low）和左上象限 LH（Low-High）的观察值分别表明某区域与相邻区域的属性存在较大差异[27,28]。

本研究将 LISA 显著性水平和 Moran 散点图相结合，获得 "Moran 显著性水平图"，可标识出分布于 Moran 散点图不同象限的点和通过 LISA 显著性水平检验的区域。

（四）工业产值碳排放弹性分析及效率模型

由于江苏省被纳入 "万家企业" 的企业主要集中在冶金、石化等大规模工业。因此，本研究以工业总产值为指标，运用 SPSS19.0 软件探究其与各市"万家企业"碳排放量的相关关系，以各市的工业总产值为自变量 X_i（单位为亿元），企业碳排放量为因变量 Y_i（单位为万吨），分析两者的相关关系，并进行回归分析，得出函数关系式；构建碳排放工业产值效率模型。在二维坐标中，横轴表示各个市的工业总产值占全省的累积百分比，纵轴表示各市碳排放量占全省的累积百分比。该模型的意义在于，以各市的工业总产值占全省的分量为参照，探讨该市的碳排放量是否符合"低碳经济"的发展模式。从经济视角看，在假设碳排放绝对平均的基础上，若某市碳排放的比例大于工业总产值的贡献率，则属于工业效率较低、能源消费较高的区域，碳排放侵占了其他区域的利益；反之，工业效率较高，能源消费较合理。其结果用定义的工业产值贡献系数（Industrial Output Contributive Coefficient）来衡量，以下简称 ICC。

$$ICC = \frac{I_k}{I} \Big/ \frac{C_k}{C} \tag{7}$$

其中，I_k、C_k 分别代表 2010 年第 k 市工业总产值和碳排放量，I、C 则分别代表江苏省工业总产值和碳排放总量。

由 ICC 定义及分析可知，当 ICC > 1 时，该市的工业发展满足"低碳经济"模式，能源消费有较高的经济效益和环境效益；当 ICC < 1 时，该市的能源利用率仍有待提高，能源消费会降低全省的碳排放工业产值效率。

三 结果分析

（一）江苏省企业碳排放空间格局分析

依据公式（1）和（2）测算，江苏省 2010 年入选"万家企业"的企业碳排放量达 11679 万吨，其中，服务业企业所占比例仅为 0.1%，其余 99.9% 为工业企业，说明江苏省工业企业的碳排放仍然是主导，需要重点把控。在空间分布上，企业碳排放存在明显的地域差异，苏南、苏中、苏北地区的碳排放量分别为 7664.05 万吨、1642.00 万吨、2180.17 万吨，苏南、苏中、苏北地区的市平均碳排放量分别为 898.94 万吨、1532.81 万吨、613.99 万吨、436.03 万吨，说明苏南地区碳排放量是导致全省碳排放总量及均值较高的主要原因。为更清晰比较江苏省各地区的企业碳排放空间格局，本研究基于13个地级市以及各地级市下辖的县（区、市）碳排放规模进行分类（见表2），并采用 ArcGIS9.3 按照不同的等级规模绘制碳排放空间分布图。

（1）对各市的碳排放空间格局分析，江苏省碳排放空间分布不均衡，除徐州市的碳排放量高于苏北地区外，大抵呈现"南高—中平—北低"的阶梯特征。最高碳排放量为苏州市，达到2762.4万吨，其次是南京市，达2089.4万吨。而碳排放最低的是宿迁市，为109.4万吨，说明各市碳排放差异十分显著（如图1所示）。

（2）对全省各县（区、市）的碳排放量分析，区域碳排放量也不尽相同，"高排放市内高值区主导，低值区存在；低排放市内高低值区并存"。碳排放量等级最高的地区有六合区、张家港市、江阴市，分别为1294.7万吨、1234.7万吨、878.2万吨，是所在市的碳排放主导区域，远高于绝大部分地市级的碳排放总量；且高排放市内并非每个区域都对应高碳排放量，如秦淮区、维扬区等8个县（区、市），据统计资料分析，这些地区的碳排放量较低。而低排放市内，也有部分县（区、市）的碳排放量较高。全省范围内，碳排放量小于10万吨的"低值区"达36个，主要的碳排放"贡献区"集中在为数不多的工业县（区、市），且大部分处于省边界地段，如六合区、江宁区、铜山县、溧阳市、宜兴市、太仓市、启东市等。

表2 碳排放规模分类

单位：10^4 吨

级别（市）	碳排放量	级别[县（市、区）]	碳排放量
1	0 ~ 400	1	0 ~ 1
2	400 ~ 800	2	1 ~ 10
3	800 ~ 1500	3	10 ~ 50
4	1500 ~ 3000	4	50 ~ 100
—	—	5	100 ~ 200
—	—	6	200 ~ 500
—	—	7	500 ~ 1300

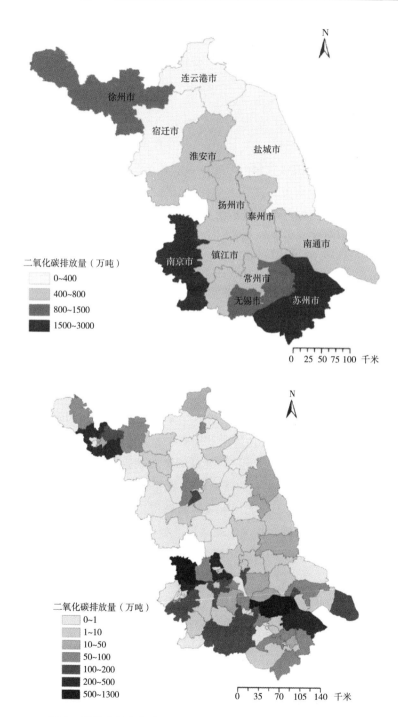

图1　江苏省地市级和县（区、市）级碳排放量空间分布格局

(二) 江苏省企业碳排放空间自相关分析

进行空间相关性分析，重点是确定空间权重矩阵，本研究中的基本空间单元为江苏省各地级市及各县（区、市），多为不规则面状区域，因此，采用空间邻接标准或距离标准来判定，相邻空间为1，不相邻为0。运用 ArcGIS9.3 生成栅格数据图，在 GeoDa1.4.0 软件对江苏省 110 个县（区、市）的"万家企业"碳排放量进行空间自相关分析，得到结果如下。

（1）在地市级层面上，江苏省的碳排放值 Moran's I 指数为 0.08，略大于 $1/n$（$n=13$），且显著性检验不明显（如表 3 所示）。除样本数较少的误差外，其结果表明江苏省企业碳排放在地市级层面上的空间集聚性不明显，如苏北地区普遍为碳排放低值城市，但徐州市重工业发达，碳排放量较周围地区高；南京、苏州、无锡规模以上企业众多，碳排放量高，但相邻的镇江、常州等城市碳排放量较低，在空间上并没有形成较集聚的碳排放区。结合图 2（a）可知，淮安市、盐城市、连云港市为"Low-Low"区域（自身和周边地区碳排放水平都较低，二者空间差异程度较小），而徐州市为"High-Low"区域（自身碳排放水平较高而周边地区较低，二者空间差异程度较大），其他城市空间相关性不显著。

（2）在县（区、市）级层面上，江苏省碳排放值的 Moran's I 指数为 0.14，远大于 $1/n$（$n=110$），且通过 1% 水平上的显著性检验（如表 3 所示），说明江苏省各县（区、市）耗能高的企业碳排放在空间上呈现出显著的正相关关系，即整个江苏省的工业碳排放在县（区、市）级层面上趋于空间集聚。由于 Moran's I 只能用来表明属性值之间的相似程度以及整个江苏省的空间分布模式，难以探测空间集聚类型，并不能区分是高值的空间集聚（Hot Spots）还是低值的空间集聚（Cold Spots），有可能掩盖不同的空间集聚类型。

通过对 General G 指数进行测度，进一步分析江苏省企业碳排放的空间格局情况，发现江苏省企业碳排放量的全局 G 统计指标的观测值 $G(d)$ 大于期望值 $E(d)$（$E(d)=0.009$），且通过 1% 水平上的显著性检验，说明检测区高值集聚现象较为显著，即江苏省碳排放分布出现高值聚集区，碳排放高值地区自身和周边地区碳排放水平都较高。结合图 2（b），可知六合区、仪征市、栖霞区和浦口区，江阴市、张家港、常熟市、太仓市这两个高值聚集区尤其显著（P 通过 0.01 检验），掩盖了宝应县、兴化市、阜宁县、射阳县等"Low-Low"聚集区低值聚集效应。探寻原因，这些区域是江苏省的沿江重工业地带，碳排放量居全省前列，且所处空间位置邻近，高值集聚效应显著，导致"Low-Low"、"Low-High"和"High-Low"效应不显著。

表3 Moran's I 和 General G 指数计算结果

层次	Moran's I	$Z(I)$	$P(I)$	$G(d)$	$Z(d)$	$P(d)$
地市级	0.08	1.07	0.28	0.08	-0.11	0.92
县(区、市)级	0.14	2.70	0.01	0.02	3.22	0.00

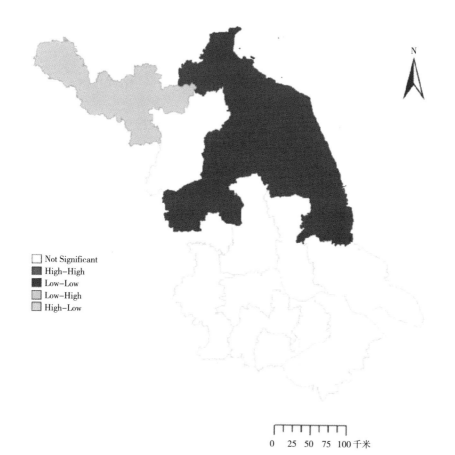

（a）地市级企业碳排放Moran显著性水平

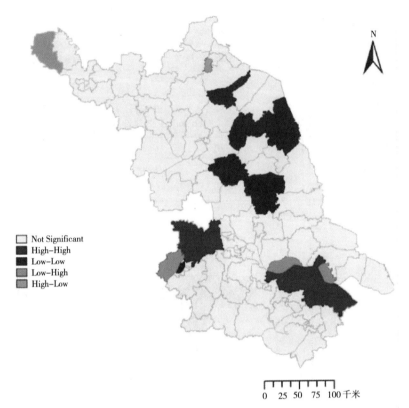

（b）县（区、市）级企业碳排放Moran显著性水平

图2 江苏省地市级、县（区、市）级水平企业碳排放 Moran 显著性水平

（三）企业碳排放工业产值效率模型

1. 回归模型分析

运用 SPSS19.0 软件对江苏省各地区的碳排放量及工业总产值进行相关性及回归分析，得到方程 $Y_i = 0.111X_i + 129.108$（$i = 1, 2, \cdots, 13$）（X_i 的单位为亿元，Y_i 的单位为万吨）。

各主要参数及检验量如表4所示。

表4 碳排放量与工业总产值回归分析

R	R²	F	P
0.889	0.791	41.653	0.000

由结果可知，各地区的企业碳排放量与工业总产值相关，且系数为正，说明各地区的工业总产值对碳排放的影响起到了正向作用，每增加 1 单位的工业总产值，碳排放量就增加 0.111 万吨。根据方程，本研究绘制了碳排放实际与预测曲线对照图，如图 3 所示。

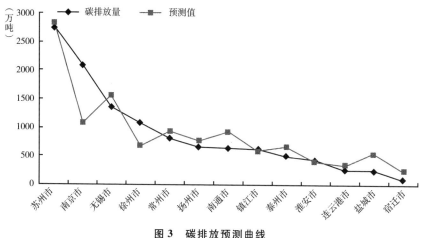

图 3　碳排放预测曲线

通过对照图发现以下几点。

（1）从总体层面上看，江苏省各地级市企业碳排放量相差悬殊，下降"阶梯"由"陡"变"缓"，且由于首尾城市碳排放量的差距较大，碳排放量较小的城市对整体的碳排放值的影响较小，碳排放高值城市对江苏省工业碳排放的影响大。

（2）苏州市、常州市、扬州市、镇江市、淮安市和连云港市 6 个城市的碳排放量与工业总产值对应的碳排放值相当，说明这些城市的工业消费能源较合理。

（3）南京市和徐州市实际碳排放量远高于预测值，说明其在当前工业水平下，产业结构调整的碳减排空间相对较大。

（4）无锡市、南通市、泰州市、盐城市和宿迁市的碳排放量较工业产值的预测值低，说明这 5 个城市企业的能源消费结构相对较合理。

2. 工业产值效率模型

由公式（7）计算 13 个地级市 2010 年的 ICC 指数（图 4），进一步验证上述结果。

（1）江苏省各地级市工业产值贡献系数在 0.53～1.95，最高值和最低

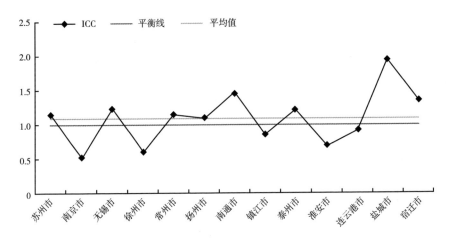

图 4　江苏省工业产值贡献系数曲线

值城市分别为盐城市和南京市，均值为 1.10。全省 13 个地级市的工业产值效率相差悬殊，处于高度不平均状态，这也说明了全省各地级市工业结构的差异性大。

（2）高于平均值的城市有扬州市、苏州市、常州市、泰州市、无锡市、宿迁市、南通市和盐城市，说明这 8 个城市工业发展在一定程度上体现了低碳型经济特征。

（3）低于平均值的城市有南京市、徐州市、淮安市、镇江市、连云港市 5 个城市，尤其是南京市和徐州市，ICC 在 0.5 左右。与图 3 的预测曲线对照，南京市和徐州市在当前工业产业偏重的情形下的碳排放量较高。

四　结论与讨论

根据 2010 年江苏省纳入"万家企业"的 1221 家企业的能源消费数据，以 ArcGIS9.3、GeoDa1.4.0 和 SPSS19.0 为技术依托，对江苏省碳排放的空间格局，空间相关性和集聚程度，企业碳排放与工业总产值的相关关系以及工业产值贡献率进行了探讨与分析，结果如下。

（1）江苏省 2010 年入选"万家企业"的企业碳排放量十分巨大，达11679 万吨，空间分布上严重不均匀，大抵呈现"南高—中平—北低"的阶梯状空间格局，苏州市和南京市的碳排放量约占 41.5%；各县（区、市）碳排放量也相差悬殊，大部分高碳排放县（区、市）位于省边界区域。

（2）江苏省企业碳排放在地级市空间上的自相关性不强，而在县（区、市）级层面上趋于空间集聚，主要有六合区、仪征市、栖霞区、浦口区、江阴市、张家港、常熟市、太仓市这两个高值聚集区，高值集聚效应显著，成为空间相关的主要贡献者。

（3）工业总产值是江苏省企业碳排放量的重要驱动因子，两者存在极强的相关关系，几乎呈线性关系增长；南京市和徐州市的实际碳排放量远高于工业总产值预测值，产业结构迫切需要提高，其余地区的实际排放值低于或等于预测值，碳排放量较合理。

（4）江苏省 2010 年平均工业产值贡献系数略高于 1，全省 13 个地级市的工业产值效率相差悬殊，处于高度不平衡状态；扬州市、苏州市、常州市、泰州市、无锡市、宿迁市、南通市和盐城市 8 个城市的 ICC 较高，在一定程度上呈现了低碳型经济特征；南京市、徐州市、淮安市、镇江市、连云港市 5 个城市，尤其是南京市和徐州市，相对工业产业贡献的碳排放量高，工业产业升级的碳减排潜力也较大。

由于数据收集的有限性，本研究还存在一些不足：虽然纳入"万家企业"的企业耗能量占全省的 66%、可能存在无"万家企业"、中小型企业较多的地区，这对碳排放的计算以及空间自相关分析造成一定的影响。且由于收集多年各企业能源消耗量的工作较复杂，本研究没有进行对时空格局演化的探讨，后续工作可对时间尺度进一步研究。

参考文献

［1］ International Energy Agency, World Energy Outlook 1996, Paris: Organization for Economic Cooperation and Development, 1996.

［2］ 邹秀萍、陈劭锋、宁淼等：《中国省级区域碳排放影响因素的实证分析》，《生态经济》2009 年第 3 期，第 34~37 页。

［3］ Wang T., Watson T., *Who Owns China's Carbon Emissions* (Norwich UK: Tyndall Centre Briefing Note, 2007).

［4］ Padgett J. P., Steinemann A. C., Clarke J. H., et al., "A Comparison of Carbon calculators," *Environmental Impact Assessment Review* 28 (2008).

［5］ Weber C. L., Matthews H. S., "Quantifying the Global and Distributional Aspects of American Household Carbon Footprint," *Ecological Economics* 66 (2008).

[6] Brown M. A., Southworth F., Sarzynski A., "The Geography of Metropolitan Carbon Footprints," *Policy and Society* 27 (2009).

[7] 赵荣钦、黄贤金、钟太洋:《中国不同产业空间的碳排放强度与碳足迹分析》,《地理学报》2010 年第 9 期, 第 1048 ~ 1057 页。

[8] Matthews H. S., Hendrickson C., Weber C., "The Importance of Carbon Footprint Estimation Boundaries," *Environmental Science & Technology* 42 (2008).

[9] 赵荣钦、黄贤金、高珊等:《江苏省碳排放清单测算及减排潜力分析》,《地域研究与开发》2013 年第 2 期, 第 109 ~ 115 页。

[10] Mulder P., De Groot H. L., "Dutch Sectoral Energy Intensity Developments in international perspective, 1987 ~ 2005," *Energy Policy* 52 (2013).

[11] Shahiduzzaman M., Alam K., "Changes in Energy Efficiency in Australia: A Decomposition of Aggregate Energy Intensity Using Logarithmic Mean Divisia Approach," *Energy Policy* 56 (2013).

[12] Zhang M., Liu X., Wang W., Zhou M., "Decomposition Analysis of CO_2 Emissions from electricity generation in China," *Energy Policy* 52 (2013).

[13] Andreoni V., Galmarini S., "Decoupling Economic Growth from Carbon Dioxide Emissions: A Decomposition Analysis of Italian Energy Consumption," *Energy* 44 (2012).

[14] Lantz V., Feng Q., "Assessing Income, Population, and Technology Impacts on CO_2 Emissions in Canada: Where's the EKC?" *Ecological Economics* 57 (2006).

[15] Alves M. R., Moutinho V., "Decomposition Analysis and Innovative Accounting Approach for Energy – Related CO_2 (Carbon Dioxide) Emissions Intensity over 1996 – 2009 in Portugal," *Energy* 57 (2013).

[16] 田云、李波、张俊飚:《武汉市碳排放的测算及影响因素分解研究》,《地域研究与开发》2011 年第 5 期, 第 88 ~ 92 页。

[17] 李艳梅、张雷、程晓凌:《中国碳排放变化的因素分解与减排途径分析》,《资源科学》2010 年第 2 期, 第 218 ~ 222 页。

[18] 卢俊宇、黄贤金、戴靓等:《基于时空尺度的中国省级区域能源消费碳排放公平性分析》,《自然资源学报》2012 年第 12 期, 第 2006 ~ 2017 页。

[19] Liu L. C., Fan Y., Wu G., Wei Y. M., "Using LMDI Method to Analyze the Change of China's Industrial CO_2 Emissions from Final Fuel Use: An Empirical Analysis," *Energy Policy* 35 (2007).

[20] 谢鸿宇、陈贤生、林凯蓉等:《基于碳循环的化石能源及电力生态足迹》,《生态学报》2008 年第 4 期, 第 1729 ~ 1735 页。

[21] 孙昌龙、靳诺、张小雷等:《城市化不同演化阶段对碳排放的影响差异》,《地理科学》2013 年第 3 期, 第 266 ~ 232 页。

[22] Li H. M., Wu T., Zhao X. F., Wang X., Qi Y., "Regional Disparities and Carbon 'Outsourcing': The Political Economy of China's Energy Policy," *Energy*

66（2014）.

［23］李颖、黄贤金、甄峰：《江苏省区域不同土地利用方式的碳排放效应分析》，《农业工程学报》2008年第2期，第102~107页。

［24］Zhang M., Huang X. J., "Effects of Industrial Restructuring on Carbon Reduction: An Analysis of Jiangsu Province, China," *Energy* 44 (2012).

［25］孙钰、李泽涛、姚晓东：《天津市构建低碳城市的策略研究——基于碳排放的情景分析》，《地域研究与开发》2012年第6期，第115~118页。

［26］李平：《江苏低碳经济发展的现状与对策研究》，《生态经济》（学术版）2011年第1期，第107~112页。

［27］IPCC, 2006 IPCC Guidelines for National Greenhouse Gas Inventories, IPCC National Greenhouse Gas Inventories Programme (Institute for Global Environmental Strategies), 2006.

［28］Chuai Xiaowei, Huang Xi, et al., "Spatial Econometric Analysis of Carbon Emissions from Energy Consumption in China," *Journal of Geographical Sciences* 22 (2012).

［29］孟斌、王劲峰、张文忠等：《基于空间分析方法的中国区域差异研究》，《地理科学》2005年第25期，第393~400页。

［30］Anselin L., GeoDaTM User's Guide, http: www. geoda. uiuc. edu. cn.

［31］Anselin L., "Local Indicators of Spatial Association – L ISA," *Geographical Analysis* 27 (1995).

［32］Griffith D. A., "Effective Geographic Sample Size in the Presence of Spatial Autocorrelation," *Annals of the Association of American Geographers* 95 (2005).

农业生态环境污染治理政策研究

——以湖北省为例

李平衡　严立冬　罗毅民[*]

摘　要　农业生态环境是人类赖以生存的基本条件。一个良好的农业生态环境是经济社会发展的基础、国家生态安全的重要保障、生态文明建设的重要体现。随着我国经济社会的发展，农业生态环境污染问题越来越突出，其治理也越来越受到重视。本文以湖北省为例，首先，从农药化肥、畜禽养殖和生活垃圾三方面来分析农业生态环境污染的现状；其次，根据现状，分析产生农业生态环境污染的深层次原因；最后，从政府、企业、农户与社区四个方面进行政策设计，以此来破解农业生态环境污染治理过程中的难题。

关键词　农业生态环境　污染治理　政策　湖北省

近年来，随着我国经济社会的快速发展与人们生活水平的提高，一方面，农业生产者为满足市场的需要，增加农产品供给，加大了农药化肥的使用量，扩大了畜禽养殖规模。另一方面，消费者特别是广大农村消费者购买能力日益提高，消费产生的生活垃圾日益增多。然而农药化肥的过量使用、畜禽养殖规模扩大产生的粪便以及生活垃圾使农业生态环境受到严重污染。湖北省作为我国农业大省，以不足全国 2% 的国土面积生产了全国 8.4% 的

---

* 通讯作者简介：李平衡，男，出生于 1989 年 10 月，湖南长沙人，中南财经政法大学工商管理学院博士研究生，主要从事农业生态经济研究工作。邮箱：18299007027@163.com。

稻谷、6.3%的棉花、10.3%的油料、5.4%的猪肉和16.0%的淡水鱼，并为全国5.2%的乡村人口提供了生产和生活空间。高强度的农业开发和高密度的乡村人口使得湖北省农业生态环境污染的形势越来越严峻，其问题已经严重影响了人民生活和农业生产，湖北省已被列为全国8个农业面源污染高风险地区之一，找到切实有效的治理方案已成为湖北省农业发展需要重视的大事。

一　农业生态环境污染研究进展

我国农业生态环境呈现恶化趋势，农业生态环境污染问题已经引起国内外学者的关注。对于农业生态环境污染的研究，国内外学者一般从农业生态环境污染的内涵、现状、成因及其对策方面进行研究。

（一）农业生态环境污染的内涵

一般来说，农业生态环境污染分为点源污染和面源污染，点源污染只是对某一地区的农业生产和农民生活产生影响，但面源污染对农业生产和农民生活的影响非常大，当前学术界普遍认为农业生态环境污染主要是农业面源污染，并且这一问题已经成为国内外研究的热点和重点。1979年，美国《清洁水法》（The Clean Water Act，CWA）最早给出了农业面源污染的定义，即"相关污染物以广域的、分散的、微量的形式进入地表及地下水体"[1]。全为民等（2002）认为，农业面源污染是指农业生产中未被农作物吸收的化学肥料中的氮、磷、钾等物质，通过农田径流进入河流、湖泊，进而对水体形成的污染[2]；高懋芳和邱建军（2014）指出，农业的面源污染就是农民在日常农业生产和生活过程中产生的未被植物充分利用的化肥、农药等物质对土壤、水体和大气形成的大面积污染[3]；刘涓等（2014）指出，农业面源污染是指农民在日常生产、生活中产生的营养物质、泥沙和其他污染物，通过农田径流进入地表水和地下水所带来的污染[4]。

（二）农业环境污染的现状与成因

Blevins等（1993）指出，美国的农业生态环境污染从点源污染向面源污染的转化是美国土壤、水质污染的主要源头[5]。Carlson等（1993）在研究农民防治污染意愿时发现，农民个人的防控污染措施受其邻居防控措施的影响[6]。Carpenter等（1998）通过调查分析得出以下结论：一是农业环境污染主要发生在每年的春节；二是化肥、农药、汽油等是水体的主要污染物质[7]。Myrick Freeman（2003）指出，农村人口总量的变化会直接影响农村土地耕作方式和农田管理方式，进而影响农田中农药、化肥的使用量，从而带来农业环境污染[8]。我国学者诸培新的研究表明，我国大部分农民没有认识到农业面源污染对土壤、水质带来的严重影响，对农业污染后果的认识严重不足，致使农民很难参与到农业环境污染治理相关活动中。肖新成等（2014）指出，农户日常农业生产行为的随意化是造成农业生态环境污染的主要原因[9]，特别是目前中国农户普遍存在的生产兼业化和非规模性行为，严重阻碍了我国农业污染治理技术的推广。饶静（2011）指出，关于农业生态环境污染，部分地方政府也有不可推卸的责任，部分地方政府为了短期利益鼓励农户加大生产规模、提高农业生产效率，规模和效率的双重限制造成了化肥、农药的过量使用，对农业环境造成严重的污染[10]。葛继红（2011）通过对江苏省 1978~2009 年的数据进行研究发现，技术进步与农业环境污染治理政策能有效地减缓农业环境污染的速度[11]。

（三）农业生态环境污染的对策研究

在农业生态环境污染治理的对策方面，因国内外基本情况不相同，因而具有不同的观点。特别是农业生态环境污染具有地区差异性，而农业环境治理政策的统一制定又相对缺乏弹性，统一的政策很难应对不同地区的实际问题，从而导致了农业环境污染政策制定的失灵，进而也产生了农业环境污染治理难的现实状况。国外学者做了限制化肥、农药投入量与收取投入税两种措施的对比实验，发现限制农药、化肥投入量措施具有一定的行政成本优势，而对农药、化肥进行课税则更加有效，且相对更具有弹性。闫丽珍等（2010）认为，当前农业生态环境污染治理的最有效的技术是生态控制技术，其主要做法是通过维持农业生态化解系统的物质流平衡来控制农药、化肥对农业环境的污染[12]。李秀芬等（2010）运用经济学相关原理分析了农业环境污染的外部性特征，并指出农业环境污染治理必须由政府进行主导，其他主体都不可能完成这一任务[13]。陶春等（2010）指出，在对农田养分进行有效管理的同时，也要对农业环境的各类污染进行科学、合理的分类，根据不同类型污染制定不同的处理方法[14]。金书秦等（2013）指出，应该从农业环境污染治理技术和农业环境污染治理政策"双维度"开展我国农业环境污染的治理工作。

　　总体来说，以欧美为代表的发达资本主义国家由于工业化起步早，自20世纪六七十年代就开始了大规模的农业生态环境污染问题研究，研究内容主要集中在农业生态环境污染的内涵、成因以及相关治理的措施等问题上，并呈现从农业环境污染治理的技术向综合治理发展的趋势。我国对农业生态环境污染问题的研究起步较晚，目前的研究大部分是在总结和借鉴国外经验，由于我国农业与国外农业发展的阶段不同，而且面临的问题也有差异，仅借鉴国外经验不能根除我国农业环境污染问题。相比而言，我国农业发展有着更复杂的环境，短期内快速解决农业生态环境污染问题不太现实，但我们必须在吸收外国农业环境治理经验的基础上，立足本国国情，开展全方位、多层次的研究，探索一条适合我国农业生态环境污染治理的道路。

二　湖北省农业生态环境污染现状

　　虽然造成湖北省农业生态环境污染的污染源比较多，但其主要的污染源是农药化肥、畜禽养殖粪便以及居民生活垃圾等。

（一）农药、化肥使用量及其污染

1. 农药使用量及其污染

　　农药作为杀灭昆虫、真菌和其他危害作物生长的生物的药物，对确保农作物正常生长具有重要作用。但过量的使用农药，会危害农业生态环境的安全。湖北省作为我国农药使用大省，其农药使用量呈现上升趋势。1990～2012年，湖北省的农药使用量从4.63万吨增加到13.59万吨，增长了1.94倍，平均每年增长5%，且1990～2004年湖北省农药使用量基本上处于一个增长的过程，年均增长高达17.4%（见图1），平均农药使用量为15.93千克/公顷，与全国7.5千克/公顷的平均水平相比，高出了一倍多。

　　农药的使用对确保湖北省农产品有效供给与粮食数量安全发挥了重要作用。但是过量的使用农药，不仅会影响农产品质量安全，而且会造成农业生态环境污染。特别是近年来，湖北的蔬菜、水果、粮食农药残留超标现象严重，食品安全事件也呈现频发的特点，湖泊、河流水质呈现变差趋势，生物多样性面临威胁。

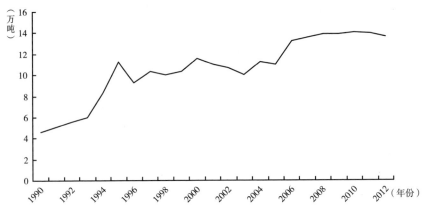

图1 1990～2012年湖北省农药使用量变化趋势

2. 化肥使用量及其污染

湖北省地域面积较小,人口众多,而且被列为国家八大主要粮食产区之一,该区域粮食产量直接关乎国家粮食安全,在粮食产量增长的巨大压力下,不得不更多地使用化肥。2012年,湖北省农用化肥使用总量(折标量)为354.9万吨,全省3390600公顷耕地面积中有95.7%使用化肥。其中,1961130公顷的水田中有98.7%使用化肥,且平均使用化肥2326.18千克,化肥使用水平为483.08千克/公顷,皆明显高于国家平均水平。

虽然化肥的使用量逐年上升,但是其利用效率相当低。相关研究表明,目前在我国真正被农作物吸收的氮肥量仅为化肥使用总量的35%,磷肥量为化肥使用总量的15%,钾肥量稍高,为化肥使用总量的51%。经向有关专家咨询,拟定了符合湖北省实际情况的农用化肥中氮、磷流失系数(见表1),并在此基础上计算氮、磷的流失量。

表1 湖北省化肥使用量流失系数

农田性质	纯氮使用量 (千克/公顷)	纯氮流失系数(%)			纯磷(P_2O_5) 流失系数(%)
		尿素	碳铵	其他氮肥	
水田	<300	18	24	22	4
	300～400	20	27	25	
	>400	22	29	27	
旱地、园地	<300	—	10	—	5
	300～400	—	1	—	
	>400	—	12	—	

按照相关系数折算，湖北省氮肥流失率为 18.7%，磷肥流失率为 4.3%。其中，水田中氮肥流失率达到了 23.0%，氮肥流失量占全省氮肥流失量的 82.4%；磷肥流失率为 4.0%，磷肥流失量占全省磷肥流失量的 60.7%。可见，湖北省化肥流失率较高。大量的化肥流失，一方面，造成土壤酸化板结，使土壤中各类化学元素的比例失衡，严重影响农作物的生长，并且化肥会在土壤不断积累；另一方面，大量的化肥流失会造成严重的水质污染，水体中氮、磷、钾含量的升高，不仅影响了水体的安全，而且过量的营养物质会造成水草的过剩生长，导致水体中鱼类等动物的大量死亡，进一步影响水体的质量。如果这类水体被人直接饮用，则会严重危害人体健康。此外，使用过量的化肥，会使部分未被植物及时吸收的氮等元素挥发到大气中，不仅影响大气的质量，而且会导致酸雨。

（二）畜禽规模化养殖污染状况

长期以来，湖北省畜牧业以单个农村家庭为主要的生产单位，但人民对畜牧农产品需求的不断增加，以及规模生产所具备的成本优势，推动湖北省农村畜牧业发展呈现规模化、专业化的特点。以生猪为例，湖北省 1990 年生猪出栏头数为 1805.44 万头，基本上为单个家庭养殖，2012 年，湖北省生猪出栏头数为 4823.50 万头，其中 78.9% 来自规模化、专业化的养殖场。与传统单一、独家独户的养殖模式不同，规模化养殖会产生大量的粪便污染，它们加剧了农村的点源污染向面源污染的转变，特别是水体污染越来越严重，治理难度也越来越大。水产养殖对水质的污染十分明显。1990 年，湖北省水产品产量仅为 70.98 万吨，2012 年，湖北省水产品产量已经达到了 388.94 万吨，增长了 4.48 倍，年均增长 8%，周围水质却逐年下降。可见，规模化养殖增加农产品供给的同时，对农业生态环境造成了破坏。

（三）生活垃圾污染状况

随着城市人口规模的不断膨胀，居民的日常生活垃圾成了让政府头痛的大问题，目前城市生活垃圾处理的方式主要有填埋、焚烧、发电等，受制于处理成本和处理技术，填埋依然是目前城市生活垃圾最主要的处理方式。填埋对土地危害很大，且部分垃圾的危害具有时间上的长效性，有些种类垃圾造成的污染甚至能超过百年。近年来，湖北省居民生活垃圾逐年增多，2012 年全省垃圾清运量达到了 745.8 万吨，平均每天产生 2 万多吨需清运的垃圾，另外，还有大量没有被清运的固体、废物等垃圾。虽然，湖北省政府一直在加大对居民生活垃圾的处理力度，但由于垃圾处理成本高昂，且垃圾处理技术覆盖的面积有限，特别是在广大的农村，大部分生活垃圾未经处理而直接被倾倒。

三　农业生态环境污染治理政策设计

（一）政府行为政策设计

政府作为农业生态环境治理的主体，与企业、社区、农户相比，具有很大的优越性。政府可通过行政权力、政策规划、治理机制依法对生态环境进行保护和改善，实现人与自然的协调可持续发展[16]。一是明晰农业产业准入标准；政府要调整区域生产布局和农业结构，确保种植业和养殖业的平衡，促使农业生产与生态环境承载力相统一。同时，根据生态环境功能区划，禁止、限制、优化、重点开发4个区域的农业产业结构和耕作制度，引入种养业退出、限定、并转和准入机制。二是完善农业补贴制度；政府要优化现有农业补贴结构，将农业直补与农药、化肥使用挂钩。改革不合理的农业补贴政策，将现有水电资源、化肥农药的各种价格补贴转变为对节水灌溉设施、秸秆还田、生物农药应用及相关技术的支持，加大对有机肥和环境友好型新农药与新药械生产和使用的补贴力度，加大对无公害、绿色、有机农产品生产及循环农业的财政支持力度。对环境敏感地区实行地区性援助及限产限耕直接补贴，推进环境敏感区域农业结构调整。加强对规模化畜禽养殖场的污染减排工作，通过种养结合的生态循环模式推动环境自行净化。通过农业补贴引导农民改变现有的农业生产方式，实现从减少对农业环境污染向全面改善农村农业环境的方向发展。三是建立农业清洁生产技术创新政策体系。为更好地支撑农业环境治理体系并有效实施技术减排，政府要加强对技术创新和技术储备的支持力度，抓紧建立农业清洁生产技术创新体系。主要包括农业清洁生产标准体系，如农业投入品环保标准及安全性评价标准、农业资源保护与综合利用标准等；农产品质量和土壤质量安全监测体系，如农产品农药残留、农产品安全监控中急需的快速检测技术和相关设备；土壤农药残留、重金属污染及其他有毒有害物质的监测技术等。

（二）农户行为政策设计

一方面，农户是理性的经济人，他们选择使用农药、化肥的主要原因是农药、化肥不仅能提高农产品产量，而且能有效降低人工成本，使他们能在短期内获得更大的经济效益[17]；另一方面，农药、化肥带来的土壤、水体等农业生态环境污染问题，很难找到具体的归属主体，农户也很难得到相应的惩罚。农户使用农药、化肥的利益远大于其付出的成本，所以农户把使用农药、化肥作为一种相对优势的决策行为。要改变这种现状，需要提高农户对农业生态环境保护的认识，理清农业增产增收与生态环境保护的关系。一是在农户农业环境污染治理中应该充分应用价格原理，提高农药、化肥的价格，可以考虑依据农户农药、化肥使用量，实行差异化价格，对不使用或者少量使用农药、化肥的农户给予一定的补贴；二是鼓励农户使用有机农药、化肥，把农产品分成一定的等级，实行政府差别价格保护，引领农户少使用化肥、农药。

（三）企业行为政策设计

1979 年以来，地方乡镇企业发展迅猛，已经成为中国中小企业的主体、国民经济的重要支柱。发展地方乡镇企业也是实现中国农业现代化、农村城镇化和国家工业化，缩小城乡、工农差别的重要途径。但是乡镇企业在发展过程中存在着缺乏规划、设备简陋、工艺落后、管理和技术水平低等问题，特别是由此造成的资源浪费、农业环境污染十分严重，已成为亟待解决的问题。节能减排是减少农业环境污染的最有效手段，当前地方乡镇企业必须调整产业结构、转变增长方式，着力提高资源利用效率，优化产业结构，淘汰和关闭浪费资源、污染环境的工艺、设备和企业[18]，用清洁生产技术改造能耗高、污染重的传统产业。基于此，企业关于农业环境污染的治理政策必须包括引导企业改造传统落后高污染生产工艺、技术的奖励性政策和对污染排放不达标企业的惩罚性政策。这些政策既可以是政府制定出台的法律、法规文件，也可以是相关环保组织进行的奖励和抗议活动。

（四）社区行为政策设计

在社区中通过宣传引导居民购买高质量农产品，引导农户提高农产品质量，这是改善农业环境污染的有效方式。积极引导居民农户购买无公害、绿色和有机农产品，促使农户与农产品生产企业建立相应的农业环境安全生产技术规范和标准，这对控制农业生态环境污染具有十分重要的意义[19]。一方面，政府、行业协会或地方环保组织可以对购买高质量的绿色农产品、有机农产品和无公害农产品的社区居民分层次给予一定的补贴；另一方面，对于那些严格按照高标准进行农产品生产的农户和企业给予一定的书面、物质奖励，鼓励其他农户和企业效仿。

另外，农产品生产行业协会、化肥农药生产企业、地方政府其他部门、中央政府等也应进行相应政策设计。具体来说，可以从以下几个方面进行治理：一是从经济的角度，通过提高化肥、农药等的使用成本，让农户选择更为节约的有机肥，少使用农药；二是从社会的角度，加强教育宣传，让农户在进行农业生产过程中，少使用化肥和农药，通过道德规劝，引导农户在使用化肥和农药时更多考虑其危害作用；三是通过制定农业化肥和农药使用标准，限制使用一些高污染、危害大的农药和化肥；四是制定农业生产安全立法，让农户遵守法律规范。

参考文献

［1］ Antler J. M. , Heidebrink Q. , "Environment Development: Theory and International Evidence," *Economic Development and Culture Change* 43 (1995).

［2］ 全为民、沈剑峰：《杭嘉湖平原农业面源污染及其治理措施》，《农业环境与发展》2002 年第 2 期，第 22 ~ 24 页。

［3］ 高懋芳、邱建军：《基于文献计量的农业面源污染研究发展态势分析》，《中国农业科学》2014 年第 6 期，第 1140 ~ 1150 页。

［4］ 刘涓、谢谦、倪九派等：《基于农业面源污染分区的三峡库区生态农业园建设研究》，《生态学报》2014 年第 9 期，第 2431 ~ 2441 页。

［5］ Blevins, R. L. , W. W. Frye. , "Conservation Tillage: An Ecological Approach to Soil Management," *Advances in Agronomy* 51 (1993).

［6］ Carlson, G. A. , D. Zilberman, J. A. Miranowski, *Agricultural and Environmental Resource Economics* (Oxford: Oxford University Press, 1993).

［7］ Carpenter S. R. , Caraco, N. F. , Correll, et al. , "Nonpoint Pollution of Surface Waters with Phosphorus and Nitrogen," *Ecol* 8 (1998).

［8］ Myrick Freeman, *The Measurement of Environmental and Resource Values: Theory and Methods* (Washington, D. C. : Resources for the Future, 2003).

［9］肖新成、何丙辉、倪九派等：《三峡生态屏障区农业面源污染的排放效率及其影响因素》，《中国人口·资源与环境》2014年第1期，第60～68页。

［10］饶静、许翔宇、纪晓婷：《我国农业面源污染现状、发生机制和对策研究》，《农业经济问题》2011年第8期，第81～87页。

［11］葛继红、周曙东：《农业面源污染的经济影响因素分析——基于1978～2009年的江苏省数据》，《中国农村经济》2011年第5期，第72～81页。

［12］闫丽珍、石敏俊、王磊：《太湖流域农业面源污染及控制研究进展》，《中国人口·资源与环境》2010年第1期，第99～107页。

［13］李秀芬、朱金兆、顾晓君等：《农业面源污染现状与防治进展》，《中国人口·资源与环境》2010年第4期，第81～84页。

［14］陶春、高明、徐畅等：《农业面源污染影响因子及控制技术的研究现状与展望》，《土壤》2010年第3期，第336～343页。

［15］金书秦、沈贵银、魏珣等：《论农业面源污染的产生和应对》，《农业经济问题》2013年第11期，第97～102页。

［16］金书秦、沈贵银：《中国农业面源污染的困境摆脱与绿色转型》，《改革》2013年第5期，第79～87页。

［17］刘章勇、方守国、刘百韬：《江汉平原涝渍地域农业生态环境评价与综合治理对策》，《农业现代化研究》2002年第2期，第85～88页。

［18］曲凌夫：《论我国农业生态环境的现状和保护》，《农村经济》2009年第4期，第106～109页。

［19］郝涛：《农业生态环境治理的社会基础分析》，《农业经济》2015年第3期，第24～26页。

干旱气候对种植结构的
影响及对策
——基于 DNDC – CGE 模型的仿真研究

袁　锋　赵子健　于　冷[*]

摘　要　本文构建中国地区的 DNDC – CGE 模型，通过对降水率与灌溉率进行不同设定形成四种情形，分析干旱对农作物产量的冲击以及灌溉农业发展对灾害的应对作用。研究发现，干旱对主要作物的影响呈现负向冲击，干旱程度越严重，减产冲击越大，而灌溉率提升能够有效扭转纤维作物、油料作物、稻米和谷物的减产趋势。在灌溉率不变的情景中，尽管糖类作物、蔬菜、小麦和谷物的减产冲击较为显著，但物以稀为贵的市场规律将促使相关农产品价格上升，改变农户的种植行为，更多农地被用于这些作物的种植，反而增加了产量与行业增加值。随着灌溉率的提高，即使旱情严重，纤维作物和油料作物仍将保持增产。在旱情并不严重的情景中，主要作物均将增产。

关键词　种植结构　干旱　灌溉率　DNDC 模型　CGE 模型

一　引言

近年来，全球气候逐步恶化，干旱的发生频率增加，对我国经济社会的

---

[*]　通讯作者简介：袁锋，男，安徽蚌埠人，上海交通大学安泰经济与管理学院硕士生，主要从事生态经济学研究工作。邮箱：reganyuan@163.com。

各方面都产生了极大的影响，农业受到的影响最为直接。根据国家气候中心网发布的极端天气气候事件统计，在我国 2004 年 6 月到 2010 年 12 月的主要气象灾害中，干旱事件占到了气候与天气灾害的 15%（孟旭芹等，2016），干旱气候发生频率较高。旱灾在全国普遍存在，即使在温润多雨的华东与华南地区，旱灾也时有发生。近五十年来，旱灾是造成农业损失最大的一类灾害，我国年均受旱面积达到 3 亿亩，旱灾造成的粮食减产量达到数百亿公斤（聂高众和高建国，2001）。为应对气候变化带来的各种冲击，农业新技术的应用与管理方式的革新变得尤为重要。生态农业是必然的发展趋势，而节水灌溉技术的应用是其中的重要一环，这将大幅度提高我国农作物生产的效率，同时有助于应对各类气候灾害，确保粮食的丰产和丰收。

在如上背景下，有两个问题是非常值得探讨的：第一，干旱发生频率的加大和影响程度的加深，将改变农户的种植行为，而这种冲击会随着市场交换进一步扩大，最终对经济社会产生重大影响，所以有必要对此予以认识。第二，节水灌溉将提高农业种植的灌溉率、缓解农作物减产，而这又将如何影响种植结构乃至经济社会。对这两个问题的回答，有助于农业部门了解农业未来的发展趋势，并为政策制定者提供决策参考，具有积极的现实意义。

鉴于此，本文探讨我国可能出现的不同程度的干旱气候情景，通过反硝化-反分解（DeNitrification–DeComposition，DNDC）模型量化干旱导致的农作物减产状况，并就灌溉率提升情景下的农作物产量情况予以测度。与此同时，采用可计算一般均衡（Computable General Equilibrium，CGE）模型仿真农作物产量冲击对种植结构与经济结构的具体影响。

本文第一部分阐述研究背景和目的；第二部分就已有的相关研究进行综述；第三部分介绍 DNDC 模型及其运行结果；第四部分介绍 CGE 模型的框架结构与数据来源，并以此模拟干旱情景以及灌溉率提升情景；第五部分对全文进行总结，并提出若干政策建议。

二　文献综述

有关干旱对农业的影响，国内外学者进行了较多的研究。王道龙等（2006）的研究发现，旱灾导致的粮食减产量占到所有灾害导致的粮食减产量的一半以上。具体来说，冯利平等（2011）参考湖南双季稻产区 3 个气象站的观测数据设定了三种水分管理方式，通过 ORYZA2000 稻米生长模型仿真了三种情形下的双季稻产量变化，结果发现无灌溉条件下双季稻受天气影响最为严重，且晚稻比早稻受到的影响大。曹阳等（2014）使用 CERES - Wheat 模型仿真了 1962～2020 年潜在干旱对冬小麦产量的影响，发现小麦减产的区域分布与大气环流因子之间存在相关关系。方强飞（2014）研究发现干旱对冬小麦产量影响较春小麦大，且干旱对北方地区影响更大。黄健熙等（2015）使用遥感 DSI 指数评估了山东、河南地区干旱与冬小麦产量的关系，发现干旱发生时间点至关重要。徐建文（2015）搜集了黄淮海平原 6 个农业亚区典型站点 1981～2009 年的观测数据，使用 DSSAT 模型仿真了干旱对冬小麦关键生育阶段所造成的影响，发现其减产量明显高于我国南部地区，但干旱在灌浆期造成的影响差别不大。刘明等（2015）将 1961～2010 年陕甘宁农区 47 个站点的气候数据代入 EPIC 模型来分析干旱对农作物产量的影响，研究发现干旱发生频率上升、持续时间增加且强度也在逐步增强，且 4～5 月份出现的干旱对农作物产量影响最大。

既有的研究大多属于自然科学范畴，与经济社会的关联性有限。本文试图打破这一局限，将自然科学领域的模型与经济系统模型耦合，测度干旱带来的产量变化，并将减产作为技术冲击引入经济模型，从而模拟干旱对种植结构与经济结构的影响，并从灌溉角度探讨可能的减灾方案，在理论与现实上均具有重要意义。

三　DNDC 模型与农作物产量冲击

DNDC 模型是由美国新罕布什尔州大学地球海洋与空间研究所主导开发的一个大型的生物地球化学模型，可以用于模拟特定地区内的农作物成长、温室气体排放、营养元素淋溶以及土壤固碳等过程，DNDC 模型的结构、运行机理以及适用领域参见郭佳伟等（2013）和巴特尔·巴克等（2007）[11] 的研究。在过去的二十多年里，DNDC 模型得到了世界各地大量学者的认可，这也使这一模型不断地得到扩充与应用。我国不少学者也加入了这一领域，不过其研究集中于应用 DNDC 模型测度温室气体排放，比如田展（2015）应用 DNDC 模型对 1971～2010 年我国气候变化对水稻田温室气体排放的影响进行了模拟，研究发现近二十年温度的迅速上升造成了更多 CH_4 的排放量，同时局部地区降雨量的上升增加了 N_2O 的排放量。

　　DNDC 模型包括机理模型与数据库两个部分。机理模型以软件的形式在 DNDC 模型官网（http：//www. dndc. sr. unh. edu/）上供社会各界免费下载与使用，目前最新的模型版本为 DNDC9.5，DNDC 模型官网上同时提供了该软件的英语版使用说明。本文使用的中国地区数据库由 DNDC 模型创始人——新罕布什尔大学李长生教授构建。在数据库中，中国被划分为 2743 个格点，每个格点的参数包括了地理位置、气象数据、土壤、种植情况以及农田管理信息，其中种植数据对应时间为 2007 年，气候数据对应时间为 2010 年，其模拟结果形成了本文的基准。

　　根据《2010 年中国水资源公报》，2010 年全国平均年降水量为 695.4mm，比常年值（多年平均值）偏多 8.2%。2011 年旱情较为严重，根据《2011 年中国水资源公报》，2011 年全国降水量为 582.3mm，较以往平均水平降低 9.4%，较 2010 年减少 16.3%。由此本文设计了两种干旱情景：一种情景为降水量相比 2010 年减少 10%，近似于常年水平；另一种情景为降水量相比 2010 年减少 20%，接近 2011 年水平，干旱程度较为严重。与此同时，本文探讨通过节水灌溉提升灌溉率水平产生的减灾效应，具体为假设全国各个格点的灌溉率同时提升 10%。如上设定可以生成四种情景，DNDC 模型可以给出 17 种主要农作物在各个情景下的含碳量，由于农作物中碳元素含量通常是不变的，所以含碳量的变化可视为产量变化，具体的变化情况见表 1。进一步地，本文结合《中国统计年鉴》中农作物的实际产量计算各个情景下的产量预测值，并对农作物进行归类以便与后续 CGE 模型对接。各大类农作物在不同情景下的产量变化情况见表 2，表 2 内数据表示各个情景下产量相对于基准情景的变化幅度。

表 1　不同降水与灌溉率条件下的农作物产量的变化情况

单位：%

		灌溉率不变		灌溉率提升	
		80% 降水	90% 降水	80% 降水	90% 降水
稻米	稻米	− 0.10	− 0.06	0.80	0.81
小麦	冬小麦	− 4.29	− 2.20	− 0.25	1.63
	春小麦	− 3.09	− 1.78	2.72	3.96
谷物	玉米	− 3.67	− 1.92	0.35	2.02
	燕麦	− 8.74	− 4.45	− 2.62	1.52
	高粱	− 4.34	− 2.50	− 1.35	0.39
	小米	− 2.24	− 1.12	− 0.45	0.67

续表

		灌溉率不变		灌溉率提升	
		80% 降水	90% 降水	80% 降水	90% 降水
蔬菜	蔬菜	- 6. 02	- 2. 81	- 2. 55	0. 29
	马铃薯	- 9. 27	- 4. 69	- 2. 97	1. 25
	豆类	- 5. 90	- 2. 84	- 2. 40	0. 44
油料作物	大豆	- 3. 54	- 1. 69	1. 04	2. 71
	花生	- 3. 17	- 1. 61	0. 80	2. 14
	油菜	- 4. 96	- 2. 46	0. 02	2. 17
	向日葵	- 1. 66	- 0. 83	4. 99	5. 82
糖类作物	甘蔗	- 11. 76	- 5. 88	- 7. 84	- 1. 96
	甜菜	0. 87	0. 00	7. 37	6. 49
纤维作物	棉花	- 1. 72	- 0. 73	3. 76	4. 49

表 2   不同降水与灌溉率条件下农作物产量的变化情况

单位：%

	灌溉率不变		灌溉率提升	
	80% 降水	90% 降水	80% 降水	90% 降水
稻米	- 0. 10	- 0. 06	0. 80	0. 81
小麦	- 4. 21	- 2. 17	- 0. 07	1. 77
谷物	- 3. 85	- 2. 01	0. 22	1. 97
蔬菜	- 6. 17	- 2. 90	- 2. 57	0. 34
油料作物	- 3. 71	- 1. 84	0. 88	2. 53
糖类作物	- 11. 19	- 5. 19	- 7. 05	- 1. 52
纤维作物	- 1. 72	- 0. 75	3. 75	4. 48

由表 2 可见，在灌溉率不变的情景中，干旱对所有农作物种植产生的产量冲击都是负面的。相比较而言，糖类作物受到的影响最大，其次为蔬菜和小麦，这也反映了这几类农作物对水分的要求较高。稻米、纤维作物产量受到的影响较小，这可能是由于稻米往往种植在灌溉区，能够得到灌溉水的补给，而纤维作物生长对水分的需求较低。

在灌溉率提升的情景中，降水减少带来的减产影响不仅被大幅削弱，灌溉率提升甚至促使部分作物增产。增产最明显的是纤维作物，这类作物大多是耐旱作物，灌溉率提升会促使其生长、产量激增。

四　可计算一般均衡模型的构建与耦合模拟

CGE 模型以一般均衡理论为前提，通过设定商品、要素两个基础市场以及纳入企业、居民、政府、世界其他地区等不同主体，形成与现实匹配的完整市场体系，表现为一系列的变量与方程设定。模型的数据基础主要是社会核算矩阵（Social Accounting Matrix，SAM），以此进行参数的初始状态标定，复原模型的基准情形，并进一步引入外生冲击进行政策模拟，通过对比新情景与基准情景的差异就外生冲击带来的系统性影响给予评估。

近二十年来，CGE 模型在我国得到了广泛应用。曹历娟（2009）模拟了乙醇燃料汽油规模变化对我国农作物的冲击，发现乙醇汽油的生产将促进玉米用地和产量的大幅增加，玉米价格不断上升，对玉米的食用消费存在一定影响，由此建议对燃料乙醇生产设定一个合理产量。罗焕娟（2010）以碧利斯台风为研究对象，发现严重降水导致湖南省地区生产总值下降。李喜明等（2014）在考虑了二氧化碳肥效的情况下，测度了温室气体排放对农作物产量的影响，研究发现温度上升在整体上对农作物产量是有利的。李喜明（2014）探讨了不同灌溉模式对农作物产量的影响，结果发现不论何种灌溉模式，三种主粮在干旱时均会发生减产，同时价格会有所上升。张奕芳和刘富华（2015）设定了多种水利投资补贴方案，利用 CGE 模型仿真了不同方案对云南省旱情缓解的作用，结果发现依据干旱差异分配水利投资的方案最为有利。

（一）CGE 模型构建

本文构建的 CGE 模型框架以翟凡等（1997）的研究为基础，主要包括生产模块、价格模块、贸易模块、收入支出模块以及闭合模块，具体说明如下。在社会核算矩阵构建上，将产业划分为 57 个部门，产业部分数据来自GTAP（Global Trade Analysis Project）模型数据库，其他数据主要源于《中国统计年鉴（2008）》中的"资金流量表（实物量）"。

1. 生产模块

对生产来说，资本、劳动以及中间投入是最主要的生产性投入，通常使用常替代（Constant Elasticity of Substitution，CES）函数以及 Leontief 函数进行嵌套，具体结构见图 1。

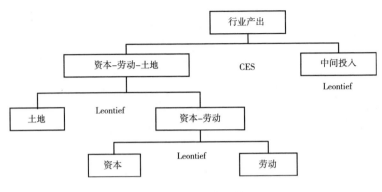

图 1　生产模块结构

2. 价格模块

价格模块描述了生产企业的定价行为。在 CGE 模型中，商品市场一般被假定为完全竞争市场。企业不存在超额利润，各投入品的价格为其下层投入品价格的对应嵌套，最终行业产出价格为资本－劳动－土地价格与中间投入品价格的 CES 合成。

3. 贸易模块

本国消费的商品有国内生产和国外进口两种来源；而国内产成品有本国消费以及出口两种出路，相关商品流向见图 2。为了描述这一结构，本文在进口上采用 Armington 假设，在出口上以常弹性转换（Constant Elasticity of Transformation，CET）方程表述。需要指出的是，我国并没有掌握众多商品的国际市场定价权，故本文在贸易上采用小国假设，即中国是世界价格接受者。

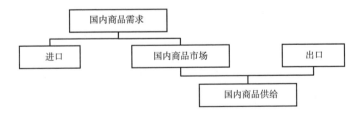

图 2　商品流向示意

4. 收入支出模块

本文构建的 CGE 模型主要涉及政府、居民以及企业三类主体。

政府的收入来自土地收入、生产税、关税、居民所得税和企业所得税，政府的支出为政府购买以及对居民和企业的转移支付。

居民的收入为劳动报酬和来自企业、政府、世界其他地区的转移支付。居民的支出为各种商品的最终消费和向政府缴纳的税款。模型假设居民的效用函数为 Cobb - Douglas 型，即每种产品消费支出额占总支出的比例为常数。企业对居民的转移支付额占企业税后收入的比例以及政府、世界其他地区对居民的转移支付额为固定值，居民所得税率也为常数。

企业的收入为资本报酬和来自政府的转移支付，支出包括对居民的转移支付与向政府缴纳的税费。政府对企业的转移支付、企业对居民的转移支付占企业可支配收入的比例以及企业缴纳税收的比率为常数。

5. 闭合模块

闭合模块包括要素（资本、劳动力、土地）市场、商品市场以及资金市场的出清，其中资金市场的投资总额、要素总供给量、国外净汇入为外生变量，汇率为模型的价格基准。

（二）CGE 模型的模拟结果

在耦合模拟的基础上，本文将 DNDC 模型计算出来的产量变化率以技术冲击的形式纳入 CGE 模型的生产模块。对于任意一块农地，即使灾害导致了减产，但是投入的农资用品（化肥、农药、农膜等）不会因此减少，所以需要对中间投入进行调整，由此得到的 CGE 模型仿真结果见表 3 和表 4，其中的数据表示当前情景相对于基准情景的变化幅度。

表 3　灌溉率不变前提下不同干旱情景中的农作物变化情况

单位：%

	80% 降水			90% 降水		
	面积	产量	增加值	面积	产量	增加值
稻米	− 1.30	− 1.30	− 1.46	− 0.61	− 0.62	− 0.68
小麦	2.72	− 1.50	2.55	1.41	− 0.74	1.34
谷物	1.13	− 2.66	0.91	0.63	− 1.33	0.55
蔬菜	2.45	− 3.76	2.28	1.08	− 1.79	1.01
油料作物	− 2.87	− 6.37	− 3.01	− 1.40	− 3.16	− 1.46
糖类作物	8.99	− 3.10	8.86	3.90	− 1.44	3.86
纤维作物	− 2.82	− 4.39	− 2.98	− 1.35	− 2.03	− 1.41
其他作物	− 0.78	− 0.67	− 0.94	− 0.40	− 0.34	− 0.46

表 4　　灌溉率提升前提下不同干旱情景中的农作物变化情况

单位：%

	80%降水			90%降水		
	面积	产量	增加值	面积	产量	增加值
稻米	− 0.89	− 0.14	− 1.06	− 0.31	0.43	− 0.36
小麦	− 0.08	− 0.20	− 0.27	− 1.18	0.49	− 1.24
谷物	− 0.55	− 0.37	− 0.72	− 0.93	0.95	− 0.97
蔬菜	1.32	− 1.33	1.14	0.18	0.43	0.12
油料作物	− 0.05	0.78	− 0.23	1.23	3.71	1.17
糖类作物	6.19	− 1.34	6.03	1.73	0.11	1.68
纤维作物	− 1.64	2.00	− 1.84	− 0.40	3.98	− 0.49
其他作物	0.31	0.26	0.13	0.52	0.45	0.47

可以发现，在灌溉率不变的情景中，当降水量减少时，糖类作物、蔬菜、小麦和谷物的种植面积增加，缓解了减产压力。干旱会对如上作物产生较大幅度的减产冲击，种植农户意识到供不应求可能带来价格激增，此时价格机制就会发挥调节作用，更多的农地被用于种植甘蔗、甜菜、蔬菜、小麦以及玉米等作物，价格上升的另一个结果是行业增加值上升，种植户得到更多的收益。与此相反的是，纤维作物、油料作物、稻米以及其他作物的种植被较大程度抑制，种植面积减少，同时产量较大幅度削减。

灌溉率提高之后，各种作物的减产冲击都得到削弱。在干旱较为严重的情景（80%降水）中，糖类作物、蔬菜与小麦仍存在减产可能，但价格机制的调节作用使得糖类作物和蔬菜的种植面积有所增加，并使其成为增加值提升行业。在干旱并不严重的情景（90%降水）中，主要作物的产量都将有所增加。就 DNDC 模拟结果而言，干旱仅可能使得糖类作物减产，但在市场的作用下，糖类作物的种植面积会增加，市场价格机制不仅能扭转产量的下降趋势，而且能提升行业增加值。与此同时，油料作物和蔬菜的种植面积和行业增加值也有所上升。

五　研究总结与政策建议

本文构建了中国地区的 DNDC – CGE 模型，通过对降水率与灌溉率的不同设定形成四种情形，分析了干旱对农作物产量的冲击以及灌溉农业发展对灾害的应对作用。研究得出的主要结论如下。

（1）干旱对主要作物的影响呈现负向冲击，干旱程度越严重，减产冲击越大。相对而言，糖类作物和蔬菜对降水的依赖度最强，纤维作物与稻米对降水的依赖度最低。

（2）灌溉率提升能够扭转部分主要作物的减产趋势，包括纤维作物、油料作物、稻米和谷物。增产最明显的是纤维作物，这类作物大多是耐旱作物，灌溉率提升会促进其迅速生长，产量激增。

（3）在灌溉率不变的情景中，当降水量减少时，糖类作物、蔬菜、小麦和谷物的种植面积增加，扭转了产量下滑趋势。尽管降水量减少对糖类作物、蔬菜、小麦和谷物的减产冲击是最大的，但物以稀为贵的市场规律将促使相关农产品价格上升，改变农户的种植行为，更多农地被用于这些作物的种植，反而增加了产量与行业增加值。与此同时，稻米、纤维作物和油料作物由于种植空间被挤占，行业发展被抑制。

（4）灌溉率提高之后，即使在干旱较为严重的情况下（比如80%降水），纤维作物和油料作物也将增产。与此同时，市场机制将增加糖类作物和蔬菜的种植面积，使其成为增加值提升行业。

（5）灌溉率提高之后，在干旱并不严重的情况下（比如90%降水），主要作物均将增产。其中，油料作物、糖类作物和蔬菜的种植面积增加，行业增加值上升。

鉴于以上结论，本文提出以下五条政策建议。

（1）积极推进节水灌溉，使有限的水资源能够灌溉更多的农地，促进农业增产增收。在条件成熟的地区，应进一步提倡科学灌溉，根据相应作物的需水特性、生育阶段、气候以及土壤条件选择合适的灌溉方式，制定相应的灌溉制度，适时适量地进行灌溉，最大限度地提高水资源的利用效率。

（2）推动蔬菜基地建设，发挥规模经济效应。就日常生活接触的频繁度而言，主粮和蔬菜无疑与消费者最为接近。目前来看，主粮品种在市场供给上已出现暂时性过剩现象，旱灾减产对粮食安全的影响不大。反观蔬菜，不仅旱灾导致的减产冲击较大，而且随着健康饮食观念的普及，人均蔬菜消费量很可能上升，这就凸显了确保蔬菜产能的重要性。可以参照山东寿阳的经验，在自然条件合适的地方选址营建大型蔬菜基地，辐射周边区域，不仅能通过规模化经营降低种植成本、提升食品安全与质量，而且可以实现反季节品种种植，给予消费者更多的选择。

（3）优化糖类作物的种植比例，减少产量波动。少雨对不同糖类作物的作用是有差别的，比如，少雨有利于甜菜生长，但会影响甘蔗的丰产。可以适当地调整两者的种植比例，稳定制糖产量，减少旱灾的不利影响。

（4）优化纤维作物的空间分布，改良品种特性。纤维作物一般在较为干旱的地区种植，如果种植区域具有较好的灌溉条件，产量的上升空间将会变得巨大，这也说明了种植空间分布的重要性。另外，纤维作物并不涉及食用，转基因化并不会被社会各界抵触，这也使得通过生物技术提高作物抗旱性有着美好前景。

（5）补贴油料作物种植，满足国内广泛需求。就现实而言，我国油料相关产品长期存在供不应求、严重依赖进口的现象。另就仿真结果而言，如果旱情严重且灌溉不利的话，油料作物的减产是比较严重的。要改善这一局面，提高农户种植油料作物的积极性就变得非常关键，需要政府提高相关补贴予以刺激。

参考文献

[1] 孟旭芹、童俊、刘园园：《我国气象灾害特征分析》，《科技风》2016 年第 2 期，第 211 页。

[2] 聂高众、高建国：《21 世纪中国的自然灾害发展趋势——以地震和旱涝灾害为例》，《第四纪研究》2001 年第 3 期，第 249～261 页。

[3] 王道龙、钟秀丽、李茂松等：《20 世纪 90 年代以来主要气象灾害对我国粮食生产的影响与减灾对策》，《灾害学》2006 年第 1 期，第 19～24 页。

[4] 冯利平、莫志鸿、黄晚华等：《湖南省季节性干旱对双季稻生长及产量影响的模拟研究》，《作物学报》2011 年第 5 期，第 895～902 页。

[5] 曹阳、杨婕、熊伟等：《1962～2010 年潜在干旱对中国冬小麦产量影响的模拟分析》，《农业工程学报》2014 年第 7 期，第 128～139 页。

[6] 方强飞：《基于中分辨率遥感数据的全国小麦主产区干旱及对小麦产量影响研究》，硕士学位论文，南京大学，2014。

[7] 黄健熙、张洁、刘峻明等：《基于遥感 DSI 指数的干旱与冬小麦产量相关性分析》，《农业机械学报》2015 年第 3 期，第 166～173 页。

[8] 徐建文、居辉、梅旭荣：《近 30 年黄淮海平原干旱对冬小麦产量的潜在影响模拟》，《农业工程学报》2015 年第 6 期，第 150～158 页。

[9] 刘明、李素菊、武建军等：《1961～2010 年陕甘宁农区干旱变化规律及其对小麦潜在产量的影响》，《农业工程学报》2015 年第 18 期，第 147～154 页。

［10］郭佳伟、邹元春、霍莉莉等：《生物地球化学过程模型 DNDC 的研究进展及其应用》，《应用生态学报》2013 年第 2 期，第 571～580 页。

［11］巴特尔·巴克、彭镇华、张旭东等：《生物地球化学循环模型 DNDC 及其应用》，《土壤通报》2007 年第 6 期，第 1208～1212 页。

［12］田展、牛逸龙、孙来祥等：《基于 DNDC 模型模拟气候变化影响下的中国水稻田温室气体排放》，《应用生态学报》2015 年第 3 期，第 793～799 页。

［13］曹历娟：《发展生物质能源对我国粮食安全和能源安全影响的一般均衡分析——以燃料乙醇为例》，博士学位论文，南京农业大学，2009。

［14］罗焕娟：《湖南极端降水灾害区划及影响评估》，硕士学位论文，兰州大学，2010。

［15］李喜明、黄德林、李新兴：《考虑 CO_2 肥效作用的气候变化对中国玉米生产、消费的影响——基于中国农业一般均衡模型》，《中国农学通报》2014 年第 17 期，第 236～244 页。

［16］李喜明：《基于 GAMS 语言的可计算一般均衡模型构建及应用——以潜在干旱损失对粮食安全的影响为例》，硕士学位论文，中国农业科学院，2014。

［17］张奕芳、刘富华：《云南农田水利设施建设地方投资空间布局优化研究》，《全国商情：经济理论研究》2015 年第 8 期，第 62～63 页。

［18］翟凡、李善同、冯珊：《一个中国经济的可计算一般均衡模型》，《数量经济技术经济研究》1997 年第 3 期，第 38～44 页。

基于混合策略的排污与
检测博弈均衡研究

吴天培　张宝安　张雪花　程　扬*

摘　要　随着我国城市化进程的加快，排污企业污水排放量迅猛增长，超标排污行为屡禁不止，对水生态环境造成极大压力，制约着我国经济发展。本文在对排污企业和环保部门博弈关系分析的基础上，通过构建混合策略博弈模型，求排污企业与环保部门的混合策略均衡解，并进行算例演算。研究结果显示：为了有效治理超标排污，政府应适度加大对排污企业超标排污的处罚力度并且增加环保部门延后治污的支付成本，同时研发更简单的污水检测技术来降低检测成本。

关键词　混合策略纳什均衡博弈模型　水生态环境　超标排污　环保监测

一　引言

水是人类生存和社会发展不可缺少的自然资源，是经济发展和社会进步的生命线。人类社会在取得巨大物质财富的同时，也付出了沉痛的代价。全球可供人类利用的淡水资源已经严重不足，而且随着水质的不断恶化，水污

---

* 通讯作者简介：吴天培，男，天津人，天津工业大学经济学院在读硕士研究生，主要从事区域经济学、环境规划与管理研究工作。

染造成的水体功能丧失进一步加重了水资源危机。全世界每年排入河流和湖泊的废水使14%以上的全球水资源受到不同程度的污染。我国每年排污量约300亿吨，70%以上污染水被直接排放[1]。污染水大量排放导致我国各大城市地下水受到不同程度污染，只有不到11%的人饮用符合我国卫生标准的水，高达65%的人饮用浑浊、苦碱、含氟、含砷、工业污染、传染病的水[2]。

　　混合策略纳什均衡是面对其他博弈者选择的不确定性的一个理性对策，其主要特征是作为混合策略一部分的每一个纯策略都有相同的期望值，否则，一个博弈者会选择那个期望值最高的策略而排除其他策略，这意味着最初的状态不是一个均衡。Nash（1950）[3]彻底改变了人们对竞争和市场的看法，他提出了著名的"纳什均衡"，并利用不动点理论证明其存在性，为博弈论的发展奠定了坚实的基础。马晓明（2003）[4]认为单纯依靠公众与企业的环境协商谈判解决环境问题有很大局限，目前中国的环境管制，主要是政府、企业在进行博弈。刘金平（2010）[5]认为应该通过促进企业采用清洁生产方式来降低排污率，并依据企业规模制定不同的排污费用与补贴。高红贵（2012）[6]认为要构建绿色经济的发展体系，需要对政策的制定和实施者建立有效的激励机制，对企业污染治理制定相应的约束机制，对民众进行舆论宣传并给予适当的补贴。张雁林等（2015）[7]认为政府罚金对企业的规制效果优于政府补贴，且高罚金和高补贴并存的制度会降低企业顺从规制的积极性；环境NGO的监督力度对政府检查概率有影响，但并不直接影响企业的顺从概率。Tietenberg（2001）[8]分析了诸如排污收费、排污权交易等污染控制的手段，论述了在完全竞争和不完全竞争条件下各种控制手段的效果和优缺点。Michael等（1981）[9]认为管理复杂水资源系统，应该考虑供水服务成本的回收，同时还应该对技术、经济、环境、社会和法律等方面的因素进行全面考虑，以形成全面的合作博弈均衡框架。Kaveh（2010）[10]分析了水资源管理系统中包括冲突和利益的相关者的行为，研究结果显示，利益相关者可能愿意做出改进，以实现一个双赢的局面。Lyon（1982）[11]较早地比较了污染排放权的分配方法，试图通过政治上可行的政策来控制污染和捕鱼。曾思育和傅国伟（2001）[12]用博弈论分析管理者和被管理者在达标排放检查中的行为特点及其关系，并对如何核定工业企业水污染物的排放总量做了相应研究。王艳（2007）[13]以排污量为控制变量，以下游污染存量为状态变量，建立流域水环境管理的合作与非合作微分博弈模型，给出促进区域间自愿环境合作效用转移的一般化公式。

以上述研究为基础，不同于以往研究中仅通过分析政府或企业的行为来降低违规排污的概率，本文通过构建排污企业与环保部门博弈模型，求排污企业与环保部门的混合策略纳什均衡解并且进行算例演算，最后给出解决超标排污问题的建议。

二 混合策略纳什均衡博弈模型构架方法

（一）排污企业与环保部门的参数设计

假设排污企业生产经营的收入为 R（$R > 0$），如果不进行污水治理，排污企业的利润率为 r。设污水达标治理的费用率为 ω（$0 < \omega < 1$）。设环保部门检测一次的成本为 C（$C > 0$），如果环保部门检测出排污企业超标排放污水，则对排污企业进行罚款，罚款设为 F（$F > 0$），同时环保部门将罚款专款专用，对检测出的水污染进行治理，治理费用设为 A（$A > 0$）。如果排污企业污水排放超标，而环保部门没有进行检测，超标排污企业就不能及时被整改，由此导致的环境污染和环境质量下降等严重后果由环保部门承担。设环保部门为此需支付的成本为 B（$B > A$），（$B - A$）$= \phi$，ϕ 即对污染不及时治理比对污染及时治理多付出的成本。如果没有环保部门的监管，排污企业为了追求自身利益的最大化，往往会牺牲水生态环境，而环保部门的目标是在保证水生态环境不被污染的前提下追求成本的最小化，二者的博弈关系如表1所示。

表 1　博弈关系

		环保部门	
		检测	不检测
排污企业	达标排放	$(r - \omega)R$，$-C$	$(r - \omega)R$，0
	不达标排放	$rR - F$，$-C + F - A$	rR，$-B$

（二）环保部门的策略分析

对环保部门而言，如果排污企业达标排放，环保部门为追求费用最小化会选择不检测；如果排污企业不达标排放，那么环保部门的策略取决

于 $-C+F-A$ 与 $-B$ 的大小，如果 $-C+F-A<-B$，即 $F<A+C-B$，则环保部门选择不检测，反之则选择检测。

当 $F<A+C-B$ 时，不检测是环保部门的占优策略，而排污企业因为知晓环保部门不会进行检测，会选择不达标排放以增大自己的利润。此时的博弈纳什均衡为（不达标排放，不检测），即当对排污企业违法排污的罚款金额过低时，环保部门即使检测出排污企业有违法排污行为，其费用支出大于不检测时的费用支出，因此环保部门不会对排污企业排放的污水进行检测，排污企业可以肆意妄为。

而当 $F\geqslant A+C-B$ 时，环保部门会在排污企业达标排放时选择不检测，在排污企业不达标排放时选择检测，不存在占优策略。

（三）排污企业的策略分析

对排污企业而言，在环保部门不检测时选择不达标排放，在环保部门检测时的策略选择取决于 $(r-\omega)R$ 与 $rR-F$ 的大小，如果 $(r-\omega)R<rR-F$，即当 $F<\omega R$ 时，排污企业为使自身利益最大化选择不达标排放，反之则选择达标排放。即当 $F<\omega R$ 时，排污企业的占优策略是不达标排放。

可以看出，当对排污企业违法排污的罚款金额低于排污企业处理污水的成本时，环保部门检测与否都不对排污企业的污水排放行为产生影响，排污企业会排放不达标的污水，政府监管效应难以发挥。

（四）构建并求解混合策略纳什均衡模型

根据上述分析，只有当对排污企业违规排污的罚金 $F\geqslant \max\{A+C-B,\omega R\}$ 时，环保部门才会有动力进行检测监督，并且这种监管能对排污企业行为产生影响。而此时博弈双方的策略选择问题变为：如果环保部门进行检测，排污企业就选择达标排放，反之则选择不达标排放；如果排污企业达标排放，环保部门就选择不检测，反之则选择检测。博弈双方都不存在占优策略，博弈不存在纯策略的纳什均衡，因此本文通过引入混合策略纳什均衡的概念来求解并分析博弈双方的策略选择。

混合策略的含义是指在一个博弈中，博弈方 i 的策略空间 $S_i=\{s_1,s_2,\cdots,s_m\}$，博弈方 i 以概率分布 $P_i=(p_1,p_2,\cdots,p_m)$ 在其 m 个可选策略中进行选择，$p_1+p_2+\cdots+p_m=1$。混合策略表示的是博弈方对各个纯策略的偏好程度，是对多次博弈达到均衡结局的各个纯策略选择的概率估计，因此体现了主观概率的意义，纯策略也可以看成混合策略的特殊情况。

关于混合策略纳什均衡的定义。假设博弈方 1、博弈方 2 的纯策略集分别是 S、T，混合策略集分别是 X、Y。若一个混合策略 $(x, y) \in X \times Y$ 同时满足对 $\forall s_i \in S$，$u_1(x, y) \geqslant u_1(s_i, y)$ 都成立和对 $\forall t_j \in T$，$u_2(x, y) \geqslant u_2(x, t_j)$ 都成立两个条件，则称策略 (x, y) 是混合策略纳什均衡。与纳什均衡类似，混合策略纳什均衡意味着任何一个博弈方如果将策略改为纯策略或者改变策略的概率分布，都不能从博弈中获得更多利益。

在环保部门与排污企业的博弈中，能猜到对方的策略选择的任何一方将在博弈中占上风，因此博弈中任何一方都不能让对方猜到自己的选择，换句话说每一个博弈方选择每种策略的概率一定要恰好让对方无机可乘，即让对方无法通过某一纯策略赢取博弈的可能性较大。假设排污企业选择达标排放的概率为 p，选择不达标排放的概率为 $(1 - p)$，环保部门选择检测的概率为 q，选择不检测的概率为 $(1 - q)$。

考虑环保部门的策略选择，由上述分析可知，环保部门为了使排污企业无法通过某一纯策略在博弈中占上风，选择检测或不检测的概率一定要使排污企业选择达标排放与不达标排放的收益期望相等，即满足如下公式：

$$(r - \omega)R \times q + (r - \omega)R \times (1 - q) = (rR - F) \times q + rR \times (1 - q) \qquad (1)$$

解得 $q = \dfrac{\omega R}{F}$，则 $(1 - q) = \dfrac{F - \omega R}{F}$，且由约束条件 $F \geqslant \omega R > 0$ 可知 $0 \leqslant q = \dfrac{\omega R}{F} \leqslant 1$，则环保部门在与排污企业博弈中的最优混合策略为以 $\left(\dfrac{\omega R}{F}, \dfrac{F - \omega R}{F} \right)$ 的概率选择检测或不检测。

考虑排污企业的策略选择，由以上分析可知，排污企业为了使环保部门无法通过某一纯策略在博弈中占上风，选择达标排放或不达标排放的概率一定要使环保部门选择检测与不检测的收益期望相等，即满足：

$$- C \times p + (- C + F - A) \times (1 - p) = p \times 0 - (1 - p)B \qquad (2)$$

解得 $p = \dfrac{B - A + F - C}{B - A + F} = 1 - \dfrac{C}{B - A + F}$，则 $(1 - p) = \dfrac{C}{B - A + F}$，且由约束条件 $F \geqslant A + C - B$ 可知 $C \leqslant B - A + F$，即 $0 \leqslant (1 - p) = \dfrac{C}{B - A + F} \leqslant 1$，则排污企业在与环保部门的博弈中的最优混合策略为以

$\left(1 - \dfrac{C}{B-A+F}, \dfrac{C}{B-A+F}\right)$ 的概率分布选择达标排放或不达标排放。博弈的混合纳什均衡为排污企业以 $\left(1 - \dfrac{C}{B-A+F}, \dfrac{C}{B-A+F}\right)$ 的概率选择达标或不达标排放，环保部门以 $\left(\dfrac{\omega R}{F}, \dfrac{F-\omega R}{F}\right)$ 的概率选择检测或不检测。

当然，以上分析的前提是排污企业追求的是自身利益最大化，不考虑社会影响。但在现实生活中，有一些企业具有极高社会责任感和环保意识，严格遵守达标排放的规定，这些企业在本文讨论范围之外。

通过以上对环保部门和排污企业利益博弈和策略选择的分析，可以总结为如下公式：

$$
\text{博弈} \atop \text{均衡} = \begin{cases} (\text{不达标排放},\text{不检测}) & F < A+C-B \\ (\text{不达标排放},\text{检测}) & A+C-B \leqslant F \text{且} F < \omega R \\ \left.\begin{array}{l} \left(1 - \dfrac{C}{B-A+F}, \dfrac{C}{B-A+F}\right)\text{选择达标或不达标排放}, \\ \left(\dfrac{\omega R}{F}, \dfrac{F-\omega R}{F}\right)\text{选择检测或不检测} \end{array}\right\} & F \geqslant \atop \max\{A+C-B,\omega R\} \end{cases} \tag{3}
$$

由公式（3）可知，当 $F < \omega R$ 时，排污企业选择不达标排放。当 $F < A+C-B$ 时，环保部门选择不检测。当 $F \geqslant A+C-B$ 且 $F < \omega R$ 时，即当排污企业选择不达标排放时，环保部门选择检测。当 $F \geqslant \max\{A+C-B,\omega R\}$ 时，排污企业以 $\left(1 - \dfrac{C}{B-A+F}, \dfrac{C}{B-A+F}\right)$ 的概率选择达标或不达标排放，环保部门以 $\left(\dfrac{\omega R}{F}, \dfrac{F-\omega R}{F}\right)$ 的概率选择检测或不检测。

三 算例

假设某排污企业的年收入为 1000 万元，即 $R = 1000$，污水处理费用率为 5%，即 $\omega = 5\%$，环保部门的检测成本为 5 万元，即 $C = 5$，及时治污需要投入 15 万元，即 $A = 15$，延后治污需要投入 18 万元，即 $B = 18$。另外，因为排污企业不处理污水的利润率 r 对博弈结局无影响，不予赋值。将数值代入表 1，得到此时排污企业与环保部门博弈关系如表 2 所示。

表 2　博弈关系的算例

		环保部门	
		检测	不检测
排污企业	达标排放	$rR - 50$, $- 5$	$rR - 50$, 0
	不达标排放	$rR - F$, $- 20 + F$	rR , $- 18$

若对排污企业超标排放污水的罚款小于 2 万元，即 $F < 2$ ，则 $- 20 + F < - 18$ ，也就是说，在排污企业不达标排放时，环保部门检测收益小于不检测。此时，无论排污企业是否达标排放，环保部门的检测策略成本一定大于不检测策略成本，因此环保部门的占优策略是不检测，而相应的，排污企业因为环保部门不会进行检测，占优策略是不达标排放。此时，排污企业和环保部门的博弈均衡为排污企业不达标排放、环保部门不进行检测。

若对排污企业超标排放污水的罚款大于 2 万元并小于 50 万元，即 $2 < F < 50$ 。对环保部门而言，应在排污企业达标排放时选择不检测，在排污企业不达标排放时选择不检测。对排污企业而言，不达标排放是其占优策略，而环保部门因排污企业不达标排放，会选择进行检测。此时，排污企业和环保部门的博弈均衡为排污企业不达标排放、环保部门进行检测。

若对排污企业超标排放污水的罚款大于 50 万元，即 $50 \leq F$ ，则排污企业和环保部门的博弈均衡为混合纳什均衡，并且存在 F ，即环保部门对排污企业超标排污的罚款；C ，即环保部门检测一次的成本；ϕ ，即环保部门对污染不及时治理比对污染及时治理多支付的成本。这三个关键因素影响排污企业排污策略选择的概率。

（一）关键因素 F 分析

假设 $C = 5$ 、$\phi = 3$ ，即在其他两个关键因素确定的情况下，考虑关键因素 F 对排污企业行为的影响。

当 $F = 50$ ，$\left(1 - \dfrac{C}{B - A + F}, \dfrac{C}{B - A + F}\right) = \left(\dfrac{48}{53}, \dfrac{5}{53}\right)$ ，$\left(\dfrac{\omega R}{F}, \dfrac{F - \omega R}{F}\right) = (1, 0)$ 。此时，博弈均衡为排污企业以 $\left(\dfrac{48}{53}, \dfrac{5}{53}\right)$ 的概率选择达标排放或不达标排放，环保部门以 $(1, 0)$ 的概率选择检测或不检测。

当 $F = 80$，$\left(1 - \dfrac{C}{B - A + F}, \dfrac{C}{B - A + F}\right) = \left(\dfrac{78}{83}, \dfrac{5}{83}\right)$，$\left(\dfrac{\omega R}{F}, \dfrac{F - \omega R}{F}\right) =$ $\left(\dfrac{5}{8}, \dfrac{3}{8}\right)$。此时，博弈均衡为排污企业以 $\left(\dfrac{78}{83}, \dfrac{5}{83}\right)$ 的概率选择达标排放或不达标排放，环保部门以 $\left(\dfrac{5}{8}, \dfrac{3}{8}\right)$ 的概率选择检测或不检测。

当 $F = 100$，$\left(1 - \dfrac{C}{B - A + F}, \dfrac{C}{B - A + F}\right) = \left(\dfrac{98}{103}, \dfrac{5}{103}\right)$，$\left(\dfrac{\omega R}{F}, \dfrac{F - \omega R}{F}\right) =$ $\left(\dfrac{1}{2}, \dfrac{1}{2}\right)$。此时，博弈均衡为排污企业以 $\left(\dfrac{98}{103}, \dfrac{5}{103}\right)$ 的概率选择达标排放或不达标排放，环保部门以 $\left(\dfrac{1}{2}, \dfrac{1}{2}\right)$ 的概率选择检测或不检测。

通过赋值分析，可以清晰看出，对排污企业不达标排放污水行为的罚款越高，排污企业选择达标排放的概率就越大，但同时应该注意到，随着罚款的增大，环保部门选择不检测的概率愈小。

（二）关键因素 C 分析

假设 $F = 60$、$\phi = 3$，即在其他两个关键因素确定的情况下，考虑关键因素 C 对排污企业行为的影响。

当 $C = 1$，$\left(1 - \dfrac{C}{B - A + F}, \dfrac{C}{B - A + F}\right) = \left(\dfrac{62}{63}, \dfrac{1}{63}\right)$。此时，在博弈均衡中，排污企业的策略以 $\left(\dfrac{62}{63}, \dfrac{1}{63}\right)$ 的概率选择达标排放或不达标排放。

当 $C = 5$，$\left(1 - \dfrac{C}{B - A + F}, \dfrac{C}{B - A + F}\right) = \left(\dfrac{58}{63}, \dfrac{5}{63}\right)$。此时，在博弈均衡中，排污企业的策略以 $\left(\dfrac{58}{63}, \dfrac{5}{63}\right)$ 的概率选择达标排放或不达标排放。

当 $C = 10$，$\left(1 - \dfrac{C}{B - A + F}, \dfrac{C}{B - A + F}\right) = \left(\dfrac{53}{63}, \dfrac{10}{63}\right)$。此时，在博弈均衡中，排污企业的策略以 $\left(\dfrac{53}{63}, \dfrac{10}{63}\right)$ 的概率选择达标排放或不达标排放。

通过赋值分析，可以清晰看出，环保部门检测的成本越高，排污企业选择达标排放的概率就越小。

（三）关键因素 ϕ 分析

假设 $F = 60$、$C = 5$，即在其他两个关键因素确定的情况下，考虑关键

因素 ϕ 对排污企业行为的影响。

当 $\phi = 1$，$\left(1 - \dfrac{C}{B - A + F}, \dfrac{C}{B - A + F}\right) = \left(\dfrac{56}{61}, \dfrac{5}{61}\right)$。此时，在博弈均衡中，排污企业的策略以 $\left(\dfrac{56}{61}, \dfrac{5}{61}\right)$ 的概率选择达标排放或不达标排放。

当 $\phi = 5$，$\left(1 - \dfrac{C}{B - A + F}, \dfrac{C}{B - A + F}\right) = \left(\dfrac{60}{65}, \dfrac{5}{65}\right)$。此时，在博弈均衡中，排污企业的策略以 $\left(\dfrac{60}{65}, \dfrac{5}{65}\right)$ 的概率选择达标排放或不达标排放。

当 $\phi = 10$，$\left(1 - \dfrac{C}{B - A + F}, \dfrac{C}{B - A + F}\right) = \left(\dfrac{65}{70}, \dfrac{5}{70}\right)$。此时，在博弈均衡中，排污企业的策略以 $\left(\dfrac{65}{70}, \dfrac{5}{70}\right)$ 的概率选择达标排放或不达标排放。

通过赋值分析，可以清晰看出，环保部门延后治污的支付成本越大，即罚金越多，行政处罚力度越大，排污企业选择达标排放的概率就越大。

四 结论

本文通过构建混合策略纳什均衡博弈模型，解决了如何减少排污企业发生超标排污现象的问题。由上述博弈模型分析可知，排污企业和环保部门的博弈均衡主要与对排污企业超标排放污水的罚款、环保部门的检测成本、环保部门延后治污支付成本有关，针对这三个关键因素分别提出相应的对策建议。

1. 对排污企业超标排放污水的罚款

只有对排污企业违法排放污水的行为给予足够的惩罚，才能使得环保部门有动力、有能力对其进行监管，才能对排污企业行为构成约束。另外，由博弈的混合纳什均衡可以看出，虽然罚款金额越高，排污企业排放不达标污水的概率越低，但是应当注意到，当对超标排污企业的罚款金额越大时，环保部门选择不检测的概率也就越大。

2. 环保部门的检测成本

排污企业是否达标排放污水与环保部门的检测成本有关，环保部门的检测成本越低，排污企业排放不达标污水的概率也就越低。所以要想提高环保部门的检测意愿、降低排污企业超标排放污水的概率，需要研发更简单的污水检测技术，降低检测成本。

3. 环保部门延后治污的支付成本

环保部门延后治污比及时治污多支付的成本越高，排污企业排放不达标污水的概率也就越低。因为没能及时检测出排污企业超标排污，环保部门需要支付的处罚金越高，对内部人员的行政处罚力度越大，环保部门进行检测的概率就越高，相应地，排污企业选择达标排放污水的概率就越高。

参考文献

[1] 陈燕武：《中国环境水污染的经济损失分析》，《华侨大学学报》（哲学社会科学版）2011 年第 4 期，第 46 ~ 48 页。

[2] 许嘉宁、陈燕：《我国水污染现状》，《广东化工》2014 年第 3 期，第 143 ~ 144 页。

[3] Nash J. F. , "Equilibrium Points in N-Person games," *Proceedings from the National Academy of Science* 36（2010）.

[4] 马晓明：《三方博弈与环境制度》，博士学位论文，北京大学，2003。

[5] 刘金平：《中小企业排污监管机制研究》，博士学位论文，重庆大学，2010。

[6] 高红贵：《中国绿色经济发展中的诸方博弈研究》，《中国人口·资源与环境》2012 年第 4 期，第 13 ~ 18 页。

[7] 张雁林、杜建国、金帅：《企业环境污染治理中的三方博弈》，《生态经济》2015 年第 4 期。

[8] Tietenberg T. , *Environmental and Natural Resource Economics*（Rutledge, 2001）.

[9] Michael S. , Kogiku K. C. , "Game Theory Analyses Applied to Water Resource Problems," *Socio-Economic Planning Sciences* 15（1981）.

[10] Kaveh M. , "Game Theory and Water Resources," *Journal of Hydrology* 381（2010）.

[11] Lyon R. M. , "Auctions and Alternative Procedures for Allocating Pollution Rights," *Land Economics* 58（1982）.

[12] 曾思育、傅国伟：《混合博弈在水污染系统控制中的应用》，《系统工程理论与实践》2001 年第 5 期，第 132 ~ 136 页。

[13] 王艳：《流域水环境管理合作促进机制博弈分析》，《系统工程》2007 年第 8 期，第 54 页。

浙江省国内旅游需求季节性的测度及其气候因素研究[*]

强朦朦　谢慧明[**]

摘　要　季节性是旅游业的显著特征，是影响旅游业发展的重要因素。本文使用结构时间序列模型、基尼系数测度了 2007～2014 年浙江省国内旅游需求季节性，并通过回归分析与欧式距离测度方法分析气候因素对浙江省国内旅游需求季节性的影响。研究发现：①浙江省国内旅游需求季节性与移动季节性均很显著。②浙江省国内旅游需求淡旺季月份并不固定，但从发展趋势来看，旺季月份与淡季月份均明显增多。③基尼系数方法测度表明，浙江省国内旅游需求季节性特征较弱，但 2009～2014 年，季节性特征在逐渐增强。④回归分析表明，节假日与气候都显著影响旅游需求季节性。不过，对季节性影响较大的是 10 月份的国庆节，而其他节假日影响较小。温度与日照时数是影响浙江省国内旅游需求季节性的两个重要的气候变量。欧式距离测度表明，温度、日照时数对浙江省国内旅游需求季节性的影响在不同月份有所不同。在此基础上，本文提出了缓解浙江省国内旅游需求季节性的政策建议。

关键词　浙江省　国内旅游需求　季节性　结构时间序列模型

---

[*]　基金项目：国家社科基金（14CJY058）。

[**]　通讯作者简介：强朦朦，安徽蚌埠人，浙江理工大学经济管理学院硕士研究生，主要从事资源与环境经济学研究工作。邮箱：1310311935@ qq. com。

自《国务院关于加快发展旅游业的意见》（国发〔2009〕41号）提出"重点发展国内旅游"以来，如何促进国内旅游需求持续、健康、稳定发展成为旅游部门面对的重大问题。浙江省是旅游大省，2000～2014年，浙江省国内旅游人数从5870万人次增长至47875万人次，增长了7.16%左右，而旅游收入也从430亿元增长至5947亿元，增长了12.83%，对国内旅游业发展贡献突出。但浙江省国内旅游需求快速增长的同时面临着季节性问题。旅游季节性是指旅游业在短期内的失衡，具体表现为旅游人数、旅游收入、就业人数等指标在年内的波动[1]。它是旅游业发展的显著特征，是影响旅游业发展的重要因素，对经济、社会、生态等方面有较为不利的影响。如何缓解旅游季节性所造成的不利影响一直是旅游部门与学术界想要解决的问题。本文采用结构时间序列模型、基尼系数等方法测度了浙江省国内旅游需求的季节性，并在此基础上分析了影响浙江省国内旅游需求季节性的气候因素，以期为平滑浙江省国内旅游需求季节性提供相应的政策建议。

一　文献综述

旅游季节性的研究主要从旅游季节性的影响、旅游季节性的测度、旅游季节性的表现形式、旅游季节性的成因、旅游季节性的缓解措施五个方面展开[2]。

季节性对旅游业的影响有两面性。一方面，它给旅游业带来了大量的成本，从私人成本角度来看，淡旺季旅游需求的失衡会降低经营者（餐馆、饭店）的资本投资回报率，降低消费者（旅客、原居民）的旅游品质，加重从业人员季节性失业[3]。从社会成本角度来看，其既降低了当地资源供给（水源、旅游设施、交通）的利用率，又给当地环境承载力带来了巨大的压力[4]。另一方面，季节性也有其有利的一面，最明显的一点就是，旅游淡季使旅游目的地的生态环境得以恢复[5]，另外，旅游旺季也会给一些偏远地区的劳动者带来一些收益[3]。

旅游季节性的测度是旅游季节性研究的基础，其测度方法有很多，包括一些较为简单的统计指标，如季节性范围[6]、季节指数[7]、变异系数[8]和旅游客流集中指数[9]。后来一些较为复杂的指标与方法也被用于测度旅游季节性，如基尼系数[10]、结构时间序列模型[11]。这两种方法是目前最为主流的旅游季节性测度方法，两者各具优缺点。基尼系数的优势在于可以定量给出旅游季节性强度的大小，缺点在于无法对旅游季节性的形式、淡旺季做出准确划分；而结构时间序列模型则可以在剔除时间序列的循环性、趋势项与扰动项后得到季节因子，在分析季节性的表现形式、淡旺季特征方面的效果较好，但无法测度每年旅游季节性的强度。值得指出的是，基尼系数具有可分解性，在分析细分市场理论对旅游季节性影响方面有着不可比拟的优势。已有学者借助基尼系数分解的方法分析了不同国籍市场的游客对旅游季节性的影响，并得到了一些较为有益的结果[12~13]。

旅游季节性的表现形式是指旅游需求在一定周期内所表现出的淡旺季特征，通常以年为周期。不同的目的地在不同因素的综合作用下会产生不同的季节性模式。巴特勒将其分为三种：单峰型、双（多）峰型和无峰型[14]。一般来说，在短期内，一个地区旅游季节性的表现形式不会有太大改变，不过，一些因素的干扰，有可能会促使其发生转移[10]。这要求旅游部门能够及时地根据季节性模式的转变改变相应的营销策略。

旅游季节性的影响因素也是旅游季节性研究的一大方面。Baron 认为自然因素和制度因素是影响旅游季节性的两大主要因素，并将自然因素归为日照、气温、降水量、风速、相对湿度等气候因素，而将制度因素归为文化、社会、道德标准等要素[6]。后来的学者在其基础上对影响旅游季节性的因素进行了补充，如 Butler 认为社会传统、流行趋势、假期、节日等也是影响旅游季节性的重要因素[15]。也有一些学者通过实证研究分析上述因素对旅游季节性的影响。如 Nada Kulendran 等通过 Arch 模型利用 1975 ~ 2009 年的季度数据研究了气候对澳大利亚旅游需求季节性的影响，结果表明，气候是影响旅游需求季节性的重要因素。国内不少学者也利用相关数据对气候、体制因素进行了验证[9,16,17]。随着对旅游季节性认识的加深，有些学者提出了"推—拉理论"（Push-Pull Theory），认为旅游季节性受旅游客源地的推动与旅游目的地的拉动两方面因素影响[18,19]。近年来，其他一些影响旅游季节性的因素也越来越受到关注，如经济[10]、文化[3]、年龄[20]等。

关于旅游季节性所带来的一些负面影响，学术界对此提出了一系列的解决对策。有学者提出采用税收和管制政策来调控旅游淡旺季客流量[21]。还有一些学者提出将节事活动调整在旅游淡季[22]、提高旅游地的服务质量[23]和样化旅游产品[24]等策略。也有学者认为细分市场可能是平滑旅游季节性较为有效的策略。细分市场是指根据消费者的个人偏好、年龄、收入水平对旅游市场进行分割，以应对旅游淡旺季所造成的失衡。不少学者从理论与实证角度分析了细分市场对缓解旅游季节性的重要影响[25~27]。

上述研究对理解旅游季节性有着重要的意义，其研究方法与研究结论都值得借鉴与参考。但综合来看，仍有几个方面需要补充与完善。第一，在旅游季节性这个领域，国内的研究成果要远远少于国外，国内研究较多关注入境旅游，研究国内旅游的文献还较少。在国内旅游市场成为旅游主力军的形势下，国内旅游季节性的研究亟待丰富。第二，国内关于旅游季节性的研究方法比较单一，一些研究还停留在较为基础的统计指标上，缺乏细致的分析。第三，较少有学者以省际单位为研究对象来分析国内旅游需求季节性，部分研究缺乏解决问题的广度与深度，无法从更广阔的视角提供政策建议。因此，本文拟采用更为科学的季节性测度方法对浙江省国内旅游需求季节性进行测度并深入分析其影响因素，以期为平滑浙江省国内旅游需求季节性提供政策建议。

二　数据与研究方法

（一）数据

国内旅游需求的指标包括旅游人数、旅游收入、旅游消费支出、停留夜数等[28]。本文采用旅游人数测度浙江省国内旅游需求季节性。考虑数据的可得性，样本区间为 2007 年 1 月~2014 年 12 月，数据来源于《浙江省旅游统计月报》。另外，为探讨气候因素对浙江省国内旅游季节性的影响，本文还收集了相应的气候数据，涉及的气候指标有最高气温、最低相对湿度、平均气温、平均相对湿度、风速、降雨量、日照时数。气候数据来自中国气象数据共享服务中心，因无法得到浙江全省的气候数据，使用浙江省会城市的气候数据代替，这种替代的合理性在于省会是全省旅游的集中地，能够解释大部分旅游需求。数据的描述性统计如表 1 所示。

表 1　描述性统计

变量	单位	样本数	均值	标准差	最小值	最大值
国内旅游人数:arr	万人次	96	2720.29	856.47	1295.00	4600.00
平均风速:wind	米/秒	96	2.11	0.24	1.60	2.80
日照时间:sun	小时	96	131.28	48.21	37.50	289.70
平均温度:temp	摄氏度	96	17.63	8.70	1.40	32.30
降水量:rain	毫米	96	122.96	91.14	7.50	541.40
相对湿度:humility	%	96	70.61	6.79	51.00	83.00

在进行实证分析前，我们先对浙江省国内旅游人数基本事实做一个描述，以期得到一些直观结论，如图1所示。从图1中可以看出浙江省国内旅游需求呈现三个特点：第一，从整体上看，浙江省国内旅游人数基本呈现增长的趋势，从2007年1月的1295万人次上涨至2014年12月的4050万人次；第二，从每年旅游人数的走势来看，浙江省国内旅游需求呈现明显的季节性特征，各月份旅游人数起伏波动明显；第三，2007～2014年，浙江省国内旅游人数季节性表现形式出现了差异，2007～2014年，季节性特征越来越突出，"峰"与"谷"的个数在增多，这意味着浙江省国内旅游的季节性模式可能发生了变化。

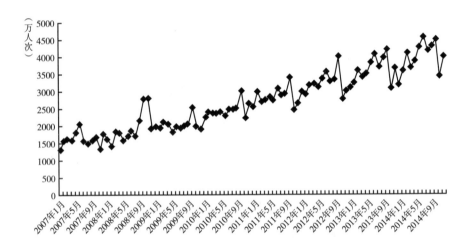

图1　浙江省2007年1月～2014年12月国内旅游人数

（二）研究方法

1. X－13－ARIMA

一般在处理时间序列模型时，常用的方法为 X－11 系列，现已发展到 X－13－ARIMA，其由 X－13 与 ARIMA 两个板块构成。ARIMA 实质是一种时间序列自回归模型，其主要目的是在进行时间序列分解前，扩充首尾两端的数据，充分利用样本数据，使结果更加精确。X－13 板块是 X－13－ARIMA 方法的核心，用来分解时间序列的三个结构分量，其基本思想是将整个时间序列 X_t 看成由趋势结构分量 TC_t、季节性结构分量 S_t 与随机扰

动结构分量 I_t 三个部分组成，通过相应方法提取各个结构分量，以达到分析时间序列的目的。常见的有乘法与加法两种形式，一般当四个结构分量不相关时采用加法模型，当其相关时采用乘法模型。以乘法形式为例，计算公式为：

$$X_t = TC_t \times S_t \times I_t \tag{1}$$

$X-13$ 所采用的方法主要是移动平均，通过多次移动平均与迭代的方法达到提取时间序列结构分量的目的。不过，在提取不同结构分量时所用的移动平均方法有所不同，比如，提取趋势结构分量时主要用中心化移动平均和 *Henderson* 移动平均，而在提取季节性结构分量时主要采用 3×3 移动平均和 3×5 移动平均。对季节性强度的测量可以用原序列与季节调整后序列的相关系数表示。相关系数越大，证明季节性越弱，相关系数越小，则季节性越强。

2. 基尼系数

$X-13-ARIMA$ 在分析季节性的表现形式、基本特征、整体上的季节性强度方面有较好的效果，但如果测度每年季节性强度的变化还需要使用基尼系数。基尼系数是基尼在 1912 年提出的，最初的目的是测度一个国家内部收入的分配情况，后来被旅游研究者用来测度旅游季节性。基尼系数的计算公式有很多，典型的有梯形面积法[29]、行列式法[30]等，本文采用的是基尼在 1912 年给出的公式：

$$G = \frac{1}{2n^2\mu} \sum_{i=1}^{n} \sum_{j=1}^{n} |x_i - x_j| \tag{2}$$

其中，G 为基尼系数，取值范围为（0，1）。n 为总月数，即 12，μ 为年内旅游人数的平均值。x_i，x_j 分别为 i，j 月份的旅游人数。很明显可以看出，当每个月份的旅游人数都相等时，G 为 0，即绝对平均，当其余月份为 0 而某一月份不为 0 时，基尼系数达到极值。

3. 欧式距离

气候是影响旅游季节性的重要因素之一，但不同气候变量对旅游季节性的影响程度不同，为了刻画不同气候变量对旅游季节性影响的差异，本文引入欧氏距离方法（Euclidean Distance Method，EDM）。欧氏距离方法由欧几里得提出，用来测度两点之间的空间距离，后来被旅游学者用来测度气候对旅游季节性的影响[31~32]，欧式距离越大，气候对旅游季节性的影响越小。

其计算公式为

$$EDM_m = \sqrt{\frac{1}{n}\sum_{i=1}^{n}(climate_m\text{-}tourism\ demand_m)^2} \tag{3}$$

其中，m 为月份，EDM 为欧式距离，$climate$ 为气候变量，代指最高气温、最低相对湿度、平均气温、平均相对湿度、风速、降雨量、日照时数的季节因子；$tourism\ demand$ 为浙江省国内旅游需求的季节因子，两者的季节因子均进行了标准化处理，消除了数量级的影响，便于比较。n 为样本个数。

三　实证结果

（一）浙江省国内旅游需求季节性测度

在进行浙江省国内旅游需求强度测度之前，我们先利用 $X-13-ARIMA$ 方法提取浙江省国内旅游需求时间序列的结构分量，对浙江省国内旅游需求做一个总体的了解。在分解之前，我们先对浙江省国内旅游需求是否在统计意义上存在季节性与移动季节性进行检验，结果表明，季节性显著性检验的 F 统计值为 11.154，且在 1% 的水平下显著，移动季节性显著性检验的 F 统计值为 4.064，同样在 1% 水平下显著，这证明浙江省国内旅游需求确实存在季节性与移动季节性，这与上文的直观判断相符。接着提取浙江省 2007 年 1 月 ~ 2014 年 12 月国内旅游需求时间序列的季节性结构分量，如图 2 所示。

从图 2 直观来看，浙江省国内旅游需求存在明显的季节性特征，每个月份季节因子起伏波动差异显著。从季节性的表现形式来看，浙江省国内旅游需求季节性具有多峰型特征，而且这一特征越来越明显。从图 2 中可以看出，2007 ~ 2009 年，各月份季节因子都较为平缓，从 2009 年开始，季节性强度有增大的趋势。根据季节因子的大小，按照季节因子大于 0.3 为旺季，小于 -0.3 为淡季，处于两者之间为平季的原则，可以得到2007 ~ 2014年，浙江省国内旅游需求季节性的淡旺季分布，结果如表 2 所示。从表 2 中可以看出，浙江省国内旅游需求的淡旺季分布并不固定，而且淡季月份与旺季月份在增多，而平季月份在减少，这意味着浙江省国内旅游季节性强度可能会增大。

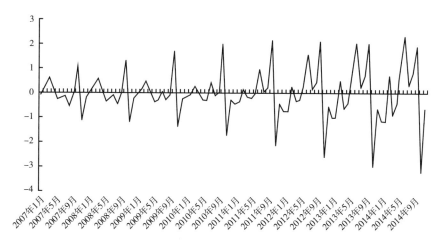

图2 浙江省国内旅游需求季节性结构分量（2007 年 1 月～2014 年 12 月）

表 2 浙江省国内旅游需求淡季、平季与旺季月份（2007～2014 年）

年份	淡季	平季	旺季
2007	8、11	1、5、6、7、9、12	2、3、4、10
2008	8、11	1、5、6、7、9、12	2、3、4、10
2009	11	1、5、6、7、8、9、12	2、3、4、10
2010	11、12	1、2、4、5、6、8、9	3、7、10
2011	1、2、11、12	3、4、5、6、8	7、9、10
2012	1、2、11、12	3、4、5、6	7、8、9、10
2013	1、2、4、11、12	5、6	3、7、8、9、10
2014	1、2、4、11、12	5、6	3、7、8、9、10

　　下面使用基尼系数对浙江省国内旅游需求季节性强度进行测度。测度结果如图3所示。从测度结果来看，浙江省国内旅游需求的基尼系数除2008年外，其余年份在0.05左右浮动，季节性较为微弱。2008年季节性强度出现异常是因为受到了甲型H1N1流感与冰雪自然灾害的影响，这为突发事件影响季节性提供了直接的证据。从2007～2014年国内旅游需求基尼系数的趋势来看，从2009年开始，基尼系数逐年增加，从2009年的0.0373增长至2014年的0.0586，这与上文使用 $X-13-ARIMA$ 测度的图形较为一致。从上文中淡旺季的分布来看，基尼系数增长的主要原因在于浙江省国内旅游需求淡季与旺季月份都在增加，而平季月份在减少，呈现"淡季越淡，旺季越旺"的特点。

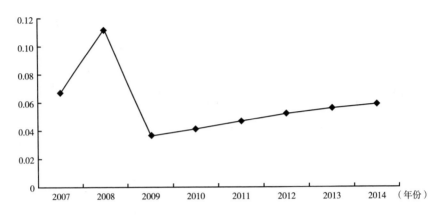

图 3　浙江省 2007~2014 年国内旅游需求的基尼系数

（二）浙江省旅游需求季节性的气候因素

如前文所述，气候是影响旅游需求季节性的重要因素，同时旅游需求季节性也受节假日的影响。由上文浙江省国内旅游需求 2007~2014 年淡旺季特征来看，浙江省国内旅游需求受节假日的影响很小，对其影响较大的是每年 10 月份的国庆节，气候可能是影响浙江省国内旅游需求季节性的关键因素。为验证气候因素对浙江省国内旅游需求波动的影响，本文将采用回归分析的方法对其进行实证检验。一般对于这种时间序列模型，普通最小二乘估计（OLS）是较为有效的方法，不过本文所采用的数据为月度数据，其本身有很强的季节性，这会导致数据存在较为严重的单位根问题，造成伪回归。为解决这一问题，本文采用 Jorge 等[31]提出的方法，将月度的时间序列数据变为面板数据来估计，即将月份作为面板数据中的截面序列，将年份作为面板数据中的时间序列，这样能增加回归结果的可靠性。将模型设定为：

$$\ln arr_{it} = \alpha_0 + \alpha_1 \ln wind_{it} + \alpha_2 \ln sun_{it} + \alpha_3 \ln rain_{it} + \alpha_4 \ln temp_{it} \\ + \alpha_5 \ln humility_{it} + \alpha_6 d_{it} + \alpha_7 trend_{it} + \varepsilon_{it} \qquad (4)$$

其中，i 为月份，即 $i = 1, 2, \cdots, 12$；t 为年份，即 $t = 2007, 2008, \cdots,$ 2014。ln 表示对变量取对数，arr 为国内旅游人数，$wind$ 为平均风速，sun 为日照时间，$rain$ 为降水量，$temp$ 为平均温度，$humility$ 为相对湿度。另外，为了控制人均收入提高所导致的旅游需求增长，加入时间的趋势项，以控制旅游需求的上涨趋势，即 $trend = 1, 2, \cdots, 8$。d 是虚拟变量，用来表示国庆节对旅游需求季节性的影响，定义为：

$$d = \begin{cases} 1, ifi = 10 \\ 0, ifi \neq 10 \end{cases} \tag{5}$$

在回归分析前，首先对数据的平稳性进行检验。为保证检验结果的稳健性，本文采用三种面板数据检验方法进行验证，包括 IPS 检验[33]、ADF 检验[34]与 PP 检验[35]，检验结果如表 3 所示。从检验结果来看，三种检验方法都表明变量是平稳的。

表 3　变量平稳性检验结果

变量	IPS 检验	ADF 检验	PP 检验	结论
lnarr	0.022 **	0.040 **	0.000 ***	平稳
lnwind	0.000 ***	0.000 ***	0.000 ***	平稳
lnsun	0.000 ***	0.000 ***	0.000 ***	平稳
lntemp	0.003 ***	0.000 ***	0.000 ***	平稳
lnrain	0.000 ***	0.000 ***	0.000 ***	平稳
lnhumility	0.000 ***	0.000 ***	0.000 ***	平稳

注：表格中检验结果所报告的值均为 P 值。$*p < 0.1$，$**p < 0.05$，$***p < 0.01$。

使用 Stata12.1 对公式（4）进行回归，得到结果如表 4 所示。表 4 中的（1）与（2）分别为不加节日因素的固定效应与随机效应估计，Hausman 值检验的 P 值为 0.9294，接受原假设，即随机效应要优于固定效应。表 4 中（3）为加入国庆节虚拟变量的随机效应模型，这也是需要着重关注的估计结果。从估计结果看，国庆节显著影响了浙江省国内旅游需求，这和上文的分析结果一致。不过，应当注意的是，除国庆节外，我国还有很多节假日，包括元旦、春节、清明、五一、端午、中秋等，但事实上并不是所有节假日都会影响浙江省国内旅游需求季节性，这要求有关部门具体问题具体分析，不能实行"一刀切"政策。另外，趋势项 trend 显著影响国内旅游需求，这说明本文这种加入时间趋势项以控制旅游需求增长的方法是合理的。在五个气候因素中，从结果上看，只有温度与日照时数显著影响浙江省国内旅游需求，两者之中，温度为正向影响，而日照时数为负向影响。而且，相对而言，温度是影响浙江省国内旅游需求的关键变量（0.083 > | −0.068 |）。

表 4　气候对旅游需求季节性影响的估计结果

	(1)	(2)	(3)	(4)
ln*wind*	− 0.043	− 0.064	− 0.014	0.010
	(0.112)	(0.123)	(0.100)	(0.110)
ln*temp*	0.033	0.086 ***	0.083 ***	0.084 ***
	(0.077)	(0.025)	(0.020)	(0.024)
ln*sun*	− 0.089 *	− 0.081 **	− 0.068 *	− 0.062
	(0.044)	(0.039)	(0.038)	(0.045)
ln*rain*	− 0.019	− 0.014	− 0.014	− 0.015
	(0.028)	(0.027)	(0.026)	(0.016)
ln*humility*	− 0.126	− 0.163	− 0.135	− 0.119
	(0.185)	(0.183)	(0.180)	(0.151)
trend	0.131 ***	0.131 ***	0.131 ***	0.131 ***
	(0.004)	(0.004)	(0.005)	(0.005)
d	—	—	0.185 ***	0.186 ***
			(0.017)	(0.040)
cons	8.262 ***	8.230 ***	8.004 ***	7.890 ***
	(0.845)	(0.822)	(0.798)	(0.751)
N	96	96	96	96
R^2	0.924	0.923	0.923	0.917
chi2/F	78.088	1743.591	2339.961	136.340
Model	FE	RE	RE	OLS

注：* $p < 0.1$，** $p < 0.05$，*** $p < 0.01$；括号里是稳健的标准误；FE 为固定效应，RE 为随机效应。

实证结果表明，节假日与气候都是影响浙江省国内旅游需求季节性的重要因素，不过相对而言，气候的影响要比节假日大。虽然实证结果表明温度与日照时数是影响国内旅游需求季节性的重要因素，不过实证分析并不能体现两者对季节性的影响在不同月份的差异，因此下一步将使用欧氏距离测度两者在不同月份对旅游需求季节性影响的差异。根据公式（3），得到测度结果。图 4 与图 5 分别是 1～12 月份日照时数季节因子、温度季节因子与旅游人数季节因子的欧式距离，图形中间的虚线为两者的平均值。若以平均值为主要分界点，大于平均值表明两者之间关系不密切，而小于平均值表明两者关系比较密切，可以看出，日照时数对旅游需求季节性影响较大的月份为 1 月、6 月、7 月、9 月与 12 月，其他月份可以看作影响较小的月份，一个很明显的特征是图 4 和图 5 中 10 月份的旅游人数与气候的关系都不是很密切，造成这一现象的原因是国庆节对 10 月份的旅游需求有着很大影响。温度与旅游人数关系比较密切的月份较多，有 1 月、3 月、4 月、5 月、7 月、8 月、9 月、12 月，这也直接说明了温度是影响浙江省国内旅游需求季节性最重要的因素。

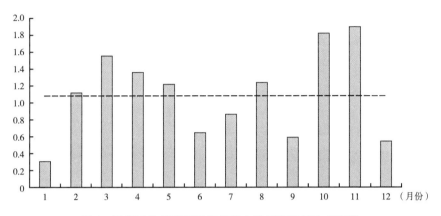

图 4　日照时数季节因子与旅游人数季节因子欧式距离

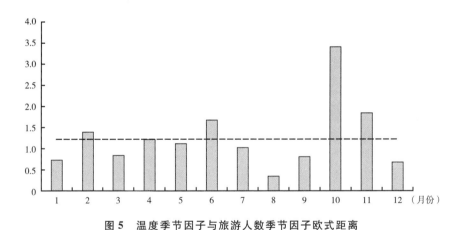

图 5　温度季节因子与旅游人数季节因子欧式距离

四　结论与政策建议

（一）结论

季节性是旅游业的显著特征，是影响旅游业发展的重要因素。伴随旅游季节性而来的是旅游资源配置效率低下和旅游业的产出波动问题，给旅游业经营及管理带来诸多不利。为缓解旅游季节性给浙江省旅游业发展带来的不利影响，本文使用结构时间序列模型 $X-13-ARIMA$、基尼系数测度了浙江省 2007~2014 年国内旅游需求季节性，并通过回归分析与欧式距离测度方法分析了节假日与气候因素对浙江省国内旅游需求季节性的影响。研究发现：①浙江省国内旅游需求季节性与移动季节性均很显著；②浙江省国内旅游需求淡旺季月份并不固定，但从发展趋势来看，旺季月份与淡季月份明显增多；③基尼系数方法测度表明，浙江省国内旅游需求季节性特征较弱，但 2009~2014 年，季节性特征逐渐增强；④回归分析表明，节假日与气候都显著影响旅游需求季节性。不过，对季节性影响较大的是 10 月份的国庆节，而其他节假日的影响较小。温度与日照时数是影响浙江省国内旅游需求季节性的两个重要的气候变量。欧式距离测度表明，温度、日照时数对浙江省国内旅游需求季节性的影响在不同月份有所不同。

（二）政策建议

虽然说气候是影响旅游需求季节性的重要因素，但很明显，对旅游部门来说气候是不可调控的。研究气候与旅游需求季节性之间关系比较有借鉴意义的地方在于可以根据气候预测旅游需求以提前做好应对准备。在实际执行中，对旅游需求季节性的调控应该从三大方面着手。一是控制旺季客流，预防出现景区"超载"、客流"井喷"现象；二是加强淡季市场开发，实现"淡季不淡"。具体可从三个角度展开。①旅游目的地政府及政策制定者。首先，以全国性政策为指导，制定具有前瞻性和灵活性的地区性、部门性政策，如调整休假制度、实行高速免费、加强环境惩罚力度等。其次，在旅游形象定位、宣传和旅游产品开发层面，因地制宜，打造属于自己的"旅游名片"，树立"大旅游产业"观念，以传统旅游业为龙头，发展包括会展、休闲、商贸、文化及在其他社会资源中能与旅游互动的产业集群，在实现旅游产品多元化，增加旅游吸引点的同时，利用舆论媒体，加强宣传引导。最后，基础设施建设是旅游发展的必要条件，交通通达性、客房的供给、景区设施是游客最关心的问题，需促进交通体系的完善、酒店接待设施的建设和景区接待能力的提升。②旅游目的地旅游市场。旅游作为一种非基本需求，价格弹性较大，因此可通过价格杠杆，采用季节性价格有效调节淡旺季旅游需求。在不同季节采取不同的价格策略控制旅游需求的过多增长，从而达到减少旺季客流、增加淡季客流的目的。在旅游旺季，可通过提高旅游产品价格来提高旅游目的地的进入门槛，将价格敏感型（经济型）旅游者合理分流到旅游淡季；在旅游淡季，采取低价策略吸引价格敏感型旅游者，以提高旅游设施及人力资源等的使用效率。另外，旅游市场应实现良性竞争，通过产品引导市场，对现有旅游产品进行整合，开发潜在旅游产品，同时调整产品结构，吸引不同客源地游客。③旅游者。目前，旅游者旅游的目的一般以观光和娱乐消遣为主，旅游者往往具有较大的选择空间，可以在出行前对目的地、出游时间、停留时间、出行次数以及出游路线等做出合理的规划，可考虑选择大众交通方式出行，避开旅游高峰期。此外，还可依托技术、运营、环境等的创新，实现旅游业的可持续发展。

参考文献

［1］ Richard Butler, Baodi Mao. , "Seasonality in Tourism：Problems and Measurement," *Quality Management in Urban Tourism* (1997).

［2］ 冯学钢、孙晓东、于秋阳：《反季旅游与旅游季节性平衡：研究述评与启示》，《旅游学刊》2014 年第 1 期。

［3］ Tiziana Cuccia, Ilde Rizzo, "Tourism Seasonality in Cultural Destinations：Empirical Evidence from Sicily," *Tourism Management* 32 (2011).

［4］ Tom Baum, *Special Issue：Seasonality in Tourism：Understanding the Challenges* (IP Publ. , 1999).

［5］ Rudihartmann, "Tourism, Seasonality and Social Change," *Leisure Studies* 5 (1986).

［6］ Raphael Raymond V. Baron, *Seasonality in Tourism：A Guide to the Analysis of Seasonality and Trends for Policy Making* (Economist Intelligence Unit, 1975).

［7］ John Yacoumis, "Tackling Seasonality：the Case of Sri Lanka," *International Journal of Tourism Management* 1 (1980).

［8］ Svend Lundtorp, "Measuring tourism seasonality," *Seasonality in tourism* (2001).

［9］ 陆林、宣国富、章锦河等：《海滨型与山岳型旅游地客流季节性比较——以三亚、北海、普陀山、黄山、九华山为例》，《地理学报》2002 年第 6 期。

［10］ Jaume Rosselló Nadal, Antoni Riera Font, Andreu Sansó Rossello, "The Economic Determinants of Seasonal Patterns," *Annals of Tourism Research* 3 (2004).

[11] 孙晓东、武晓荣、冯学钢：《邮轮旅游季节性特征：基于北美市场的实证分析》，《旅游学刊》2015 年第 5 期。

[12] Antonio Fernández-Morales, María Cruz Mayorga-Toledano, "Seasonal concentration of the Hotel Demand in Costa del Sol: A Decomposition by Nationalities," *Tourism Management* 29 (2008).

[13] Antonio Fernández-Morales, "Decomposing Seasonal Concentration," *Annals of Tourism Research* 30 (2003).

[14] R. W. Butler, Mao, B., et al., "Seasonality in Tourism: Problems and Measurement," in P. E. Murphy, eds., *Quality Management in Urban Tourism Economics* (Chichester: Wiley, 1997).

[15] Richard Butler, "Seasonality in Tourism: Issues and Implications," *The Tourist Review* 53 (1998).

[16] 汪德根、陆林、刘昌雪等：《山岳型旅游地国内客流时空特性——以黄山、九华山为例》，《山地学报》2004 年第 5 期。

[17] 万田户、冯学钢、黄和平：《江西省山岳型风景名胜区旅游季节性差异——以庐山、井冈山、三清山和龙虎山为例》，《经济地理》2015 年第 1 期。

[18] Svend Lundtorp, Charlotte R. Rassing, Stephen Wanhill, "The Off-Season is 'No Season': the Case of the Danish Island of Bornholm," *Tourism Economics* 5 (1999).

[19] 周成、冯学钢：《基于"推—拉"理论的旅游业季节性影响因素研究》，《经济问题探索》2015 年第 10 期。

[20] Daniel M. Spencer, Donald F. Holecek, "Basic Characteristics of the Fall Tourism Market," *Tourism Management* 28 (2007).

[21] R. W. Butler, "Seasonality in Tourism: Issues and Implications," *Seasonality in Tourism* (2001).

[22] 马世罕、戴林琳、吴必虎：《北京郊区乡村旅游季节性特征及其影响因素》，《地理科学进展》2012 年第 6 期。

[23] Javier Capó Parrilla, Antoni Riera Font, Jaume Rosselló Nadal, "Accommodation Determinants of Seasonal Patterns," *Annals of Tourism Research* 34 (2007).

[24] Konstantinos Andriotis, "Seasonality in Crete: Problem or a Way of Life?" *Tourism Economics* 11 (2005).

[25] Joseph S. Chen, "Market Segmentation by Tourists' Sentiments," *Annals of Tourism Research* 30 (2003).

[26] Simon Hudson, "The Segmentation of Potential Tourists: Constraint Differences between Men and Women," *Journal of Travel Research* 38 (2000).

[27] Erdogan Koc., "The Impact of Gender in Marketing Communications: The Role of Cognitive and Affective Cues," *Journal of Marketing Communications* 8 (2002).

[28] Gang Li, Haiyan Song, Stephen F. Witt, "Recent Developments in Econometric

Modeling and Forecasting," *Journal of Travel Research* 44 （2005）.

［29］ Partha Dasgupta, Amartya Sen, David Starrett, "Notes on the Measurement of Inequality," *Journal of Economic Theory* 6 （1973）.

［30］ 郑远强：《一种新型的广义行列式计算基尼系数的方法》，《数量经济技术经济研究》2005 年第 2 期。

［31］ Jorge Ridderstaat, Marck Oduber, Robertico Croes, et al., "Impacts of Seasonal Patterns of Climate on Recurrent Fluctuations in Tourism Demand: Evidence from Aruba," *Tourism Management* 41 （2014）.

［32］ Nadarajamuthali Kulendran, Larry Dwyer, *Seasonal Variation Versus Climate Variation for Australian Tourism* （CRC for Sustainable Tourism Pty Limited, 2010）.

［33］ Kyung So Im, M. Hashem Pesaran, Yongcheol Shin, "Testing for Unit Roots in Heterogeneous Panels," *Journal of Econometrics* 115 （1995）.

［34］ Chihwa Kao, MH Chiang, "Testing for Structural Change of a Cointeg Rated Regression in Panel Data," *Syracuse University* （2000）.

［35］ Peter C. B. Phillips, Pierre Perron, "Testing for a Unit Root in Time Series Regression," *Cowles Foundation Discussion Papers* 75 （1986）.

后　记

2016 年 7 月 2～24 日，"中国生态经济学学会第九届会员代表大会暨生态经济与生态城市学术研讨会"在贵阳隆重举行。本次研讨会由中国生态经济学学会、中国社会科学院农村发展研究所和中国社会科学院生态环境经济研究中心主办，贵州财经大学承办，贵安新区研究院、连片特困区贫困与发展协同创新中心、贵州省高校人文社科基地中国西部现代化研究中心协办。本次研讨会以"生态经济与生态城市"为主题，来自中国社会科学院、中国科学院、中国工程院、清华大学、南京大学、上海交通大学等科研机构和高等院校的 200 余名专家学者参加了本次研讨会。

本次研讨会共收到中英文论文 120 余篇。学会秘书处邀请了 10 位专家组成论文评审委员会，对参会论文进行了认真评审，从中选择了 27 篇优秀论文汇编成集。本论文集分为三大部分：第一部分是城镇化与生态城市建设，共 10 篇；第二部分是生态经济理论与方法，共 9 篇；第三部分是绿色发展、节能减排与气候变化，共 8 篇。论文评审委员会专家分别是南京农业大学郭忠兴教授、江西农业大学黄国勤教授、西南政法大学李树教授、福建师范大学林卿教授、东北林业大学尚杰教授、青海省社会科学院苏海红研究员、中国科学院西北生态资源环境研究院徐中民研究员、浙江工商大学杨文进教授、中国社会科学院农村发展研究所于法稳研究员、天津工业大学张雪花教授。在此，向他们表示衷心的感谢！

　　本论文集得以顺利出版，离不开社会科学文献出版社恽薇主任的大力支持和编辑为本书的校对、编辑付出的诸多辛苦的劳动，在此，一并表示衷心的感谢！

编　者

2016 年 9 月 23 日

图书在版编目（CIP）数据

生态经济与新型城镇化/曾绍伦，于法稳主编. ——
北京：社会科学文献出版社，2017.2
ISBN 978 - 7 - 5201 - 0275 - 9

Ⅰ.①生…　Ⅱ.①曾…②于…　Ⅲ.①生态经济 - 关
系 - 城市化 - 中国 - 学术会议 - 文集　Ⅳ.①F299.21 - 53

中国版本图书馆 CIP 数据核字（2016）第 317180 号

生态经济与新型城镇化

主　　编／曾绍伦　于法稳
副 主 编／谢慧明　马俊丽

出 版 人／谢寿光
项目统筹／恽　薇　陈凤玲
责任编辑／陈凤玲　吴　鑫　周晓静

出　　版／社会科学文献出版社·经济与管理出版分社（010）59367226
　　　　　　地址：北京市北三环中路甲 29 号院华龙大厦　邮编：100029
　　　　　　网址：www. ssap. com. cn
发　　行／市场营销中心（010）59367081　59367018
印　　装／三河市东方印刷有限公司

规　　格／开　本：787mm × 1092mm　1/16
　　　　　　印　张：22.75　字　数：394 千字
版　　次／2017 年 2 月第 1 版　2017 年 2 月第 1 次印刷
书　　号／ISBN 978 - 7 - 5201 - 0275 - 9
定　　价／99.00 元

本书如有印装质量问题，请与读者服务中心（010 - 59367028）联系